2016 年度教育部人文社会科学重点研究基地重大项目
《长江三角洲全面建设小康社会中的协调发展研究》资助
（批准号 16JJD790023）

"十三五"国家重点出版物出版规划项目

长三角区域践行新发展理念丛书

长三角地区全面建设小康社会中的
协调发展问题研究

刘志彪　巫强 等 ◎著

Research on Coordinated Development of the Yangtze River
Delta Region in Building a Moderately Prosperous
Society in All Respects

中国财经出版传媒集团

经济科学出版社
Economic Science Press

　　长三角地区一直是我国经济发展的"领头羊"，尽管三省一市（江苏、浙江、安徽和上海）的面积是全国的 1/26，常住人口是全国的 1/6，但经济总量是全国的近 1/4；长三角城市群已经跻身六大世界级城市群。无论是全面小康社会建设还是即将开启的现代化建设，都需要长三角地区发挥"领头羊"的作用。2018 年 11 月 5 日，习近平在首届中国国际进口博览会开幕式上宣布，长江三角洲区域一体化发展上升为国家战略。进入新时代，长三角地区一体化发展进入新的历史起点，面临新的现实挑战，承担新的发展任务。长三角地区在一体化进程中既要高质量全面建成小康社会，又要通过建设现代化经济体系高质量开启现代化建设的新征程，其有效路径就是践行新发展理念。

　　新发展理念是针对我国经济发展现阶段的重大问题提出的重要理论创新。我国已经告别低收入发展阶段，正在进入中等收入发展阶段，但仍处于并将长期处于社会主义初级阶段，这是现阶段我国经济发展面临的基本国情。在这一阶段，面临一系列重大问题。第一，增长速度从高速转向中高速，必须依靠新旧动能接续转换，才能保证中高速增长的可持续。第二，必须直面"中等收入陷阱"这一历史难题，避免像国际上一些国家和地区在进入中等收入阶段后，由于收入差距过大、结构矛盾加剧等原因陷入经济发展停滞甚至倒退状态。第三，我国经济发展迫切需要提升质量，从低质量发展向高质量发展转变。高质量发展意味着经济发展的效率改进、效益提升、结构优化、生态改善与区域平衡等诸多内涵。新发展理念正是针对我国发展面临的这些重大问题提出来的，是我国当前和今后一个时期经济社会发展的战略指引。

创新着重解决发展动力问题。改革开放40年是破除制度壁垒、优化生产关系、解放生产力、发挥初级生产要素对经济增长推动力的40年。但是，在经历多年的高速增长后，初级生产要素对经济增长的推动力在减弱。创新作为高级生产要素，不仅属于新动能，能直接推动经济增长，而且对其他生产要素的经济增长效应能起到增幅作用。现在，我国产业发展和科技创新在世界上的位置已从跟跑并跑提升到并跑领跑，抢占战略制高点、实现创新驱动发展的任务更为紧迫。长三角地区科技创新资源较为丰富，企业的创新主体地位突出，有必要也有能力依靠创新，着力培育以技术、品牌、质量、服务为核心竞争力的新优势。

协调着重解决发展不平衡问题。改革开放允许一部分地区先发展，效果明显，长三角地区总体上是得益者。但是，地区发展不平衡随之而来。虽然长三角地区是全国城乡居民收入差距最小的区域，但其三省一市内部的不同区域都存在地区差距、城乡差距，相比其他领域，农业现代化仍然是短板。因此，在全面小康社会建设中，长三角地区不仅要彰显优势，还要根据协调发展的理念，解决地区之间、城乡之间的发展不平衡问题，补齐发展的短板。

绿色着重解决人与自然和谐问题。绿色发展要求牢固树立"保护生态环境就是保护生产力，改善生态环境就是发展生产力"的核心理念。长三角地区是我国最早实现工业化的地区，发展开放型经济，形成了"世界工厂"。在其工业化水平进入全国前列的同时，也不可避免地带来环境和生态遭到破坏的问题。因此，绿色发展成为长三角地区全面小康建设的着力点，不仅要改变粗放式发展，走集约式低消耗低排放的发展道路，还要修复已经遭到破坏的环境和生态，让长三角地区重现绿水青山、蓝天白云。

开放着重解决发展内外联动问题。长三角地区对外开放水平一直较高，不仅外向度高，引进外资规模也大。进入新时代，长三角地区的开放发展不但要继续走在全国前列，还需要由数量型转向质量效益型，在更高层次上实现改革与开放之间的互动，发挥两者之间的正反馈机制，向发达国家和发展中国家开放。根据习近平关于构建人类命运共同体思想的重要论述，建立高质量的开放型经济体系的主要表现是：开放战略坚持"引进来"和"走出去"并重，利用自由贸易区等开放载体，形成陆海内外联动、东西双向互济的开放格局；服从于创新驱动发展战略，引进国外要素的着力点将转向创新要素；参与全球化分工将从比较优势转向竞争优势；重视我国产业在全球价值链中地位的提升，争取在价值链中的主导地位，并且依托核心技术建立以我为主的全球价值链，形成面向全球的贸易、投融资、生产、服务的价值链，培育国际经济合作和竞争新优势。

共享着重解决社会公平正义问题。中国特色社会主义经济发展的根本目标是以人民为中心，是要满足人民日益增长的美好生活需要。改革开放40年来，人民生活水平普遍提高，但也出现了收入差距扩大问题。共享发展是要在发展中共享、在共享中发展，努力实现改革发展成果全民共享、全面共享、共建共享。在共享发展中，人民群众共同分享改革发展成果，不断得到实实在在的利益，在民生改善中有更多获得感，逐步实现共同富裕，从而进一步激发广大人民群众的积极性和创造性，为经济发展提供不竭的动力源泉。

作为教育部人文社会科学重点研究基地，南京大学长江三角洲经济社会发展研究中心多年来坚持发挥研究的比较优势，始终聚焦长三角地区经济社会发展中的重大问题，取得了一系列具有影响力的研究成果。2016年初，中心结合长三角全面建设小康社会的战略任务，制定中心发展的"十三五"规划，并根据这五大新发展理念发布五个重大项目，由刘志彪教授、范从来教授、张二震教授、李晓春教授和洪银兴教授分别作为带头人，组织南京大学经济学科整体力量申报的长江三角洲全面建设小康社会中的协调发展研究、长江三角洲全面建设小康社会中的共享发展研究、长江三角洲全面建设小康社会中的开放发展研究、长江三角洲全面建设小康社会中的绿色发展研究、长江三角洲全面建设小康社会中的创新发展研究等课题，获批2018年和2019年教育部人文社会科学重点研究基地项目。展现在读者面前的这系列著作，就是这五个重大项目的研究成果，希望能为国内外学者研究长三角问题提供有益的借鉴和参考，也能为各地政府部门厘清贯彻新发展理念、实现高质量发展提供可行的政策建议。

长三角区域发展一体化上升为国家战略以后，长三角区域高质量发展研究成为研究热点，并且提出一系列的新课题。南京大学长江三角洲经济社会发展研究中心的新成果也将纳入本丛书陆续出版。这些成果可以说是长三角地区践行新发展理念的新成就的总结。

洪银兴

2018年12月

目 录 CONTENTS

第二篇　区域协调发展

第三篇　城乡协调发展

均衡协调发展：新时代赶超战略的
关键问题与政策取向

作为世界上最大的发展中国家，中国在实现社会主义现代化强国的道路上，一直采取的是以追赶西方发达国家为特征的赶超型发展战略①。这个赶超发展战略在党的十九大前后，在时间安排和内容上发生了一些变化。

根据党对社会主义现代化建设的战略部署，在中华人民共和国成立100年时，基本实现现代化。党的十八大提出，到2020年要全面建成小康社会。党的十九大又根据对国际国内形势和我国发展条件的综合分析，提出了实现现代化强国的战略可以分两个阶段来安排。这清楚地表明，党的十九大提出的我国在2035年基本实现现代化，比邓小平原来提出的我国社会主义现代化建设的战略部署提前了15年；而到21世纪中叶建成现代化强国，发展目标上了一个新的层级。

由于地区间发展不平衡规律的作用，我国各地区发展条件和发展程度差异很大，因此，进行战略追赶、实现"两个一百年"目标的时间表必然不同。以上海为中心的长江三角洲地区，挟对外开放之"天时"和沿海地区之"地利"，迅速崛起成为中国最强大的经济区。作为有条件走在现代化建设前列的地区，以及实施追赶战略的第一方阵，长三角地区根据自身的比较优势，在党的十八大前后，已经在完成全面小康社会建设目标之后，试图开启迈向基本实现现代化的新征程。

---

① 我们把追赶和赶超（catching-up）两个词并用。关于赶超战略的内涵，吴申元、王晓博（2003）认为是"经济上的后进国追赶先进国并最终要超越先进国的一种经济发展过程"。他们总结了中国共产党的赶超战略思想，把中国追赶现代化先进国家的过程视为赶超战略实施的过程。基于这一理解，我们论述相对均衡发展问题。

如果我国把改革开放到 20 世纪末、21 世纪初的迅速发展，作为从贫困走向基本小康的第一轮追赶战略；把 2010 年前后到 2020 年，作为实现基本小康向全面高水平小康的第二轮追赶战略；那么党的十九大提出的实现现代化强国的两个阶段战略，就可以分别看成赶超西方发达国家的第三轮和第四轮追赶。

前两轮追赶战略虽然还没有完全结束，但是它已经塑造了世界的中国经济奇迹（林毅夫、蔡昉、李周，1999），同时也给后两轮追赶战略留下了一些急需要解决的、突出的、长期困扰中国经济发展的"重大结构性失衡"问题，表现为经济运行中的"不平衡、不协调、不可持续"等现象。党的十八大全面启动了"五位一体"的总布局，要求建成高水平全面小康社会，除了要实现"两个翻一番"的经济目标外，在生态环境、民主与法治、文化软实力、人民生活等方面，明确了更加严格的标准，如提出了社会保障全覆盖、收入差距缩小、医疗服务人人享受、严格环保等新要求。

党的十九大提出，中国特色社会主义进入新时代，我国社会主要的矛盾已经转化为人民日益增长的美好生活需要和不平衡不充分的发展之间的矛盾。其中，按照习近平在 2018 年的"7·26 讲话"精神，日益增长的美好生活需要就是指人民群众"期盼有更好的教育、更稳定的工作、更满意的收入、更可靠的社会保障、更高水平的医疗卫生服务、更舒适的居住条件、更优美的环境、更丰富的精神文化生活"。"不平衡不充分的发展"，其实就是指中国经济的供给方，对上述人民的需要在数量、质量、结构、空间等方面满足的不平衡和不充分的状态。

新时代即将开启的第三轮追赶战略，为了实现平衡和充分的发展，就要实现"五位一体"的相对均衡和协调发展，满足人民对日益增长的美好生活的需要。需要深入思考的是：第三轮、第四轮追赶战略与第一轮追赶战略相比，其战略的本质究竟有什么不同？新时代的追赶战略将面临怎样的发展环境？发展环境对我国的长远发展将会产生什么样的影响？我们如何根据发展条件的变化改革发展的体制机制，以适应新时代发展的要求？

我们的分析揭示进入全面建成小康社会，实施第三轮、第四轮追赶战略对我国经济社会发展的影响，以及这种影响对宏观政策变化的要求。我们认为，从追求高经济增长速度到追求高质量发展和建设现代化经济体系，实现经济速度与民生幸福的双重追赶，再加上某些西方国家的遏制战略和人口提前老龄化的国内社会环境，意味着中国的发展环境和条件将发生巨大的变革，包括将出现以要素成本和价格不断上扬为基本特征的经济趋势。如果这种成本上升的趋势不能为国内的生产率上升速度所消化，不能从依赖于低成本比较优势转向创新驱动、提高生产率和附加价值的竞争优势，我国未来的经济发展动力将有所衰减，经济运行将可能出现滞涨格局并陷入"中等收入陷阱"。为此，我们需要通过全面深化改革和进一步改革开放来实现发展目标与发展动力、质量、效率之间的协调，实现经济政策与发展方式之间的协调。主动积极地进行供给侧结构性改革和结构的战略性调整，转换发展动能，是迎接这种变革趋势所提供的战略机遇的不二法门。向结构调整要速度、向结构变化要质量、向结构变化要效益，是进入新时代协调社会主要矛盾的主要取向、机制和方法。

一、从速度追赶到全面追赶：新时代均衡协调发展的战略取向

中国是愿景推动的发展中国家。中国共产党在每个不同的历史时期，都会根据需要提出一个具有号召力的追赶目标。如，党的十六大提出，到 2020 年国内生产总值（GDP）比 2000 年翻两番；党的十七大提出，实现人均国内生产总值到 2020 年比 2000 年翻两番；党的十八大提出，到 2020 年，实现国内生产总值和城乡居民人均收入比 2010 年翻一番，发展愿景关注的都是发展速度与满足人民基本需要的协调问题。现在党的十九大在提出新时代社会主要矛盾的基础上，对实现全面小康社会和进入现代化强国提出了更高更新的标准和要求，彰显了中国共产党注重以人民为中心的发展，注重追求人民幸福的目标，注重人民对发展的获得感，注重居民的收入水平、生活水平、消费水平以及福利保障水平。

值得重视的是，党的十九大报告虽然没有提出定量的经济增长指标，但是继续坚持"必须坚定不移把发展作为党执政兴国的第一要务"的提法。这里的"发展"，当然绝不是 GDP 增长的代名词，而是意味着增长与结构变化、收入分配和制度变革的协调和共生，意味着对于过去资源过于集中于经济建设领域而形成的非均衡发展格局问题，现在必须在新发展理念引领下予以正视并矫正。例如，不解决收入、机会、公共服务等不平等问题，由此产生的严重社会冲突就有可能使中国发展陷入"中等收入陷阱"。

要在 2035 年基本实现现代化，使现代化建设的战略部署提前了 15 年，至少体现了两层意思：

一是未来十几年仍然要保持一定的增长速度，GDP 增速仍将是中国一些重大经济问题的逻辑基石，是经济政策最重要的量化指标。因为，2035 年要基本实现社会主义现代化，人均 GDP 按现在的币值要达到 2 万多美元。这意味着从 2020 年开始接下来的 15 年中，在 2016 年 8 260 美元的基础上，经济增长得保持年均 4% ~ 5%

的速度才能进入高收入国家行列。从 20 世纪 50 年代到 80 年代，全球只有日本一个国家持续保持了 30 年的中高速增长。中国改革开放以来已经高速成长了 40 年，如果把 4%～5% 的年均增长速度持续到 2035 年，就意味着中国要保持近 60 年的中高速增长。这是全球经济增长历史上从未有过的。

二是中央政策决策者虽然认为要高度重视人均 GDP 达到 8 000 美元后的"中等收入陷阱"问题，但在远景上中国新一代领导人却非常自信，他们认为，通过推进全面深化改革和进一步对外开放，这个"陷阱"会顺利地迈过。这意味着即使党代会报告中没有提到增长的数量目标，政策决策者也不会容忍未来可能进入低速增长轨道。速度问题仍然是第三轮追赶战略中必须高度重视的、有一定约束力的硬性政策目标。

党的十九大报告明确指出：我国经济已由高速增长阶段转向高质量发展阶段，正处在转变发展方式、优化经济结构、转换增长动力的攻关期。这说明全党已经高度认识到，未来的赶超战略是追求增长速度与追求高质量发展的混合体。速度虽然很重要，但是提高收入、增加福利、改善公共设施等转型发展问题更加重要。为此，要以供给侧结构性改革为主线，推动经济发展质量变革、效率变革、动力变革，提高全要素生产率。过去我们的非均衡发展采取的是"扬长避短"战略，倾斜发展某些重点部门和领域，现在我国已经进入到了"扬长补短"的发展阶段。在全面实现第二轮追赶战略前，我们的发展工作要突出抓重点、补短板、强弱项，特别是要坚决打好化解重大风险、精准脱贫、污染防治的攻坚战，使全面建成小康社会得到人民认可、经得起历史检验。

突出抓重点、补短板、强弱项，也是已经达到了中上等收入国家和地区发展水平的长三角地区面临的艰巨任务。长三角地区在全国第一轮、第二轮追赶战略中，虽然处于领军地位，是全国的标兵和探路者，但是在提前进入第三轮追赶战略后，也发现了许多制约提升发展水平的短板，如，五大发展理念中协同观念滞后，唯发展速度观念仍然盛行；居民的社会保障等制度方面建设滞后，尤其是养老、医疗、教育、失业等保障水平也不高；二元结构严重，城乡差距大，尽管本地户籍的城乡居民差距消除较快，但是，为本区域经济发展做出了重要贡献的外来人口还是不能取得所在地户口，不能享受与此挂钩的当地公共服务，包括子女教育和社会保障等；存在着严重的区域发展差距，不仅沪苏浙皖之间存在巨大差距，在各个省份内部也存在巨大差距，如上海市中心城区与其他区之间的差距、江苏省苏南地区与苏北地区的差距、浙江省浙东南地区与浙西北地区的差距；资源和环境压力越来越大，如普遍的地表和大江大河污染、严重的雾霾和酸雨天气增多、土地和其他资源加速枯竭，等等。

据此看来，由基本现代化的战略目标特征所界定的第三轮追赶战略，虽然与以追求增长速度为特征的第一轮、第二轮追赶战略相比，在本质属性上仍然属于追赶西方的现代化战略，具有较大的模仿特性，但在许多实质性问题上，其内涵却发生了根本性的改变。这种变化概括起来，主要表现在以下五个方面：

第一，战略的背景不同。实施前两轮追赶战略的基本背景，是近代以后中国内忧外患、积贫积弱的悲惨命运和现实。落后就要挨打的事实，成为迅速实现追赶的唯一可以为社会各界接受的发展理由。在这种特殊背景下，中国政治诉求和经济政策倾向于追求速度和数量，是一种可以被充分理解的理性选择行为。经过改革开放尤其是近十多年以来的快速有效发展，我国已经跨入世界中等收入国家门槛，综合国力、国际竞争力、国际影响力也迈上了大台阶。在中华民族伟大复兴、建设人类命运共同体的大背景下，我们有必要根据新时代中国特色社会主义的要求，调节好中国生产与西方国家消费之间的关系，调节好生产与分配和消费之间的关系，在保持生产率不断增长的基础上，使居民收入水平、人民生活水平和社会福利保障水平不断迈上新的台阶，使发展程度更加均衡，让人们拥有更多的获得感，使人民享受更多的美好生活和实惠。

第二，战略的出发点不同。前两轮追赶战略的出发点是要迅速脱贫。解决贫困是一切发展的核心问题。为此，需要集中有限的资源、实施非均衡的发展战略。该战略成效明显，但也遗留下来许多日益严重的民生问题。这成为第三轮赶超战略的基本出发点。解决这些问题既是实现有效率的发展的基本要求，也是进一步实现更高水平的发展、克服可能出现的"中等收入陷阱"的前提。如，国民收入中居民收入比重长期偏低、严重的城乡二元结构差距、仍然遗留着占总人口 1/10 的贫困人口等，都是迫切需要解决的现实问题。目前全球 70% 的贫困人口分布于中等收入国家而非低收入国家的现实，值得已经步入基本小康社会并进入"刘易斯拐点"区间的中国高度警惕。[①] 中国过去长期依赖出口导向，奉行增长第一的策略，这导致了收入和财富分配方面的严重不平等，抑制了居民消费和国内市场需求的形成。这些因素都被认为是那些经过近半个世纪挣扎，依旧未能跳出"中等收入陷阱"的其他国家的重要原因。

第三，战略目标的内涵不同。过去的追赶战略一切围绕发展速度，推动发展的立足点只是 GDP、只有速度，盲目追求高速度，甚至互相攀比速度。这造成了我国发展的质量、效益不高，积累的经济、社会、资源环境方面的矛盾较多等问题。党

---

① 《中国贫困人口 1.28 亿占全国总人口近 1/10》，http：//www. china. com. cn/policy/txt/2012 - 10/17/content_26828964. htm，2012 年 10 月 17 日。

的十八大之后尤其是党的十九大所确定的追赶战略，则是一种相对均衡的追赶目标：在实现有效率的增长的前提下，要让城乡居民享有更好的教育、更稳定的工作、更满意的收入、更可靠的社会保障、更高水平的医疗卫生服务、更舒适的居住条件、更优美的环境、更丰富的精神文化生活。这是对新时期美好生活内涵的提升，属于经济、社会、文化、法制、生态等相对均衡发展的追赶战略目标。[①] 这种相对均衡的追赶目标，体现为发展速度不再是我们所追求的唯一的主要目标，追求有质量、有效益、可持续的速度才是我们所需要的发展。

第四，战略的支撑点不同。在前两轮追赶战略的实施中，经济增长很大程度上依靠的是开放，走的是出口促进发展的道路。从最初出口的目的是换取外汇以进口急需的设备或原材料，发展到后来更多地为了解决国内过剩的生产能力的出路，总的特征可以概括为"利用别国的市场，用足本国的低端生产要素"，国内低收入、市场容量小所导致的"市场缺口"，主要是通过出口这个重要的支撑点来解决的。经过1992年邓小平南方谈话后的开放，尤其是2000年后中国加入世界贸易组织（WTO）后的迅猛发展，中国成为出口导向的经济全球化的最大受益者。但是，2008年世界金融危机后，中国发展战略机遇期的内涵和条件发生了重要的变化，出口导向的经济全球化已经暴露出严重粗放型发展方式，必须尽快转向"基于内需的经济全球化战略"，利用自己的巨大市场容量作为发展的支撑点，即利用本国的市场，用足国外的高级生产要素，尤其利用国外的创新要素，加速发展在中国的创新型经济（刘志彪，2012）。这不仅是为了消除世界经济下行趋势下我国过剩产能的困境，更是为了消除目前已经出现的逆全球化趋势的负面影响，为中国引进更多的高级要素，加速发展自己。但是，众所周知的是，扩大内需尤其是消费需求的前提，是要提升居民收入水平、人民生活水平和社会保障水平，没有这个前提，中国的市场优势不可能发挥出来。由此凸显了适时纠正非均衡战略、尽快实施均衡发展战略的重要性。

第五，战略的实现机制不同。中国独特的工业化道路和追赶战略，直接导致了强势政府和弱势市场的机制匹配格局，导致了政府对市场的替代，以及依靠"储户、农户、散户、外来户、购房户"的资金来源和集中使用的方式（刘志彪，2013a）。以发展为第一取向的产业政策对产品和要素价格的扭曲，是我们理解当今中国几乎所有一切发展矛盾的关键因素。随着我国整体上进入小康社会以及日益突出的社会、经济矛盾，追赶战略目标和内容的转换不仅意味着中国发展的体制机制

[①] 显然，中国离进入发达经济体中政府专注于民生和公共事务的发展阶段还有不小的距离。在介于第三轮速度和民生混合型的追赶目标下，我国的经济、社会体制还不可能完全摆脱"发展型"政府的特征而进入"服务型"政府功能。

需要变革，而且意味着我们的资本积累和集中、收入分配政策也要做出相应的调整，以支持新发展理念下新发展目标的实现。中国未来的经济体制要让市场在资源配置中起决定性作用，同时更好地发挥政府的作用。这就是要在发展中把"强市场"与"有为政府"有效地结合起来，以此界定市场和政府在不同领域的活动功能：我们需要通过建设"强市场"功能，让它发挥资源配置的基础性功能，消除政府管理过多、管制过度、管控过死等体制弊端，充分激发各个市场主体的动力、活力、压力，发挥其创新精神，提高发展的质量和效益；同时，我们需要通过建立和完善"有位政府"功能，来消除市场失灵领域的非均衡格局，如消除收入分配、教育、医疗、就业等领域的不平等，实施更加有效的社会保障制度改革，给每个人提供共享发展成果的平等机会。

二、新时代追赶战略的环境变化与经济变革的焦点

第三轮、第四轮赶超战略将带领中国走出"中等收入陷阱"。当然，任何发展进程都存在前景的不确定性，第三轮赶超战略也不是没有可能向我们不希望的方向分化。当前中国经济正在进入中速的增长轨道。2011 年全国经济增长率跌下 10% 平台，2012 年则跌破了 8% 的平台，现在稳定在 6%～7%。2018 年的中美贸易摩擦，使中国的增长速度进一步下行。未来随着发展条件变化和不确定因素增多，我们不得不习惯于长期面对相对低速的经济增长率。站在这历史的十字路口，我们对新一轮追赶战略的环境、变革的挑战和问题的焦点要有清醒的认识。

应该看到，新一轮赶超战略面对的中长期问题有很多，我们可以列出一份长长的清单。例如，按照目前的国际环境和市场容量等条件，虽然可以支撑中国的全面小康进程，但是，一个大国经济体系的基本现代化崛起过程却不可能再次依靠出口导向，我们如何成为内生性需求大国，在为全球提供市场的同时，支持创新驱动国家的建立？再如，基本现代化的重点和难点在"三农"，"三农"现代化的主要途径是城市化，城市化也是创造内生性需求的主要方式之一。但是，城市化怎么搞，是搞城镇化、大中小城市并举，还是搞连绵的城市群？城乡居民公共福利怎么均等化？还有，收入分配政策怎么调整，才能提高中等收入者比重，培育基本现代化所需要的、稳定的社会力量（吴敬琏等，2008）？在这一份长长的问题清单中，我们选择补短板及其影响这个问题进行重点论述。

实施相对均衡协调的追赶战略，其实就是要重新审视过去忽略的东西，重新在

资源配置上把过去非均衡发展战略造就的短板拉长，把过去暂时搁置和未付的社会成本重新补偿回来。做不到这一点，短板效应将会引起社会边际成本的急速上升，从而制约发展水平的提高。对于实现全面小康来说，有些短板是避不开的，如农村贫困人口、科技进步水平和生态环境、金融安全的制度短板等。因此，补短板就要注重脱贫攻坚的精准度，就要扎实推进科技创新和生态文明建设。"扬长补短"的关键，是要补制度创新的"短"，释放制度性红利。如，消除二元结构关键在于城市化的制度设计；生态环境保护关键在于实施绿色产业政策；导致金融危机的潜在风险主要在于法治基础薄弱；基础设施建设关键在融资体制的完善；等等。总的来说，政府是制度供给的主体，也是驱动创新发展的主体，因此，要把创新制度的供给当作政府调结构的"抓手"，政府要通过增加高质量的制度供给给市场运行主体创造优良的环境。

"扬长补短"的政策取向必然使潜在的增长空间得到有效扩展，同时也会对中国经济的中短期发展产生重大影响。主要表现在：

一是发展的社会成本有所提高。人口老龄化加上对美好生活的进一步需要、低生产率的服务业发展、生态环保由相对宽松变为严厉的治理、社会软硬件基础结构建设的迫切性等，都会导致发展的直接成本和社会成本进一步提高。只有突出效率导向，提高全要素生产率，才能抵消成本上升因素的作用。如，作为过去驱动经济高速增长的最重要因素，中国低廉的劳动力价格正在被重估，价格迅速提升，相对于其他发展中国家，甚至高生产率的美国也已经没有多少优势。"人口红利"高峰期将过，劳动力供求关系逆转，农村剩余劳动力从 2004 年的 1.5 亿人下降到 2012 年的 3000 多万人，中国制造传统的廉价优势正在逐步丧失（李稻葵、徐翔，2013）。

二是发展的动力机制要有所转换。过去推动第一轮、第二轮赶超战略成功的动力因素都在发生根本性的变化。如，增量改革的体制红利消失，存量改革举步维艰。过去低成本要素就是比较优势和竞争优势，现在不仅要产出成本相对低，而且还要品质高、性价比高。竞争优势和发展动力来自创新和产品的差异化，为此必须要加大科技投入，要从汗水经济转向智慧经济。再如，出口导向的全球化动力已经基本消失，依靠内生性需求、为全球提供市场的新一轮全球化需要通过基本现代化战略来塑造，等等。

三是经济发展的质量要发生变革。过去我国商品和资本双短缺，导致经济发展中偏重于数量的满足，而忽视发展的质量、产品的性能和服务。目前我国商品和资本双过剩，商品供给数量充足、竞争充分、开放度高，低质量供给必然导致老百姓把货币投票转向国外高质量商品，转向寻求高回报的优质资产的理财活动。前一种转移行为会导致国内经济循环不畅，商品进一步过剩；后一种行为会推动资产价格迅速上扬，出现严重的"资产荒"，推动虚拟经济泡沫化。两者的问题都最终表现为效率低下以及经济金融危机。这就是说，要投入更多的资源用于提升商品的供给质量，提供更多的优质金融资产，以平衡经济发展矛盾，满足人民日益增长的美好生活的需求。

四是资源配置的规则要有所改变。帮扶弱者、精准扶贫、促进落后地区发展，都要纠偏市场效率标准单一起调节作用的经济发展环境，更好地发挥政府在社会正义和公平环境建设中的作用。也就是说，要把一部分过去按照市场效率调节的资源配置活动，转化为全面小康社会建设的协调和均衡发展要求。这一资源配置规则的改变，必然在中短期内对效率导向的经济增长起到负面作用。

新一轮追赶战略所面对的内外部环境变化的夹击，以及发展进程自身遇到的多种挑战，必将引发经济社会的变革，由此改变中国经济增长的趋势和相应的政策选择。[①] 转型面对是唯一正确的出路，但是转型必须找准方向和路径。基本的影响可以总结如下：

第一，中国以要素价格不断上升为基本特征的变革正在形成。近年来，中国上游产业掀起了涨价潮，各类能源成本飙升、用地价格飙升、高昂的利率水平等现实因素，叠加上中国版的各种收入倍增计划的实施、人口数量减少及老龄社会来临后家庭抚养比率的上升、社会福利程度的提高和社会保障的均等化、美丽中国目标的实现等，不难发现，追求全面均衡协调发展，尤其是补民生工程和社会建设短板，一方面意味着发展重心的转移和重视追求人民幸福；另一方面则意味着未来中国经济将在各种内外生因素的驱动下，面临着十分强劲的要素成本上扬趋势。由此必将带来劳动、人口、收入、消费、投资、环境等一系列变化。这一系列变化将推动中国经济发展方式转变。因为，居民收入水平上升、人民生活水平提高、国民消费和福利水平增长、民众环境意识的高涨，是促进经济发展转向依靠内需尤其是依靠消费需求的关键动力，是经济发展的根本目的回归满足民众日益增长的美好生活需求的基本途径之一。

第二，要素价格不断上升，一方面倒逼经济转型升级，同时也会产生内在的通货膨胀趋势。前一种情景正是我们过去梦寐以求的发展环境，即经济转型升级的倒逼机制和推动力量开始形成，发展进程越来越接近于人本化的本质要求。过去我们推行的转型升级之所以成效不显著，是因为经济变革缺少这样一种内生的冲击力。

---

① 蔡昉：《承受短期冲击阵痛转变经济发展方式》，http://www.sznews.com/zhuanti/content/2008-12/21/content_3472800.htm，2018年12月21日。

但是也应看到，在这个过程中，如果不断上升的要素成本难以被相应的创新和生产率上升所消化，就必然会产生成本推动型通货膨胀的压力。如民众收入的不断提高，将推高农产品、服务消费等所有产出品的价格水平，同时提高产出的机会成本，由此带来经济体系中的连锁涨价反应，以及对物价总水平长期上涨的潜在压力。

第三，要素价格的不断上升可能会下拉中国经济增长速度。要素价格的不断上升，意味着企业只有依靠技术进步、劳动者素质提高、管理水平提升等创新驱动因素支撑，才能够消化掉成本上升的副作用。这预示着中国将全面进入创新驱动和结构调整的快车道，但由此会导致经济增速的降低。这是因为：一是低附加值出口导向的企业势必会被挤出国际市场，原来某些低技术水平的外国直接投资企业会被逼转移到周边一些要素成本相对较低的国家；二是一些成本高企的企业如果不能适应将会因此而丧失市场竞争力，出现破产倒闭，这是适当速度换取结构调整的代价之一，也会表现为速度降低；三是随着居民收入和消费水平的提升，消费者选择度增加，企业之间竞争消费者的力度空前提高，企业投资风险更大，投资行为也会更加谨慎；四是在过渡到以服务业和战略性新兴产业为主体的现代产业体系的过程中，中国将直接面对发达国家高竞争力企业的竞争，两者之间的技术差距和由此决定的市场差距，将极大地影响中国经济增长的可能性空间。

第四，要素价格的不断上升可能会导致经济滞胀。经济将可能较长期地陷入"低增长、高通胀"的滞涨漩涡中。从发达国家经济成长的历史经验看，显然短期承受这种阵痛，才能真正实现长期的经济发展方式转变。化解这种两难选择的唯一途径，就是要尽快进入创新驱动的现代经济增长轨道。这种转变包括三大方面：一是减少对第二产业尤其是重化工业的过分依赖，转向更多依赖第三产业、高技术产业和战略性新兴产业；二是把过度依赖出口、投资转向将消费、投资、出口三者互相协调，更多地转向扩大内需；三是把依赖投入为主的增长方式，转向主要依赖技术进步、生产率提高。这个过程可能会出现较大幅度的资本调整和劳动调整，由于要素调整尤其是劳动的刚性，社会必然会出现各类结构性失业。如果发展的动力机制转换不力、发展的社会保障基础不牢靠，中国就极可能出现各种利益冲突和社会矛盾，从而陷入发展的"陷阱"。

因此，避免陷入中长期的滞胀格局，避免陷入"中等收入陷阱"，在某种程度上是说，在相对均衡协调的追赶战略下，如何面对以要素价格不断上升为基本特征的经济变革的挑战，及时转换发展政策取向，从而抓住新经济变革、技术创新所提供的发展机遇。

对政策决策者来说，在经济发展进入新常态下，为了应对要素价格不断上扬的压力，要做的事包括：

第一，货币政策当局需要控制好货币的发行量，这是保持宏观经济稳定的基本前提。

第二，在当前货币投放过多、前期的"大水漫灌"政策需要消化的情况下，还需要把需求管理政策为主的政策取向转向供给侧结构性改革，以改善供给结构、提高供给质量、调整供给政策，满足国内不断扩张的有效需求，防止需求外溢。

第三，以需求管理为主的宏观经济政策在开放型经济条件下还远远不够。中国物价的变动极大地受大宗商品的进口价格波动的影响，而后者又不是货币管理当局能够有效控制的变量，如世界油价问题、粮食进口问题、矿产资源进口价格问题等，都是显著地影响中国物价总水平的重要变量，但是它们都不是中国货币管理当局可以自主调节的变量，而需要从供给角度开拓新的多元化的供给来源，或寻找新的替代解决方案。

第四，为了应对低增长对就业的压力，必须纠正长期的追求经济增长速度的不良倾向，把发展的立足点真正转移到以质量和效益为中心的轨道上来。低一些的增长率不可怕，可怕的是增长无效率。政策决策者应该追求的是"居民有收入、企业有利润、政府有税收"的协调同步增长（杨伟民，2012）。为此，未来宏观经济管理目标要从偏向于追求经济增长速度，转向偏向于追求直接关系民生的就业、稳定和反通胀上来，建立和不断完善各类社保、医疗和养老体系，由此带动产业结构的调整和升级。

对企业界来说，要素价格的不断上升对从事实体经济活动的企业压力最大，但是也会给勇于创新的企业带来新的机遇：

一是收入的增长和消费的提升，是企业抓住商机变化的重大战略机遇。全面地研究和开拓居民消费的升级趋势，在更加差异化的细分市场中找到蕴藏着的巨大商机，体现了企业战略管理的水平和能力。

二是以收入增长为依托的内需扩大，必将带来具有本地化生产和消费特征的中国服务业的大发展，率先行动的企业将在各类生活类服务业如养老、医疗、健康、家政、旅游等行业中寻求到重大发展机遇，在生产性服务业如信息技术服务、金融保险理财服务、法律财务咨询服务、人力资本服务等领域找到新的增长点。

三是消费的升级和差异化将给企业以明晰的信号，引导企业沿着创新驱动方向发展，从而以更高的劳动生产率增速消除工资快速增长的负面作用等。

三、协调性宏观经济政策的重心：向结构调整
要速度、效益和质量

中国重要战略机遇期的内涵和条件正在发生重大的变化，主要表现为以下两个方面：

一方面，2008 年世界经济金融危机以来，全球经济正运行于重大技术革命到来之前产业结构调整的初始阶段，一旦以制造智能化、新材料、生物医学、3D 打印机等为特征的技术革命浪潮正式启动，世界经济将由此进入新一轮上升阶段。在此之前，全球经济将长期处于周期性调整的底部阶段。中国将长期面临并不宽松的全球发展环境。而影响国内中长期经济运行的环境因素，即前期支持经济快速增长的改革红利、人口红利、全球化红利、土地红利都在逐步消失，同时体制瓶颈、发展瓶颈、资源瓶颈、环境瓶颈等制约因素集中出现。

另一方面，支持持续增长的因素则表现为新一轮改革的制度红利正在发力；数量型的人口红利虽然在减弱，但是人力资本红利正在累积；低成本模仿和学习的红利趋于消失，但是创新驱动的红利正在增长。另外，区域发展的不平衡，其实使中国的发展更加具有缓冲能力，具有更大的回旋余地。同理，中国具有众多农村人口的城镇化进程和城市的再城市化的红利，也有很大的空间和厚度。

中国发展的经验证明，我们的困难不在于速度的高低，而在于在既定的、适合的速度下，如何转变发展方式，如何把发展的立足点转向提升发展的质量和效益。这就提出了如何围绕经济结构战略性调整做好持续发展这篇文章的问题。发展理论告诉我们，在经济发展的一定阶段上，主动积极地进行经济结构的战略性调整，是迎接新经济变革所提供的战略机遇的不二法门。向结构调整要效益、向结构变化要速度，是走出仅仅依靠投入和消耗维持发展速度的怪圈、全面进入集约化经济发展方式的主要标志和途径。

中国经济在追赶战略目标下，需要重点考虑以下几种结构的战略性调整问题，以建立应对经济重大变革时代均衡协调的发展机制：

第一，从需求结构看，最重要的是必须调整好内需与外需之间的均衡协调关系，确立基于内需的经济全球化战略。只有需求这个龙头调整好了，整个经济结构的战略性调整才会有正确的方向。以追赶战略下增长所依赖的市场为例。过去追赶战略所依托的是外需市场，金融危机之后，发达国家逆全球化趋势明显，我们逐步失去了这种基于出口导向的经济全球化的增长条件。因而，怎样利用自己的内需市

场去实现新一轮的追赶，就成为宏观经济政策的重要选择。西方世界正在流行"逆全球化趋势"，对中国出口导向的经济全球化战略影响极大。总的来看，这种全球政治经济环境的变化，迫使中国要更加积极主动地调整开放战略，更紧迫地实施基于内需的新一轮经济全球化战略。再如，虽然从总体上看，如果没有足够的需求力量的支撑，我们不可能诱导企业生产率增长，从而也不可能消除成本高企态势下的各种负面作用，但是，如果这种需求仅仅是外需而不是内需，也无法引导企业进入自主技术创新的轨道，更无法实现赶超战略下相对均衡协调发展的目标。因为，实践证明自主创新必须基于中国庞大的内需，基于外需进行国际代工是没有任何前途的。国际代工在相当长的一个时期内，只能做全球价值链的低端环节的业务（如加工、制造、装配），而无法做"中国设计"和"中国创造"。因为，在国际代工下，一方面，中国的比较优势将长期被锁定在价值链的低端；另一方面，产业价值链高端的环节和业务又被牢牢地掌控在跨国企业手中。在开放的全球化经济中，发展国内价值链，利用中国庞大的内需和纵深的产业链，培育掌控全球价值链高端的中国跨国企业，才能够实现产业的转型升级。为此，需要我们依托于内需市场组建中国跨国公司，建立国家和区域创新体系，才能抓住新一轮经济变革环境所提供的发展机遇。

第二，从供给结构看，最需要调整的是产业间均衡关系和产业内均衡关系，建立以战略性新兴产业和现代服务业为主的现代产业体系。产业间的均衡关系和产业内部的均衡关系，是国民经济发展的实体内容。在转变发展方式的大背景下，建立产业间的均衡关系，就是要以战略性新兴产业和现代服务业替代那些低附加值、低技术水平、高消耗和高污染的传统产业，替代那些容易引起经济泡沫、使经济过度虚拟化的产业，就是要摆脱中国经济对严重污染的重化工业的依赖，降低对低附加值、高消耗产业的依赖，解除房地产泡沫绑架经济发展进程的危险格局。根据历年《上海统计年鉴》《江苏统计年鉴》《浙江统计年鉴》数据计算，2016年，江苏科技进步对经济增长贡献率达到61%，第三产业比重超过48%，近五年来年均提升1.4个百分点，三次产业结构实现"三二一"的标志性转变。浙江高新技术产业增加值则从2011年的2 396亿元增加到2016年的4 910亿元，三次产业结构从4.9∶51.1∶44调整为4.3∶45.9∶9.8。2016年上海第三产业增加值占全市生产总值的比重达到67.8%，五年内提高10.5个百分点，服务经济为主的产业结构基本形成。未来长三角地区要建立产业内部的均衡关系，一方面，要打破市场结构的垄断尤其是政府和国有企业的行政垄断，放手让民营经济进入进行充分竞争；另一方面，要通过竞争和并购等资产重组形式，在现代产业体系内形成以垄断竞争和寡头竞争为主的市场结构，代替那种"大企业不大、小企业不小"的低水平过度竞争格局，利用自己的内需力量培育和壮大中国的跨国公司。因此，产业的均衡化和高度化，既表现为国民经济资源不断地流入高附加值、高技术水平、高生产率的产业部门，同时在不断地淘汰那些低附加值、低技术水平、高消耗和高污染的传统产业；也表现为产业内部的资源在市场信号驱动下通过竞争选择向效率高的企业集聚和集中的过程。供给结构调整的通俗说法是用加减乘除法：（1）加法。推进战略性新兴产业和现代服务业的发展，让其形成国民经济的支柱，从而逐步替代房地产这个事实上的、现实中的国民经济支柱产业。（2）减法。要逐步淘汰"三高一资"产业，使政府预算逐步摆脱对土地财政的依赖；不使国民经济的发展建立在类似泡沫化的房地产业等的"沙滩"上。（3）乘法。要通过提高鼓励创新等措施，提升科技在发展中的贡献度，增加专利和核心技术。（4）除法。通过法制化建设，推进市场竞争环境的相对公平化，使市场主体进行以效率为核心的经济竞争，对称化市场主体的权责利，从而形成产业结构调整的微观机制。

第三，从空间结构看，最需要调整的是东、中、西部经济布局的均衡协调关系，建立以国内价值链为基点的产业治理关系。中国区域经济发展的格局，突出地表现为沿海化、城市化、城市群化三种倾向。生产主要集中在沿海地区、大城市和发达省份。如目前沿海三大城市群（渤海湾、长三角、珠三角）已经成为中国经济的"三驾马车"和增长极，面积只占全国 3.4%，创造了全国近 406% 的 GDP、全国 70% 左右的货物出口，吸引了一半以上的外商直接投资。[①] 当前，我国沿海地区、大城市和发达省份正处于走向全面建成高水平小康社会和启动基本实现现代化的阶段，经济集聚状态将会进一步显现，而同时"过密效应"下所显示的大规模的产业扩散效应还没有真正到来。但是，我们应该看到，一是这种生产要素和经济活动的区域集中趋势，在引入了开放型的国际贸易和国际投资因素后，可以发现并不仅仅是政策的区域歧视带来的，更重要的是地理位置、出口导向、全球价值链和国内价值链在形成地区发展差异中起到了决定性的作用。这种地区间经济发展的差异形成具有较强的内生性（刘志彪，2013b）。二是这种生产要素和经济活动的区域集中趋势，导致了中国区域间居民生活和福利的严重不均衡。出于对那些生活在贫困地区的弱势群体的关注，党的十九大之后，中国区域经济协调发展的政策很自然地就是要使中国经济增长在空间上保持相对的均衡发展。回归地区均衡发展趋势从表面上看似乎可能有损于直接的经济效率，但是，这种政策要求不仅从政治社会稳定的角度是可以理解的，而且从间接的经济效率看，也可以直接起到扩大内需、促进可持续增长的重要作用，因此，它是应该在市场调节基础上逐步得到有效实施的政策。[②] 三是

---

① 参见胡鞍钢为《2009 年世界发展报告：重塑世界经济地理》写的序言。

② 经济增长在空间的均衡直接提升落后地区民众的收入水平，从而起到扩大消费的作用。类似的研究很多，其中比较有代表性的研究发现，最低工资增加而导致的收入增加对消费有 3 倍的乘数效应（Aaronson, Agarwal, and French, 2008）。

根据中国新一轮以扩大内需为基点的经济全球化趋势，中国区域经济协调发展的基本路径是要从加入全球价值链逐步走向建设和完善国内价值链，发挥国内价值链中微观治理机制对产业布局和转移的自动调节作用。这个问题需要专题讨论，限于篇幅我们不再论述。

第四，从动力机制结构看，最需要调整的是低成本驱动的发展转向效率驱动和创新驱动的发展，更换发展的引擎系统。过去我们的发展，总体上属于利用低成本的比较优势建立劳动密集型产业体系进入国际竞争，是一种典型的"后发战略"。进入相对均衡协调发展时期，虽然我们仍然可以利用我国东、中、西部三大地带的回旋余地，在一定程度上继续延伸低成本"比较优势"或"雁阵形态"的产业配置和转移格局，但是从本质上看，最终还需要形成创新驱动的竞争优势，真正、彻底地进入主要依赖技术进步、生产率提高的现代经济增长轨道。我国广大的东部沿海发达地区已经具备了逐步扬弃"后发优势"战略和实施"先发优势"战略的基本条件。这时，科技创新就必须摆在国家发展全局的核心位置上。在制度创新的支持下，突破发展陷阱"魔咒"的主要武器，也在于加速发展创新型经济。由此才能用高经济回报化解生活水平提高后要素价格再评估的巨大压力。在创新经济发展中，我国发达地区在全球经济舞台上的角色会由追赶者和赶超者逐步变为并行者，甚至成为领跑者，同时，在角色定位上，会由技术标准的遵循者、模仿者变成规则的制定者和维护者；在市场结构的地位上，将由弱势的追随者变成市场的垄断者或寡头竞争者；在全球价值链治理的位置上，将由从事低端国际代工的"被俘获者"变为价值链的控制者和"链主"。为此，要通过深化科技体制改革，推动科技和经济紧密结合，加快建设国家创新体系和区域创新体系，构建以企业为主体、市场为导向、产学研相结合的技术创新机制，形成财富效应刺激科技创新的有效氛围；还要建立严厉的知识产权保护体系，实施定期垄断的专利制度，完善科技创新评价标准、激励机制和转化机制，等等。

第五，从调节机制结构看，最需要的是重新构建政府与市场的均衡关系，建立"有为政府＋强市场"的调节机制。中国改革开放40年来的发展，得出的一条重要的经验就是，要在经济发展和转型中坚持走由"强政府＋弱市场"逐步转向"有为政府＋强市场"有效结合的道路，即除了发挥政府的有效作用外，还要通过经济转轨不断形成以市场为基础的资源配置机制。在市场失灵的地方，不是简单地通过引进政府调节的方式，而是通过不断地完善市场的方式去解决，如放松政府管制、着力完善产品市场和要素市场。只有在市场不能发挥作用的领域，才通过政策解决或者引入政府来提高运行的效率，如基础设施建设领域、生态环境保护领域、扶贫攻坚领域、科技和产业创新领域等。因此，中国的发展经验不是简单地由政府代替市场和由政府去挤出市场。需要强调的是，这里的"有为政府"，不是干预经济多、干预力度大、干预手段多的政府，而是坚守自己的公共调节职能，坚定不移地控制住自己干预企业经营投资的冲动的政府，是坚守政府理性边界、只做适合于自己在市场经济中角色的政府。就政府行为动机来说，比起干预经济，控制住自己不干预是更加困难的行为，是更强的有为而有位的政府！中国特色社会主义的经济发展和追赶战略，如果坚持走"有为政府＋强市场"有效结合的道路，那么根据当代中国发展的现实，最重要的机制结构改革问题就是三个方面：一是对"有为政府"功能的重新定位；二是变"弱市场"为"强市场"；三是在实现"强市场"的基础上，实施"有为政府"的有效调节。

参考文献

［1］李稻葵，徐翔. 中国经济结构调整及其动力研究［J］. 新金融，2013（6）：10－19.

［2］林毅夫，蔡昉，李周. 中国的奇迹：发展战略与经济改革［M］. 上海：上海人民出版社，1994.

［3］刘志彪. 基于内需的经济全球化：中国分享第二波全球化红利的战略选择［J］. 南京大学学报（哲学·人文科学·社会科学），2012，49（2）：51－59.

［4］刘志彪. 追赶战略下中国工业化的资本来源：影响与改革取向［J］. 学习与探索，2013a（1）：77－82.

［5］刘志彪. 我国区域经济协调发展的基本路径与长效机制［J］. 中国地质大学学报（社会科学版），2013b，13（1）：4－10.

［6］吴敬琏，樊纲，刘鹤等. 中国经济50人看三十年：回顾与分析［M］. 北京：中国经济出版社，2008.

［7］吴申元，王晓博. 从毛泽东到江泽民：赶超战略思想的继承与发展［J］. 河南师范大学学报，2003（5）：34－37.

［8］杨伟民. 全面小康总部署八大战略关键［J］. 瞭望，2012（49）：12-14.

［9］Aaronson D. , Agarwal S. , French E. . The Consumption Response to Minimum Wage Increases［J］. Etudes Litteraires，2008，10（1－2）：223－297.

第一篇

产业协调发展

▶ 长三角地区三次产业的协调发展

▶ 长三角地区工业内部的协调发展

▶ 实体经济和虚拟经济的协调发展

第一章 ◀

长三角地区三次产业的协调发展

协调发展是中国特色社会主义进入新时代的五大发展理念之一。虽然协调发展本身具有多维内容，但是产业协调发展是其中最重要的物质基础。产业发展是一个系统性工程，多个产业共同构成一个生态体系才能共同壮大，如主导产业壮大虽然能带动其他相关产业的共同成长，但如果没有其他相关产业的支撑，主导产业也无法独自壮大。所以，产业彼此之间存在的紧密联系，必然意味着产业发展也需要贯彻协调发展新理念，处理好不同产业发展过程中的重大关系。

对产业协调发展问题的研究，目前国内理论界的探讨并不充分。赵明亮（2015）率先从产业关联角度分析新常态下中国产业协调的发展路径，提出中国产业协调发展的路径应该包括四方面：第一，通过第二产业与第三产业的支撑，促进第一产业规模化生产经营模式实现及效率提升；第二，第二产业转型升级需要从第一产业和第三产业中寻找突破口；第三，要提升信息技术、仓储物流、金融等服务业对第一产业和第二产业的带动作用；第四，要发挥研发、综合技术服务等服务业在三次产业提升和协调发展中的核心作用。部分文献的研究重点在于产业结构与就业结构之间的协调发展。沈滨、李许卡（2014）研究我国产业结构与就业结构的协调发展，认为我国就业结构调整滞后于产业结构调整。与此类似，戴志敏、罗燕（2016）研究了长三角16个城市的产业结构与就业结构的协调发展问题，测算发现，长三角就业变动水平较产值结构变动相对滞后，总体上产业结构与就业变动的协调发展度在上升，但呈现出局部极化、分异等突出现象。

当前直接针对长三角产业协调发展的定量研究成果不多，且多以定性描述居多。白鹤松（2008）认为，2006年长三角三次产业结构中第一产业偏低、第二产业偏高、第三产业偏低。郭晓刚（2013）则以吉林市为例，研究东北老工业基地的三次产业协调发展问题，认为其存在着产业发展层次不高、支柱产业单一和产业之间发展不平衡等问题，需要通过积极开发多功能农业、构建现代农业产业体系、加快创新步伐、壮大骨干企业和加速服务业提档升级等，积极推动吉林市三次产业协调发展。

总之，对产业协调的研究现状与贯彻协调发展新理念的要求之间，还存在着较大的距离。我们认为，产业协调发展应首先落实在三次产业层面，即要求第一、第二和第三产业的协调发展。[①] 分析三次产业的各自比重与由此形成的三次产业结构，尽管能为了解三次产业的协调发展提供初步证据，但这并不能准确度量三次产业发展的协调程度及其变动情况。在理论内涵上，三次产业是否协调发展，首先，要与经济发展的阶段特征相符合。经典的经济发展理论表明，随着一国经济发展水平的提高，三次产业的相对比重会随之变化，这是该国经济结构转变的重要体现；具体就是第三产业占比在持续上升，第一产业占比迅速下降，第二产业占比逐步下降。其次，三次产业是否协调发展，需要从供给和需求的匹配角度来理解。这不仅是宏观层面上三次产业的总供要与社会总需求保持一致，而且在细分产业层面，其产业供给和需求也要动态均衡。再其次，三次产业是否协调发展，还需要从资源配置效率和要素报酬均等化角度来理解。每一个产业的发展都离不开资源和要素的投入，如果社会资源能在三次产业之间合理配置，降低资源错配，减少资源无谓消耗，那三次产业的发展必然较为协调。在理想的静态状态下，同质要素在三次产业中获取的报酬将均等化。最后，三次产业是否协调发展，还需要结合具体地区的经济特征加以理解。每个地区的三次产业及其结构都是在其经济发展过程中内生演化而成的，其经济发展路径的其他特征，如政府干预、对外开放等诸多因素，都会对其产业发展产生作用，从而影响其三次产业发展的协调程度。

本章研究的问题是，长三角[②]作为中国经济社会发展水平最高的地区之一，也

[①] 我国三次产业的统计划分是：第一产业为农业（农林牧渔业）；第二产业为工业（包括采矿业、制造业、电力燃气及水的生产和供应业）、建筑业；第三产业是除了第一、第二产业以外的其他所有行业，主要对应于服务业。

[②] 长三角范围的界定存在不同的理解。从国家政策文件演变的角度分析，长三角的范围在逐步扩大，从狭义的长三角向泛长三角拓展。2010 年 5 月，国务院批准实施《长江三角洲地区区域规划》，将长三角范围确定为江苏、浙江和上海两省一市，并提出长三角地区发展的战略定位是"亚太地区重要的国际门户、全球重要的现代服务业和先进制造业中心、具有较强国际竞争力的世界级城市群"。但是，2014 年《国务院关于依托黄金水道推动长江经济带发展的指导意见》中提出，安徽作为长三角城市群的一部分，参与长三角一体化发展。2016年 5 月 11 日，国务院通过《长江三角洲城市群发展规划》，长三角城市群在上海市和江苏、浙江、安徽三省部分城市范围内，规划范围包括上海市和江苏、浙江、安徽三省的 26 个城市。政策文件的演变是用长三角城市群的概念来替代狭义的长三角地区概念，并将安徽的八个地级市纳入长三角城市群，从而试图在我国长江中下游地区打造世界级的城市群。本章强调在地区层面上来界定长三角，同时兼顾长江三角洲城市群范围扩大的现实，以浙江、江苏、安徽和上海三省一市作为研究对象，研究这三省一市的三次产业协调发展问题。

必须要率先在三次产业发展过程中践行协调发展新理念,那么长三角三次产业的发展是否符合协调发展理念呢?本章试图从贡献度、拉动度和耦合协调度等多方面,评估长三角三次产业协调发展的总体状态,判断其协调发展的阶段,并重点实证研究推动长三角三次产业协调发展的重要因素,分析这些因素对长三角三次产业协调发展的影响机理。

一、长三角地区三次产业协调发展的总体状态

本章选取长三角地区三省一市(江苏、浙江、安徽和上海)与全国三次产业2016年数据进行对比。如表1-1所示,2016年全国三次产业占比中,第一产业低于10%,第二产业和第三产业占比分别在40%和52%。与全国三次产业结构相比,长三角内部各地区三次产业结构体现出三种类型。上海是第一种类型,产业结构的服务化水平远远高于全国,第三产业的占比相对于全国水平高出了将近19个百分点,这也高于其他长三角省份,而第一产业和第二产业比重远低于全国和长三角其他省份,其第一产业占比低于1%。江苏和浙江是第二种类型,三次产业结构比例类似,第二产业比重高于全国4~5个百分点,但第三产业比重与全国基本持平,第一产业比重低于全国3~4个百分点。这两省都有较为发达的工业基础,其GDP增长较依赖于第二产业的发展。安徽则是第三种类型,第一产业和第二产业占比均高于全国水平,分别高出了2个百分点和8.6个百分点,而第三产业增加值占比远低于全国51.6%的水平,只占当年GDP的41%。这在一定程度上说明安徽产业层次要相对低于长三角其他地区。

表1-1 2016年长三角地区与全国三次产业增加值占GDP比重对比

地区	第一产业(%)	第二产业(%)	第三产业(%)
全国	8.6	39.8	51.6
上海	0.4	29.1	70.5
浙江	4.2	44.1	51.6
江苏	5.4	44.5	50.1
安徽	10.6	48.4	41.0

资料来源:Wind资讯。

（一）三次产业贡献率的分析

三次产业是否协调发展，不能仅观察其各自占比，也应该从其各自为经济增长做出的贡献大小角度来加以衡量。本章采用产业贡献率①来衡量 2016 年长三角地区三省一市三次产业对经济增长的贡献作用（见表 1-2）。在全国层面，2016 年第一、第二、第三产业贡献率依次为 0.05、0.26、0.69。与全国相比，上海第三产业贡献率高达 99.87%，第一产业贡献率为负，第二产业贡献率仅为 0.14%，其 GDP 增量基本靠第三产业来提供，说明上海经济增长主要依赖第三产业。浙江第三产业贡献率高于全国水平 4.8 个百分点，第一、第二产业贡献率则低于全国水平，其经济增长的动力来源已经从第一、第二产业逐步向第三产业转变。而江苏和安徽第三产业贡献率仍低于全国水平，第二产业贡献率分别高于全国水平 5 个百分点和 9.7 个百分点。江苏第三产业贡献率为 68.11%，略低于全国的 69.13%；安徽为 60.67%，比全国低接近 9 个百分点。这充分说明江苏和浙江经济增长动力转变速度不如浙江快，第二产业对经济增长的促进作用还不如上海和浙江这样重要。

表 1-2　　　　2016 年长三角地区与全国三次产业贡献率对比

地区	第一产业	第二产业	第三产业
全国	0.0510	0.2578	0.6913
上海	-0.0001	0.0014	0.9987
浙江	0.0370	0.2241	0.7389
江苏	0.0155	0.3034	0.6811
安徽	0.0526	0.3408	0.6067

资料来源：Wind 资讯。

（二）三次产业拉动度的分析

三次产业贡献度分析表明，长三角地区经济增长的主要动能聚集在第二和第三产业，尤其上海基本实现依赖第三产业来支撑其经济增长。除了贡献度指标外，要

---

① 产业贡献率是指各产业增加值增量与 GDP 增量之比。

量化考察三次产业对经济增长的促进作用，还可采用拉动度指标①。表 1 - 3 反映了 2016 年全国和长三角三次产业对经济增长的拉动度。全国第一、第二和第三产业拉动度依次为 0.41% 、2.06% 和 5.53% 。与全国相比，上海依然远远走在前列，其第三产业拉动度为 9.31% ，第一产业拉动度接近为 0，第二产业拉动度仅为 0.01% 。浙江、江苏和安徽第三产业拉动度也都超过全国，但三者中浙江保持领先。江苏和安徽第二产业对经济增长拉动度都要高于全国水平，而上海和浙江第二产业拉动度则低于全国水平。这也说明，江苏和安徽尚未完全进入以现代服务业为新动能的发展阶段。不仅如此，安徽的第一产业经济增长拉动程度也要高出全国 9%，整体而言，安徽的产业结构转型力度还是低于长三角其他地区，未来也可能需要通过不断调整结构将落后产能和过剩产能转变为新动能，从而保证经济的持续增长。

表 1 - 3　　　　　2016 年长三角地区与全国三次产业对经济增长拉动程度对比

地区	第一产业	第二产业	第三产业
全国	0.0041	0.0206	0.0553
上海	0.0000	0.0001	0.0931
浙江	0.0031	0.0188	0.0620
江苏	0.0013	0.0258	0.0580
安徽	0.0050	0.0327	0.0582

资料来源：Wind 资讯。

（三）三次产业耦合协调度的分析

三次产业协调发展程度的测算还可采用耦合协调度模型。耦合协调度模型在复杂系统协调程度研究中被广泛运用。例如，陈秧分、何琼峰（2016）用其分析我国各省城镇化、工业化与城乡收入差距这三者之间的协调发展程度；姜磊、柏玲和吴玉鸣（2017）用其分析我国各省经济、资源和环境的协调发展程度；刘龙龙（2016）用其分析黑龙江城镇化和区域经济的协调发展；李豫新、李金军（2016）则用其评价新疆人口系统与区域经济系统之间的协调程度。三大产业是否协调发展？其协调发展的程度如何演变？如果将这三大产业分别看成三个系统，那就可采

---

① 产业对经济增长的拉动度为 GDP 增长速度与各产业贡献率之乘积。

用耦合协调度模型，测算这三个子系统之间的协调发展程度。

该方法分为四个步骤。第一步，分别对三次产业的时间序列指标进行标准化处理，这是考虑到不同经济指标的计量单位不同，经过标准化处理后这些经济指标可以进行比较分析。标准化的方法参照式（1.1）。其中，$\min(l_t)$、$\max(l_t)$分别为该时间序列指标 l_t 的最小值、最大值。这种标准化处理使 L_t 的取值范围为 $[0,1]$。

$$L_t = [l_t - \min(l_t)] / [\max(l_t) - \min(l_t)] \tag{1.1}$$

第二步，测算三次产业在 t 年的耦合度 C_t。姜磊、柏玲和吴玉鸣（2017）比较分析多种耦合度计算方式，提出如式（1.2）所示的三系统耦合度计算公式更为合适。它遵循耦合度的初始定义，且取值范围为 $[0,1]$，能较好地反映三系统之间作用的强弱。其中，L_{1t}、L_{2t}、L_{3t} 分别是第一、第二、第三产业标准化后的时间序列指标。

$$C_t = \left[\frac{L_{1t} \times L_{2t} \times L_{3t}}{\left(\frac{L_{1t} + L_{2t} + L_{3t}}{3} \right)^3} \right]^{\frac{1}{3}} \tag{1.2}$$

第三步，利用第一步标准化后的三次产业指标，按式（1.3）所示，计算三大产业这三个系统的综合评价得分 TE_t。其中，β_1、β_2 和 β_3 分别是三个系统的权重。参照姜磊、柏玲和吴玉鸣（2017）的做法，考虑到三大产业之间虽然规模大小有差异，但从国民经济整体来看，这三大产业同等重要，所以本章对于这三个权重的处理采用两种办法：一是全部取值为1/3；二是分别取对应年份中的三大产业产值占比。

$$TE_t = \beta_1 L_{1t} + \beta_2 L_{2t} + \beta_3 L_{3t} \tag{1.3}$$

第四步，按照式（1.4）计算三次产业在 t 年的协调发展度 Y_t。协调发展度比耦合度更进一步，能更准确地显示三个系统之间的协调程度，其取值范围为 $[0,1]$。

$$Y_t = \sqrt{C_t \times TE_t} \tag{1.4}$$

本章选取上海、浙江、江苏和安徽第一、第二、第三产业的年度增加值和就业这两个基础的时间序列指标，其中，年度增加值跨度为 2002～2016 年，年度就业跨度为 2003～2015 年，数据均来自 Wind 资讯。按照上面介绍的测算方法，分别利用年度增加值和就业这两个时间序列指标，本章分别得到这三省一市在相应年份的四种协调发展度 Y_{it}，其中，i 表示这三省一市；t 表示年份。

在计算出三省一市三次产业协调发展度后，本章采用客观的四分位，将 $[0,1]$ 从高到低平均分为四个区间，对应于低水平、中等水平、较高水平和高水平四个阶段的协调发展水平。表1-4是2016年长三角地区以三次产业年度增加值为基础指标计算的协调发展度。表1-5是2015年以三次产业就业为基础指标计算的协调发展度。表1-4和表1-5的综合评价得分权重均为1/3，综合评价得分权重均为当年三次产业产值占比。本章第二部分将分析整个样本期内三省一市三次产业协调发展度的演变。

表1-4　　　　2016年长三角地区三次产业年度增加值的耦合协调度

地区	综合评价得分权重均为1/3		综合评价得分权重为2016年三次产业产值占比	
	耦合协调度	所属阶段	耦合协调度	所属阶段
上海	0.984	高水平	0.918	高水平
浙江	1.000	高水平	1.000	高水平
江苏	1.000	高水平	1.000	高水平
安徽	1.000	高水平	1.000	高水平

表1-5　　　　2015年长三角地区三次产业就业的耦合协调度

地区	综合评价得分权重均为1/3		综合评价得分权重为2015年三次产业产值占比	
	耦合协调度	所属阶段	耦合协调度	所属阶段
上海	0.943	高水平	0.938	高水平
浙江	0.561	较高水平	0.679	较高水平
江苏	0.566	较高水平	0.682	较高水平
安徽	0.501	较高水平	0.608	较高水平

如表1-4所示，2016年三省一市用三次产业年度增加值计算的耦合协调度均处于高水平。浙江、江苏和安徽三次产业协调程度均为1.000，这是由于其三次产业增加值在样本期间保持较为平衡的增长态势。上海三次产业协调度分别为0.984和0.918，这与上海第三产业增加值在样本期内增速超过第一、第二产业有关，第三产业的快速发展反而降低上海三次产业的协调度。

表1-5是2015年长三角地区以三次产业就业人数计算的两种耦合协调度及其所属阶段。其中，耦合协调度要普遍低于表1-4的结果，但长三角地区在2015年耦合协调度均在0.5以上，均处于较高及之上水平，均不改变协调发展水平所属阶段。而且，无论综合评价得分以1/3作为权重还是以三大产业产值占比作为权重，上海三次产业协调程度大大高于浙江、江苏和安徽。上海耦合协调度分别为0.943、

0.938，已经达到很高的协调发展水平，而后三者耦合协调度仅为 0.5 ~ 0.7，江苏和浙江协调发展度相似，而安徽最低。这一结果更加符合对长三角地区三省一市的直观理解。

二、长三角地区三次产业协调发展的阶段分析与判断

（一）基于工业化阶段特征的三次产业协调发展阶段判断

陈佳贵、黄群慧和钟宏武（2006）在评价我国各省（区、市）的工业化水平时，结合钱纳里等（1989）的划分方法，提出人均 GDP 与三次产业的产值结构应该体现出如表 1 - 6 所示的对应关系。这可以视为判断三次产业相对比重是否协调的一种方式。王小刚、鲁荣东（2012）也认同这种对应方式。

表 1 - 6　　　　　　　　人均 GDP 与三次产业产值结构的对应关系

指标	前工业化阶段	工业化初期	工业化中期	工业化后期	后工业化阶段
2004 年美元	720 ~ 1 440 美元	1 440 ~ 2 880 美元	2 880 ~ 5 760 美元	5 760 ~ 10 810 美元	10 810 美元以上
三次产业的产值结构（以三次产业的 GDP 占比来衡量）	第一产业 > 第二产业	第一产业 > 20%，且第一产业 < 第二产业	第一产业 < 20%，且第二产业 > 第三产业	第一产业 < 10%，且第二产业 > 第三产业	第一产业 < 10%，且第二产业 < 第三产业

资料来源：陈佳贵、黄群慧和钟宏武（2006）。

本章选取长三角地区三省一市 2016 年人均 GDP 数据，剔除 CPI 指数影响后，再除以 2004 年平均汇率得到人均 GDP 对应美元数值。其中，上海人均 GDP 为 10 224.08 美元，达到后工业化阶段的人均 GDP；同时，其三次产业的产值结构也符合后工业化阶段特征，第一产业的 GDP 占比小于 10%，且第二产业占比小于第三产业。所以，上海三次产业协调发展程度完全符合后工业化阶段的特征。安徽 2016 年人均 GDP 为 3 466.09 美元，第一产业占比 10.6%，小于 20%；第二产业占比要高于第三产业。可以认为，安徽三次产业协调发展程度完全符合工业化中期的特征。按照表 1 - 6 的标准来评价，上海和安徽虽然处于不同的工业化阶段，但其三次产业结构特征都符合其所处工业化阶段的标准，属于三次产业协调发展的省份。

江苏、浙江两省的情况则更加复杂，偏向属于三次产业不协调发展的省份。2016

年江苏、浙江人均 GDP 分别为 8 498.31 美元、7 448.29 美元,均达到工业化后期水平。从三次产业占比来分析,这两省虽然第一产业比重都低于 10%,但第二产业占比均低于第三产业占比,并不符合工业化后期阶段第二产业占比大于第三产业占比的特征。近 10 年间,江苏和浙江第二产业比重在不断下滑,分别在 2013 年和 2014 年,其各自第三产业占比超过第二产业。这种三次产业结构特征并不完全与工业化后期特征相符,在此意义上,苏、浙两省三次产业协调发展程度与其工业化后期阶段特征不符。

(二) 基于国际比较的三次产业协调发展阶段判断

从地理位置上来看,长三角地区是中国面向世界的门户之一,具有强大的经济活力。因此,在分析长三角地区三次产业协调发展程度时,可以尝试与世界上其他经济体进行对比,据此判断长三角地区目前的结构水平,规划长三角地区未来的发展方向。本部分选择美国、德国和日本 2002～2015 年三次产业结构数据与长三角地区进行对比(见图 1-1)。

如图 1-1 所示,自 2002 年以来,美国、德国的产业结构基本维持在稳定状态。如表 1-7 所示,2015 年美国、德国、日本第一产业占比均为 1% 左右;第二产业占比为 20%～30%;而第三产业占比接近或超过 70%。这也是该期间这三国三次产业占比的基本特征。美国和德国三次产业占比小幅波动出现在 2008～2009 年金融危机期间,第三产业占比小幅上升,第二产业则小幅下降。与此形成鲜明对比的是,虽然长三角地区经济在 2002～2015 年间保持着稳步增长态势,三次产业中第三产业比重逐年上升,第二、第一产业占比不断下降,但是整体的产业结构与发达国家相比也存在很大差异。上海市服务业占比很高,与发达经济体产业结构更为相似。但长三角地区整体上第二产业占比依然较高;第三产业占比刚超过第二产业占比不久;第一产业虽然占比下滑,但依然高于发达国家。在此意义上,长三角地区依然要意识到,当前自身发展阶段和发展水平与这些发达国家之间存在明显差距。

表 1-7　　2015 年美国、日本、德国三次产业增加值占 GDP 比重　　单位:%

国　　　家	第一产业	第二产业	第三产业
美国	1.1	20.0	78.9
日本	1.1	28.9	70.0
德国	0.6	30.5	68.9

资料来源:世界银行 WDI 数据库。

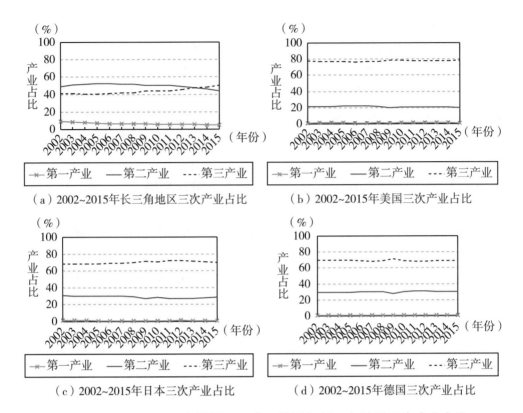

图 1－1　2002～2015 年美国、日本、德国与长三角地区三次产业占比

资料来源：世界银行 WDI 数据库；Wind 资讯。

　　从更长时间视野来看，表 1－8 显示，美国第二产业占比从 1950 年的 37.0% 开始逐渐下降；第三产业则呈现上升趋势。而表 1－9 显示，德国第二产业占比从 1950 年的 48.9% 上升至 1960 年的 60.7%，之后逐渐下降；第三产业呈现相反的态势。表 1－10 显示，日本第二产业占比从 1955 年的 29.6% 上升至 1973 年的 45.0%；第三产业占比在这段区间内变化不大，1955 年日本第三产业比重为 49.0%，1973 年这个比重为 49.8%，提高不到 1 个百分点。然而，自 1973 年石油危机后，日本认识到自身资源方面的缺陷，积极调整优化产业结构，实施"科学技术立国"战略，成功克服石油危机，把握住了经济技术发展的好时机，随后的 6 年间，日本的第三产业占比出现上升迹象，1979 年达到 52.4%，然后增速又进一步加快，远远超过第二产业和第一产业，2003 年第三产业占比为 63.1%。关雪凌、丁振辉（2012）通过研究日本三次产业结构发现，在日本经济高速发展阶段，产业结构高级化作用十分明显。总体来说，自第二次世界大战结束以后，大多数发达国家都经历了一段时期的工业发展，在 20 世纪 60～80 年代第二产业占比达到最高值，之后第三产业产值贡献增长速度加快，其占比反超第二产业。

表 1－8　　　　**1950～1986 年美国国内生产总值三次产业构成**　　　单位：%

年份	第一产业	第二产业	第三产业
1950	7.3	37.0	54.5
1960	4.3	35.5	59.9
1970	2.9	32.2	64.7
1980	2.8	30.2	65.2
1985	2.3	27.5	69.3
1986	2.2	26.4	70.6

资料来源：方甲（1997）。

表 1－9　　　　**1950～1989 年德国国内生产总值三次产业构成**　　　单位：%

年份	第一产业	第二产业	第三产业
1950	10.4	48.9	40.7
1960	6.8	60.7	32.5
1970	3.4	53.1	43.5
1980	2.2	44.8	53.0
1984	2.1	42.6	55.3
1989	2.1	40.3	57.6

资料来源：方甲（1997）。

表 1－10　　　　**1955～2003 年日本国内生产总值三次产业构成**　　　单位：%

年份	第一产业	第二产业	第三产业
1955	21.4	29.6	49.0
1960	16.1	34.9	48.9
1973	5.2	45.0	49.8
1979	3.9	43.7	52.4
1990	2.7	43.1	54.2
2003	1.5	35.4	63.1

资料来源：日本统计局，http://www.stat.go.jp/english/data/chouki/03.htm。

对比来看，长三角地区除了上海三次产业结构已经接近发达国家近年特征，江苏、浙江、安徽三省目前第二产业占比相对高、第三产业占比相对低。2016 年江

苏、浙江、安徽三省三次产业占比与日本 1970～1979 年区间相似，与德国 1970～
1989 年区间相似，与美国 1950～1960 年区间相似。

（三）基于耦合协调度的三次产业协调发展阶段判断

本部分采用耦合协调度指标，分析 2002 年以来长三角地区三次产业协调发展
的阶段演变。图 1－2 是以三次产业年度增加值为基础指标计算的耦合协调度，其
中，图 1－2（a）的综合评价得分权重为 1/3，图 1－2（b）权重为对应年份的三
次产业产值占比。

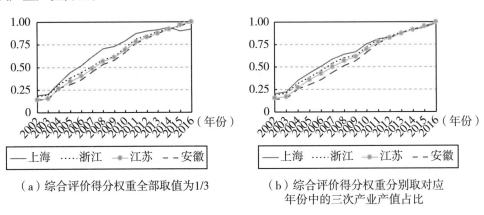

（a）综合评价得分权重全部取值为1/3　　　　（b）综合评价得分权重分别取对应
　　　　　　　　　　　　　　　　　　　　　　　年份中的三次产业产值占比

图 1－2　2002～2016 年长三角地区三次产业协调度（年度增加值）
资料来源：Wind 资讯。

如图 1－2 所示，三省一市三次产业的协调程度增长稳定，基本上保持每年增
加 5.5 个百分点左右。按照客观四分位来划分协调发展度的四个阶段，得到低水
平、中等水平、较高水平和高水平四个阶段，三省一市在 2002～2003 年处于三次
产业协调发展的低水平阶段，接下来三年则上升到中等水平阶段，然后自 2007 年
左右踏入较高水平，并在 2016 年达到高水平的协调程度。这说明，整体而言，长
三角地区三次产业协调程度保持稳步上升的趋势。

需要指出的是，上海三次产业协调程度的提高步伐走在其他三省的前面，领先
于其他三省。当权重取为 1/3 时，上海呈现出前期增长快、后期速度放缓的趋势，
比其他三省提前 1.5 年左右踏入三次产业协调程度的更高阶段。上海三次产业协调
度在 2002～2011 这个区间内增长较快，平均每年增加 6.8 个百分点；但自 2011
年后其增速放缓，2015 年协调度甚至下降 4.4 个百分点。这主要是由于上海在
2014 年后第一产业产值规模持续下降，影响三次产业之间的协调性和稳定性。但当

权重取为当年三次产业产值占比时，上海三次产业协调发展度整体趋势与三省一致，但还是提前三省 1 年左右跨入较高水平和高水平区间。

图 1 - 3 是 2003 ~ 2015 年三省一市以就业人数计算的三次产业协调程度，其中，图 1 - 3 （a） 的综合评价得分权重为 1/3，图 1 - 3 （b） 权重为各年三次产业就业占比。2013 年三省一市协调发展度均极为接近，故将 2013 年作为分界点。在 2013 年之前，上海、江苏和安徽三次产业协调发展度的整体发展水平和趋势比较相近，均在 2005 年左右开始上升，以平均每年 5 个百分点左右的速度，从中低水平阶段逐步提升至较高水平阶段。具体而言，江苏和安徽上升比较稳定，而上海则带有波动性。浙江三次产业协调程度明显高于其他地区，2004 ~ 2011 年以平均每年增加 6.8 个百分点的速度提升至高协调发展水平，而 2011 年后则开始下降，到 2013 年已经与其他地区水平十分接近。在 2013 年之后，江苏和安徽三次产业协调度开始小幅下降，浙江也继续保持下降趋势，三省协调发展度趋于一致。上海却在 2013 ~ 2014 年大幅提升至 0.9 以上，达到高水平阶段，并在 2015 年依然处于高水平阶段，与其他三省的三次产业协调度拉开差距。总体来说，上海在 2003 ~ 2015 年迅速从低水平阶段发展到了高水平阶段，虽有个别年份有所下降，但整体三次产业协调度不断提高；而其他三省则在经历 2013 年前的逐步提高后，近年来三次产业协调度略有下降，这可能源于第一产业和第二产业就业人数的回落。

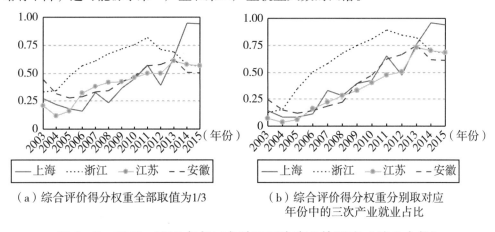

（a）综合评价得分权重全部取值为1/3　　　（b）综合评价得分权重分别取对应
　　　　　　　　　　　　　　　　　　　　　　年份中的三次产业就业占比

图 1 - 3　2003 ~ 2015 年长三角地区三次产业协调度（就业人数）

资料来源：Wind 资讯。

（四）基于全面建成小康社会的三次产业协调发展阶段判断

党的十八大报告首次正式提出，我国要全面建成小康社会；党的十九大报告提出，我国到 2020 年是全面建成小康社会决胜期，既要实现第一个百年奋斗目标，也要乘势而上，开启全面建设社会主义现代化国家新征程，向第二个百年奋斗目标进军。从全面建成小康社会的角度分析，三次产业之间的协调程度也是重要的组成部分，所以，将三次产业协调程度的分析与全面建成小康社会联系起来，对于判断三次产业协调的发展阶段极为重要。

2003 年江苏省制定出台《江苏省全面建设小康社会主要指标》，党的十八大之后，按照党的十八大对实现全面建成小康社会目标的新要求，2013 年江苏省修订并正式发布《江苏全面建成小康社会指标体系》。其中，在经济发展方面提出第二、第三产业增加值占 GDP 的比重要达到 92%，这个指标与本章研究的三次产业协调发展紧密相关。[①] 国家统计局 2013 年发布《全面建成小康社会统计监测指标体系》，与三次产业协调发展相关的指标主要是第三产业增加值占 GDP 比重要大于等于 47%，其中，东部地区要大于等于 50%；中部地区要大于等于 47%；西部地区要大于等于 45%。

对照这些指标，2016 年江苏、浙江和上海第二、第三产业占比分别为 94.6%、95.7% 和 99.6%，已经达到江苏和国家统计局对全面建成小康社会在产业结构方面的要求；而安徽第三产业增加值比重为 41.0%，第二和第三产业占比为 89.4%，要低于江苏和国家统计局的发展要求，这说明，在长三角地区内部，安徽省三次产业协调发展程度依然要低于全面建成小康社会的要求。

三、长三角地区三次产业协调发展的动力来源

（一）机理推演与模型设定

本部分研究产业协调发展的动力来源，即哪些因素会对长三角地区三次产业协调度产生影响。如果将三次产业作为三个子系统，考虑三个子系统之间的交流与反馈，那么三次产业协调发展就是一个非常复杂的多系统问题。三次产业是否能协调发展，关键在于这三个子系统的发展彼此之间是否能互相支撑、互相促进，彼此之间的正反馈力量要超过负反馈力量，从而形成三个子系统整体上共同发展的总体格局。改变三次产业协调发展程度的动力来源，既可能是对三次产业同时产生作用的影响因素，也可能是对其中某些产业产生作用的影响因素。本部分重点选取以下五

---

① 该指标体系中还提出，现代农业发展水平要达到 85%；在社会发展方面，提出文化产业增加值占 GDP 比重要达到 5%。这两个指标与具体产业发展相关，与三次产业协调发展的关联度相对较弱，由于部分数据难以获得，所以本章不分析这两个指标。

个核心解释变量，分别对应于影响三次产业协调度的五个维度，分别是经济发展水平、基础设施建设规模、城镇化水平、政府干预和经济开放。

第一个核心解释变量是经济发展水平（edep）。尽管现有研究大多强调产业结构变动对我国经济发展的影响，但也认为经济发展水平提高会导致产业结构变动（干春晖等，2011），这主要是由于不同经济发展阶段主导产业不同，随着经济发展进入新阶段后，其主导产业也会发生变化，从而导致产业结构变动并体现为三次产业结构的调整。经济可持续发展还需要新兴产业不断涌现并发展壮大，社会资源必须要能有效地持续流向新技术、新业态和新模式，这将导致经济服务化、集约化、生态化，并反映为产业结构的相应调整。另外，在社会需求层面上，经济发展提高居民收入水平，居民消费在升级，需求类型更多元化，这些都直接拉动相应产业的发展，导致产业结构发生调整。所以，在供求较为均衡的经济发展模式下，经济发展将导致三次产业结构调整更有可能体现为其协调程度的提高。本章预计当地经济发展水平提高会促进三次产业之间的协调发展，提高其三次产业协调度。

第二个核心解释变量是基础设施建设规模（infr）。基础设施建设提供桥梁、道路等交通设施、通信信息设施和水利、城乡供排水供气等公共设施。这些基础设施建设会直接产生对建筑业、材料与通信设备等多个制造业的大规模需求，从而带动这些产业的发展。同时，这些基础设施建设还将间接促进其他产业的发展。例如，第一产业的农产品需要通过交通设施才能进行深加工并获取更多的附加值，交通基础设施的发展显然将拉动第一产业的发展；基础设施建设还将便利服务业的发展，通信信息基础设施和高铁等交通设施的完善显著促进服务业信息和人员流动，办公商用建筑为各类服务业提供经营场所，并为生产性服务业从制造业中独立出来提供基础条件。从国内外经验来看，基础设施改善还有助于吸引国外直接投资（崔岩、于津平，2017）。无论直接作用还是间接作用，基础设施建设便利社会资源在各区域、各行业中的流动，要素在各行业中的配置效率提高，这显然会促进三次产业的协调发展。所以，本章预计基础设施建设规模变大将促进三次产业协调发展程度提高。

第三个核心解释变量是城镇化水平（urb）。城镇化是农村人口向城镇集中，转变为城镇人口的过程。魏敏、胡振华（2017）综述城镇化演进与产业结构演变协调发展的文献认为，人口向城镇集中必然要求发展相应的产业以留住涌入城镇的人口，这尤其会体现为第二、第三产业加速发展，其比重增大。从产业结构升级的角度分析，这也需要城镇化的空间支撑，城镇空间扩展和城镇职能体系完善都有助于产业结构升级。浙江省分县数据证明城镇化水平提高可以刺激当地消费需求，有利于提高产业转型（韩瑾，2013）。在此意义上，城镇化会促进第二和第三产业比重增大，第二和第三产业壮大也会对第一产业产生带动作用，这都是三次产业协调发展的体现，即城镇化会提高三次产业的协调度。但还需要指出，吴宏洛、王来法（2004）认为尽管城镇化水平提高有利于产业结构升级，但是城镇化也提高非农就业比率，明显降低农业就业比率。三次产业就业比重差距变大，尤其是农业就业的绝对规模下降，这对就业层面的三次产业协调度有负面影响。鉴于本章分别采用三次产业年度增加值和就业人数衡量其协调度，所以本章预计城镇化水平提高将促进三次产业增加值层面的协调度，但可能降低三次产业就业层面的协调度。

第四个核心解释变量是政府干预（gov）。各级地方政府"有形之手"在长三角地区产业发展中起了无法替代的重要作用，政府干预会从多个渠道影响三次产业的协调发展。在事实层面，新苏南经济就是典型的"强市场"和"强政府"并举，政府对产业的规划和引导直接促进当地产业发展与转型。在理论层面，政府干预显著促进了两化融合耦合程度，而两化融合增值能力对产业结构高级化和产业结构合理化有正向作用（焦勇、杨蕙馨，2017）。但也有相反意见认为，地方政府干预属地金融业运行导致金融功能抑制与市场机制扭曲，削弱了区域金融化对产业结构升级的促进作用（徐云松、齐兰，2017）。更进一步，政府对信贷资本配置的干预严重扭曲信贷资本的配置，致使产能过剩行业产生较强的路径依赖惯性，严重阻碍我国产业结构优化（李敬、王朋朋，2017）。综合分析，政府干预对三次产业协调发展的影响具有双面性，既有正面积极影响，也有负面消极影响，所以，政府干预对三次产业协调发展的影响难以事先预计。

第五个核心解释变量是经济开放（open）。经济开放程度提高，无论是进出口规模扩张，还是引进外资或走出去，这些都对当地产业产生影响。安礼伟、张二震（2010）在研究昆山产业结构升级的案例时，发现对外开放促进当地产业沿着价值链攀升，获得更多国际分工利益；对外开放推动新产业发展，提升产业竞争力。邓娜等（2016）论证了对外开放有效改变地区固有的产业结构，刺激产业的转型升级，发掘新产业的潜能，使产业结构更加合理化、效益最大化。这些都是经济开放程度提高促进三次产业协调度上升的直接证据，本章预计经济开放程度提高将提升三次产业协调度。但也有文献表明，对外开放导致进口竞争部门失业、出口部门就业扩张，进出口对第一、第二和第三产业产生不同的就业效应，从而导致三次产业的就业失衡（吴进红，2005；李小萌等，2016）。所以，对外开放程度提高可能对就业层面上的三次产业协调度有负面影响。

（二）指标选取、数据来源与统计描述

本章选取第一部分计算得到的三省一市的耦合协调度来衡量因变量，该指标反

映长三角地区三次产业协调发展程度的动态变化。权重的处理存在两种办法：一是全部取值为1/3；二是分别取对应年份中的三大产业产值占比，同时，基础指标分别为三次产业年度增加值和就业人数。所以，因变量三次产业协调度的衡量指标共包括四个：以三次产业年度增加值为基础指标计算的两个产业协调度，即2002～2016年分别以1/3、当年各产业产值占比作为权重的 ind_cor1、ind_cor2；以三次产业就业人数为基础指标计算的另两个产业协调度，即2003～2015年分别以1/3、当年各产业就业人数占比作为权重的三次产业协调度 job_cor1、job_cor2。这四个指标分别从增加值和就业层面来度量三次产业发展的协调程度。

在控制变量的衡量指标选择中，我们使用人均可支配收入来衡量当地经济发展水平（edep），选用地区等级公路里程与地区总面积比值来衡量基础设施建设规模（infr），选取城镇居民占总人口比重衡量城镇化水平变量（urb），选取政府公共财政支出占GDP比重来衡量政府干预变量（gov），选取进出口总额占GDP比重衡量经济开放变量（open）。上述衡量指标均来自Wind数据库和历年长三角各地的统计年鉴，其衡量指标的统计描述如表1-11所示。

表1-11　　　　　　　　　变量衡量指标的统计描述

变量	衡量指标	均值	标准差	最小值	最大值	中位数	样本数
ind_cor1	用三次产业年度增加值计算的协调度（使用1/3作为各产业权重）	0.619	0.280	0.140	1	0.645	60
ind_cor2	用三次产业年度增加值计算的协调度（使用各产业当年产值占比作为权重）	0.615	0.273	0.140	1	0.635	60
job_cor1	用三次产业就业人数计算的协调度（使用1/3作为各产业权重）	0.470	0.193	0.120	0.950	0.465	52
job_cor2	用三次产业就业人数计算的协调度（使用各产业当年就业人数占比作为权重）	0.449	0.272	0.0300	0.960	0.450	52
edep	城镇居民人均可支配收入（千元）	24.12	12.56	6.032	57.69	21.875	60

续表

变量	衡量指标	均值	标准差	最小值	最大值	中位数	样本数
infr	地区等级公路里程与地区总面积比值	1.164	0.470	0.420	2.096	1.126	60
urb	城镇居民占总人口比重	60.30	17.44	30.70	89.60	57.2	57
gov	政府预算支出占 GDP 比重	0.151	0.0492	0.0811	0.252	0.132	60
open	进出口总额占 GDP 比重	0.731	0.4723	0.0989	1.668	0.694	60

（三）实证结果解释

本部分构造长三角地区三省一市的平衡面板数据，并采用静态面板模型来估计系数。静态面板模型常见的估计方法包括混合回归、固定效应和随机效应三种，本部分依次采用 F 检验判断使用混合回归方法还是固定效应方法，采用豪斯曼（Hausman）检验判断使用固定效应方法还是随机效应方法。表 1 – 12 和表 1 – 13 中所有回归结果（1）~（16）均先进行 F 检验，P 值均为 0，所以固定效应方法明显优于混合回归方法；然后进行豪斯曼检验，P 值均小于 5%，所以固定效应方法依然要优于随机效应方法。这也符合区域面板数据处理的常见特点，固定效应方法能更好地控制区域间的差异。为简便起见，表 1 – 12 和表 1 – 13 均仅汇报固定效应方法的估计结果。

表 1 – 12　　　　　　　　三次产业协调度影响因素的实证分析结果

变量	*ind_cor*1				*ind_cor*2			
	（1）	（2）	（3）	（4）	（5）	（6）	（7）	（8）
edep	0.0101 ***	0.0082 ***	0.0078 ***	0.0099 ***	0.0110 ***	0.0093 ***	0.0082 ***	0.0109 ***
	（0.0017）	（0.001）	（0.0011）	（0.0014）	（0.0015）	（0.0009）	（0.0009）	（0.001）
infr	0.4992 ***	0.2546 ***	0.2449 ***	0.2071 ***	0.4538 ***	0.2574 ***	0.2343 ***	0.1853 ***
	（0.0549）	（0.0446）	（0.0455）	（0.0471）	（0.0505）	（0.0387）	（0.0365）	（0.0346）
urb		0.0197 ***	0.0192 ***	0.0184 ***		0.0173 ***	0.0160 ***	0.0150 ***
		（0.0020）	（0.0021）	（0.0020）		（0.0017）	（0.0017）	（0.0015）
gov			0.422	0.5389			1.0030	1.1547 ***
			（0.4026）	（0.3914）			（0.3233）	（0.2875）

续表

变量	ind_cor1				ind_cor2			
	（1）	（2）	（3）	（4）	（5）	（6）	（7）	（8）
open				0.1132** （0.0515）				0.1469*** （0.0378）
观测值	60	57	57	57	60	57	57	57
Hausman 统计量	43.82	46.1	45.27	43.87	45.37	47.15	47.15	46.89
P 值	0.0000	0.0000	0.0000	0.0000	0.0000	0.0000	0.0000	0.0000

注：ind_cor1 和 ind_cor2 为因变量；括号内的数字为标准误；*、** 和 *** 分别表示显著性水平为 10%、5% 和 1%。

表 1-13　　　三次产业协调度影响因素的实证分析结果

变量	job_cor1				job_cor2			
	（9）	（10）	（11）	（12）	（13）	（14）	（15）	（16）
edep	0.0123*** （0.003）	0.0137*** （0.0029）	0.0135*** （0.0032）	0.0109** （0.0043）	0.0174*** （0.0031）	0.0171*** （0.0032）	0.0166*** （0.0034）	0.0157*** （0.0047）
infr	0.1016 （0.0974）	0.3225*** （0.1171）	0.3189** （0.1208）	0.3532*** （0.1271）	0.2372** （0.1）	0.3332** （0.1273）	0.3215** （0.131）	0.3327** （0.139）
urb		-0.0153*** （0.0055）	-0.0156** （0.006）	-0.0151** （0.0061）		-0.0029 （0.006）	-0.004 （0.0065）	-0.0038 （0.0066）
gov			0.1737 （1.1337）	0.1388 （1.137）			0.5573 （1.2292）	0.5459 （1.2437）
open				-0.1428 （0.1593）				-0.0466 （0.1743）
观测值	52	50	50	50	52	50	50	50
Hausman 统计量	10.86	10.89	13.11	13	14.25	13.55	16.72	14.84
P 值	0.0125	0.0043	0.0044	0.0046	0.0026	0.0011	0.0008	0.002

注：job_cor1 和 job_cor2 为因变量；括号内的数字为标准误；*、** 和 *** 分别表示显著性水平为 10%、5% 和 1%。

表 1-12 以三次产业年度增加值为基础指标计算的协调度为因变量，具体包括 ind_cor1 和 ind_cor2 两个衡量指标。前者计算中的权重为 1/3，后者计算中的权重为三

次产业产值占比。回归结果（1）~（4）的因变量指标是 ind_cor1，而回归结果（5）~（8）的因变量是 ind_cor2。鉴于影响三次产业协调度的解释变量有五个，表 1 - 12 采取分步逐次添加解释变量的估计策略。回归结果（1）~（4）是在添加了经济发展变量（$edep$）和基础设施建设规模变量（$infr$）之后，逐步添加城镇化水平变量（urb）、政府干预变量（gov）和经济开放变量（$open$），各解释变量估计系数结果如表 1 - 12 所示。

表 1 - 12 中经济发展变量（$edep$）的估计系数始终为正，且都通过 1% 的显著性检验，说明长三角各地经济发展水平提高会促进三次产业协调度提升。当经济发展水平提高 1 个单位，即人均可支配收入每增加 1 000 元，三次产业协调度上升约 0.1%。这说明经济发展内部存在对三次产业发展的纠错机制，这种机制主要表现为收入水平上升带来更加旺盛而多元化的社会需求，需求侧的变化会调整并优化三次产业之间的资源配置，最终使三次产业发展更为协调。

基础设施建设规模变量（$infr$）的估计系数也始终为正，处于 0.1853 ~ 0.4992 之间；虽然随着其他解释变量的加入，该估计系数逐步变小，但回归结果（1）~（8）中均通过 1% 的显著性检验。以回归结果（4）中估计系数 0.2071 为例，这说明地区等级公路里程与地区总面积比值提高 1% 将提高三次产业协调度 0.2071，基础设施建设改善对三次产业协调度发展的促进作用比经济发展的促进作用普遍更大。基础设施的完善不仅直接带动和促进相关产业的发展，而且为国民经济各行各业都提供必要条件，便利资源在各行各业的流动，从而提高资源在三次产业间的配置效率。在此意义上，长三角地方政府应该继续加大对基础设施建设的投资力度，发挥基础设施建设对三次产业协调程度的巨大提升作用。

城镇化水平（urb）提高也有助于提高长三角三次产业协调度。该变量估计系数处于 0.0150 ~ 0.0197 之间，均通过 1% 的显著性检验。长三角是全国城镇化水平最高的地区之一，人口向城镇不断集中不仅会导致产业活动空间上的再布局，还会带动产业结构的巨大调整。人口集中后产生的庞大生活需求将首先带动生活服务业的快速扩张，各类新兴生活服务蓬勃涌现；随后，生产服务业和高端制造业能获得足够的高素质劳动力供给，也会进入快速发展的阶段。整体上，三次产业结构将更加服务化，也更加协调。

政府干预的估计系数（gov）均为正，但显著性不强，仅回归结果（8）中估计系数通过 1% 的显著性检验。这与前文机理分析保持一致，政府干预对三次产业协调度的影响机理包括两方面：一方面是通过科学规划促进产业结构高级化和合理化；另一方面是扭曲金融资源的配置，会阻碍产业结构的协调发展。所以，在长三角地区的实证结果中，这两种机理互相影响，导致政府干预的估计系数大多不显著为正。当然，由于回归结果（8）中政府干预的估计系数通过了显著性检验，可以认为政府干预对三次产业协调度的正向影响机理要稍强于负向影响机理。

对外开放水平（open）提升会显著提高长三角地区三次产业协调度。回归结果（4）、回归结果（8）中对外开放变量估计系数分别为0.1132、0.1469，即进出口总额占GDP比重提高1%，长三角地区三次产业协调程度将提高0.1132或0.1469。这证明，无论是进口增加还是出口增加，地区对外开放程度的提高都有利于地区发挥比较优势，使资源流向更加高效的部门，创造更大的社会价值，这就会提升产业价值链，促进当地产业转型升级，当地产业发展的协调程度就会上升。长三角地区在地理、政策等多方面具备对外开放的优势条件，始终处于全国对外开放的最前沿，这对于其三次产业协调发展具有极为重要的推动作用。

表1-13以每年就业人数为基础指标计算的三次产业协调度为因变量，具体包括job_cor1和job_cor2两个衡量指标。前者计算中的权重为1/3，后者计算中的权重为三次产业产值占比。回归结果（1）~（4）、回归结果（5）~（8）的因变量指标分别是job_cor1、job_cor2。与表1-12类似，表1-13也采取分步逐次添加解释变量的估计策略，具体添加次序也与表1-12相同。各解释变量估计系数结果如表1-13所示。

表1-13中因变量指标job_cor1、job_cor2是从就业层面衡量长三角地区三次产业发展的协调程度，虽然衡量指标发生变化，但总体上表1-13的结论与表1-12保持一致。长三角地区经济发展依然正向促进其三次产业的协调程度提高。回归结果（9）~（16）中经济发展变量（edep）的估计系数处于0.0109~0.0174之间，绝大多数通过1%的显著性检验，只有回归结果（12）的估计系数0.0109通过5%的显著性检验。与表1-12中经济发展变量估计系数相比，此处估计系数总体上更大，说明经济发展对三次产业就业层次协调度的影响更大。这可能是由于人均收入水平提高时，居民基本生活保障得到满足后，会追求更高层次的就业机会、寻求更多的发展机遇，进而促进劳动力在不同产业间的流动，加速三次产业间就业结构的合理化。而三次产业的产值变化还一定程度上取决于劳动力在不同产业的就业选择，所以相对而言，经济发展对就业层面三次产业协调度的影响更为直接，影响力度更大。

基础设施建设规模变量（infr）的估计系数也都为正，并表现出较好的显著性，绝大多数估计系数都通过5%的显著性检验，证明基础设施建设规模扩大能提高长三角地区三次产业协调程度。公路交通建设对各产业发展均具有推动作用。便利的交通能够对地区产业薄弱的环节产生更大的刺激作用，促进三次产业结构合理化。该结论与表1-12一致，基础设施建设对三次产业协调的促进作用不仅体现在增加值层面上，还体现在就业层面上。

表1-13中城镇化变量（urb）的估计系数在回归结果（10）~（12）中均显著为负，-0.0153通过1%的显著性检验，其他两个估计系数通过5%的显著性检验。

回归结果（14）~（16）中该变量估计系数保持为负，但均未通过显著性检验。该结果与表 1-12 不同，后者城镇化变量的估计系数均显著为正。前面理论机制推演中已经预测了这一结果。表 1-12 中因变量衡量指标是以年度增加值为基础指标计算的三次产业协调度，而表 1-13 中因变量衡量指标是以就业人数为基础指标计算的三次产业协调度。城镇化促进第二和第三产业比重增大，但同时也促进三次产业规模的扩张，所以依然会提高三次产业的协调度。但城镇化提高非农就业比率、降低非农就业比率，导致农业就业规模绝对萎缩，劳动力不断从第一产业流出，流入第二、第三产业。三次产业就业规模差距变大，这显然对于就业层面的三次产业协调度产生负面影响（吴宏洛、王来法，2004）。

政府干预变量（gov）的估计系数均为正，但没有通过显著性检验。这也再次证明政府干预对三次产业协调发展具有两面性：一方面，通过积极的规划引导支柱产业的发展，制定明确的发展目标和详尽的推进措施体系，吸引社会资源加速流入这些产业，而这些产业的成长也会带动相关产业的发展，从而提升三次产业协调度；另一方面，政府"有形之手"在引导资源配置中会扭曲价格信号，导致资源错配，这虽然在短期内可能促进特定产业的发展，但并不符合产业之间内在的合理关系，从而导致三次产业协调度下降。这两种不同的效应综合起来，使政府干预对三次产业协调度的影响不显著。

对外开放变量（open）估计系数为 -0.1428、-0.0466，均为负且没通过显著性检验。吴进红（2005）发现，一方面，进出口贸易能够引进先进技术，优化当地的商品结构，增强产品质量，使区域产业更加稳定，因而能平衡三次产业协调发展；另一方面，进出口贸易冲击当地就业市场，这可能导致三次产业就业结构出现失调。李小萌等（2016）发现出口贸易显著促进第二产业就业，部分促进第三产业就业，对第一产业就业的促进作用很有限；进口贸易还对第二产业就业存在抑制作用。当然，进出口对三次产业就业结构的长期影响还要更聚焦于进出口的内部结构，例如，魏浩、张二震（2004）指出进口短期内会挤压当地竞争产业就业，但通过引进先进设备会催生新兴企业，长期内带动就业。这些文献说明，对外开放程度提高对就业层面上的三次产业协调度影响存在不确定性，表 1-13 中该变量估计系数不显著支撑该结论。

四、简要结论

本章重点探讨在协调新发展理念下，长三角地区三次产业协调发展问题。长三角地区作为全国经济社会发展最发达的地区之一，第一、第二和第三产业之间的发展是否体现了协调发展的新理念？本章针对这一问题，从三次产业贡献度、拉动度和耦合协调度角度，整体描述其协调发展的总体状态；同时，分别从工业化阶段特征、国际视野比较、耦合协调度和全面建成小康社会要求等四个方面，试图判断长三角地区三次产业协调发展的演变阶段。总体上，上海三次产业协调度在长三角地区内部处于领先地位，浙江和江苏处于第二层次，而安徽则落后于其他两省一市。长三角地区三省一市三次产业协调度的排序基本与其经济社会发展水平相一致。

本章还从宏观层面重点分析影响长三角地区三次产业协调度的五个因素，即五大动力来源。在详细阐述经济发展水平、基础设施建设、城镇化水平、政府干预和经济开放对三次产业协调度的影响机理后，本章构建长三角地区平衡面板数据，分别以产业增加值和就业人数为基础数据衡量三次产业协调度，并采用静态面板估计模型估计这五大因素对长三角地区三次产业协调度的影响。长三角各地经济发展水平提高或基础设施建设规模扩大，均始终促进三次产业协调度提升。政府干预加强对三次产业协调度的影响有两面性：一方面，科学干预并提高三次产业协调度；另一方面，错误干预导致资源错配，降低三次产业协调度。城镇化水平提高能提升产业增加值层面上的三次产业协调度，但会降低就业层面上的三次产业协调度。对外开放程度提高对三次产业协调度的影响类似于城镇化水平提高，但对就业层面三次产业协调度的负向影响不显著。

参考文献

［1］安礼伟，张二震. 对外开放与产业结构转型升级：昆山的经验与启示［J］. 财贸经济，2010（9）：70 – 74.

［2］白鹤松. 长三角地区产业结构协调发展［J］. 商场现代化，2008（10）：330 – 331.

［3］陈佳贵，黄群慧，钟宏武. 中国地区工业化进程的综合评价和特征分析［J］. 经济研究，2006（6）：4 – 15.

［4］陈秩分，何琼峰. 城镇化、工业化与城乡收入差距的耦合特征及其影响因素［J］. 经济问题探索，2016（10）：113 – 120.

［5］崔岩，于津平. "一带一路" 国家基础设施质量与中国对外直接投资——基于面板门槛模型的研究［J］. 世界经济与政治论坛，2017（5）：135 – 152.

［6］戴志敏，罗燕. 长江三角洲16地市产业结构与就业变动的协调度分析［J］. 经济经纬，2016（2）：125 – 130.

［7］邓娜，董志勇，陈丹. 对外开放领域推进供给侧结构性改革的几点思考［J］. 国际贸易，2016（12）：35 – 38.

［8］方甲．产业结构问题研究［M］．北京：中国人民大学出版社，1997.

［9］干春晖，郑若谷，余典范．中国产业结构变迁对经济增长和波动的影响［J］．经济研究，2011（5）：4 - 16.

［10］关雪凌，丁振辉．日本产业结构变迁与经济增长［J］．世界经济研究，2012（7）：80 - 86.

［11］郭晓刚．东北老工业基地三次产业协调发展研究——以吉林市为例［J］．人民论坛，2013（20）：230 - 231.

［12］韩瑾．城镇化水平、城乡收入差距与消费增长——来自浙江省分县数据的经验验证［J］．经济地理，2013，33（10）：61 - 67.

［13］姜磊，柏玲，吴玉鸣．中国省域经济、资源与环境协调分析——兼论三系统耦合公式及其扩展形式［J］．自然资源学报，2017，32（5）：788 - 799.

［14］焦勇，杨蕙馨．政府干预、两化融合与产业结构变迁——基于2003—2014年省际面板数据的分析［J］．经济管理，2017（6）.

［15］李敬，王朋朋．政府干预、信贷资本配置效率与工业发展转型［J］．经济经纬，2017（1）：81 - 87.

［16］李小萌，陈建先，师磊．进出口贸易对中国就业结构的影响［J］．国际商务：对外经济贸易大学学报，2016（3）：36 - 43.

［17］李豫新，李金军．新疆人口系统与区域经济系统协调性评价及影响因素研究——基于PSR分析框架的实证分析［J］．石河子大学学报（哲学社会科学版），2016，30（5）：69 - 75.

［18］刘龙龙．黑龙江省城镇化与区域经济协调发展研究［J］．环球人文地理，2016（2）.

［19］钱纳里等．工业化和经济增长的比较研究［M］．上海：三联书店，1989.

［20］沈滨，李许卡．我国产业结构与就业结构协调发展路径选择［J］．财经理论研究，2014（2）：1 - 7.

［21］王小刚，鲁荣东．库兹涅茨产业结构理论的缺陷与工业化发展阶段的判断［J］．经济体制改革，2012（3）：7 - 10.

［22］魏浩，张二震．对我国现行外贸政策的反思与重新定位［J］．国际贸易问题，2004（11）：5 - 9.

［23］魏敏，胡振华．城镇化演进与产业结构演变协调发展研究述评［J］．经济问题探索，2017（8）：178 - 184.

［24］吴宏洛，王来法．城市化与就业结构偏差的相关性分析［J］．东南学术，2004（1）：77 - 83.

［25］吴进红．对外贸易与长江三角洲地区的产业结构升级［J］．国际贸易问题，2005（4）：58 - 62.

［26］徐云松，齐兰．区域金融化、地方政府干预与产业结构升级［J］．贵州社会科学，2017（11）：124 - 132.

［27］赵明亮．新常态下中国产业协调发展路径——基于产业关联视角的研究［J］．东岳论丛，2015，36（2）：123 - 129.

第二章 ◄

长三角地区工业内部的协调发展

一、引 言

工业是国民经济的基础，从现在到 2020 年全面建成小康社会，离不开工业内部的协调发展。党的十九大提出，必须把发展经济的着力点放在实体经济上，把提高供给体系质量作为主攻方向，包括加快建设制造强国，加快发展先进制造业，促进我国产业迈向全球价值链中高端，培育若干世界级先进制造业集群。工业是国民经济发展的主导，是衡量一个国家经济水平的重要指标。工业的协调发展对中国经济社会各方面的现代化发展有着直接影响。本章重点研究长三角地区工业内部的协调发展问题。

目前关于长三角地区工业内部结构的文献，大多是研究长三角地区的工业转型问题。陈君（2011）采用偏离份额分析法，分析了长三角地区产业结构的基本特征，特别关注苏浙沪三地工业结构发展现状，研究表明，长三角地区工业结构并不十分合理，上海产业竞争力薄弱，而江苏产业竞争力较强。陈德峰（2012）认为，新型工业化是世界工业发展的必由之路，产业转型升级是传统工业向新型工业跨越的必然阶段；长三角地区加快产业转型升级，引领我国新型工业化浪潮，在科学规划、技术创新、工业化与信息化的深度融合、集聚发展、节能减排、品牌建设等方面的做法和经验值得借鉴。陈洪涛（2014）认为，以现代信息技术深度应用为特征的新一轮工业革命不断发酵和酝酿，预计将对全球产业格局产生重大影响。长三角地区正处在创新驱动转型升级的关键时期，新工业革命的到来既有冲击也有机遇。在此背景下，作为我国综合经济实力最强区域的长三角地区应该把握新工业革命的历史机遇，结合区域特点，创新政府体制机制，推动企业生产模式调整，加强自主研发，加快产业转型发展。袁丰（2014）以泛长江三角洲地区为例，从省级行政区和企业两个角度，重点分析中华人民共和国成立以来，尤其是改革开放后钢铁工业结构转型和布局演变过程及主要影响因素。结果表明：泛长江三角洲地区钢铁工业规模快速扩张，同时产品质量和产业组织方式不断提升，出现了宝钢、沙钢等一批大型钢铁联合企业，产业集中度呈现先升后降趋势，但是生铁和粗钢的集中度远高于成品钢材；江苏取代上海成为该地区钢铁工业最集中的省份；市场需求、临港区位、技术水平、企业战略和政策环境成为影响该区域钢铁工业发展和空间布局演变的主要因素，而资源分布的影响较小。

另外一些文献则分析长三角内部各城市产业同构现象。陈建军（2004）从产业经济和市场体制方面多角度地分析了长江三角洲各次区域之间产业同构产生的原因，认为长江三角洲区域内部的产业同构有其必然性。过分夸大这一问题所带来的负面效应不是一种科学的态度。需要重视的是由产业同构所反映出来的制度问题，即市场机制的不完善问题。而这正是长三角区域经济一体化的意义所在。他进而以浙江为例，认为必须从长三角正在形成的广域产业集聚和上海建设"四个中心"的客观现实出发，在长三角次区域实行"趋同"的产业发展定位，进而和长三角区域经济一体化形成互动格局。王志华（2006）提出测度制造业同构的两个指数：改进的克鲁格曼指数（MKI）和结构重合度指数（SSI），并证明二者的等价性；测度结果表明，上海、江苏、浙江制造业的结构相似度高于结构重合度。

二、长三角地区工业整体发展情况

根据国务院批准的《长江三角洲城市群发展规划》，长三角城市群在上海市和江苏省、浙江省、安徽省部分城市范围内，由以上海为核心、联系紧密的多个城市组成，主要分布于国家"两横三纵"城市化格局的优化开发和重点开发区域。具体城市包括上海市；江苏省的南京、无锡、常州、苏州、南通、盐城、扬州、镇江、泰州；浙江省的杭州、宁波、嘉兴、湖州、绍兴、金华、舟山、台州；安徽省的合肥、芜湖、马鞍山、铜陵、安庆、滁州、池州、宣城等26市。但考虑到数据的可获得性，本章沿用《长江三角洲地区区域规划》（2006～2010年）的界定标准，即从省际角度来看，长三角地区包括上海市、江苏省和浙江省；从城市层面来看，包括上海市、南京市、苏州市、无锡市、常州市、镇江市、南通市、扬州市、泰州市、杭州市、宁波市、湖州市、台州市、绍兴市、嘉兴市和舟山市共16个城市。

从2015年开始，长三角地区受到严峻复杂的内外部环境条件影响，区域经济出现下行走势。受需求不振、产能过剩、成本上升及产业结构调整慢等多种因素影响，长三角地区传统产业优势弱化，一些传统支柱行业景气度下滑，2015 年工业产销主要指标低速增长或负增长。如表 2－1 所示，2015 年上海工业增加值比上年同期增长 0.5%，工业总产值是负增长，规模以上工业增加值比上年同期下降 0.8%，规模以上工业出口交货值同比增长率下降 1.6%。从细分行业来看，除石油化工及精细化工制造业同比提高 7.1% 外，其他都有不同程度的下降，精品钢材制造业同比下降幅度最大，高达 7.6%。此外，虽然浙江规模以上工业增加值同比增加了 4.4%，但出口交货值则下降了 3.7%；江苏工业发展在长三角地区中是发展最好的，规模以上工业增加值增加 8.3%，企业利润总额也同比增加了 9.1%。

表 2－1　　　　　　　　2015 年长三角地区工业发展概况

地区	指标	绝对量（亿元）	比去年同期增长（%）
上海	工业增加值	7 109.94	0.5
	工业总产值	33 211.57	−0.5
	规模以上工业总产值	31 049.57	−0.8
	规模以上工业出口交货值	7 568.95	−1.6
	六个重点行业工业总产值	20 769.44	−0.2
	电子信息产品制造业	6 159.55	−1.8
	汽车制造业	5 168.22	−2.3
	石油化工及精细化工制造业	3 375.31	7.1
	精品钢材制造业	1 159.53	−7.6
	成套设备制造业	4 001.94	0.3
	生物医药制造业	904.89	2.0
江苏	规模以上工业增加值	33 422.50	8.3
	工业产品销售率（%）	98.06	−0.3
	主营业务收入	148 283.78	4.8
	企业利润总额	9 617.10	9.1
浙江	规模以上工业增加值	13 193.35	4.4
	工业销售产值	64 543.61	0.2
	出口交货值	11 707.48	−3.7

资料来源：长江经济网。

在工业景气度下降的现状下，大力发展工业，促进工业内部协调发展对于长三角地区至关重要。克拉克（1940）认为，工业化过程可以分为三个阶段：第一阶段，工业中心由轻工业转变为重工业，这一阶段石油、化工以及采掘业占据主导地位；第二阶段，在重工业化阶段，工业中心从以原材料工业为中心转变为以加工工业为中心，这一阶段汽车、电器设备等工业占据主导地位；第三阶段，在高加工度化阶段中，工业又向技术密集型工业发展，高技术产业等新兴战略产业兴起。本章接下来分析长三角地区工业发展的结构特征，利用城市和省级两个层面的数据，重点分析长三角地区重化工业、工业高加工度发展情况以及工业技术密集型发展情况三个方面。

三、长三角地区的重工业发展趋势

重工业是相对于轻工业而言的，重工业是国民经济各部门提供物质技术基础的主要生产资料的工业部门，是提供生产资料的部门，耗用的原材料多，产品较为笨重，厂房占地面积大，主要包括钢铁工业、冶金工业、机械、能源（电力、石油、煤炭、天然气等）、化学、材料学等工业；轻工业是以提供生活消费品为主的工业部门，主要包括食品、纺织、皮革、造纸、日用化工、文教艺术体育用品工业等。本章定义重工业比重为各省市重工业总产值与工业总产值的比值，数据来源于江苏、浙江和上海各地区历年统计年鉴以及各地市历年统计年鉴。

（一）基于省级层面的分析

1. 长三角地区重工业占比总体上呈现先上升后下降的趋势

从纵向角度来看，从图 2-1 可看出，上海和江苏 2000~2011 年重工业比重呈现上升趋势。上海从 2000 年的 58.66% 升至 2011 年的 79.08%，上升了约 20 个百分点；江苏从 2000 年的 56.78% 升至 75.26%，上升了 18 个百分点。浙江的重工业比重在 2001 年发生短暂下降后，也持续上升至 2011 年的 61.08%，比 2001 年的 44.54% 增加了 16 个百分点。上海 2000~2001 年重工业比重的年均增长率为 2.75%，江苏为 2.59%，浙江从最小值年 2001 年至峰值年 2014 年重工业比重的年均增长率为 2.92%。值得注意的是，上海、江苏、浙江在 2002~2004 年间重工业比重增长率贡献最大。上海在第十个五年计划（2001~2005 年）中提出大力发展上海市六大重点工业行业，即电子信息产品制造业、精品钢材制造业、汽车制造业、石油化工及精细化工制造业、成套设备制造业和生物医药制造业。长三角地区 2000~2011 年重工业比重的上升主要归结于四个原因：国民收入与国民消费的快速增长；城市化导致的对于住房和汽车快速增长的需求；政府对于重工业的重视与大力推进；跨国公司造成的国际间的产业转移。

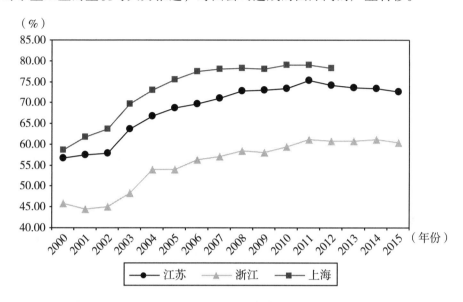

图 2 –1　长三角地区重工业比重变化（2000~2015 年）

资料来源：江苏、浙江和上海历年统计年鉴。

上海、江苏的重工业比重峰值都发生在 2011 年，浙江的重工业比重峰值发生于 2014 年，为 61.16%，随后长三角各地重工业比重都开始下降。上海因为数据缺失，只能得知 2012 年的重工业比重为 78.29%，比 2011 年下降了约 0.8 个百分点。江苏 2011~2015 年重工业比重持续下降，2015 年重工业比重为72.56%，平均每年下降 0.9 个百分比。浙江的重工业比重从 2011 年开始就处于平缓波动的阶段。从工业化阶段来看，上海已经步入工业化后期向后工业化转型阶段，从表 2 –1 可以看出，上海工业的六个重点行业工业总产值比上年下降0.2%，其中，电子信息产品、汽车、精品钢材三大制造业不同程度负增长，成套设备、生物医药、石油化工及精细化工三大制造业均有不同程度增长，但增速均低于服务业。长三角地区重工业比重降低，主要是受到需求不足、产能过剩、成本上升以及第二、第三产业之间结构调整等原因影响，尤其是随着经济服务化趋势基本确立，已经持续了十年的重工业高速增长周期在"十二五"末尾结束。同时，由于国内要素的价格成本上升，长三角地区承接国外重工业产业转移的能力也随之下降。

2. 上海重工业比重要高于江苏和浙江，江苏重工业比重显著高于浙江

从横向角度来看，上海重工业比重高于江苏、高于浙江，三者在2000~2015年的变化趋势差异不大，绝对值差异较大。从2000年开始，上海的重工业比重为58.66%，高于江苏2000年的56.78%约两个百分点，高于浙江2000年的45.88%约13个百分点。上海与江苏工业之间属于强竞争关系，会存在产业同构现象。

从表2-2可以看出，浙江以传统制造业为主，纺织业比重高达21.45%，远远超过上海的1.27%和江苏的5.90%；皮革、毛皮、羽毛及其制品和制鞋业行业的比重达4.68%，而这一行业在上海与江苏所占比重连0.5%都不足；化学纤维制造业的比重达9.37%，也远超上海的0.14%和江苏的2.20%。所以，浙江重工业的比重明显低于上海与江苏。

表2-2　　　　　　　　2014年长三角地区轻工业产值比重　　　　　　单位：%

轻工业	上海	江苏	浙江
纺织业	1.27	5.90	21.45
皮革、毛皮、羽毛及其制品和制鞋业	0.47	0.44	4.68
化学纤维制造业	0.14	2.20	9.37

资料来源：上海、江苏和浙江历年统计年鉴。

（二）基于城市视角的分析

考虑到长三角地区在内部区域层面有较大的结构性差异，本部分按区域分析其工业结构特征。

1. 江苏省南京、无锡、苏州和常州的工业结构分析

第一，从江苏经济较发达的苏南城市，如南京、无锡、苏州和常州的发展情况来看，总体而言，2005年之前重化工业占比呈波动式增长；2006年后趋于平缓波动；2013年后除苏州外呈现下降趋势。如图2-2所示。

总体上，苏南城市在2000~2005年，重工业比重处于波动式增长趋势，之后波动幅度减小。从2013年开始，南京、无锡和常州重工业比重都出现了不同程度的下降。南京的重工业比重从2000年的63.36%升至2005年的79.08%，年均增长率为4.53%。2005~2012年处于平缓的波动中，2012年的重工业比值为77.55%，

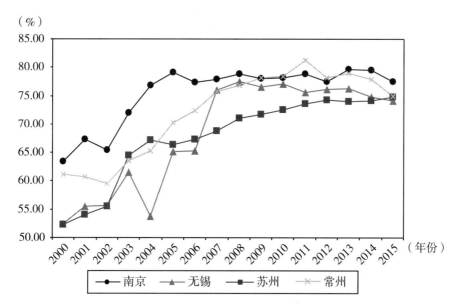

图 2 - 2 2000～2015 年南京、无锡、苏州和常州重工业比重变化

资料来源：相应地区历年统计年鉴。

2013 年小幅度攀升至 79.65%，然后处于下降趋势。本章无法判断这依然是波动的进行还是下降的开端，但可看出南京重工业高速增长的周期已处于尾声。发达国家和新兴工业化国家的发展经验表明，工业结构重型化是工业化中后期的一个基本规律。南京 2015 年重工业比重依然很大，但是增长缓慢甚至出现了下降趋势，说明南京已经处于工业化中后期的阶段。

常州重工业占比的发展趋势与江苏省整体类似，重工业比重从 2000 年的 61.14% 升至 2011 年的峰值 81.29%，年均增长率为 2.62%。常州 2015 年重工业比重降至 75.00%。无锡 2007 年之前重工业比重的波动幅度较大，2004 年的 53.75% 比 2003 年的 61.55% 下降了 7.8 个百分点；2007 年之后平缓波动，总体呈现下降特征；2015 年的重工业比重下降至 74.15%。常州和无锡也处于工业化的最后一个阶段。

苏州重工业占比和其他三个市的发展趋势有所不同，苏州重工业占比在 2000～2015 年基本都处于增长趋势，从 2000 年的 52.28% 升至 2015 年的 74.77%，年均增长率为 2.41%，并不存在下降趋势。苏州重工业发展离不开苏州工业园区的高速发展，苏州在 2000 年以前主要是轻工业占主导地位；2000 年后苏州工业园区开发建设逐渐由中方主导，2000 年下半年起，园区招商速度迅猛，工业用地的需求量增大，开始大力发展重工业。实际上，苏州重工业发展与上海类似，属于长三角地区经济发展的后发区域。

第二，从横向看，苏南地区各城市重工业占比的差异较大，总体特征是南京高于常州、高于无锡、高于苏州。南京总体上处于领先地位，常州次之，苏州在稳步增长中超过了无锡。南京、常州、无锡、苏州2000～2015年重工业比重的均值分别为75.45%、72.08%、68.34%、67.61%。

2. 江苏省南通、扬州、泰州和镇江的工业结构分析

图2－3是对江苏省南通、扬州、泰州和镇江四地区工业结构的年度分析。

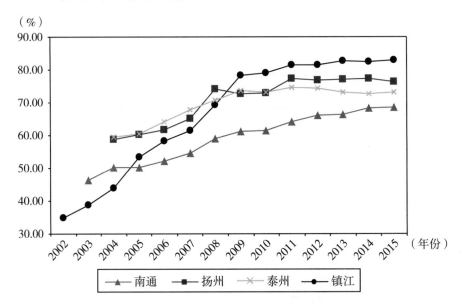

图2－3 2002～2015年南通、扬州、泰州和镇江重工业比重

资料来源：相应地区历年统计年鉴。

第一，总体而言，2008年前，这些地区呈现加速重工业化特征，重工业占比高速增长；但2008年以后，重工业占比则出现小幅波动。2002～2008年，这四个地区重工业占比总体上呈现高速增长趋势；2008年之后镇江和南通呈现较低速增长，扬州呈现平缓波动，泰州呈现小幅度下降。镇江重工业比重从2002年的34.99%快速增长至2009年的78.22%，年均增长率为12.18%；2009年是一个拐点，2009年增速放缓，至2015年比重为82.82%，年均增长率为0.96%。扬州从2004年的58.89%增长至2008年的74.08%，年均增长率为5.9%；2008年的74.08%至2015年的76.22%基本没有变化，处于平缓波动中。泰州与扬州重工业比重发展特征类似，从2004年的59.59%增长至2009年的73.74%，年均增长率为4.35%；2009年之后也平缓波动；2012年后出现小幅度下降。南通的重工业比重一直稳步上升，由2003年的46.22%增长至2015年的68.46%，年均增长率为3.33%。

第二，各个地区比较而言，镇江重工业占比呈加速发展趋势，后来居上。扬州与泰州的重工业占比均低于镇江，南通的重工业化比重最低。如图2-3所示，镇江尽管2002年重工业比重只有34.99%，但是以12.18%的年均增速在2005年超过了南通，在2009年超过了扬州和泰州。扬州和泰州的重工业比重区别不大，南通重工业比重从2005年来一直处于最低。事实上，除了南通，本部分其余七个城市2015年的重工业比重都超过了江苏省2015年的重工业比重。

3. 浙江省杭州、宁波、湖州和台州的工业结构分析

第一，从整体来看，这些地区的重化工业发展前期呈上升趋势，后来趋于平缓或小幅度下降，如图2-4所示。从纵向角度看，宁波重工业比重总体上呈上升趋势，从2001年的53.11%上升至2011年的71.20%，年均增长率为2.97%；2011～2015年增速减缓，2015年重工业比重为71.86%，年均增长率为0.23%。台州和杭州的重工业发展趋势类似。台州由2000年的46.06%增长至2011年的65.41%，年均增长率为3.24%；2011～2014年基本无变化；2015年下降至63.55%。杭州由2000年的50.61%增长至2011年的60.61%，年均增长率为1.65%；2011年缓慢增长至2015年的61.17%，年均增长率为0.23%。湖州从2000年的46.06%增长至2011年的65.41%，年均增长率为3.24%；2011年的65.41%为最大值，2011年后湖州重工业比重开始下降，2015年的比值为63.55%。

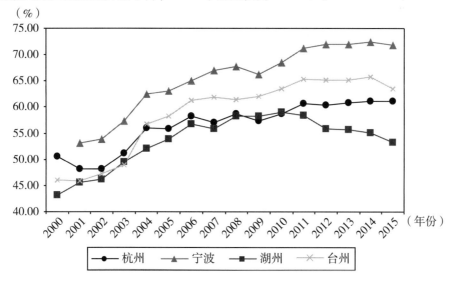

图2-4　2000～2015年杭州、宁波、湖州和台州重工业比重

资料来源：相应地区历年统计年鉴。

第二，从地区之间的比较来看，总体上各地区重工业化占比从高到低，依次是宁波高于台州、高于杭州、高于湖州。宁波始终处于领先地位，2001～2015年的重工业比重均值达65.61%，可发现，2000年以来宁波重工业始终占主导地位。台州重工业比重次于宁波，2000～2015年的比重均值为58.64%，从2004年开始占据主导地位。杭州2000～2015年的比重均值为56.49%，2001年与2002年两年下跌至低于50%。湖州的重工业比重基本处于最低，在2008年追赶上杭州，但在2010年又开始下降。

4. 浙江省嘉兴、绍兴和舟山的工业结构分析

第一，各地区纵向看，重工业占比情况是嘉兴与绍兴稳步上升，舟山先大幅度上升后下降，如图2-5所示。从纵向角度看，绍兴与嘉兴的发展趋势基本一致。嘉兴从2000年的31.57%稳步上升至2015年的52.99%，年均增长率为3.51%；在2012年达到51.26%，超过一半成为主导行业。绍兴从2002年的31.24%升至2014年的47.92%，年均增长率为3.63%；2015年下降至44.99%。绍兴始终以轻工业为主导产业，重工业比重一直没有超过轻工业。舟山在2000～2002年有小幅度下降，接着从2002年的33.97%上升至2005年的42.21%，年均增长率为7.51%；2005年后大幅增长，到2011年为75.21%，年均增长率为10.11%；2011年开始，舟山重工业比重开始降低，2015年比值为63.43%，但依然处于主导地位。

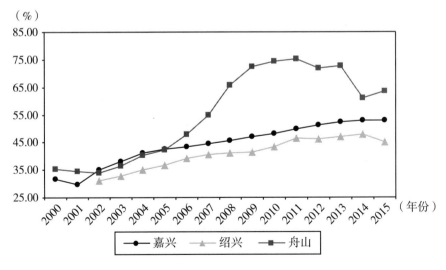

图2-5　2000～2015年嘉兴、绍兴和舟山重工业比重

资料来源：相应地区历年统计年鉴。

第二，各地区比较看，2005 年后舟山重工业发展一直处于领先地位。舟山重工业比重从 2005 年开始超过嘉兴，后面就一直保持着领先地位。绍兴一直处于最低的重工业比重状态，且一直是轻工业处于主导地位。

四、长三角地区工业高加工度化发展趋势

（一）原材料工业和加工工业的划分

一般而言，工业分为原材料工业和加工工业。其中，原材料工业包括采矿业和原材料制造业；加工工业包括轻加工业和重加工业。高加工度化工业的发展意味着工业的重心在向着加工工业等下游产业转移，正在摆脱资源要素包括原材料、能源的约束。安虎森（2008）指出，当工业发展到一定阶段之后，轻工业和重工业的重心都会由原材料工业向加工、组装工业转变，工业结构出现"高加工度化"的特征。工业结构高加工度化是指在工业化进程中，轻、重工业由以原材料工业为重心的结构，向以加工、组装工业为重心的结构发展。本章对加工工业的划分见表 2-3。

表 2-3　　　　　　　　　加工工业的划分

原材料工业	采矿业	煤炭开采和洗选业
		石油和天然气开采业
		黑色金属矿采选业
		有色金属矿采选业
		非金属矿采选业
		其他采矿业
	原材料制造业	石油加工炼焦及核燃料加工业
		化学原料及化学制品制造业
		黑色金属冶炼及压延加工业
		有色金属冶炼及压延加工业

			农副产品加工业
加工工业	轻加工业	以农产品为原料的轻加工业	食品制造业
			酒饮料和精制茶制造业
			烟草制品业
			纺织业
			纺织服装鞋帽制造业
			皮革毛皮羽绒及制品业
			木材加工及木材藤棕草制品业
			家具制造业
			造纸及纸制品业
		以非农产品为原料的轻加工业	印刷业
			文教工美体育和娱乐用品制造业
			化学原材及化学制品制造业
			医药制造业
			化学纤维制造业
	重加工业		橡胶和塑料制品业
			非金属矿物制品业
			金属制品业
			通用设备制造业
			专用设备制造业
			交通运输设备制造业
			电气机械及器材制造业
			通信设备计算机及其他电子设备制造业
			仪器仪表及文化办公用机械制造业
			工艺品及其他制造业

资料来源：郑月（2014）。

根据表 2-3 分类，本章计算出各省（市）的加工工业的产值，接着计算出加工工业的产值与工业总产值的比值，从而分析各省（市）的加工化强度。数据均来源于各地区历年统计年鉴。

（二）基于省级层面的分析

第一，从时间上看，长三角各地区的加工工业比重呈现出明显的发展差异。如图2-6所示，上海呈波动式增长；江苏加工化比重在波动后持平；浙江呈波动式下降。

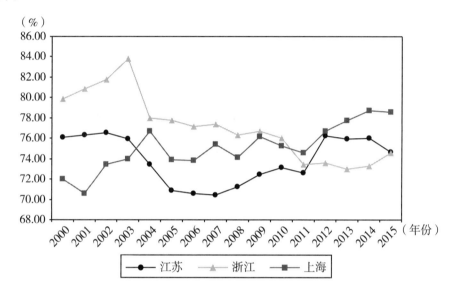

图2-6 2000～2015年长三角地区省际加工工业比重
资料来源：江苏、浙江和上海历年统计年鉴。

上海加工工业比重基本波动式上升，从2000年的72.03%上升至2015年的78.57%，年均增长率为0.58%，增长幅度很小。原因在于，上海加工工业强度在2000年已处于较高的状态。江苏加工工业比重起点也很高，2002～2007年小幅度下降；2007～2012年小幅度上升；2012～2015年基本保持不变，在73%周围波动。浙江的加工工业比重从2000年的79.87%小幅上升到2003年的83.82%，然后下降至2011年的73.46%，年均减速为1.64%；2011～2015年存在着缓慢的上升趋势，上升至2015年的74.61%。总的来看，上海、江苏和浙江的高加工度化都有所抑制，应该引起重视，尤其是浙江，无论是在其主导的传统工业，还是在非传统工业内部，都需要加强高加工工业的发展。长三角地区的工业不能再单纯依靠劳动优势和在国际市场的低价格优势，而需要发展深层次加工、改进生产手段。

第二，各地区横向比较看，浙江的加工工业占比总体高于上海和江苏，但三者高加工度化差异不大。2000 年，浙江加工工业比重为 79.87%，高于江苏的 76.09%，高于上海的 72.03%。2015 年，三者加工工业比重顺序完全相反。上海 2015 年加工工业比重为 78.57%，高于江苏的 74.63%，江苏基本上等于浙江的 74.61%。上海、江苏和浙江 2000～2015 年加工工业强度平均值分别为 75.11%、73.90%、77.10%，浙江高于上海，也高于江苏。总的来看，上海、江苏、浙江都属于高加工度化的省份，加工工业所占比重差异不大。

（三）基于城市视角的分析

1. 江苏省南京、无锡、苏州和常州的加工工业比重分析

图 2－7 是江苏省南京、无锡、苏州和常州的加工工业比重的历年变化情况。

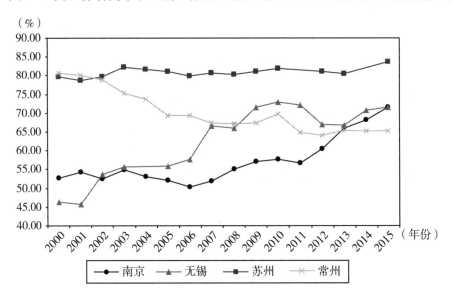

图 2－7 2000～2015 年南京、无锡、苏州和常州加工工业比重

资料来源：相应地区历年统计年鉴。

图 2－7 说明南京、无锡、苏州和常州加工工业比重变化具有以下两大特征：

第一，总体上南京和无锡的加工工业比重呈上升趋势；苏州基本不变；常州呈下降趋势。南京加工工业比重从 2000 年的 52.69% 缓慢增长至 2011 年的 56.69%，年均增长率为 0.67%；从 2011 年的 56.69% 快速增长至 2015 年的 71.58%，年均增长率为 6%。无锡加工工业比重总体也呈上升趋势，从 2000 年的 46.31% 上升至 2015 年的 71.59%，年均增长率为 2.95%。苏州 2000～2015 年的加工工业比重基本不变，围绕着 80% 上下波动。常州的加工工业比重呈现下降趋势，从 2000 年的

80.73%下降至2015年的65.25%。

第二，各地区横向比较看，苏州高加工度化最高，无锡、苏州、常州趋于一致。苏州一直处于最高的高加工度化位置；无锡和南京加工工业在增长中趋于相似的比重；常州加工工业比重在经历下跌趋势后在2015年处于最低的位置。

2. 江苏省南通、扬州、泰州和镇江的加工工业比重分析

图2－8是江苏省南通、扬州、泰州和镇江加工工业比重的历年变化情况。

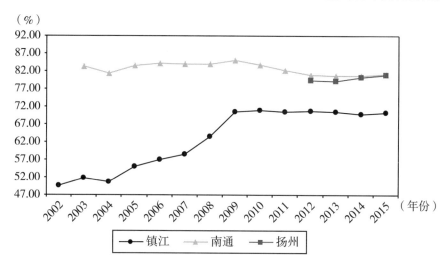

图2－8　2000～2015年南通、扬州、泰州和镇江加工工业比重

资料来源：相应地区历年统计年鉴。

图2－8说明南通、扬州、泰州和镇江加工工业比重变化具有以下两大特征：

第一，在样本期间，南通的加工工业比重总体呈平缓波动；镇江该比重先上升后平缓发展；南通加工工业的发展趋势类似于苏州，比重围绕着82%上下波动。镇江加工工业比重从2002年的49.69%上升至2009年的70.37%，年均增长率为5.1%；2009年后基本保持70%～71%不变。扬州由于加工工业数据缺失，难以总结其发展趋势。泰州无法找到细分的行业数据，所以忽略不分析。

第二，各地区横向比较看，南通的加工工业比重高于镇江，与扬州近年特征类似。近年来，南通和扬州的高加工度化发展不错，保持着80%以上的加工工业比重。镇江在2002～2009年经历加工工业较高速增长，随后失去了增长的动力，围绕着70%波动，一直低于南通和扬州的比重。

3. 浙江省杭州、宁波、湖州和台州的加工工业比重分析

图 2-9 是浙江省杭州、宁波、湖州和台州加工工业比重的历年变化情况。

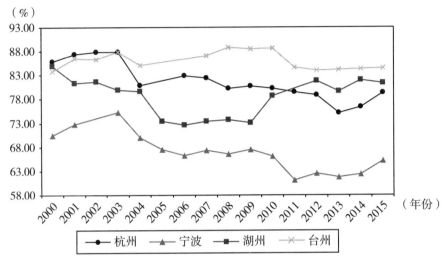

图 2-9 2000～2015 年杭州、宁波、湖州和台州加工工业比重

资料来源：相应地区历年统计年鉴。

图 2-9 说明杭州、宁波、湖州和台州加工工业比重变化具有以下两大特征：

第一，从时间序列来看，杭州和宁波的加工工业占比呈现波动式下降；湖州先下降后上升；台州先下降后上升。杭州的加工工业比重从 2000 年的 85.86% 升至 2003 年的 87.91%，年均增长率为 0.79%；接着就开始下跌至 2013 年的 75.17%；2015 年又上升至 79.32%。宁波加工工业发展趋势类似于杭州，加工工业比重从 2000 年的 70.39% 升至 2003 年的 75.34%，年均增长率为 2.29%；接着下跌至 2011 年的 61.15%；2015 年又上升至 65.22%。湖州加工工业比重从 2000 年的 84.97% 下降至 2006 年的 72.62%；2006～2009 年围绕 73% 波动；2009 年开始上升至 2015 年的 81.41%。台州加工工业比重 2000～2011 年经历了两段向上的波动，基本保持在 84% 左右，之后保持 84% 到 2015 年。

第二，各地区比较来看，杭州、湖州和台州这三个地区的加工工业占比趋于一致，显著高于宁波。杭州、湖州和台州加工工业比重的波动趋势和幅度虽然不同，但是差距不大，2000～2015 年的均值分别为 81.69%、78.50% 和 86.00%；宁波与其他三市的差距较大，加工工业比重均值为 66.85%。

4. 浙江省嘉兴、绍兴和舟山的加工工业比重分析

图 2-10 反映了浙江省嘉兴、绍兴和舟山加工工业比重的历年变化情况。

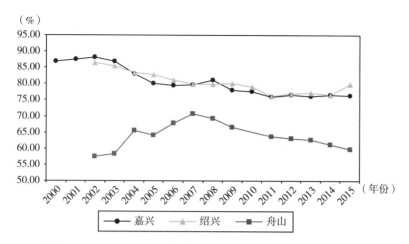

图 2 – 10　2000 ~ 2015 年嘉兴、绍兴和舟山加工工业比重

资料来源：相应地区历年统计年鉴。

图 2 – 10 说明嘉兴、绍兴和舟山加工工业比重变化具有以下两大特征：

第一，从时间序列看，嘉兴和绍兴的加工工业比重处于下降趋势；舟山加工工业比重则是先上升后下降。嘉兴加工工业比重从 2000 年的 86.90% 下降至 2015 年的 76.34%，年均减速为 0.86%。绍兴加工工业比重从 2002 年的 86.41% 下降至 2014 年的 76.63%，年均减速为 1%；2015 年小幅度上升至 79.77%。舟山加工工业比重从 2002 年的 57.44% 上升至 2007 年的 70.67%，年均增长率为 4.23%；从 2007 年开始下降至 2015 年的 59.83%，年均减速为 2.06%。

第二，从地区比较来看，嘉兴和绍兴的加工工业比重变动特征相似，且均始终超过舟山的加工工业比重。嘉兴、绍兴和舟山加工工业比重的年均值分别为 80.57%、80.32% 和 63.86%，嘉兴和绍兴加工工业比重的均值比舟山高出了约 16 个百分点。

五、长三角地区工业技术集约化发展趋势

在经济新常态背景下，长三角地区全面建成小康社会需要从要素驱动、投资驱动向创新驱动转变，这主要表现为技术集约化发展较为明显。战略性新兴产业和高技术产业最能体现技术集约化发展，本部分对长三角各地区的战略性新兴产业和高技术产业发展进行整体分析。

（一）长三角地区战略性新兴产业发展情况

2015 年长三角地区战略性新兴产业总体呈现较快的发展势头，在区域经济中的

促进作用不断提升。如表 2 – 4 所示，2015 年上海战略性新兴产业增加值总额为 3 746.02 亿元，比上年增长 4.5%，其中服务业产值 2 072.53 亿元，比上年增长 8.7%；江苏战略性新兴产业销售收入为 45 000.00 亿元；浙江省战略性新兴产业规模以上工业增加值为 3 367.00 亿元。

表 2 –4　　　　　　2015 年长三角地区战略性新兴产业发展概况

地区	产业	绝对量（亿元）	比上年增长（%）
上海	战略性新兴产业增加值	3 746.02	4.5
	制造业	1 673.49	– 0.1
	服务业	2 072.53	8.7
	战略性新兴产业制造业部分工业总产值	8 064.12	– 1.1
江苏	战略性新兴产业销售收入	45 000.00	10.4
浙江	战略性新兴产业规模以上工业增加值	3 367.00	6.9

资料来源：长江经济网。

（二）省级层面高技术产业占比的分析

考虑到数据的可获得性，本部分还用高技术产业与工业总产值的比值来衡量技术集约化程度。高技术产业是指用当代尖端技术（主要指信息技术、生物工程和新材料等领域）生产高技术产品的产业，是研究开发投入高、研究开发人员比重大的产业，主要包括医药制造业，航空、航天器及设备制造业，电子及通信设备制造业，计算机及办公设备制造业，医疗仪器设备及仪器仪表制造业和信息化学品制造业。高技术产业的发展可以创新驱动传统工业的增长，大力发展高技术产业也有助于推进整体工业的进步。数据来源于各省（市）历年统计年鉴、各地区历年统计年鉴和历年《高技术产业统计年鉴》。

1. 江苏和浙江高技术产业比重总体呈上升趋势，上海则呈现波动

如图 2 –11 所示，上海高技术产业比重从 2000 年的 20.60% 上升至 2004 年的 30.64%，年均增长率为 10.43%；2004~2014 年缓慢下降至 20.35%；2015 年又上升至 21.74%。江苏的高技术产业比重一直稳步增长，从 2000 年的 12.10% 上升至 2015 年的 40.96%，年均增长率为 8.47%。浙江的高技术产业比重在 2011 年基本

没有变化，围绕7.5%上下波动；2015年攀升至13.47%。

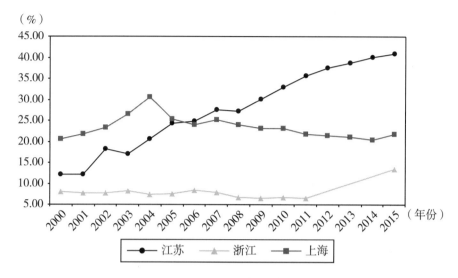

图2-11　2000~2015年省际高技术产业比重

资料来源：江苏、浙江和上海历年统计年鉴。

2. 江苏高技术产业比重在2006年超过上海，而浙江一直处于最低

从图2-11可发现，江苏通过创新型省份建设大力促进高技术产业的发展，技术集约化发展势头正旺；上海只能说是波动发展，但基本没有太大改变，从"十一五"以来，上海的高技术产业一直处于外商投资拉动的阶段，自主创新能力薄弱仍然是高技术产业持续发展的制约因素；浙江2013年的高技术产业比重超过了10%，取得了突破性进步。长三角地区高技术产业比重不容乐观，主要是因为长三角工业仍然主要以传统工业为主要力量，而且高技术规模较小，对传统产业的推动力还不够。

针对这一现状，上海加快培育"四新经济"，2015年解决"四新"经济发展的瓶颈问题29项，制定了推进"互联网＋"行动方案，85家"四新"经济创新基地挂牌，机器人、3D打印、车联网、云计算等新兴产业发展加快。江苏2015年制定并实施《中国制造2025江苏行动纲要》，实施高端装备、智能制造等一批重大工程；推动战略性新兴产业规模化发展，实施新型平板显示、新能源集成应用、关键材料升级换代等15个重大工程和28个重点专项。浙江也突出创新驱动，2015年在机器人、纯电动汽车等领域新建36家省级重点企业研究院，出台《关于加快发展众创空间促进创业创新的实施意见》。

（三）城市层面高技术产业比重分析

1. 江苏省南京、苏州、无锡和常州高技术产业比重分析

图 2-12 反映了南京、苏州、无锡和常州高技术产业比重历年变化情况。第一，南京、苏州和无锡的高技术产业比重呈现逐年上升趋势，而常州的高技术产业比重呈现波动式下降趋势。南京的高技术产业比重从 2002 年的 18.45% 上升至 2015 年的 43.38%，年均增长率为 6.8%，基本都高于江苏的同期比重。苏州的高技术产业比重从 2002 年的 28.88% 上升至 2015 年的 45.22%，年均增长率为 3.51%。无锡的高技术产业比重从 2002 年的 12.00% 上升至 2014 年的 42.36%，年均增长率为 11.08%。常州的高技术产业比重总体上呈现下降趋势，从 2000 年的 14.73% 下降至 2015 年的 12.55%。

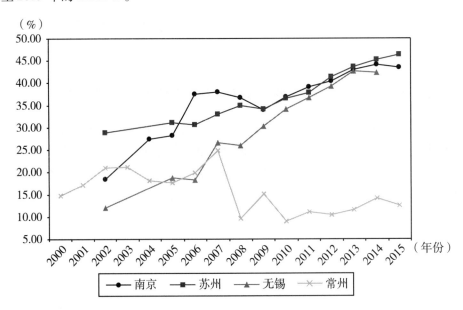

图 2-12　2000~2015 年南京、苏州、无锡和常州高技术产业比重
资料来源：相应地区历年统计年鉴。

第二，各地区比较而言，南京和苏州的高技术产业比重较为一致，具有同构趋势。苏州高技术产业比重的年均增长率低于南京，主要是因为苏州在 2002 年的比重就比南京高了 10 个百分点。常州的发展趋势完全区别于其他三市，并且处于最低地位。

具体分析这四个地区高技术产业的发展特征。南京在 2000 年以来，一直利用南京高等院校、科研院所多的优势，加快科技到产品生产的转化。南京还在发展高技术产业的同时，充分利用高技术产业改造传统产业和基础产业，以迅速提升产业结构，推进经济协调稳定发展。苏州地处长三角都市圈，紧邻上海，主动承接上海在资讯、商业服务、智力以及高新技术产业等方面的辐射。苏州高新技术产业发展较早，基础较好，已经形成以电子信息产业为主的优势产业。苏州还应该坚持以自主创新为主的发展道路，大力培养和引进创新人才，用高新技术改造、提高传统产业，打造具有苏州特色的高新技术产业。无锡高技术产业起点最低，但是通过坚持实施创新驱动发展核心战略和产业强市主导战略，不断深化科技体制改革，着力提高发展质量和效益。无锡在"十三五"规划中确立了重振产业经济，打造"产业新高地"的政策。常州的高技术产业近几年处于下降趋势，主要是因为自主创新能力、产业融合程度不足等原因，需要引起关注。

2. 江苏省镇江、南通、扬州和泰州高技术产业比重分析

图 2−13 反映了江苏省镇江、南通、扬州和泰州高技术产业比重的历年变动情况。

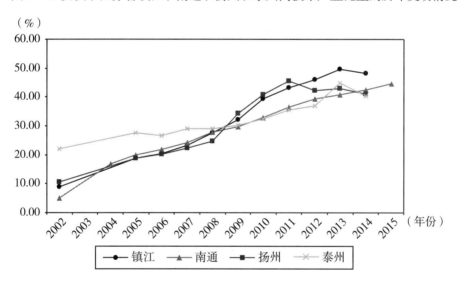

图 2−13　2002 ~ 2015 年镇江、南通、扬州和泰州高技术产业比重
资料来源：相应地区历年统计年鉴。

图 2−13 显示镇江、南通、扬州和泰州高技术产业比重变化总体上具有以下两个特征：

第一，镇江、南通、扬州和泰州这四个城市的高技术产业比重都呈稳步上升趋势。镇江的高技术产业比重从 2002 年的 8.94% 上升至 2014 年的 48.25%，年均增长率为 15.08%。南通的高技术产业比重从 2002 年的 5.03% 上升至 2015 年的

44.62%，年均增长率为18.28%。扬州的高技术产业比重从2002年的10.66%上升至2014年的41.04%，年均增长率为11.89%。泰州的高技术产业比重从2002年的22.18%上升至2014年的40.32%，年均增长率为5.11%。

第二，从横向来看，泰州2002～2008年的高技术产业比重超过其他三个市10多个百分点。但因为泰州高技术产业比重年均增长率较镇江、南通、扬州三市慢，所以2008年后，这四个城市的高技术产业占比趋于一致；镇江的高技术产业比重比其他三个市略高约4～8个百分点。

3. 浙江省宁波、湖州和绍兴高技术产业比重分析

浙江省各地级市高技术产业数据缺失，只能找到宁波、湖州和绍兴的部分数据。图2－14反映了这三市高技术产业比重的历年变动情况。从总体来看，宁波和绍兴的高技术产业比重基本没有提升。绍兴高技术产业2002～2006年的比重基本没有变化，围绕25%波动；2006年后开始下降，直至2012年的11.73%；2012～2013年有了一个很大的飞跃，2013年达到23.18%；2015年小幅度上升至24.19%。宁波的高技术产业比重在2005～2011年只有小幅度上升，从2005年的6.30%上升至2011年的8.37%。

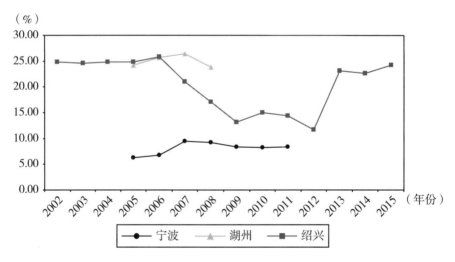

图2－14 2002～2015年宁波、湖州和绍兴高技术产业比重
资料来源：相应地区历年统计年鉴。

从横向地区比较来看，绍兴高技术产业发展好于宁波。湖州2005～2008年的高技术产业比重较高，一直保持在25%。绍兴的高技术产业比重经历一段时间的下滑后，恢复到24%。宁波的高技术产业比重一直最低，基本没有超过10%。

六、简要政策建议

综合前文分析，本章提出促进长三角地区工业内部协调发展的三条政策性建议。

第一，长三角地区工业发展要加快传统产业优化升级，加强传统产业竞争力。长三角地区的工业发展仍然处于工业化中后期，很多地区还在发展重化工业。一方面，长三角地区不能单一引进国外的先进技术，消化吸收再创新和集成创新的空间已经越来越小，所以要加强自主研发与创新能力。通过过去40年的模仿、学习，长三角地区工业企业在简单模块化产品领域（以机械、电子为代表）已经形成较强的集成能力，但在复杂产品集成和一体化产品集成等领域依然与世界领先水平有较大差距。鉴于此，长三角地区应将研发扶持的重点转向核心零部件、复杂产品和一体化产品的原始创新。另一方面，长三角地区要优化工业发展环境，促进综合成本下降。在重视产业扶持资金或基金的同时，长三角地区还要重视公共服务体系建设和科技基础设施建设，促进企业群体性成长。

第二，长三角地区工业要加快发展高技术产业，提高高技术产业发展的质量。一方面，长三角地区要通过产业组织模式创新，搭建新型产学研合作机制。这要鼓励以产业为主导的新型产学研合作，支持企业与高校建立长期的合作联盟，实现重点行业的关键技术突破，从而推动开发具有自主知识产权的产品，培育拥有核心技术的产业，提升长三角地区经济和产业的国际竞争力。另一方面，长三角地区还要大力培养和引进创新人才，人才是高新技术产业发展的关键。长三角地区要完善人才培养制度，高校、企业要利用各自的优势，联手创立人才培养机制，加强学校教育和在职培训工作。

第三，长三角地区工业还要完善高技术产业与传统产业的融合机制。高新技术对于经济的作用，并不仅仅局限于自身产业的投入和产出所带来的增长效应。它的重要作用还体现在，通过对传统产业的渗透，影响传统产业的生产方式和生产技术，使传统产业发生质的变化，降低传统产业的生产成本，改善传统产业产品的品质，提高传统产业的技术含量。长三角地区在发展高新技术产业的过程中，要重视利用高新技术改造、提高传统产业，依托工业园区，提高高技术产业的辐射能力。

参考文献

［1］安虎森. 新区域经济学［M］. 长春：东北财经大学出版社，2008.

［2］陈君．长三角区域工业结构调整及其空间布局研究［J］．西昌学院学报，2011，25（1）：55 – 58.

［3］陈德峰．长三角工业经济全面转型的经验与启示［J］．实事求是，2012（2）：39 – 42.

［4］陈洪涛．新工业革命与长三角经济结构转型研究［J］．海南大学学报（人文社会科学版），2014，32（6）：27 – 35.

［5］陈建军．长江三角洲地区的产业同构及产业定位［J］．中国工业经济，2004（2）：19 – 26.

［6］王志华．测度长三角制造业同构的几种方法——基于时间序列数据的分析［J］．产业经济研究，2006（4）：35 – 41.

［7］袁丰．泛长江三角洲地区钢铁工业转型与空间格局演变［J］．中国科学院大学学报，2014，31（6）：753 – 759.

［8］郑月．四川省工业结构高加工度化的实证分析［D］．四川省社会科学院，2014.

［9］Colin Clark. The Condition of Economic Progress［M］．London：Macmillan & Co. Ltd，1940.

第三章

实体经济和虚拟经济的协调发展

一、实体经济和虚拟经济的界定

很长一段时期以来，实体经济与虚拟经济的协调问题是产业协调发展中的主要问题。两者之间的不协调是我国当前实体经济衰退、经济发展面临严重问题的主要挑战之一。一般来说，实体经济是虚拟经济的根本，后者存在的根本使命是为前者服务，并且随着前者的发展而发展。一旦两者之间出现了发展失衡，那么必然导致经济出现问题：虚拟经济发展不足会抑制实体经济的转型升级能力，降低实体经济的发展质量；如果虚拟经济发展过快，以至于脱离实体经济开始自我循环，那么又必然引发金融危机。尽管对实体经济和虚拟经济之间均衡发展的研究具有重要的理论意义和广阔的政策空间，但是当前该领域的研究还相对缺乏，这其中一个典型事实就是对于虚拟经济和实体经济的概念定义依然相对模糊，学者们的看法差异显著。

国外学者早期在研究虚拟经济时，多以"虚拟资本"及衍生概念进行定义。对于虚拟资本的研究最早可以追溯到马克思的劳动价值理论，马克思（1867）在《资本论》第三卷中借用威利瑟姆对汇票的定义首次提到了虚拟资本，然而受限于当时时代及经济发展水平，虚拟经济的概念并没有被明确提出。奥地利经济学家希法亭（1910）在其《金融资本》一书中重点研究了以股票为代表的虚拟资本及其运动过程。凯恩斯（1930）在《货币论》中对"金融流通"做了一定的阐释，认为虚拟资本具有一定脱离实体资本的倾向。此后，随着经济全球化的加快，国外学者对于虚拟资本的研究又有了新的发展。有学者认为虚拟资本指的是实行资本化定价的金融资本，并把信用货币归结为一种虚拟资本（Guttmann，1994）。还有学者从会计学的角度探讨了虚拟资本的内涵，在历史成本法不适用于虚拟资本的资本化定价模式下把金融资本等同于虚拟资本（Jinnai，2005）。

我国学者对于虚拟资本及虚拟经济的研究大多发生在 1997 年东南亚金融危机之后。成思危（1999）从资金运行形式的角度出发，将虚拟经济定义为"钱生钱"的经济。秦晓（2000）认为实体经济是有关人类生产、服务、消费和流通的活动，而虚拟经济则是信用膨胀下金融资产相关的交易活动。陈淮（2000）认为虚拟经济是资本独立运动的经济，其存在和发展的基础是产权交易，与"有形"或"无形"无关。潘英丽（2001）认为判断实体经济与虚拟经济的关键在于是否创造价值或财富，不论该种经济活动是创造物质产品还是精神产品，创造价值或财富的就是实体经济。刘骏民（2003）从定价模式角度出发，认为以成本和技术支撑的价格体系是实体经济，而以资本化定价为基础的价格体系是虚拟经济。曾康森（2003）提出"虚拟经济"应该叫作"权益经济"。王璐（2003）认为货币与物质生产存在对立关系，虚拟经济本质上是一种货币经济。王爱俭（2008）从价格体系出发，提出虚拟经济的本质是预期未来价格在现时的镜像，心理预期在虚拟经济中处于最为核心的地位。宋超英和王宁（2010）提出实体经济主要包括农业、工业、商业、建筑业及交通运输业等产业部门，虚拟经济主要包括金融业、房地产业、博彩业、收藏业和体育经济等。综合以上研究，我国学者目前对于实体经济及虚拟经济的概念还没有统一的定义。一些学者以行业作为区分实体经济与虚拟经济的标准，如农业和工业属于实体经济、金融业和房地产业属于虚拟经济，这种分类方式的优点是便于观测，但缺点是过于僵化，没有考虑到行业内部两种经济形态互相依存、相互渗透，并随着经济发展处于动态变化的情况。一些学者通过定价模式区分实体经济与虚拟经济，如虚拟经济是采用资本化的定价模式，即对资产的对预期风险调整后的预期收益进行折现，由于预期收益和预期风险存在不确定性，资本化定价使资产的价格可能远离成本，在不断更新的信息下虚拟经济与实体经济的运行保持着相对独立。这种观点能够从动态角度把握实体经济与虚拟经济的内涵，但不便于监测和管理。

本章认为，当前关于实体经济和虚拟经济的定义与划分存在两个明显的误区：第一，单纯地讲，实体经济等同于以物质资料生产经营为内容的经济活动，这样的定义实质上就将现代服务经济部门排除出了实体经济，这显然是不符合现代化经济体系的发展趋势的；第二，认为实体经济是指物质的、精神的产品和服务的生产、流通等经济活动，这一定义几乎将所有的生产活动都当作实体经济，甚至包括金融部门中资本市场的活动，显然太过宽泛。

本章认为，划分实体经济和虚拟经济的关键在于起点于货币资本的增值性活动以什么作为媒介，并且最终是否创造了社会财富（刘志彪，2017）。如果它以具备使用价值的商品与服务作为交易媒介，并且创造了社会财富，满足了社会的最终需求，那么，这种经济活动就可以被看作实体经济。但是，如果以货币、价值符号和资产为媒介，在过程中并不直接创造财富和满足最终需求，而仅仅实现了财富的再分配，这就是虚拟经济。根据上述定义，实体经济和虚拟经济并非总是界限分明，很多时候存在着相互重叠甚至是相互转化的情况。以房地产业为例，用来住的房子就是实体经济的一部分，而用来炒的房子尽管也是实物，但是却属于虚拟经济。再如，郁金香和大蒜等农产品，如果是为了满足人民的最终消费需要，其生产和流通过程都属于实体经济，但是如果被用以炒作来获取差价，那么该种商品就完全丧失了使用价值，而变成了纯粹的投资符号，相关的经济活动完全不创造任何的社会财富，只是在影响财富的分配，此时我们可以将这种行为划分为虚拟经济。

　　为了更好地理解虚拟经济和实体经济，本章还需要对泡沫经济的定义做一个界定。大多数学者认为虚拟经济与泡沫经济并不对等，但泡沫经济的产生、演变和发展与虚拟经济密不可分。当虚拟资本过度膨胀引发虚拟资产价格大幅度飙升，以至于远远偏离了由实体经济基本面所决定的价值时，就会引发泡沫经济。斯蒂格利茨（Stiglitz，1990）指出，泡沫可以说是一种定价扭曲，如果一种资产的价格高只是由于投资者相信它的价格明天还会继续上涨，而与实体经济基本面无关，泡沫就出现了。艾伦（Allen，1993）从共识的角度指出，如果市场上的投资者对于实体经济的基本面不能达成足够的共识，那么在理性的均衡预期中也会出现泡沫。刘骏民（1998）认为泡沫经济是由于虚拟资产过度炒作而引起的价格膨胀。陈文玲（1998）认为虚拟经济脱离实体经济过度膨胀时就会形成泡沫经济。李晓西等（2000）认为虚拟经济脱离实体经济过度发展会引发泡沫经济，而泡沫经济破裂又会产生金融危机，对实体经济造成巨大破坏。刘维刚等（2006）认为泡沫经济是虚拟经济发展规模和速度超过了实体经济所形成的经济虚假繁荣的现象。卡巴莱罗（Caballero，2008）认为金融市场发展不完全是资产泡沫产生的条件。但本章认为泡沫经济应该与真实经济相对应，它应该是指超出市场真实需求的那部分无效供给活动，因此，判断泡沫的标准为供需是否平衡，与生产形式和生产性质没有关系。从这个意义上来说，实体经济和虚拟经济中都可能存在泡沫经济。举例来说，在实体经济中，如果企业生产的产品可以满足市场需求的那部分，可以被认为是真实经济，但是，如果通过信贷杠杆来扩张，从而导致产能过剩，那么这部分经济活动就可以被认为是泡沫经济。在虚拟经济中，资本市场中的上市企业估值如果在合理的市盈率范围内，就可以认为是真实经济，但是，一旦估值超过了某个合理范围，那么就属于泡沫经济。

二、实体经济和虚拟经济的相互关系

国内外关于实体经济与虚拟经济关系的现有文献大致可以分为三类：虚拟经济促进实体经济的发展、虚拟经济抑制实体经济的发展，以及虚拟经济背离实体经济的发展。

戈德史密斯（Goldsmith，1969）是最早提出虚拟经济促进实体经济的学者之一，他通过分析 35 个国家 100 年间的金融部门与实体经济的统计数据，认为虚拟经济发展对国民生产总值增长具有促进作用。有学者认为股票市场对经济发展具有水平和增长的双重促进作用，其中，水平效应是指股票市场对经济活动的水平影响，而增长效应则是股票市场对经济活动的增长率影响（Atje，Jovanovic，1993）。古特曼（Guttmann，1994）通过对美国 1972～1982 年萧条期间的经济状况进行研究，认为虚拟资本的快速增长为美国实体经济结构转型提供了巨大动力。科克伦（Crochane，2005）通过建立以股票溢价和消费为基础的一般均衡模型，认为虚拟经济回报率与实体经济发展状况紧密相关。郭琨等（2012）采用金融物理学的方法对我国股票市场与 GDP 情况进行实证研究，发现 2002 年之后上证指数领先于 GDP 的关系已经逐渐显现，尤其在 2006 年之后领先的同向关系越发明显。胡晓（2015）通过理论模型推导及对美国数据的实证研究发现，适当发展虚拟经济对于实体经济的转型升级具有重要的促进作用，随着虚拟经济的不断深化发展，它对于实体经济产业结构的影响会越来越强，但对于实体经济增长的促进作用可能会越来越弱。

部分学者认为虚拟经济阻碍了实体经济的发展。其中，凯恩斯（1936）认为，虚拟经济的投机行为对于实体经济存在挤出效应，使虚拟经济与实体经济之间的发展可能存在负相关关系。托宾（Tobin，1965）提出，当虚拟经济回报率超过实物资产时，将导致更多资金流向虚拟经济部门，从而抑制实体经济的发展。斯特兰奇（Strange，1986）认为虚拟经济中持续膨胀的赌博行为加剧了经济发展的波动性和不稳定性，将导致实体经济的发展过程中出现灾难性的后果。特南鲍姆（Tenanbomu，1994）认为，由于虚拟经济回报率高于相对应的实体资产，以金融部门为代表的虚拟经济部门从实体经济掠夺了大量的人才和资金，造成了对实体经济的破坏。另外有学者认为，由于股票市场不能很好地发挥其应有的定价机制和接管功能，导致以股票市场为代表的虚拟经济不能很好地促进实体经济的增长（Aiestie，Demetriades，1997）。

随着虚拟经济发展的不断深化，虚拟经济是实体经济的"晴雨表"这一特征开始逐渐弱化。许多学者发现，以金融资产价格、股票市场为代表的虚拟经济与实体经济基本面呈现出明显背离的现象。明斯基（Minsky，1986）认为，由于资产价格的预期收益与实体经济发展状况之间存在偏差，资产价格会出现"脱实向虚"的现象。斯蒂格利茨（Stiglitz，1990）认为，非理性投资行为的存在导致了资产价格不断脱离经济基本面。实证研究方面，中国人民银行研究局课题组（2002）利用我国工业增加值与同期沪深指数的数据进行实证检验，发现我国实体经济与虚拟经济之间没有显著的相关关系。王亚鸽等（2008）采用灰色关联度模型，并对我国近年来虚拟经济与实体经济的协调性进行实证研究，认为我国虚拟经济对实体经济的促进作用不强。曹源芳（2008）通过对我国1998～2008年上证指数、工业增加值的数据进行实证分析，发现我国虚拟经济与实体经济无长期稳定关系。文春晖等（2015）基于上市公司终极控制权分工视角，并利用我国上市公司2006～2013年数据进行实证检验，发现中国虚拟经济与实体经济存在背离现象。苏治等（2017）利用1992～2016年全球主要国家的代表性数据进行实证研究，认为无论从规模水平还是周期波动层面，中国虚拟经济与实体经济均存在背离特征。

本章认为，实体经济和虚拟经济之间的关系本质上是由一个国家和地区经济发展模式来决定的。一个国家对于动力产业的选择，在很大程度上就决定了该国的金融结构和增长路径，并最终衍化出来以美国、德国和日本为代表的三种主要发展模式（刘志彪，2015）。但是，与上述三者不同，中国的发展模式具有很大的独特性，一方面，由于资本市场的发展受到抑制，企业主要的融资渠道都是依靠以银行为主的简介金融；另一方面，分税制改革后地方政府财权和事权的不匹配，使土地融资成为地方财政的主要资金募集手段。金融市场发展的落后导致居民无法获得有效的投资渠道和手段，同时，地方政府对土地财政极端依赖，这两方面共同导致了房地产业吸引了大量的社会资金，其虚拟经济功能被不断放大。房地产部门的高盈利吸引了大量的社会资源，从而导致实体经济活动的成本大幅提升，并且难以在短期通过创新和生产率提高来消化要素成本的上升，最终导致中国经济出现了"脱实向虚"。

实体经济和虚拟经济之间的失衡发展，可以总结为"实体经济过虚，虚拟经济不实，虚实分裂对立"。实体经济和虚拟经济的非均衡发展，导致了虚拟经济部门和实体经济部门之间不仅没有形成良性互动，反而后者对前者形成了严重的挤压，虚实失衡的直接后果就是我国经济质量不高、发展动力不足。实体经济和虚拟经济的发展失衡，具体可以表现在以下四个方面：

第一，实体经济的许多部门出现了严重的产能过剩，泡沫经济的比例居高不下。一方面，以钢铁、水泥和煤炭为代表的传统产业生产能力严重闲置；另一方面，产能过剩现象也逐步蔓延到风电、光伏等战略性新兴产业部门。超额供给导致恶性市场竞争，因此，实体经济部门的盈利率远低于社会平均水平。与此同时，伴随着要素成本的持续上升，许多实体企业亏损加剧，为了避免大规模的企业破产以及由此引发的失业等问题，产能过剩产业只能不断依靠银行输血来勉强维持，形成了一大批僵尸企业。这一结果的本质就是，社会资本未被用来生产社会需要的产品与服务，不仅没有增加社会财富，反而形成了大量低回报甚至是负回报的资产，制造了许多低质量的无效供给，实体经济内部出现了泡沫化的趋势。大量社会资源被锁定在低效率行业，不仅遏制了新兴产业的发展，同时也在实体经济内部持续积累风险，一旦泡沫破灭就会导致经济危机。

第二，制造业只长"个子"，不长"脑子"，实体经济难以从"汗水经济"向"头脑经济"转型。在过去的几十年中，我国充分利用了第一波全球化的发展机遇，从低端切入全球价值链，通过持续的大规模投资迅速地实现了生产能力的扩张，经济常态从商品短缺转变为商品过剩。中国作为"世界工厂"，在制造业规模上全球领先，但是在利润率上却排名靠后。伴随着资源和人口红利的逐步消退，只注重"体量"发展、不重视"内功修炼"的模式也让制造业发展面临瓶颈，产业空心化现象严重。在西方发达国家经济衰退以及国内消费升级的双重压力下，很多企业由于缺乏核心专利和创新能力，无法转型进入高端消费市场，只能在低端市场中恶性竞争，进一步加剧了产能过剩。企业在内源性创新难以突破的同时，在获取外源性创新上也存在障碍。以市场为导向的创新体系的缺失，一方面，造成大量的科研活动不关注市场需求，创新活动变成了智力游戏；另一方面，企业的真实需求难以反馈到科研院所，大量的专利和成果难以走出实验室变成现实的生产力。

第三，虚拟经济脱离实体经济形成体外循环，泡沫的持续积累和扩大蕴含着潜在的金融危机。实体经济的低回报率导致资金涌入虚拟经济，社会资源没有在虚拟部门和实体部门之间进行流动和交换，虚拟经济脱离实体部门形成了体外循环，事实上形成了大量吸收货币资金的黑洞。政府的货币供应难以真正转化为现实的流动性，无法形成对商品和劳务的需求，最终对消费者需求和内需的扩大形成抑制作用，加剧了实体经济的困难。更重要的是，大量资本沉淀在虚拟经济内部循环中，就意味着包括研发等在内的生产活动难以获得充足的资金，这种资金抑制又会进一步使企业难以实现自我造血功能。虚拟经济中泡沫部分的持续扩大，本质上是由于当前的金融市场发展不成熟，金融工具和金融产品的缺乏导致社会资本只能通过相对单一的渠道追逐稀缺的优质资产，因此，资产泡沫在所难免。与此同时，实体经济和虚拟经济的脱钩发展，会进一步导致全社会负债率持续保持较高水平，并且由于大量企业事实上丧失了有效偿债能力，以及政府负债中土地抵押的过高比率，这样的债务结构很容易诱发严重的金融危机。

第四，新兴产业和传统产业发展割裂，新动能未能有效拉动旧部门。和西方发达国家不同，我国现阶段的经济发展面临着双重任务和考验，在不断培育新的经济增长点和新兴产业的同时，还必须对传统产业进行改造升级。这既是国内市场不均衡发展与消费者需求多样性的客观要求，也是我国打造具有全球竞争力的现代化经济体系的重要内容。我国不能完全抛开现有的传统产业来重起炉灶，而要立足于对传统产业的改造来培育和壮大新兴产业。在这一轮的互联网信息革命的浪潮中，我国充分发挥后发优势，培育了一批具有国际竞争力的战略性新兴产业和创新型企业。但是，这些新的经济增长点和新经济形式并没有和传统产业形成良好的互动与融合，新旧产业之间的绝缘式发展，一方面让传统产业丧失了利用新技术为杠杆实现升级的机遇；另一方面也让新兴产业难以迅速克服市场和资源瓶颈来发展壮大。传统产业的转型升级，事实上为新经济的发展提供了深厚的产业基础和市场机遇，新兴产业的发展如果能通过技术扩散实现新旧产业的联动与融合，才能真正实现可持续的健康发展。互联网、大数据和人工智能等领域的技术革命，应该成为联系新旧产业的技术纽带，否则，也很容易造成新兴产业的泡沫经济和"脱实向虚"现象。

三、长三角地区实体经济与虚拟经济的发展概况

（一）江苏省制造业发展概况

近年来江苏省第二产业产值和其中工业产值都保持稳步增长，自 2000 年以来第二产业和工业产值增长近十倍（见图 3－1）。江苏省工业产值占 GDP 比重近年有所下降但仍保持在 40% 左右，并且持续高于全国平均占比，未来还将继续保持。

江苏省工业企业数量在 2010 年前迅速增长，2011 年出现断崖式下跌，随后数量稳定在 4.5 万家（见图 3－2）。虽然企业数量出现了断崖式下跌，但全省工业企业利润总额并未受到影响（见图 3－3）。利润总额在 2016 年突破万亿元，上升动力非常强劲；同时，利润率也由 2000 年的 3.7% 上升到 2016 年的 6.7%，近乎翻倍；资产负债率略有下降，从 2000 年的 60% 左右下降至 2016 年的 50% 左右。

2017 年前三季度，江苏省规模以上工业增加值同比增长 7.5%，比上半年回升 0.1 个百分点。分经济类型看，国有控股、股份制、民营和私营工业增加值同比分别增长 7.1%、8.2%、8.2% 和 8.4%。先进制造业贡献提升。高新技术产业产值 5.47 万亿元，同比增长 14.5%；占规模以上工业总产值比重达 42%，比上半年提

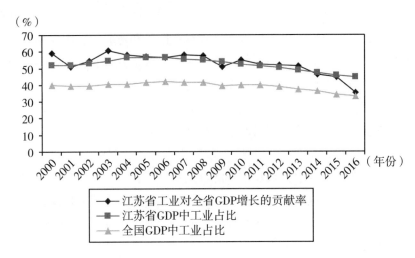

图 3 - 1　江苏省工业产值占比与工业对 GDP 增长的贡献率

资料来源：Wind 资讯。

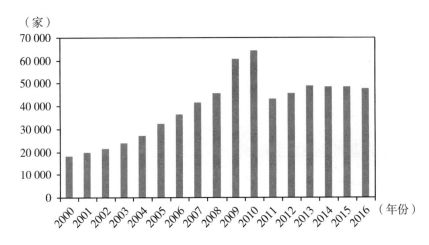

图 3 - 2　江苏省工业企业数量变化

资料来源：Wind 资讯。

升 0.3 个百分点。战略性新兴产业实现产值 4 万亿元，同比增长 13.4%，增速比上半年加快 1.4 个百分点。新产品产值快速增长，规模以上工业新产品产值 1.1 万亿元，同比增长 14.3%。12 种工业新产品中有 7 种产量保持两位数增长，其中，工业机器人、服务器、3D 打印设备产量分别增长 74.8%、69%、67.9%。工业品出口稳中有升。全省规模以上工业企业实现出口交货值 1.8 万亿元，同比增长 9.8%，增速比上半年回升 0.5 个百分点，其中，计算机通信和其他电子设备、专用设备制造业分别增长 12%、10.7%。工业企业效益稳步增长。2017 年 1～8 月，全省规模

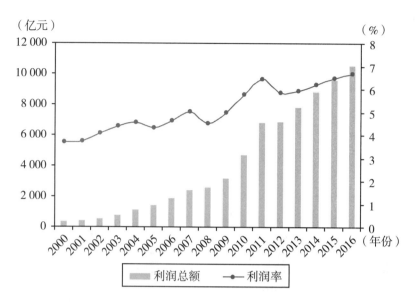

图 3-3　江苏省工业企业利润总额及利润率

资料来源：Wind 资讯。

以上工业企业实现利润总额 7 120 亿元，同比增长 15%，增速比上半年回升 0.6 个百分点；总量占全国比重为 14.5%，继续处在全国首位。

但是，在取得优异成绩的同时，也必须看到江苏省制造业近年来在发展过程中也存在一些问题，并且面临着一些潜在风险。具体来说，表现在以下四个方面：

第一，一些实业资本流入虚拟经济领域，出现明显的"脱实向虚"现象。一些制造企业发展步履维艰、信心动摇，制造业对社会投资的吸引力逐渐下降。江苏省"十一五"期间制造业投资年均增长 22%；"十二五"期间年均增长率降至 12.8%；而进入"十三五"第一年，制造业投资增幅只有 7.7%。制造业贷款余额的快速下滑也反映出一定的风险，2015 年末制造业贷款余额占比就不足 20%；2016 年末更是下降至 16.4%。

第二，外部发达国家推动高端制造回归（美国税改）和新兴经济体争夺中低端制造（东南亚）对江苏制造业形成双向挤压，且自身低成本优势日益递减而新的竞争优势尚未形成。内外双重压力使得部分行业产能严重过剩，生产成本持续上升，企业经营困难增加。而江苏省制造业外资依赖程度仍然较高，2016 年实际使用外资 245.4 亿美元，位居全国第一，在双重压力之下受到的冲击可能也更大。

第三，从内部来看，江苏制造业仍然偏向中低端，高端供给不足。2016 年末江苏省工业企业数量为 4.8 万家，高新技术企业数量为 1.3 万家，高新技术企业占比为 27.2%。而同期广东省工业企业数量为 4.2 万家,高新技术企业数量为 1.9 万家,占比为 46.8%,远高于江苏省。并且,2016 年广东省高新技术企业净利润总和为 3 545 亿元,净利润率为 7.7%,企业平均净利润为 2 354 万元;江苏省高新技术企业净利润总和为 2 307 亿元;平均净利润为 1 961 万元,净利润率为 7.1%。广东省科研活动经费占净利润的 66.3%,江苏省占 61.5%。可见,江苏省在高新技术企业方面各项指标均低于广东省(见图 3-4)。

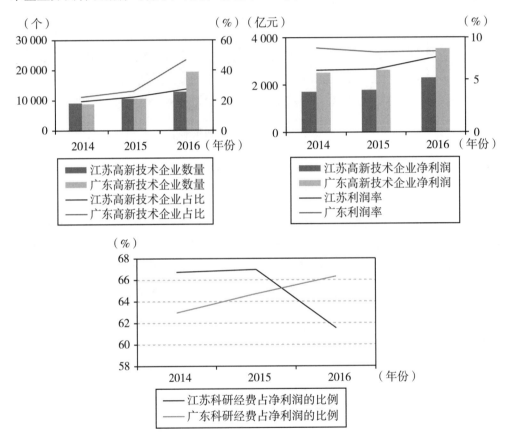

图 3-4 江苏省和广东省高新技术企业数量、利润与科研经费对比

资料来源:Wind 资讯。

第四,江苏省制造业虽然整体实力强势,但仍然缺少在全国乃至全世界都具备话语权的制造业龙头。2017 年江苏省拥有制造业上市公司 261 家,总市值约 2.3 万亿元。中国制造业 500 强江苏省有 47 家企业上榜,占全国 9.4%。但作为全国制造业龙头省份,却没有一家江苏企业进入 500 强前 20 名,入围前 50 名的也只有排名第 26 位的恒力集团有限公司和排名第 27 位的沙钢集团有限公司。

（二）江苏省金融业发展情况

2012～2016 年，江苏省银行业金融机构总资产从 9.7 万亿元快速上升至 15.6 万亿元，所有者权益也从 3 218 亿元快速上升至 5 027 亿元，税后净利润稳定在 1 500 亿元左右，中间业务收入从 553 亿元逐年上升至 747 亿元（见图 3 – 5、图 3 – 6 和图 3 – 7）。虽然全省银行业金融机构净利润较为稳定，但总资产和所有者权益的快速上升导致资本利润率和资产利润率连续下降，资本利润率从 2012 年的 342.25% 下降至 2016 年的 31.06%，资产利润率从 2012 年的 1.50% 下降至 2016 年的 1.07%。2017 年第三季度数据显示，全省银行业金融机构总资产达到 16.7 万亿元，所有者权益达到 5 518 亿元。前三季度税后净利润达到 1 443 亿元，相比上年同期增速达到了 7.9%，预计全年有望超过 1 700 亿元，利润率将有所企稳回升。

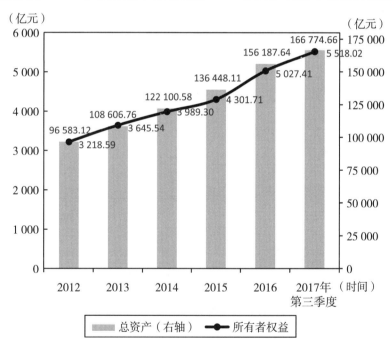

图 3 – 5　江苏省银行业总资产及所有者权益

资料来源：江苏省银监会。

2011～2016 年江苏省银行业金融机构本外币贷款余额从 5 万亿元增长至 9.3 万亿元，几乎翻倍（见图 3 – 8）。从贷款流向行业来看，制造业贷款余额持续下降（见图 3 – 9），2015 年末占比不足 20%，2016 年继续下行至 1.5 万亿元，占比 16.4%；而房地产业贷款余额却稳步增长（见图 3 – 10），2011 年末至 2016 年末增

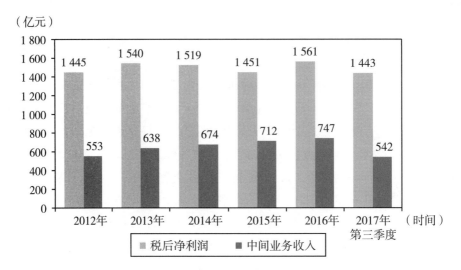

图 3 - 6　江苏省银行业税后总利润及中间业务收入

资料来源：江苏省银监会。

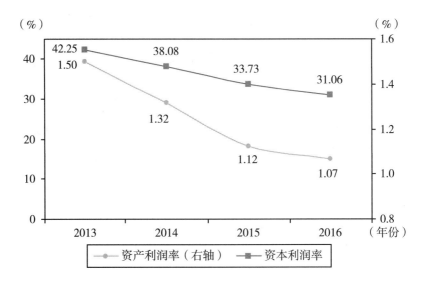

图 3 - 7　江苏省银行业资产利润率和资本利润率

资料来源：江苏省银监会。

长接近 3 倍，占比已经达到 29.3%。可见，长期以来制造业贷款呈现疲弱态势，一方面资金不愿流入制造业，房地产业对资金吸引力更大；另一方面制造企业受实体经济下行影响，贷款扩产意愿下降，有效信贷需求不足。租赁和商务服务业贷款余额增长迅速，从 2011 年末的 3 835 亿元增长到 2016 年末突破万亿元，且增速还有加快趋势。另外，政府背景项目贷款也持续上升，全省银行业基建贷款余额从 2013

年末的0.9万亿元增长至2016年末的1.5万亿元，占全部贷款余额的16%。

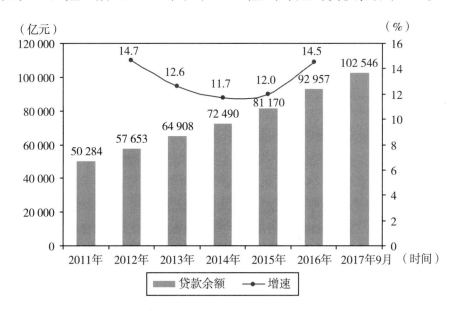

图3−8　江苏省银行业金融机构本外币贷款余额及增速

资料来源：中国人民银行南京分行。

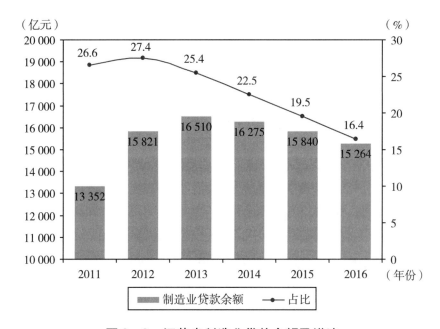

图3−9　江苏省制造业贷款余额及增速

资料来源：中国人民银行南京分行。

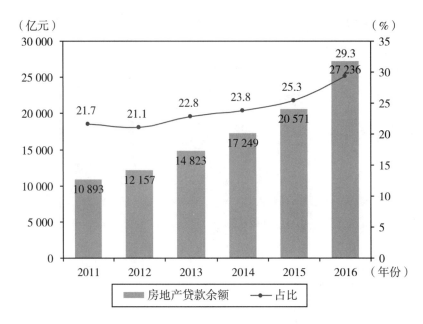

图 3 − 10   江苏省房地产业贷款余额及增速

资料来源：中国人民银行南京分行。

值得注意的是，2017 年第三季度数据显示，2017 年 3 月江苏省房地产业本外币贷款余额增速放缓，而制造业贷款余额同比增长 0.4%，增速近两年来首次由负转正。截至 2017 年 10 月末，全省制造业本外币贷款余额 1.6 万亿元，同比增长 5.4%，增速比上年同期和 6 月末分别提升 11 个和 1.5 个百分点，已连续 8 个月保持正增长；比年初新增 763 亿元，同比增加 1 394 亿元。但因总贷款余额保持快速增长，制造业贷款余额占比未出现反弹。

（三）长三角地区房地产行业发展概况

从长三角地区房地产开发投资来看，本章以江苏、浙江、安徽、上海三省一市数据总和作为长三角地区整体数据，2016 年长三角地区房地产开发投资规模突破 2.47 万亿元，受 2011 年房地产市场调控政策的影响，2012 年有所下滑，直至 2016 年增速有所回升，近年增速明显放缓（见图 3 − 11）。

从房企角度来看，长三角地区（上海、江苏、浙江、安徽）房企开发资金来源主要有国内贷款、利用外资、自筹资金和其他资金来源（见图 3 − 12）。从总量上来看，虽然 2011 年政府对房地产市场实行严格的限购政策，全国多个二线热点城市密集限购，但房企资金并没有受政策环境的影响，在 2011 ~ 2013 年增幅扩大。

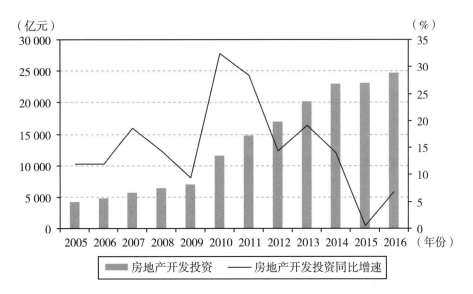

图 3 - 11　长三角地区房地产开发投资规模及同比增速

资料来源：国家统计局。

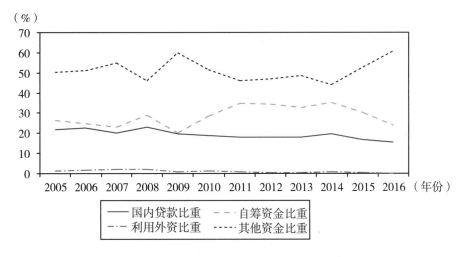

图 3 - 12　长三角地区房地产开发企业年度资金来源及其占比

资料来源：国家统计局。

此后的三年，房企资金基本稳定在 3.1 亿元的水平，直至 2016 年房企资金提升 25%，达到了 3.9 万亿元。从资金的结构上来看，2009 年以后国内贷款的比例基本稳定在 18% 左右，近两年占比有所下降，2016 年仅占 15%；自筹资金占比近 3 年来不断下降，从 2014 年的 35% 下降至 2016 年的 24%；而包括金融渠道在内的其他资金来源占比一直是房企资金的重要来源，占比 50% 以上，并且近 3 年占比不断提高，2016 年占比超过 60%。

另外，资金端的另一个层面在于需求方房贷利率成本。从长三角地区样本城市首套房贷款利率来看，自 2014 年以来逐步下降，且 2016 年跌破 1 倍基准利率，折扣约为 9 折左右，而进入 2017 年，随着政策调控的不断升级，在资金端的收紧使房贷利率有所上行，2017 年 11 月长三角地区样本城市首套房平均房贷利率为 5.14%，约为基准利率的 1.05 倍。二套房方面，与首套房贷利率相似，2017 年也出现了上浮趋势，二手房贷利率约为 5.57%，在基准利率基础上上浮 13.6 个百分点。

从成交和土地多角度来看，受季节因素的影响，成交面积与土地供应面积呈现周期性波动，但整体来看，2006～2015 年，长三角地区的土地供应面积与成交面积在同步增长，但进入 2016 年以后，受政策调控的影响，实际从成交口径来看，长三角地区整体成交有明显回落。

四、江苏、浙江上市企业的实证研究

（一）样本数据来源

本章数据主要来自 Wind 资讯，主要选取了 2010～2016 年苏浙地区 791 家非金融类和非房地产企业的 6 328 组数据作为分析对象，来分析苏浙地区企业过度参与虚拟经济对其本身竞争力产生的影响。其中，行业分类采用了证监会行业分类标准，791 家企业中共有 610 家制造业企业，占样本总数的 77%。

在所选样本企业中，有 367 家企业参与房地产投资，占样本总体的 46%；有 308 家企业持有交易性金融资产，占样本总体的 39%；502 家企业拥有可供出售金融资产，占样本总体的 63%；564 家企业选择长期股权投资，占样本总体的 71%。由此可见，苏浙地区非金融类企业大多有参与虚拟经济的行为。苏浙地区非金融类企业参与虚拟经济的整体情况即年平均值如表 3－1 所示。

表 3－1　　　　　　　　样本中企业参与虚拟经济整体情况　　　　　　单位：亿元

年份	投资性房地产	交易性金融资产	可供出售金融资产	长期股权投资
2010	1.0165	0.2920	5.6056	1.8944
2011	0.9986	0.2922	3.9831	1.9593
2012	1.3258	0.3152	2.3964	2.3232
2013	1.2702	0.4613	2.3499	2.7212
2014	1.4127	0.5402	2.1621	2.7787

年份	投资性房地产	交易性金融资产	可供出售金融资产	长期股权投资
2015	1.7656	0.7049	3.1465	2.8626
2016	2.2307	0.8398	4.2843	3.7261

（二）变量设定与描述性统计

本章选取企业净利率作为被解释变量，用来衡量企业本身竞争力；同时选取投资性房地产、交易性金融资产、可供出售金融资产、长期股权投资这四个核心解释变量，用来衡量企业参与虚拟经济的情况；选取利息支出、开发投入和总资产周转率作为控制变量。根据新会计准则，交易性金融资产是指企业为了近期内出售而持有的债务性和权益性证券，通常是以赚取价差取得收益为目的。可供出售金融资产是指既不属于持有至到期证券，也没有被分类为交易性证券的证券。《企业会计准则讲解 2006》规定：企业没有将其划分为其他三类金融资产，则应该将其作为可供出售金融资产处理。IASB 关于金融工具的 IAS32 号和 IAS39 号中的相关内容，基本与此分类吻合。投资性房地产是指为赚取租金或资本增值，或两者兼有而持有的房地产。长期股权投资是指投资方对被投资单位实施控制、重大影响的权益性投资，以及对其合营企业的权益性投资。利息支出是指临时借款的利息支出，衡量企业的融资成本。开发支出反映企业开发无形资产过程中能够资本化形成无形资产成本的支出部分。具体变量设定如表 3 - 2 所示。

表 3 - 2　　　　　　　　　　　　变量定义

变量属性	变量名	变量定义与测度
被解释变量	NP	净利率（净利润/主营业务收入）
核心解释变量	RE	投资性房地产
	TF	交易性金融资产
	SF	可供出售金融资产
	LEI	长期股权投资
控制变量	IE	利息支出
	DI	开发投入
	TAT	总资产周转率

上述变量的描述性统计结果如表3－3所示。

表3－3 各变量描述性统计

变量	样本数	均值	标准差	最小值	最大值
NP	791	0.1100	0.4634	－6.6514	27.7108
RE（亿元）	791	1.4600	6.2019	0	135.0683
TF（亿元）	791	0.4344	1.9264	－0.0098	28.6207
IE（亿元）	791	0.3172	1.0721	－7.5528	18.6478
DI（亿元）	791	0.3314	1.0678	0	9.4673
TAT（次）	791	8.0474	5.4668	0.0100	85.0090
SF（亿元）	791	3.1720	14.0218	0	260.7012
LEI（亿元）	791	2.6376	10.3313	0	242.5786

根据上述变量选取的分析，本章构建如下模型来分析企业参与虚拟经济的程度对其本身竞争力的影响：

$$NP_{i,t} = \alpha + \beta_1 RE_{i,t} + \beta_2 TF_{i,t} + \beta_3 SF_{i,t} + \beta_4 LEI_{i,t} + \gamma_1 IE_{i,t} + \gamma_2 DI_{i,t} + \gamma_3 TAT_{i,t} + \zeta_{i,t}$$

然后，本章运用791家上市公司2010～2016年面板数据对上式的计量模型进行随机效应回归，表3－4列出了各解释变量对苏浙地区非金融类企业净利率影响的回归结果。

表3－4 解释变量对净利率的影响

解释变量	模型一	模型二	模型三	模型四
RE	0.0851 (0.70)	0.0935 (0.73)	－1.2623*** (－3.34)	－0.9059** (－1.94)
TF	－0.7234** (－2.98)	－1.0951*** (－3.76)	－1.0951*** (－3.76)	－1.0340*** (－3.52)
SF		0.0119 (0.46)	0.0896** (2.29)	0.0670 (1.57)
LEI		0.6826** (2.02)	0.1322*** (2.7)	0.1235*** (2.50)
IE			－1.8857* (－1.66)	－1.5092 (－1.29)
DI			0.477966 (0.06)	－0.2982 (－0.33)

续表

解释变量	模型一	模型二	模型三	模型四
TAT				− 0. 3944 （− 1. 30）
截距项	− 2. 703343 *** （− 36. 84）	− 2. 695233 *** （− 31. 71）	− 2. 465707 *** （− 20. 81）	− 2. 2214 *** （9. 98）
回归方法	GLS	GLS	GLS	GLS
R^2	0. 0519	0. 1265	0. 4050	0. 4309
F 统计量	4. 47	4. 095	5. 283	4. 79

注：* 、** 、*** 分别表示在10% 、5% 、1% 水平下显著；括号里的数值为 z 值。

由表 3 - 4 结果可知，在模型四中核心解释变量 RE 、TF 的系数值分别为 − 0. 90 、− 1. 03 ，且分别在5% 与1% 的水平下显著，表明投资性房地产与交易性金融资产对企业竞争力具有负面影响，即企业增加 1 单位的房地产投资与交易性金融资产会分别导致净利率下降0. 9 个、1. 03 个单位。长期股权投资的系数为0. 12 ，且在 1% 的水平下显著，表明企业对长期股权投资越多，会对企业的净利率产生正面影响，即 1 单位长期股权投资的增加会使净利率上升0. 12 个单位。可供出售金融资产对企业的净利率没有显著影响。同时，由表 3 - 4 可以看出，利息支出、开发支出和总资产周转率对净利率的影响都不显著。但是，在模型三中，利息支出对于净利率在 10% 的水平下有显著负面影响，这一结论可以部分佐证间接融资体系对于企业利润率的提升已经产生了负面冲击，会对企业利润产生侵蚀。

综上可知，企业过度参与虚拟经济会对企业的自身竞争力产生负面影响。从资源分配角度来说，生产资料、劳动力、资金等要素在一定时期内是有限的，实体经济与虚拟经济之间有着竞争和替代关系。如果各种要素短期内过多流向虚拟经济，就会导致实体经济投入不足、竞争力减弱。从另一个角度看，与虚拟经济相比，发展实体经济往往成本投入更高、产出周期偏长、利润空间有限，更需要得到重视和支持。而且，如果脱离实体经济，过度发展虚拟经济、炒作资产，不仅会影响经济发展、扩大社会贫富差距，也会增加经济金融风险和社会风险。因此，企业特别是非金融类企业需要在虚拟经济与实体经济之间寻找平衡点，将资源进行合理的分配。

五、实体经济与虚拟经济均衡发展的思路与举措

实体经济和虚拟经济之间的发展失衡以及实体经济内部的结构性矛盾，是导致

长三角地区乃至全国当前经济发展面临诸多困难的一个深层次原因。因此，振兴实体经济的基本思路就是要在引导经济发展"脱虚向实"的同时，推动"以虚促实"和新旧产业融合。具体来说，本章提出以下五点举措建议：

第一，以市场手段为主、行政手段为辅，优化存量资源配置，挤出实体经济中的多余水分。政府在去产能、去库存和去杠杆的过程中，短期可以通过行政手段来遏制产能过剩的持续恶化，但是，从长期来看更应该让市场机制来发挥资源配置的主导作用，通过市场竞争来实现优胜劣汰，因此，政府应该更多地采用环保政策和竞争政策等市场化手段来化解低质和无效的生产能力。具体来说，包括下列做法：（1）坚决纠正不合理的财政补贴方式与政府兜底的融资模式，不允许在增量部分继续出现无效供给，要让微观主体承担市场竞争的后果；（2）针对已经形成的过剩产能，政府要坚决停止财政输血，让僵尸企业"入土为安"，同时可以采用债转股和专项技术补贴等方式帮助部分资质较好的企业实现技术升级；（3）充分利用资本市场在资源配置中的作用，鼓励行业中的优势企业对亏损企业进行收购兼并，提高产业集中度和行业利润，为企业的创新研发活动提供足够的利润空间。

第二，构建以企业为主体、市场为导向、产学研深度融合的技术创新体系，让企业成为创新活动的主体。具体做法包括：（1）激发和保护企业家精神，鼓励他们在市场开拓上锐意进取、在产品开发上敢于尝试，以及在组织管理上勇于革新。（2）弘扬精益求精和消费者至上的工匠精神，让那些具有很高创新能力的技术工人既能收获切实的物质回报，也能得到社会的认可与尊重。（3）强化知识产权保护，全面保障知识创造者的权益，严厉打击任何形式的侵权行为，真正做到创新者有回报、侵权者受惩罚。（4）推动高等教育的内涵式发展，重视并完善职业技术教育，培养一批知识型、技能型和创新型的劳动者队伍。在努力提高企业内源性创新能力的同时，政府还应当持续优化外源性创新的效果，一方面要发挥国家集中力量办大事的优势，依托大院大所和重大科技项目，实现前瞻性基础研究和原创新成果的重大突破，同时以大规模技术改造等形式提高基础设施网络的质量，降低企业创新活动的成本；另一方面以科研考核体制改革为契机，以股权合作为纽带，以混合所有制的新型研发机构为载体，推动高校院所、地方平台和社会资本的多方融合发展。

第三，在全面开放的格局下，充分利用"一带一路"倡议，构建以我为主的全球价值链和创新链。在新一轮的全球化变革中，我国要依托"一带一路"的建设，逐步摆脱在原有产品内分工框架下，中国企业被锁定在价值链低端的困境，重新构建以我为主的新型全球价值链。为此，应当实施下列措施：（1）将我国具有国际竞争优势的生产能力向部分资源和劳动成本更低的区域转移，在与当地经济共享繁荣的同时，加速实现我国产业组织形态的改造和产业结构的优化；（2）利用我国庞大的市场规模和多样化的需求种类，采用逆向发包以及研发总部等形式，虹吸全球高端生产要素向国内市场的集聚，逐步成为全球标准的制定者和规划者，将更多的核心生产环节纳入中国的产业体系，最终形成以我为主的全球价值链；（3）鼓励国内企业走出去，通过合作、入股和并购的方式，获取高端的生产能力，在研发、设计和服务等高附加值领域积累竞争优势。

第四，加快培育多层次的资本市场，实现虚拟经济与实体经济之间的良性互动。中国当前以间接金融为主的融资体系在加剧经济发展"脱实向虚"的同时，也蕴含了极高的债务风险。融资体系的结构性问题导致金融对实体经济的服务能力被极大削弱。提高直接融资比重，发挥以股权融资为核心的多层次资本市场，是实现虚实经济良性互动的关键。具体措施包括：（1）鼓励高质量企业上市融资，加速优质信贷的证券化速度，盘活资金存量，通过大幅度供给优质资产的方式来化解"资产荒"造成的虚拟经济泡沫，同时还能引导更多社会资本流入实体经济领域，为研发活动提供稳定的资金支持，激励企业持续提升创新能力；（2）规范资本市场制度和加强上市企业监管，严厉打击弄虚作假行为，将劣质金融资产逐出市场，在提高资本市场总体质量的同时强化投资者信心；（3）规范政府自身融资平台的建设，针对已经形成的基建资产项目，要通过资产证券化等方式降低债务规模，对于新建项目则可以采用PPP等方式来引入多种资本，降低债务风险；（4）大力发展风险投资，引导社会资本流向战略性新兴产业等具备高风险和高回报特点的新经济中去，使中小型企业的创新活动可以得到更多的资金支持，不断发掘新的经济增长点。

第五，以信息化和智能化改造作为抓手，推动新兴产业与传统产业协同发展。传统产业并不等价于夕阳产业，经过信息化和智能化改造之后，传统产业完全可以重获新生并具有强大的市场竞争力，以共享单车等为代表的"互联网＋"产业就是典型代表。与此同时，新兴产业通过与传统产业的融合发展，可以迅速获得市场需求和优质的生产资源，加快自身的成长速度和质量。新旧产业的协同发展，关键在于政府在制定产业政策时，要优先选择扶持那些具有交叉性质的战略性新兴产业，鼓励新兴企业和传统企业在技术研发和市场开发上相互合作，组成企业联盟来推广具有新旧融合性质的经济发展模式。为了更好地推动新旧产业的融合发展，可选措施包括：（1）新的经济形式允许先行先试，支持企业在采用新技术改造传统产业的过程中尝试新的商业模式，减少政策阻碍，敢于制度创新；（2）通过建设综合性的科技服务和专利交易平台，推动原创性科技成果的流通与转让，加快新技术与应用场景的结合，充分发挥集成式创新在新旧产业融合中的催化剂作用。

参考文献

[1] 曹源芳. 我国实体经济与虚拟经济的背离关系——基于1998—2008年数据的实证研究 [J]. 经济社会体制比较，2008（6）：57-62.

[2] 陈淮. 关于虚拟经济的若干断想 [J]. 金融研究，2000（2）：51-55.

[3] 陈文玲. 论实物经济与虚拟经济 [J]. 世界经济，1998（3）：17-18.

[4] 成思危. 虚拟经济与金融危机 [J]. 管理科学学报，1999，15（1）：4-8.

[5] 杜厚文，伞锋. 虚拟经济与实体经济关系中的几个问题 [J]. 世界经济，2003（7）：74-79.

[6] 郭琨，周炜星，成思危. 中国股市的经济晴雨表作用——基于热最优路径法的动态分析 [J]. 管理科学学报，2012，15（1）：1-10.

[7] 胡晓. 虚拟经济发展对实体经济的影响：增长抑或结构调整 [J]. 财经科学，2015（2）：52-62.

[8] 李晓西，杨琳. 虚拟经济、泡沫经济与实体经济 [J]. 财贸经济，2000（6）：5-11.

[9] 刘骏民. 从虚拟资本到虚拟经济 [M]. 山东：山东人民出版社，1998.

[10] 刘骏民. 虚拟经济的理论框架及其命题 [J]. 南开学报（哲学社会科学版），2003（2）：34-40.

[11] 刘维刚，张丽娜. 论实体经济、虚拟经济与泡沫经济及对我国的启示 [J]. 经济纵横，2006（8s）：12-14.

[12] 刘志彪. 实体经济与虚拟经济互动关系的再思考 [J]. 学习与探索，2015（9）：82-89.

[13] 刘志彪. 振兴实体经济的战略思路和关键举措 [J]. 新疆师范大学学报（哲学社会科学版），2017，38（05）：52-60+2.

[14] 鲁道夫·希法亭著，李琼译. 金融资本 [M]. 北京：华夏出版社，2013.

[15] 马克思，恩格斯. 马克思恩格斯全集 [M]. 北京：人民出版社，2016.

[16] 潘英丽. 关于虚拟经济的演进及其两重性的探讨 [J]. 华东师范大学学报（哲学社会科学版），2001，33（5）：192-203.

[17] 秦晓. 论虚拟经济对实体经济的影响 [J]. 中国外汇，2000（5）：10-12.

[18] 宋超英，王宁. 论虚拟经济与实体经济的关系——由冰岛破产与迪拜债务危机引发的思考 [J]. 金融经济月刊，2010（3）：12-14.

[19] 苏治，方彤，尹力博. 中国虚拟经济与实体经济的关联性——基于规模和周期视角的实证研究 [J]. 中国社会科学，2017（8）：87-109.

[20] 王爱俭. 关于虚拟经济几个重要问题的再讨论 [J]. 现代财经（天津财经大学学报），2008，28（2）：3-6.

[21] 王璐. 从马克思的虚拟资本到虚拟经济——兼论虚拟经济的起源与本质 [J]. 南京社会科学，2003（9）：6-12.

[22] 文春晖，任国良. 虚拟经济与实体经济分离发展研究——来自中国上市公司2006~

2013 年的证据［J］. 中国工业经济, 2015（12）: 115 - 129.

［23］袁国敏, 王亚鸽, 王阿楠. 中国虚拟经济与实体经济发展的协调度分析［J］. 当代经济管理, 2008, 30（3）: 12 - 15.

［24］约翰·梅纳德·凯恩斯. 货币论［M］. 北京: 商务印书馆, 2013.

［25］约翰·梅纳德·凯恩斯. 就业、利息和货币通论［M］. 北京: 商务印书馆, 1999.

［26］中国人民银行研究局课题组. 中国股票市场发展与货币政策完善［J］. 金融研究, 2002（4）: 1 - 12.

［27］Allen F. , Morris S. , Postlewaite A. . Finite Bubbles with Short Sale Constraints and Asymmetric Information［J］. Journal of Economic Theory, 1993, 61（2）: 206 - 229.

［28］Atje R. , Jovanovic B. . Stock Markets and Development［J］. European Economic Review, 1993, 37（2 - 3）: 632 - 640.

［29］Caballero R. J. , Gourinchas P. O. . Financial Crash, Commodity Prices and Global Imbalances［J］. Brookings Papers on Economic Activity, 2008（2）: 56 - 68.

［30］Goldsmith R. W. . Financial Structure and Development［J］. Studies in Comparative Economics, 1969, 70（4）: 31 - 45.

［31］Guttmann R. . How Credit-money Shapes the Economy: The United States in a Global System［J］. M. E. Sharpe, 1994.

［32］Jinnai Y. . Towards a Dialectical Interpretation of the Contemporary Mode of Capitalist Accounting［J］. Critical Perspectives on Accounting, 2005, 16（2）: 95 - 113.

［33］Schumpeter J. A. , Opie R. , Hansen A. H. . The Theory of Economic Development［J］. Journal of Political Economy, 1911, 1（2）: 170 - 172.

［34］Stiglitz J. E. , Hoff K. , Stiglitz J. E. . Peer Monitoring and Credit Markets. ［J］. World Bank Economic Review, 1990, 4（3）: 351 - 366.

［35］Tobin J. . Money and Economic Growth［J］. Econometrica, 1965, 33（4）: 671 - 684.

第二篇

区域协调发展

第四章

长三角区域间发展差距

当今世界，提高密度、缩短距离、减少分割，是通过重组经济地理格局促进发展的三大基本手段（世界银行，2009）。在过去40年的经济发展中，我国经济发展的空间特征就是遵循这种经济地理的变迁规律和方式，使自然禀赋、经济发展条件较好的东部地区得到了迅猛发展：不断推进的城市化提高了经济密度；人口、劳动力和企业活动向高密度区的东部地区集聚和迁移，大大缩短经济距离并降低交易成本；中国加入全球产品内分工，根据全球价值链贸易的方式进入世界市场，充分发挥中国的比较优势、规模经济和专业化的作用，减少了分割，加快了经济一体化进程。正在走向繁荣的中国区域经济，由于密度、距离和分割这三大因素的作用，拉开了区域间的发展差距且迅速极化，在生产、财富增长和集中的同时，也带来区域发展差距扩大等不协调发展问题。

区域发展差距是指在一定时期、特定区域内，不同地区经济发展存在的不均衡现象。区域发展差距会产生扩散效应和回波效应。整体上，适度的区域发展差距有利于要素的合理流动，促进区域间的交流和合作，并推动各区域快速发展和促进区域发展差距的缩小。但是，过大的区域发展差距则制约了落后地区的发展，不利于资源的有效配置，并带来一系列的社会问题，从而增加经济社会发展的成本、降低经济运行效率（冯旭芳等，2007）。改革开放以来，伴随着我国经济社会的快速发展，不同区域间发展差距也开始显现，并主要表现在东中西部差距、省际差距和城乡差距等方面。区域间发展差距严重阻碍全面建设小康社会目标的实现，制约社会和谐稳定发展大局，这些负面效应逐步显现。在经济社会发展到当前阶段后，缩小区域间发展差距，进而促进区域协调发展便成为我国经济社会发展的重要任务之一，也是迫切需要解决的现实难题（尹来盛等，2012；龙海明等，2015）。党的十六届三中全会提出了"统筹城乡发展、统筹区域发展"的战略思想，表明国家对区域协调发展的重视。同样，党的十八大报告也指出区域发展差距是我国当前存在的主要问题，这些都表明国家对缩小区域发展差距的重视（龙海明等，2015）。

作为我国经济发展水平最高的城市群之一，长三角城市群经济社会发展在全国处于领先水平，主要经济社会指标也都在全国平均水平之上。但是，城市间区位、要素禀赋及政策等差异导致长三角区域间发展也呈现显著的差距，如上海市与江苏、浙江两省的差异、江苏、浙江两省内苏南、苏中、苏北的差距及浙东南、浙西北的差距等，这些都严重阻碍长三角地区实现全面建设小康社会的目标。在长三角地区全面建成小康社会的关键时期，本章从长三角地区经济发展的静态和动态方面分析区域之间的发展差距现状及其演变，并对造成区域发展差距的深层次因素进行分析，进而提出促进长三角地区经济整体、协调、持续健康发展的解决对策及建议。

一、区域发展差距时空演变

区域发展差距是自然、经济和社会等多种因素共同作用的结果。关于区域发展差异的长期趋势，现阶段理论界存在两种对立的观点：（1）以威廉姆森（Williamson）倒"U"型曲线为基础的趋同派认为，在市场机制作用下，地区经济增长最终将趋同，典型的如扩散效应理论及新古典增长模型等，信奉此类观点的政府仅担心不同区域经济增长差异及收敛速度的快慢问题等；（2）以缪尔达尔（Myrdal）循环累积因果理论为代表的趋异派认为，在经济社会发展过程中，不仅存在有利于区域差距缩小的扩散效应，同样也存在不利于区域差距缩小的回流效应，而在市场机制的调节下，受到集聚经济和规模报酬递增的影响，通常表现为回流效应大于扩散效应，进而带来区域间发展差距的进一步扩大，因此，为了缩小区域间发展差距，信奉此类观点的政策制定者需要采取相关的政策来抵消或者阻滞回流效应，进而推动扩散效应作用的发挥和区域间发展差距的缩小（尹来盛等，2012）。

区域发展差距测度是指在一定时间和一定科学技术条件下，基于对区域发展差距的认知而建立能客观反映和表征区域发展差别程度的度量方法（徐勇，2001；陈秀山等，2004）。区域发展差距的定量研究大致起源于 20 世纪 20 年代初期，1922年意大利经济学家基尼（Corrado Gini）根据国民收入分配洛伦兹曲线（Lorenz curve）定义并提出计算收入不平等程度的基尼系数，此后基于基尼系数测算不同地区间发展差距一直是学术界关注的热点问题（徐宽，2003；徐勇等，2014）。区域发展差异测度结果受到使用的测度指标、衡量方法、地域单元及价格和时段的选择等诸多因素的综合影响（尹来盛等，2012）。随着相关研究的深入，学者对区域发展差距测度的指标和方法也呈现多样化趋势：（1）从测度指标上看，用于考察区域发展差异的指标通常包括 GDP 总量、人均 GDP、可支配收入和 GDP 增长率等，不同指标隐含的政策目标导向有所差异，但整体上人均 GDP 是衡量区域发展差异常用的指标；（2）从方法上看，对区域发展差距测度的常见方法包括最大值/最小值法、变异系数、加权变异系数、基尼系数和泰尔指数等，不同方法的结果存在差异，但整体上表征同一时间段、同一区域的发展差距趋势一致（尹来盛等，2012；徐勇等，2014）。21 世纪以来，学者们采用差异化指标和方法，对我国区域发展差距进行了诸多研究，相关研究表明我国区域发展差距整体上呈现扩大趋势（李实，2003；Meng et al.，2010；邹红等，2013；龙海明等，2015）。

　　本节在参考已有研究基础上，采用常住人口人均 GDP① 这一常用测度指标，并基于基尼系数和变异系数两种方法，从静态和动态两个角度对 2000 年以来长三角区域间发展差距及其演变特征进行深入研究。

（一）长三角区域发展的演变特征

　　2000～2015 年，伴随着经济社会的快速发展，长三角地区 GDP 和常住人口均呈现稳步增长态势（见图 4－1），其中，可比价计算的 GDP 总量从 2000 年的19 654.76亿元增加到 2015 年的 104 507.95 亿元，16 年间增长了 4.32 倍，年均增长率达到 11.78%；与此同时，常住人口总量从 2000 年的 13 506.02 万人增加到2015 年的 15 928.06 万人，16 年间增长 17.93%，年均增长率达到 1.106%，均高于全国同期增长水平。

　　长三角城市群作为我国较为发达的城市群之一，在国家现代化建设大局和全方位开放格局中具有重要的战略地位。2000～2015 年，人口和经济的快速增长表征区域发展水平的显著提高，在经济增长的同时也吸引较多的人口流入，同时人口的汇集也为经济发展提供了保障。从区域发展水平常用指标——人均 GDP 这一指标来看（见图 4－2），2000～2015 年长三角地区人均 GDP 同样呈现稳步增长态势，从2000 年的 1.46 万元增长到 2015 年的 6.56 万元，16 年间增长 3.51 倍，年均增长率达到 10.56%。从人均 GDP 增长率看，不同时期人均 GDP 增长率呈现一定的变化：2001～2007 年总体呈现波动上升的趋势，从 2001 年的 10.40% 增长到 2007 年的

---

　　① GDP 数据是以 2000 年为基准的可比数据。

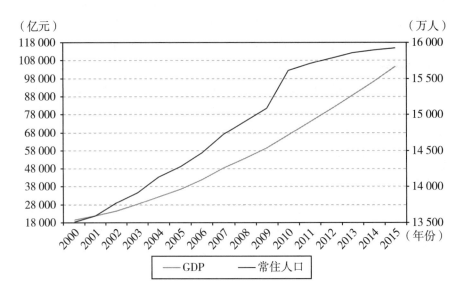

图 4 - 1 2000～2015 年长三角地区 GDP、常住人口增长状况

资料来源:《中国统计年鉴》(2000～2016 年)。

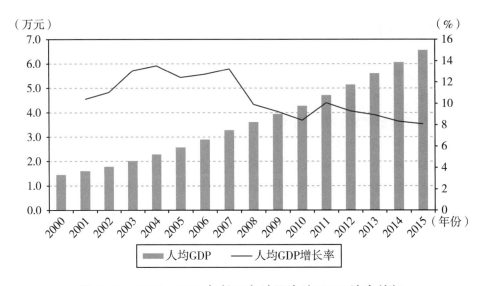

图 4 - 2 2000～2015 年长三角地区人均 GDP 演变特征

资料来源:《中国统计年鉴》(2000～2016 年)。

13.24%；而后，全球发展环境发生变化，伴随区域生产要素成本的上升及资源环境承载力的制约，长三角地区经济增长放缓，同时也导致人均 GDP 增长率从 2007 年的 13.24%下降到 2015 年的 8.07%。总体上，在内外部发展环境转变影响的推动下，长三角地区人均 GDP 增长率呈现倒"U"型格局，这也是区域发展状况转变的表征。

（二）区域间发展差距的时空演变规律

首先，对苏浙沪两省一市的人均 GDP 演变状况进行对比分析，具体结果如图 4-3 所示。结果表明，2000～2015 年苏浙沪两省一市人均 GDP 均呈现明显的增长趋势：上海人均 GDP 从 2000 年的 2.83 万元增长到 2015 年的 8.03 万元，年均增长率约为 7.20%；江苏人均 GDP 从 2000 年的 1.15 万元增长到 2015 年的 6.41 万元，年均增长率约为 12.14%；浙江人均 GDP 从 2000 年的 1.46 万元增长到 2015 年的 6.14 万元，年均增长率约为 10.05%。2000～2015 年，上海人均 GDP 始终高于苏浙两省，但苏浙两省人均 GDP 增长率高于上海，进而带来苏浙两省与上海人均 GDP 差距的缩小。2000 年苏浙两省人均 GDP 分别为上海的 40.57%、51.70%，而到 2015 年这一比值分别为 79.73%、76.44%，这说明，随着区域发展水平的提高和经济环境的转变，苏浙沪两省一市之间以人均 GDP 表征的发展差距呈现缩小的趋势。此外，苏浙两省的对比表明，两省人均 GDP 的差距出现了明显的变化，其中 2000～2012 年浙江省人均 GDP 高于江苏省，而 2013～2015 年江苏省人均 GDP 超过浙江省。总体上，苏浙两省与上海市人均 GDP 差距的缩小及苏浙两省之间人均 GDP 对比的转变都说明，伴随着区域发展的推进，在内外部环境综合影响下，长三角内部区域发展差距也有所转变。

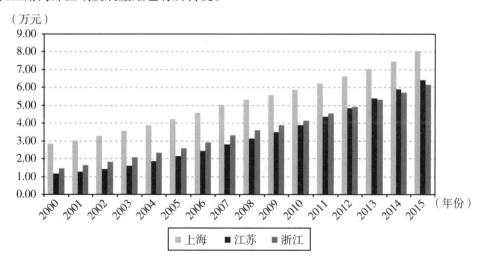

图 4-3 2000～2015 年苏浙沪人均 GDP 的演变对比

资料来源：《中国统计年鉴》（2000～2016 年）。

在对两省一市人均 GDP 差距演变分析基础上，本章还从城市层面研究长三角区域间发展差距演变。从静态的角度看，2015 年人均 GDP 最高的为无锡，城市人均 GDP 超过 10 万元（约为 10.64 万元），而人均 GDP 最低的为宿迁，城市人均 GDP 不足 3 万元（约为 2.53 万元），前者约为后者的 4.20 倍。基于最大值与最小值的对比发现，城市间人均 GDP 差距较为明显，这也表征不同城市间的显著发展差距。从整体的空间分布差异看，长三角地区城市间人均 GDP 呈现明显的"核心—边缘"格局：靠近上海的沪宁线、沪杭线是区域人均 GDP 较高的集聚区，而远离上海的浙西南、苏北等城市人均 GDP 明显较小，这些都说明长三角地区城市间发展存在显著的差距。

为了进一步对长三角地区城市间发展差距及其时空演变进行深入分析，本章参考相关研究，将长三角地区 25 个城市按照对应年份的长三角地区人均 GDP 平均值划分为 K 种类型（K=4），并采用以往研究最常用的划分标准：低于平均值 75% 水平的为"低收入"；在平均值 75%～100% 为"中低收入"；100%～125% 为"中高收入"；高于 125% 为"高收入"（宋伟轩等，2013）。从时空演变特征看，2000～2015 年长三角地区城市人均 GDP 空间分布格局发生了明显的变化。一方面，高收入区域从 2000 年以上海为中心的"Z"字形格局向 2015 年"沪宁—杭甬线"分散，且高收入俱乐部成员从无锡、苏州、上海、杭州和宁波减少为镇江、无锡和苏州。另一方面，低收入地区空间分布呈现一定的稳定性，主要集中在苏北、苏中和浙西南等地区；但随着时间的演变和区域发展格局的转变，部分城市收入也有明显的提升。其中以苏中部分城市增长较为明显，从低收入转变为中低收入；但浙西南的温州则从 2000 年的中低收入转变为 2015 年的低收入。具体来看，2000～2005 年区域发展差距空间格局变化不大，主要表现为绍兴从中低收入转变为高收入；2005～2010 年，区域发展格局变化相对明显，一方面南通与扬州从低收入转变为中低收入，另一方面温州从中低收入转变为低收入、嘉兴从中高收入转变为中低收入、绍兴和宁波从高收入转变为中高收入；2010～2015 年的演变主要是高收入城市的变化，如镇江从中高收入转变为高收入、上海与杭州从高收入变为中高收入，此外泰州从低收入转变为中低收入。

2000～2015 年，长三角地区以人均 GDP 为表征的区域发展差距时空演变，在不同时期存在一定的差异。主要表现为 2000～2005 年区域发展差距演变不明显、2005～2010 年欠发达地区的增长到 2010～2015 年发达地区等级的下降等，此外不同类型城市的数量也有明显的变化（如 2000 年低收入城市有 10 个、高收入城市有 5 个；而 2015 年这一数字分别变化为 8 个、3 个），且人均 GDP 最大值与最小值比值也从 2000 年的 7.14、2005 年的 5.79、2010 年的 4.69 逐步下降到 2015 年的 4.20。这些都表明，随着区域发展整体水平的提高，欠发达城市与发达城市之间的发展差距在缩小，即 2000～2015 年长三角地区区域发展差距呈现缩小的趋势。

（三）区域发展差距的总体测度

在对长三角地区发展整体状况和区域发展差异时空演变分析的基础上，本章采用区域差异研究中常用的泰尔指数和变异系数两个指标，对 2000～2015 年长三角地区区域间发展差距总体水平进行测度。

1. 泰尔指数

泰尔指数（Theil index）是由泰尔（Theil，1967）利用信息理论中的熵概念来计算收入不平等而得名。泰尔指数是分析区域差异的常用工具，其具体公式为：

$$T = \frac{1}{n} \sum_{i=1}^{n} \frac{y_i}{y} \times \log\left(\frac{y_i}{\bar{y}}\right) \tag{4.1}$$

其中，T 是泰尔指数；y_i、$\bar{y}$ 分别代表第 i 个城市的人均 GDP 和所有城市人均 GDP 的平均值。泰尔指数越小表明区域差异越小；反之则表明区域差异较大。

2. 变异系数

变异系数是一组数据标准差与平均值的比例，标准差用于刻画数据离散程度的大小，除以平均值使其在时间序列的条件下具有可比性。其计算公式为：

$$C_v = \frac{1}{\bar{x}} \sqrt{\frac{\sum_{i=1}^{n} (x_i - \bar{x})^2}{n}} \tag{4.2}$$

其中，C_v 表示变异系数，取值范围为 0～1 之间，当系数等于 0 时，表示最平等，当系数值越大时，表示地区间差距越大；x_i 表示城市 i 的人均 GDP；$\bar{x}$ 表示长三角地区城市人均 GDP 的平均值。

本章采用泰尔指数和变异系数，对 2000～2015 年长三角地区以人均 GDP 为表征的区域发展差距演变状况进行深入分析，具体结果如图 4-4 所示。结果表明，采用泰尔指数和变异系数测度的长三角区域发展差距演变呈现一致的状况，即尽管二者演变有所波动，但整体上均呈现显著下降的趋势。其中，泰尔指数从 2000 年的 0.047 下降到 2015 年的 0.023，同期的变异系数从 2000 年的 0.47 下降到 2015 年的 0.32，二者均有明显的下降，这表明以人均 GDP 为表征的长三角区域发展差距呈现明显的缩小趋势。

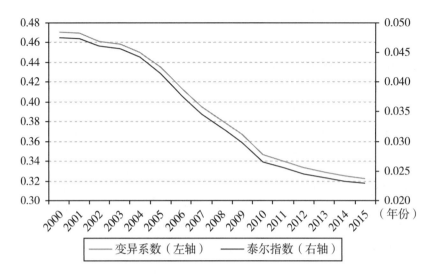

图4－4　2000～2015年基于人均GDP的长三角地区
发展差距泰尔指数与变异系数曲线

资料来源：上海、江苏、浙江历年统计年鉴。

2000～2015年，伴随着长三角地区经济快速增长及其带来的人口集聚，区域人均GDP也呈现明显的增长态势，但在发展环境转变、要素成本上升及资源环境承载力制约等因素的影响下，区域人均GDP增速也经历了先增加、后下降的演变。在区域发展稳步增长的同时，长三角地区也呈现明显的区域发展差距，其中以上海为核心的沿沪宁线—杭甬线是区域较为发达的地区，而苏北及浙西南等城市则为欠发达地区；伴随着时间的推移，区域发展差异的时空演变格局及泰尔指数和变异系数的明显下降都表明，在长三角区域发展快速推进的同时，区域间发展差距也呈现明显的缩小趋势。

二、区域间发展差距：政策差异还是要素流动

前面对长三角地区区域发展差距及其演变的研究发现，尽管2000～2015年长三角地区基于人均GDP表征的区域发展差距呈现明显的下降趋势，但不同城市之间的发展差距依然显著。较大的经济发展差距及其带来的区域经济关系不协调严重影响着长三角地区国民经济的良性运行、社会的稳定发展和全面建成小康社会目标的实现（李培祥，2008）。区域发展差距产生的原因是多方面的，在长三角地区全面建设小康社会的关键时期，探究区域发展差距形成的主要因素，进而制定相应的

对策来缩小区域发展差距和推进区域协调发展，具有重要的现实意义。

（一）区域发展差距影响因素

当试图去寻找推动区域协调发展的基本路径与长效机制时，一个基本的出发点是必须先回答一个本质性问题：造成区域经济发展差距的根本原因是什么？现阶段，长三角地区乃至全国不同层面显著的区域发展差距现象，究竟是由中央政府的差异化区域政策引起的，还是其他原因造成的？如果无法有效回答这个基本问题，就无法真正为缩小区域发展差距并推动全面建设小康社会进程这一重要政策目标提供切实可行的政策建议，更无法据此设计有效的政策工具。

部分学者将我国不同地区间区域发展差距的原因，有意或者无意地归结为中央政府的差异化区域经济政策。改革开放以来，我国的发展战略指向沿海地区，对外开放偏向沿海地区，财政分权有利于沿海地区的快速发展等，从而导致了沿海地区的发展优势。也有部分学者提出，改革开放以来，为了有效推动我国经济的快速发展，国家制定的渐进式改革进程及不同区域的差异化发展政策带来了不同区域间的显著发展差距，如东中西部之间的发展差距（周立群等，2010）。然而，这种观点其实是将表面现象作为解释问题的深层原因，如果认同这种观点，那么我们就应该同意如下的观点：寻求建立我国区域经济协调发展的根本路径与长效机制，就在于在争取优惠政策方面与中央讨价还价的能力大小。如果事实真的如此，那么，复杂的区域发展差距及区域协调发展问题也就变得十分简单。只要上级政府对落后地区给予更加优惠的发展促进政策，就可以顺利推动欠发达地区的经济起飞，进而推动区域发展差距的消失。

然而，国内外区域发展的历程并未证明政策的转变可以明显缩小区域发展差距。事实上，在区域发展过程中，中央政府的各项经济政策只有在顺应经济趋势和规律的前提下，才会对区域经济发展产生决定性的作用，否则其力量也非常有限。即使一时的作用力度较大，也不可能长久。因此，中国不同层面区域发展差距的问题，只能从我国经济系统的内生性方面探究因素，而不能仅仅用外部强行植入的经济政策来解释区域发展差距。从根本上说，改革开放以来我国区域发展的偏向性政策，特别是偏向区位优势明显的沿海发展的经济政策，本质上也是内生源于沿海自身的发展优势。改革开放以来，东部地区特别是京津冀、长三角和珠三角为代表的沿海城市群率先对外开放，通过承接发达国家产业转移和吸引我国人口、资源等要素的集聚，在自身经济快速增长的同时也逐渐拉开了与中西部地区发展的差距。伴随着区域发展差距及其带来的负面效应的显现，2000年1月后国务院正式实施西部大开发战略等促进西部地区发展。尽管中央政府采取了一系列有效的措施支持西部地区发展，且中央政府和全国各地政府也投入了巨大的资源，但由于极化效应的作用，西部发展面貌虽然有了很大的起色，东部却发展得相对更快。在全球经济危机出现之前，我国东中西部经济发展的差距并没有呈现非常明显的缩小趋势，而是有日益扩大的趋势。只是由于近年来，沿海地区劳动密集型产业受成本上升的影响，一部分向投资环境有所改善的中西部地区转移，因此后者出现了发展加速的势头。长三角内部也存在类似现象。江苏省内的苏南、苏中与苏北地区的发展差距一直困扰着江苏省的区域协调发展进程，尽管近年来江苏省乃至长三角地区通过共建园区、异地园区或定向帮扶等政策支持苏北地区发展，但不同地区的区域发展差距仍然显著。这些都进一步说明，造成区域发展差距存在的主要因素是市场机制而不完全是政府的作用。

区域发展理论认为，一个区域的发展水平主要取决于两个因素：一是制度创新能力；二是区位优势。在不考虑制度创新能力因素的前提下，区位优势的作用主要表现在：它会极大地降低区域内企业与其他成员间与交通运输有关的交易成本。一个国家之所以要从战略上首先选择沿海地区进行开放，主要是因为沿海地区的区位优势及其所带来的降低交易成本的效应，可在早期更容易地吸收较多的来自国内外的投资，尤其是外商直接投资（FDI）。同时，优越的地理位置、适宜的生活居住条件等，都诱使国内外生产要素，尤其是高级人才和技术的频繁的、双向的流动，这种高度开放的经济体系往往会促进该地区不断进行制度创新，从而助推发展进程。对长三角而言，沿江临海的区位优势为区域率先对外开放提供了基础，而国家战略优势的叠加进一步推动了区域发展进程，在吸引发达国家FDI的同时，也成为我国人口、资源等优质发展要素的汇聚地。在要素流动的"马太效应"推动下，长三角地区经济飞速增长，成为世界第六大城市群，尤其是上海市成为我国最发达的世界级城市。

从新经济地理理论来看，上述这两个因素会产生所谓的"国际贸易的经济地理效应"，即因为对那种依赖交易成本降低的国际贸易来说，区位条件优越能够直接降低运输成本，制度创新能力相对较强，可直接降低国内外企业的营运成本和风险，所以国际贸易就会通常发生在一个国家的"冰山成本"最低的沿海地区，或者有巨大市场交易机会的边界地区。而那些远离海岸线的内陆省份，由于"冰山成本"较高而缺少国际贸易的机会，因此会导致经济增长的相对低速或者停顿，以及使收入分配处于相对不利的地位。这也是长三角地区率先参与全球化发展浪潮，并依靠发达的外向型经济推动区域经济高速增长的重要因素。相关研究也发现，经济发展要素在不同区域间的配置和差异化流动是影响区域经济增长，进而带来区域发展差距的关键因素；根据新古典增长理论和内生增长理论，资本和劳动的存量变动会影响经济增长率，进而带来不同区域间的发展差距。一方面，资本相对丰富的地区与劳动力相对丰富的地区相比，人均收入明显较高；另一方面，在市场条件下，要素总是从边际生产率低的地区流向高的地区，在提高资源利用率的同时也影响着地区间发展差距状况（Solow，1956；姚枝仲；2003；王小鲁等，2004）。

由此可见，对我国而言，显著的区域发展差距与中央政府的区域经济发展政策表面上有直接的关系，但实际上更为深刻的内在因素是由区位优势、创新能力等决定的经济地理效应作用及其带来的要素流动差距。中央区域经济优惠政策首选沿海地区、倾斜沿海地区，实际上是对经济规律的尊重和运用。从根本上说，沿海地区较低的"冰山成本"直接导致包括外国资本在内的经济活动在沿海地区大规模集聚，使东部沿海与内陆地区在区域发展方面产生巨大的差距。只要我国经济持续对外开放，那么在经济地理效应作用之下，一定会导致产业与人口在不同地区之间的规模集聚差异，进而带来区域发展差距。

（二）GVC 视角的区域发展差距分析

在区域发展差距研究中，也有学者从全球价值链（GVC）角度进行分析。在上一轮经济全球化发展过程中，中国加入的是产品内国际分工体系。以低端生产要素切入 GVC 进行国际代工，以出口导向为目的是这种全球化的主要特征。从发达国家跨国公司的角度看，我国部分区位优势较好的城市所接受的是它们主动发出的制造业国际外包订单，属于 GVC 的低端环节。跨国公司全球化战略以全球性城市为节点，其总部或总部分支机构往往配置在沿海大城市，主要是为了利用其交易成本低的优势；其制造过程和工厂设置在沿海基础设施发达的其他地区，如长三角、珠三角及京津冀等城市群，既是为了更方便地使总部机构能够"面对面"地服务于它们的制造企业，也是为了在节省制造成本的同时又能享受到邻近大城市的外部经济。GVC 在中国东部沿海地区的渗透深化，直接推动东部地区部分城市国际贸易的"爆炸式"增长，加速这些城市"世界工厂"或"国际制造基地"的形成，较为典型的如珠三角的东莞与中山、长三角的苏州等城市。外向化程度高的产业在这些城市的高度集聚，不仅使这些产业享受到了来自 GVC 高端的技术、知识和技能的溢出，而且提高了这些城市的技术水平和发展水平，客观上也加大了中国区域发展差距。

由于我国在全球化竞争格局中处于 GVC 的低端环节，而参与主体尤以部分区位优势较好的城市为主，因此也限制了区位优势并不明显的欠发达城市，特别是中西部城市的发展，这也是改革开放以来我国区域发展差距日益扩大的重要因素之一。对长三角地区而言，部分发达城市的快速发展，使欠发达城市廉价的生产要素和自然资源在本地得不到有效利用的机会，只有源源不断地流向发达城市。从而，一方面欠发达城市只能得到低级要素的报酬，沦为低端要素的供应地；另一方面发达城市在加入全球价值链的过程中，自身对"世界加工厂"的低端定位，在某种程度上把欠发达城市压制在原材料和劳动力等生产要素供应商的地位，抑制了欠发达城市发展劳动密集型产业的空间和可能的选择。集中分布在沿海地区的低附加值外资代工企业，对当地的生产成本尤其敏感。一旦当地的生产成本上升，它们更可能选择产业转移，而不是留在当地进行产业升级。在部分欠发达城市的投资环境与其他发展中国家相比不具有优势的情况下，这些产业就会外移而不是内迁，接着使中西部地区缺少发展机遇。

此外，需要明确指出的是，我国内部发展差异不断加大而且长期难以收敛，跟我国要素市场发育不完全有较大的关系。众所周知，在新古典经济学的世界里，要素的自由流动可以使地区间的要素报酬趋同，从而缩小地区差距。但是，中国的要素市场因城市化程度差异和制度创新不足等原因（如户籍制度、公共福利制度等），却存在着相当程度的扭曲和分割。我国的生产向东部地区集中的同时，人口却由于要素市场的分割而没有相应向东部集中，而是滞留在原地、闲置在当地。这种生产和人口分布的失衡，是造成中国地区差距的一个重要的原因。

改革开放以来的发展过程中，地理区位、市场化和全球化是解读中国区域发展差距的主要视角。未来，在把基于出口导向的经济全球化转变为基于扩大内需的经济全球化的过程中，"国内价值链"这个重要的范畴将在协调区域发展中起到十分重要的作用。这就提出重视通过全球价值链与国内价值链的协调发展，来实现区域经济协调发展的重要问题（刘志彪等，2007）。通过建立我国本土企业主导的国内价值链带动关联产业发展，是实现区域经济协调发展、最终完成产业升级的重要途径和对策之一。

（三）区域一体化进程推动要素流动

从上述分析发现，政府政策差异并不是导致区域发展差距的深层次因素，而区位条件等差异及其带来的要素流动与聚集程度的不同是导致不同区域发展差距的重要因素。在区域发展转型阶段，如何通过要素公平流动缩小区域发展差距，也成为推动区域均衡发展的重要手段。当今世界，以资源整合与协作为主要特征的经济全球化和区域经济一体化已经成为经济发展的两大特征和未来趋势。其中，区域经济一体化能够扩大开放、打破贸易壁垒、促进要素自由流动和资源合理配置，并加速知识技术扩散与转化,从而推动相邻地区间增长的良性互动和协调发展(陈雯等,2013)。

随着我国经济体制改革的深化,由于财政激励、晋升激励和分工激励等因素,区域内城市间竞争大于合作的局面日益成为制约区域经济进一步协调发展的"瓶颈",实现区域经济一体化也逐渐被提上发展议程(皮建才,2008;周立群等,2010)。作为当今世界推动经济发展和缩小区域发展差距的主要手段之一,区域经济一体化发展是中国经济发展理论和实践宝库中的重要组成部分,在新的国家战略和国家治理能力建设中占有极其重要的地位(刘志彪,2014;季赛卫,2016)。在我国经济的"新常态"下,政府通过对内深化改革以推进区域经济一体化进程,对外加大开发力度并实施"一带一路"倡议,主要目的就是在保持我国经济稳定增长的同时,在空间维度上形成合理的均衡格局,尤其是缩小区域发展差距(季赛卫,2016)。但是,由于客观存在的地区发展差距,处于相对优越地位的城市必然向其周边城市吸纳或者扩散经济能量,进而影响周边城市的发展速度和水平。此外,周边城市的发展速度和水平的提升,也会在一定程度上为区域中心城市增加经济发展的能量和扩展区域发展空间。在区域发展演变的过程中,资源和要素的跨区域流动并不是无成本的,必然存在由于行政区划和距离等带来的摩擦和障碍,且这种资源和要素流动的摩擦和障碍决定区域经济社会发展的速度和水平,进而深刻影响着区域发展差距。因此,如何消除或降低生产要素和资源的摩擦和障碍,就成为推动区域一体化发展和缩小区域发展差距的重要政策议题和内容(刘志彪,2014)。

推进区域经济一体化是整合地区经济、推进国家经济协调持续发展的基础,深刻理解区域经济一体化对经济增长和缩小区域差距的作用具有十分重要的意义(周立群等,2010;季赛卫,2016)。区域经济一体化实际上是根据经济同质性和内聚性,在国家间或城市间建立统一的产品市场、生产要素市场的过程,使各种生产要素在一个更大的范围流动、组合和配置;实质上相当于在区域范围内开辟了一个稳定的区域市场,在更大范围内提升不同地区的经济发展水平(徐光远等,2006;周立群等,2010)。在市场经济条件下和区域经济一体化推进过程中,要保证各产品和生产要素自由流动,就必须有发育良好的市场体系和统一市场作为基础和先决条件。因此,区域经济一体化的首要任务就是实现市场一体化,这一结论是在体制转型时期二十多年的区域一体化发展的实践中逐步被总结出来的(周立群等,2010;刘志彪,2014)。市场一体化的本质就是使资源配置不断优化和重组,包括从产品市场、生产要素市场到经济政策统一逐步演化,倡导降低市场的交易成本,达到产品、生产要素的自由流动,有利于扩大国内市场规模,并进一步带来资源配置效率的提高,形成规模经济,对一国的经济有着非常重要的作用(屈子力,2003;吕典玮等,2010;全诗凡,2013)。反之,市场分割不仅带来市场运行机制扭曲并造成市场信号失真，使社会资源无法实现最优配置，也不利于形成区域一体化的大市场，不利于规模经济效应的发挥，进而给区域经济发展和区域发展差距的缩小带来阻力（盛斌等，2011；全诗凡，2013）。相关研究表明，在市场条件下，劳动力总是从边际劳动生产率低的地区流向高的地区，这种流动有助于提高劳动力资源的利用率，缩小地区间的劳动报酬差距和人均 GDP 差距（姚枝仲，2003）。劳动力流动不但为流入地提供丰富的劳动力，使之保持较低的工资成本和较高的国际竞争力，同时还提高迁徙者和流出地的人均产出水平，改善资源配置状况（王小鲁等，2004）。

不同区域市场化程度差异是导致区域发展差距的重要因素，如改革开放期间，中西部地区与东部地区之间差距的扩大，这一现象与前者在市场化改革中相对滞后有着密切的关系（王小鲁等，2004）。从国际上的各种区域性的投资贸易一体化协定，到中国珠三角、长三角、京津冀等各种区域间一体化发展的战略规划，无一不是试图通过减少制度分割，或者通过消除所涉区域内部的人为政策障碍来创造和分享共同的发展利益（刘志彪，2014）。近年来，区域经济一体化正越来越受到重视，区域内各个城市对区域合作的认识日益提升且赋予其新的内涵，各区域内部资源不断整合，区域内部经济一体化不断增强。例如，长三角各城市与上海的连接、杭州湾跨海大桥的建设等。但是，由于区域内各地的经济发展水平、基础建设、市场化程度和产业结构等存在很大差异，要实现真正的区域经济一体化，充分发挥区域经济一体化的优势，仍需经历一个渐进的完善过程（周立群等，2010）。因此，缩小区域发展差距并不是在条件并不具备的条件下人为加速落后地区的发展，而是创造条件鼓励要素（资本与劳动等）的合理流动，加速推进欠发达地区的市场化改革进程。推动要素的自由流动，不仅允许和鼓励人口的自由流动，也鼓励资本的自由流动；既允许向发达的地区流动，也允许向较落后地区效益好的投资项目流动，进而通过要素的自由流动推动区域间发展差距的缩小（樊纲，1995；王小鲁等，2004）。

三、推动区域要素流动与发展差距缩小

区域一体化程度的提高不仅有助于资源要素合理配置进而增强区域竞争力，而且要素在更大范围的自由流动也推进市场的成熟和市场机制作用的充分发挥，进而推进区域协调发展和区域发展差距的缩小（周立群等，2010）。尽管市场力量能在较大程度上起到优化资源配置、促进经济增长、实现整体经济利益最大化等作用，但促进区域协调发展和缩小地区间差异不能仅靠市场力量。特别在市场经济发展的初期，市场的力量还没有强大至足以实现资源充分的合理配置，这时候就需要政府特别是高层级（如省级政府或中央政府）等更好地发挥其有形之手的作用（樊纲，1995；李培祥，2008）。一体化程度差异和不足主要源于制度创新不足，而政府在推进一体化过程中应发挥"助推器"作用，加快政府制度创新，加强地区的协调发展和政策一致性，突破行政体制对产品和要素市场化的阻碍。政府通过改革制度、修订规则、完善信息等理顺市场关系，创造自由竞争、公平有序的市场环境，克服种种障碍，为资源合理的流动形成一个更完全的市场。政府在保障经济效率的同时，凭借市场均衡机制进而在一定程度上促进区域协调发展（樊纲，1995；李培祥，2008；周立群等，2010）。

政府和市场以及相互间的结合方式，是影响区域经济发展的最主要的资源配置机制。中国改革开放40年来的发展得出的一条重要的经验就是，要在经济发展和转型中坚持走由"强政府＋弱市场"逐步向"强政府＋强市场"转变的道路，即除了发挥政府的有效作用外，还通过经济转轨不断形成以市场为基础的资源配置机制。在市场失灵的地方，不是简单地通过引进政府调节的方式，而是通过不断地完善市场的方式去解决，如放松政府管制，着力完善产品市场和要素市场。只有在市场不能发挥作用的领域，才通过政策解决或者引入政府来提高运行的效率，如基础设施领域和创新驱动的高新技术产业领域。因此，中国的发展经验不是简单地由政府代替市场和政府去挤出市场。①

改革开放以来的实践中，我们一方面在地方分散主义的体制格局中取得骄人的经济增长业绩；另一方面也为这种分散主义的竞争付出重大的发展成本。官方和学术界越来越清晰地认识到，长江三角洲地区的一体化协调发展，必须在中央政府的统一指导下，建立一个区域共同市场，逐步协调地区政府的经济政策，推动区域共同市场内部经济生活的协调发展，推动持续、平衡的经济增长和提高生活水准，并增进在区域共同市场联合基础上的地区之间的密切关系（刘志彪，2002）。党的十九大报告提出，我国经济体制改革的中心问题是处理政府与市场的关系。这意味着现阶段走中国特色的经济发展道路，实施新一轮全面实现小康社会的追赶战略，必须坚持走"强政府＋强市场"有效结合的道路。根据当代中国发展的现实，这一选择所涉及的最重要问题，总的来说包括三个方面：一是要对"强政府"功能的重新定位；二是要变"弱市场"为"强市场"；三是要在实现"强市场"的基础上，实施"强政府"的有效调节。习近平总书记在2014年2月就推进京津冀协同发展提

---

① 关于这方面，经济学界的主要观点是认为近十几年来政府规模有所扩大、边界有所扩张，尤其是中央的国有企业占据了太大的市场资源，民营企业战线被收缩。国有经济和非国有经济"两条腿走路"的模式是中国经济发展的成功之道（胡鞍钢，2012）。

出要求，首次界定了政府在区域发展一体化方面的基本职责和基本工作内容，也是长三角地区一体化发展中两省一市（江苏、浙江、上海）地方政府必须遵循的。如果我们对这些要求做一般化的概括，那么政府在区域一体化中的基本职能就包括以下七个方面：一是负责一体化发展的相关规划的顶层设计；二是打破自家"一亩三分地"的思维定势，发挥合作发展协调机制的作用；三是理顺产业发展链条，形成区域间产业合理分布和上下游联动机制；四是调整优化城市布局和空间结构，促进城市分工协作和一体化；五是加强生态环境保护方面的合作；六是把交通一体化作为先行领域，构建现代化互联互通综合交通网络；七是推进市场一体化进程，破除限制生产要素自由流动和优化配置的体制机制障碍。

区域经济一体化发展具有大规模的对内开放和进一步对外开放的双重含义。在一系列影响和扭曲区域一体化发展进程和发展水平的因素中，虽然地理位置上的邻近性、经济上的相似性与空间上的快速可达性加速了区域一体化进程，但真正有可能发生系统性作用的只有政府的行政力量和行政壁垒。因此，限制地方政府参与市场竞争的功能、范围、边界和程度，破除行政壁垒，是实现地区间竞相开放、推进区域经济一体化的主要措施（刘志彪，2014；殷德生等，2014）。只有通过协调各地区的竞争规则和经济发展战略，建立一个不被行政关系和垄断力量扭曲的区域共同市场，才能使区域内真正的市场主体进行充分的、有效的、公平的市场竞争，实现区域共同市场内资源的高效率配置（刘志彪，2002）。因此，对长三角地区而言，在以上海为中心完善合作协调机制，基于市场的决定作用可以选择的政策与手段包括以下七个方面：

第一，学习欧洲人务实的精神，合作协调要从具体的项目合作开始做起，避免在范围广泛的领域中进行抽象议论和长时间讨论。1950 年法国外交部长舒曼所提出的重新整合欧洲的方案，避开了在广泛领域中讨论欧洲未来的统一市场问题，而是抓住煤钢和原子能利用等具体的领域，制定切实可行的统一欧洲市场的计划，在法国、德国、意大利、比利时、荷兰和卢森堡等六国内部建立没有关税、没有配额、没有其他进入壁垒，从而可以实现产品生产流通自由化的共同体市场。与此相同的是，长三角地区也必须通过某些具体的项目行动来进行实实在在的联合，在这些以市场为导向的活动中，逐步打破区域行政壁垒，发展企业主体在区域间的自我联合、自我协调和自我发展机制。如按照客观经济规律的要求，对影响区域间区位条件的基础设施进行大规模的超前投资，具体可以采取以国家为主导带动社会主体多元化投资的体制。通过对原本相对落后的地区进行超前的基础设施建设，时间和空间的压缩自然就改善了这些地区发展的区位条件，改善了企业经营的外部性，降低了企业的交易成本。这是缩小区域发展差距的最根本的路径和机制。自 2018 年以来长三角地区一体化进入全面提升的新阶段，其主要措施也是围绕具体的项目合作而展开。

第二，坚持把企业作为推进区域经济一体化的主体。与政府推进区域一体化发展的机制不同，企业跨地区发展将自动产生经济一体化发展的内生效应，而政府一般只能为推进区域一体化发展提供外在的环境。政府推进区域一体化发展的主要手段和工具是跨区域的共性的基础设施建设，以及在体制机制环境方面打破影响区域间生产要素自由流动和优化配置的障碍。考虑到基础设施的建设仍然需要以企业为主体，因此，不管是中央政府还是地方政府，在制定推进区域一体化发展计划时都要摆正自身与市场、与企业的关系，让企业作为利益主体就合作过程进行讨价还价，让企业成为一体化发展的主角，自己则尽量作为合作的搭台人，否则很难起到实质性的一体化效果。

第三，选择适合区域经济一体化发展的产业组织形式。产业发展是区域经济社会发展一体化的基础。从全球价值链理论看，全球价值链（GVC）在国内经济循环的背景下，表现为国内价值链（NVC）。国内产业梯度发展格局以及产品内分工的发展趋势，使我国NVC的产业组织形态表现为三种形式，这三种形式的NVC都会自动地、内生地产生经济一体化的发展效应。一是紧密型的、基于纵向一体化的企业集团的价值链。由于企业在其纵向一体化的边界内往往可以用"管理的手"协调原先必须由各地政府谈判协商的跨地区事务，因此它是最直接的一体化形式。二是松散性的、基于市场公平交易的价值链。它的一体化效应的出现，必须最大限度地以降低政府政策和制度壁垒为前提。三是处于上述两者之间的、半紧密型的、基于被俘获的价值链。处于这种价值链高端的治理者，通过订单、技术指导和管理服务等实现对下游接包的供应商的控制。从产业配置上，今后可以设想，把产业集团总部放置在上海等生产者服务业发达的地区，而把其产业制造基地配置在长三角甚至泛长三角地区。前者降低长三角地区商品和服务生产的交易成本，而后者则可以降低长三角地区商品和服务生产的制造成本。

第四，在空间上以产业集群升级作为区域一体化的重要载体。长三角地区早年出现的块状形态的产业集群具有自发性、盲目性和无政府性等特点，其市场的边界往往超越行政边界，有些甚至发轫于、成长于多省（市）行政管辖薄弱的"边缘地带"。这些产业集群是模糊地域行政边界、实现按经济区域"极化—扩散"增长的现代生产力配置方式。从宏观上看，现代产业集群有制造业集群和服务业集群两种形式，其中服务业集群一般配置在交易成本低而制造成本高的特大城市和大城市，是知识资本、技术资本、人力资本密集的高地，而制造业集群则配置在与其成本性态相反的地区，"面对面"地接受来自服务业集群的高端化服务投入，这两者之间的协同配置体现为现代经济增长中的"服务业—制造业"之间的一体化发展。在当今开放型经济中，产业集群还与全球价值链交互耦合，在共同的演化中实现高水准的产业升级。这种转型升级或者体现为波特（Porter，1990）的"钻石模型"所揭示的本地化产业升级；或者体现为汉弗莱和施米茨（Humphrey and Schmitz，2002）所揭示的全球价值链内部治理结构的优化提升产业集群的水平；或者体现为尼尔森和温特（Nelson and Winter，1982）所研究的本地产业集群中企业通过相互学习、模仿和创新，促进其在全球价值链中附加值地位的提升。这些通过全球生产网络实现产业升级的过程，既是国内一体化发展的表现，也是参与国际分工、与国际市场一体化的发展过程。

第五，政府要从注重产业政策转向注重竞争政策，统一有效的竞争规则可以避免政府对区域间贸易投资以及相应的生产要素流动的人为政策限制。政府推动一体化的主要着力点应该在以下方面：一是破除一切不利于要素流动的体制、机制、管制和税制，特别是要破除限制劳动力流动的户籍制度和不均等的公共福利制度；二是为资源和要素流动搭建平台；三是跨地区基础设施建设的区域合作。目前长江三角洲地区难以建立一体化协调发展格局的最根本原因是，在目前的地方政府主导发展的格局中，缺乏一个统一协调的有效的竞争规则。根据欧共体创建和欧盟运行的实际经验，如果没有有效的竞争规则的支撑，就无法在长三角地区大市场范围内协调各地区政府的行为，就无法使区域内的市场主体进行充分的、有效的、公平的市场竞争，就无法防止市场竞争被各地区行政权力和垄断势力扭曲，难以实现大市场范围内的资源有效配置。为此，除了必须有效地限制地方政府参与市场竞争的行为和能力外，还必须通过某些具体的协议达成对各地区竞争规则的协调，最终达成全面的经济合作和发展的协议。要在全国统一的法律和政策体系的指导下，逐步修正和统一各成员地区的地区性法规和政策，废除与一体化有冲突的地区性政策和法规，协调各地既有的经济社会发展战略，有意识地适应区域经济一体化的需要。竞争政策是保持市场统一的基本方法，目的是能让企业沿着竞争的路线去经营，消减各种形式的垄断和垄断利润，以保证经济运行的良好环境和激励企业在公平竞争基础上的创新。之所以要校正竞争秩序，是因为对竞争的扭曲会阻碍经济一体化的进程。如果各个地区所有商品的供给者都想方设法以不同的条件留住自己的客户，特别是其成员地区的地方政府都按其所在地区为边界制定市场竞争规则，那么一体化的市场根本不可能自动产生具有经济理性的利益边界，相反会导致大量的经济歧视和进入市场的障碍问题。因此，实施统一竞争规则的根本目的，就是要阻止单个企业、企业群体或者成员地区的地方政府在一体化市场内部制造有损于经济一体化的壁垒，如行政垄断和地区封锁政策等。

　　第六，鼓励区域内企业的收购兼并，发挥巨大的一体化效应。在竞争规则统一的基础上，长三角要大力鼓励长三角和国内外的企业之间在长三角地区的兼并收购活动，鼓励在"走出去"的过程中，长三角地区的企业联合起来收购国外的企业。在这个过程中，必然会实现企业集中、市场集中和产业集聚。大力鼓励在长三角共同市场中进行跨地区的企业兼并活动，是长三角地区发展机制一体化的制度设计中最需要向欧共体学习的地方。跨地区的企业兼并活动可以在本区域内产生以市场为导向的自我联合效应，自动产生一体化效应。正是因为看中这一兼并的一体化效应，1957 年 3 月 25 日欧共体成员国签订的《罗马协议》以及后来的《欧共体条约》（它们是规制企业竞争行为准则），就没有包含西方国家通常所重视的具体的兼并控制方法。其愿望是要利用在欧共体内部的兼并特许政策，克服欧洲国家内部市场容量狭窄的弊端，形成规模经济体量，以便与美国、日本等强大的经济体竞争，加速欧洲经济的一体化进程。有鉴于此，在目前中国经济发展的阶段，还不能抽象地反对一般的市场兼并和市场垄断，而是要大力鼓励各地企业在长三角地区共同市场中进行跨地区的兼并重组活动。各地企业之间的资产兼并重组活动，是实现长三角地区经济一体化最有效的微观基础和制度平台。过去分散主义导向的盲目重复建设，在长三角地区遗留下大量的无效企业和无效项目，造成区域经济结构和产业发展的高度低水平同构。同时，长三角又面临着西方发达国家巨型跨国公司的强力竞争，为了创造该地区更大的市场容量和建设中国的巨型跨国企业，长三角地区要把推动该地区企业特别是上市公司的兼并重组活动，作为经济一体化的重要手段和基石，这具有重要的市场结构重塑效应和竞争协调意义。例如，在参与"一带一路"和"长江经济带"建设中，长三角地区沿长江和城市的基础产业的建设要高标准先行。为了吸取以前大规模建设中盲目重复建设的教训，应该打破过去行政关系的地域壁垒，运用市场经济方法整合三地的基础设施投资和产业运作方式。具体来说，可以用资产重组和企业兼并为手段，组建若干个一体化运作的巨型控股企业集团。例如，在港口设施的建设上，可以在更高的层面上组建若干个港口股份公司，这样既可以防止新一轮的基础设施和支柱产业的盲目建设，也可以在一体化的企业内部形成区域竞争和协调能力。

　　第七，发挥上海自由贸易区在区域经济一体化中的作用。建设中国上海自由贸易区的重要目的，就是要为全面改革和扩大开放探索新途径、积累新经验。随着上海自贸区制度创新的深入推进和可推广、可复制的经验出台，长三角地区国家战略平台功能得到新的提升。各城市将主动对接，共享机遇，合作支持自贸区建设，争取自贸区改革创新经验尽快在区域内有条件地复制推广。近期如海关总署开展的区域通关一体化改革试点，以及海关监管创新的制度成果等，将首先在取得经验后尽快向长江经济带等地区推广和复制。同时，上海自贸区经验的复制和推广，也可用多种形式进行探索，不一定非要拘泥于自贸区的身份；也就是说，在复制自贸区的政策方面，其他地区和城市不一定非要戴了"自贸区"这顶帽子才可以去做，而是可以先去做，打牢基础。例如，苏州工业园区设立中新合作金融创新试验区，让苏州工业园区内的企业可以到新加坡融资贷款、发行人民币债券。再如，昆山深化两岸产业合作试验区，将通过推进两岸产业深度对接、两岸服务业和金融业合作，争取在深化两岸产业合作方面实现新突破，形成新亮点，构建新机制。未来各地区建立的类似于上海自贸区这样的制度创新载体和平台，应该承担一定的区域协调发展的功能，尤其要在实施负面清单管理、加大服务业开放等方面学习自贸区拆除政策壁垒、推进深度一体化的经验和做法。

参考文献

［1］陈雯，王珏．长江三角洲空间一体化发展格局的初步测度［J］．地理科学，2013，33（8）：902 – 908.

［2］陈秀山，徐瑛．中国区域差距影响因素的实证研究［J］．中国社会科学，2004（5）：117 – 129.

［3］樊纲．既要扩大"分子"也要缩小"分母"——关于在要素流动中缩小"人均收入"差距的思考［J］．中国投资与建设，1995（6）：16 – 18.

［4］冯旭芳，刘敏．区域发展差异测度及协调对策——以山西为例［J］．经济问题，2007（3）：124 – 126.

［5］胡鞍钢．"国进民退"现象的证伪［J］．国家行政学院学报，2012（1）：9 – 14.

［6］季赛卫．区域经济一体化、经济增长与区域差异——基于新经济地理的分析［J］．现代管理科学，2016（6）：73 – 75.

［7］龙海明，凌炼，谭聪杰，等．城乡收入差距的区域差异性研究——基于我国区域数据的实证分析［J］．金融研究，2015（3）：83 – 96.

［8］李实．中国个人收入分配研究回顾与展望［J］．经济学（季刊），2003（2）：379 – 404.

［9］李培祥．广东区域发展差异分析［J］．特区经济，2008（11）：30 – 32.

［10］刘志彪，张杰．全球代工体系下发展中国家俘获型网络的形成、突破与对策——基于GVC与NVC的比较视角［J］．中国工业经济，2007（5）：39 – 49.

［11］刘志彪．我国区域经济协调发展的基本路径与长效机制［J］．中国地质大学学报（社会科学版），2013，13（1）：4 – 10.

［12］刘志彪．区域一体化发展的再思考——兼论促进长三角地区一体化发展的政策与手段［J］．南京师范大学学报（社会科学版），2014（8）：37 – 46.

［13］吕典玮，张琦．京津地区区域一体化程度分析［J］．中国人口·资源与环境，2010，

20 (3)：162 – 167.

　　[14] 皮建才. 中国地方政府间竞争下的区域市场整合 [J]. 经济研究, 2008 (3)：115 – 124.

　　[15] 屈子力. 内生交易费用与区域经济一体化 [J]. 南开经济研究, 2003 (2)：67 – 70.

　　[16] 全诗凡. 经济发展差距与市场一体化——基于长三角 16 个城市的经验分析 [J]. 现代管理科学, 2013 (6)：54 – 57.

　　[17] 盛斌, 毛其淋. 贸易开放、国内市场一体化与中国省际经济增长：1985～2008 年 [J]. 世界经济, 2011 (11)：44 – 66.

　　[18] 宋伟轩, 陈雯, 彭颖. 长三角区域一体化背景下城乡收入格局演变研究 [J]. 地理科学, 2013, 33 (9)：1037 – 1042.

　　[19] 世界银行. 2009 年世界发展报告：重塑世界经济地理 [M]. 北京：清华大学出版社, 2009.

　　[20] 王小鲁, 樊纲. 中国地区差距的变动趋势和影响因素 [J]. 经济研究, 2004 (1)：33 – 44.

　　[21] 徐宽. 基尼系数的研究文献在过去八十年是如何拓展的 [J]. 经济学, 2003, 2 (4)：757 – 778.

　　[22] 徐勇, 樊杰. 区域发展差距测度指标体系探讨 [J]. 地理科学进展, 2014, 33 (9)：1159 – 1166.

　　[23] 徐勇. 农业资源高效利用评价指标体系初步研究 [J]. 地理科学进展, 2001, 20 (3)：240 – 246.

　　[24] 徐光远, 贾飞. 区域差异与区域经济一体化 [J]. 大理学院学报, 2006, 5 (3)：17 – 21.

　　[25] 姚枝仲, 周素芳. 劳动力流动与地区差距 [J]. 世界经济, 2003 (4)：35 – 44.

　　[26] 尹来盛, 冯邦彦, 李胜会. 广东省区域发展差异及空间格局演变——兼论 3 种测度方法的比较 [J]. 地域研究与开发, 2012, 31 (1)：30 – 34.

　　[27] 殷德生, 唐海燕, 毕玉江. 地方财政支出跨境溢出效应的估计及其对区域一体化的影响——基于长江三角洲城市群的实证研究 [J]. 财经研究, 2014, 40 (3)：17 – 30.

　　[28] 周立群, 夏良科. 区域经济一体化的测度与比较：来自京津冀、长三角和珠三角的证据 [J]. 江海学刊, 2010, (4)：81 – 87.

　　[29] 邹红, 李奥蕾, 喻开志. 消费不平等的度量、出生组分解和形成机制——兼与收入不平等比较 [J]. 经济学 (季刊), 2013 (4)：1232 – 1255.

　　[30] Meng X. , S. Kailing, X. Sen. Economic Reform, Education Expansion and Earnings Inequality for Urban Males in China, 1988 – 2007. IZA Working Paper, No. 4919.

　　[31] Solow, R. M. . A Contribution to the Theory of Economic Growth [J]. Quarterly Journal of Economics, 1956, 70 (1)：65 – 94.

第五章

国内价值链、双重外包与
长江经济带区域经济协调发展

一、引 言

改革开放打破了原有计划经济的均衡增长模式，鼓励部分地区先发展、先富裕，先富地区带动后富地区，最终实现共同富裕。东部地区凭借区位优势和政策红利，主动承接发达国家的外包业务，率先加入全球价值链，这种区域非均衡的发展战略基于自身比较优势取得了一系列举世瞩目的成绩。但是，随着世界经济发展速度的放缓以及中国自身经济结构的扭曲，非均衡增长方式造成资源配置的浪费以及区际福利水平的严重失衡。"胡焕庸线"右侧的虹吸效应导致各种生产要素持续地向东部地区迁移，偏离了"钟状曲线"的最优路径（吴福象、段巍，2017）。区域经济发展的不平衡已经严重影响中国经济的持续稳定增长。破解区域经济发展失衡、重塑经济地理格局，成为当前中国经济发展面临的难题之一。

长江经济带覆盖上海、江苏、浙江、安徽、江西、湖北、湖南、重庆、四川、云南、贵州等 11 省（市），面积约 205 万平方公里，人口和GDP 均超过全国的 40%。长江经济带横跨我国东、中、西部三大区域，具有独特优势和巨大发展潜力。改革开放以来，长江经济带已发展成为我国综合实力最强、战略支撑作用最大的区域之一。2016 年 9 月，国务院正式印发《长江经济带发展规划纲要》，明确提出：挖掘中上游广阔腹地蕴含的巨大内需潜力，促进经济增长空间从沿海向沿江内陆拓展，形成上中下游优势互补、协作互动格局，缩小东、中、西部发展差距，有利于打破行政分割和市场壁垒，推动经济要素有序自由流动、资源高效配置、市场统一融合，促进区域经济协同发展；有利于优化沿江产业结构和城镇化布局，建设陆海双向对外开放新走廊，培育国际经济合作竞争新优势，促进经济提质增效升级。在国际环境发生深刻变化、国内发展面临诸多矛盾的背景下，中央政府计划通过构建长江经济带重塑经济地理，促进区域经济协调发展的战略目标。

信息技术的发展提高了全球资源配置效率，生产分割（fragmentation）迅速发展，离岸外包（offshore outsourcing）成为全球价值链配置资源的主要方式。跨国公司利用离岸外包实现了办公室和工厂的分离，总部经济应运而生，全球价值链不断深化和扩张，全球经济进入了长达 30 年的高速发展。有学者认为，企业能否参与全球价值链取决于其生产成本和交易（合作）成本的相对大小（Backer and Miroudot，2013）。如果参与全球价值链对生产成本的节约超过交易成本的增加，企业就会主动融入全球价值链；反之，企业会选择退出全球价值链生产体系。因此，全球价值链不会无限扩张。2008 年全球金融危机之后企业参与全球价值链的合作成本明显上升，产业的供给链甚至发生断裂，全球价值链正在发生重构（Backer and Miroudot，2013）。由于国家合作的成本上升，区域多边主义浪潮兴起，在岸外包（onshore outsourcing）逐步取代离岸外包成为资源配置的主要方式。发达国家和经济转型国家纷纷利用在岸外包加强本土经济合作，强化区域集聚经济、降低合作成本，延伸本国产业链长度（陈启斐和张为付，2017）。

针对全球价值链重构中这一崭新的经济现象，本章提出一个新的观点：通过构建国内价值链，协调区域经济发展，修复日渐失衡的区际福利，利用在岸外包重塑经济增长动能。本章从以下几个方面扩展现有的研究：第一，目前学界对外包的研究都集中于离岸外包（Feenstra and Hanson，1999；Antras and Helpman，2004；Grossman and Rossi-Hansberg，2008；Ottaviano et al.，2010；Abramovsky et al.，2017）。随着全球价值链重构，区域经济浪潮重新席卷全球。鲍德温和洛佩兹－冈萨雷斯（Baldwin and Lopez-Gonzale，2015）对全球供给链的生产、交换和分配进行了细致的双边分析，他们发现全球供给链主要由北美、欧洲和亚洲三大生产网络（production network）构成，当前全球生产链主要是区域供给链（region supply chain），而非全球供给链（global supply chain）。艾哈迈德等（Ahmed et al.，2011）在分析外包对美国就业市场的冲击时，指出要关注内包（in-sourcing）问题。安德森等（Andersson et al.，2016）分析外包垂直生产分割效应时，也开始关注内包问题。本章在现有研究的基础上，将在岸外包纳入分析框架中，研究双重外包（离岸外包和在岸外包）对区域经济协调发展的影响，拓展外包的研究领域。第二，长江经济带是国家规划的内河经济带，横跨"胡焕庸线"左右两侧，内含长江三角洲、长江中游和成渝三大城市群。长江经济带内部各个省（市）之间产业体系丰富、经济发展水平差异极大，区域梯度明显，对长江经济带协调发展问题的研究具有重要的现实意义和启示价值。因此，本章选取长江经济带为研究蓝本，以上海为基准点，研究长江经济带内部的经济协调发展问题。第三，目前对于外包的测算都是采用芬斯特拉和汉森（Feenstra and Hanson，1999）的计算公式以及芬斯特拉（2017）的扩展公式，这两个公式本质上是离岸外包的计算公式。本章在离岸外包计算公式的基础上，提出了在岸外包的测算公式，并利用长江经济带 10 个省（市）① 1997年、2002 年、2007 年和 2012 年共计 40 张投入产出表测算了离岸外包和在岸外包。

本章余下部分的安排如下：第二部分梳理和回顾相关文献，并进行总结和归纳；第三部分为理论模型；第四部分介绍实证模型，并交代计算公式的数据来源和处理方法；第五部分定量研究双重外包和区域经济协调发展的关系，并分析实证结果；第六部分对第五部分的实证结果进行稳健性检验；第七部分，总结本章并给出未来的研究方向。

二、文献综述

为什么不同国家和地区的经济增长存在极大的差异？该问题引起了广泛的讨论，学者们从不同的视角对此问题进行了深入的讨论。内生经济增长理论认为经济增长取决于投资中隐含的创新速率（Romer，1986），以及通过"干中学效应"积累的人力资本外部性效应（Lucas，1988）。克鲁格曼（Krugman，1991）则认为"集聚经济"是提升区域经济增长绩效的关键因素。产业经济理论认为，产业结构变迁速度是决定一国长期经济增长的关键因素。恩盖和皮萨里德斯（Ngai and Pissarides，2007）利用多部分模型分析发现，产业结构变迁可以促进经济增长。阿西莫格鲁和圭列里（Acemoglu and Guerrieri，2008）研究了资本深化对经济非平衡增长的影响，认为经济增长的差异主要是要素比例的差异和资本深化（capital deepening）程度的不同。资本深化增加了劳动密集型部门的产出，也促进了资本和劳动的再分配。有学者发现，产业结构变迁带来的"收入效应"可以显著改善增长效率，优化和协调区域经济发展水平（Herrendorf et al.，2013）。另外，有学者从开放视角研究了产业结构变迁对经济增长的影响。通过国际贸易可以改变就业结构，

---

① 本章以上海作为协调发展的基准点，因此，研究样本是剔除上海之后的长江经济带，包括江苏、安徽、江西、湖南、湖北、重庆、云南、四川、浙江和贵州 10 个省（市）。

进而影响经济增长绩效，达到优化区域经济发展的目的（Yi and Zhang，2010）。

伴随着经济的高速发展，中国区域间的差距呈现出"先下降后上升"的趋势（张吉鹏、吴桂英，2004）。徐盈之、吴海明（2010）研究了环境约束对区域协调发展水平综合效率的影响，运用 DEA 测度了包含环境约束的区域协调发展水平的综合效率。在样本期内，中国不同地区的协调发展水平有了提升，但呈现出明显的区域差异：东部协调发展水平最高，西部次之，中部的综合效率低于西部。实证结果显示，外商直接投资对协调区域发展有着积极的影响。罗雨泽等（2011）研究了移动通信产业发展对区域差异的影响及其扩散机制，利用曼斯菲尔德（Mansfield）模型评估了不同地区移动通信发展的路径差距，并在此基础上研究发现，提升中西部地区对移动通信的有效需求是实现区域协调发展的关键因素。另外，还有学者利用空间经济学理论分析区域增长差距的成因和解决办法。范剑勇等（2010a）以空间效率为切入点，分析了真实市场潜能与区域经济协调发展的关系，得出研究结论为区域内部的需求对于协调经济发展有着重要的作用。范剑勇、谢强强（2010b）利用新经济地理学的"中心—外围"模型发现了产业集聚和区域经济协调发展的兼容机制。实现这一机制关键在于实施"跨区域城乡统筹"战略，保证中、西部劳动力在沿海地区得到公平的待遇。张文爱（2014）利用经验模型分析方法，对西部12 个省份的经济差距进行了多尺度分析，在赫伦多夫等（Herrendorf et al.，2013）的研究基础上，从产业结构视角分析经济差距波动的生成机制，其研究结论表明，三次产业的区域不平衡发展是导致经济增长差距的重要因素。

以上学者的研究较好地分析了区域增长差距的原因，但是缺乏将中国区域差距和全球价值链演变这一大格局相结合的研究，因而没有找到解决该问题的有效途径。张少军、刘志彪（2009）从开放视角探讨了全球价值链产业转移对发展中国家产业升级的影响，认为承接发达国家的产业转移是缩小区域差距的有效途径。他们主要从承接发达国家产业转移的视角分析了该问题，将中国置于"被动"承接的地位，无法有效解决区域发展差距问题。随着全球价值链的重构，在岸外包逐步兴起。发展中国家通过在岸外包不仅可以吸收发达地区的高端要素，还能整合区域内部的生产资料，提高本地经济增长效率。安德森等（Andersson et al.，2016）指出，随着全球生产方式的演化，内包作为资源配置一种方式，其重要性在不断提升。[1]芬斯特拉（Feenstra，2017）也认为未来研究国际贸易和增长问题需要重点考察在岸外包。陈启斐和张为付（2017）研究发现，考虑到离岸外包需要面对不同国家的政策限制、行业壁垒和运输成本，因此，只有小部分生产率较高的企业才能支付巨

---

① 这种内包指的是国家和地区内部的发包问题，也就是本章提出的在岸外包。

大的沉没成本，而大部分中小企业只会选择成本相对较低的在岸外包。在岸外包量远远大于离岸外包量，对经济增长的影响可将更大。为了弥补现有研究的不足，本章将重点考察双重外包对区域经济协调发展的影响。

三、理论模型

本章在安特拉斯和赫尔普曼（Antras and Helpman，2004）外包模型的基础上构建理论模型。考虑中国长江经济带内部各个省份进行外包对区域经济发展的影响，以及不同省份之间的外包竞争关系。本章对安特拉斯和赫尔普曼（2004）的模型进行扩展，从双边模型扩展到多边模型。在理论模型中包含三个地区 A、B 和 C，其中 A 地区和 B 地区会将产品卖到 C 地区，分别用 x 和 y 表示 A 地区和 B 地区的产品量。生产过程是一个两阶段的模式：首先是中间品的生产，然后利用中间品和劳动力共同完成最终品的生产和组装。参考安特拉斯和赫尔普曼（2004）的单要素模型设定，生产中间品时仅需要劳动力投入，生产函数为：

$$\phi(m) = \frac{m^2}{2} \tag{5.1}$$

式（5.1）表明生产一单位的中间品需要 $\frac{m^2}{2}$ 个劳动力。生产最终品时既需要中间品又需要劳动投入要素，设定两者之间是 1∶1 的关系，最终产品的生产函数为：

$$\psi(m) = m + \phi(m) \tag{5.2}$$

A 和 B 两个地区的效用函数为：

$$u_A(x, w_A) = \left(x + \frac{x_A^2}{2}\right)(w_A - w_0), \quad u_B(y, w_B) = \left(y + \frac{y_B^2}{2}\right)(w_B - w_0) \tag{5.3}$$

其中，x 和 y 分别是两个地区生产最终产品的劳动力；w_A 和 w_B 是两个地区的平均工资；w_0 是最低工资。A 和 B 两个地区可以选择自己生产中间品或者进行外包。进一步，A 地区代表性企业的利润为：

$$\pi_A = xp(x + y) - \left(x + \frac{x_A^2}{2}\right)w_A - \frac{(x - x_A)^2 w_C}{2} - t_A x \tag{5.4}$$

其中，w_C 表示 C 地区的工资；$p(x + y)$ 表示反需求函数；最终产出为 x；在 C 地区生产的中间品为 $(x - x_A)$；变量 t_A 表示 C 地区政府的关税。对 C 地区的政府而言，目标函数是选择关税水平，以达到福利的最大化水平（工资、消费剩余和关税收入之和的最大化）。因此，C 地区政府的目标函数为：

$$W = \frac{\left[(x-x_A)^2 + (y-y_B)^2\right]w_C}{2} + U(x+y) - p(x+y) + t_A x + t_B y \qquad (5.5)$$

其中，$\dfrac{\left[(x-x_A)^2 + (y-y_B)^2\right]w_C}{2}$ 表示 C 地区承接外包带来的劳动收入；$U(x+y) - p(x+y)$ 代表消费者剩余；$t_A x + t_B y$ 是关税收入。为了分析企业的外包决策以及对经济增长的影响，本章将考虑一个三阶段的博弈模型：第一阶段，A 地区和 B 地区企业决定是否进行外包；第二阶段，C 地区政府决定关税率；第三阶段，在既定关税条件下，企业和工人就工资和产量进行协商和博弈。为了进行对比分析，本章考虑进行外包和不进行外包两种情况。

（一）基准模型：不进行外包

企业不进行外包，意味着 $x = x_A$、$y = y_B$。企业和工人就工资进行博弈，在纳什博弈（Nash bargaining）模型中，企业的生产函数可以改写为：

$$G(x, w_A) = \pi_A u_A, \quad H(y, w_B) = \pi_B u_B \qquad (5.6)$$

对 A 地区企业，利润最大化的一阶条件为：

$$\frac{\partial G}{\partial x} = 0 \Rightarrow p + xp' - (1+x)w_0 - t_A = 0 \qquad (5.7)$$

$$\frac{\partial G}{\partial w_A} = 0 \Rightarrow \pi_A - u_A = 0 \qquad (5.8)$$

式（5.7）表示企业和工人首先会选择就业水平，最大化联合的利润水平。式（5.8）表示双方会进行谈判，对利润进行分配。接下来，考虑 C 地区的政府行为。在没有外包的情况下，式（5.5）退化为：

$$W = U(x+y) - p(x+y) + t_A x + t_B y \qquad (5.9)$$

对关税求导，可以得出最优关税的一阶条件：

$$\frac{\partial W}{\partial t_A} = 0 \Rightarrow x(a+b+d)d - (x+y)dp' + (b+d)t_A - bt_B = 0 \qquad (5.10)$$

$$\frac{\partial W}{\partial t_b} = 0 \Rightarrow y(a+b+d)d - (x+y)dp' + (a+b)t_b - at_a = 0 \qquad (5.11)$$

其中，$a = p' + xp'' < 0$，$b = p' + yp'' < 0$，$d = p' - w_0 < 0$。当没有企业进行外包的时候，

$$x = y, t_A = t_B = t \qquad (5.12)$$

将式（5.12）分别代入式（5.7）和式（5.10）中，就可以得到：

$$p + xp' - (1 + x)w_0 - t = 0 \qquad (5.13)$$

$$-2xp' + (a + b + d)x + t = 0 \qquad (5.14)$$

设定 $f(x)$ 为式（5.13）和式（5.14）之和，可以得到：

$$f(x) = p + 2(p' + xp'' - w_0)x - w_0 \qquad (5.15)$$

式（5.15）是通过对两个一阶条件求和得出的，决定了均衡时 x 的水平。根据生产函数，x 越高产出也会越高。在均衡时，$x = y$。因此，反需求函数为 $p = p(2x)$。对式（5.15）求导，可得：

$$f'(x) = 4p' - 2w_0 + 4(2p'' + xp''')x \qquad (5.16)$$

（二）扩展模型：进行外包

在扩展模型中，A 和 B 两个地区的企业利用两国生产的工资差距进行外包，C 地区承接 A 地区和 B 地区企业的外包。在 A 地区本地进行最终环节生产的工人工资为 w，就业为 x；进行中间品生产的工人数量为 w_A。式（5.6）中就业函数修改为：$x_C = x - x_A$，$y_C = y - y_B$。最优化的一阶条件可以改写为：

$$p + xp' - (x - x_A)w_C - w_0 - t_A = 0 \qquad (5.17)$$

$$\pi_A - u_A = 0 \qquad (5.18)$$

$$(x - x_A)w_C - w_0 x_A = 0 \qquad (5.19)$$

式（5.19）说明，A 地区的企业会利用两地工资差进行外包，一直到中间品生产的边际成本相等。随着 w_C 的提升，外包的吸引力下降，更多的中间品将在 A 地区进行生产；w_0 上升则会提高外包的利润，更多的企业会选择进行外包。将式（5.19）代入式（5.17），可以得到：

$$p + xp' - (1 - \beta)w_0 x - w_0 - t_A = 0, \quad \beta = \frac{w_0}{w_0 + w_C} \qquad (5.20)$$

利用式（5.17）至式（5.19），C 地区政府的目标函数可以修改为：

$$W = \frac{(x^2 + y^2)\beta^2 w_C}{2} + U(x + y) - p(x + y) + t_A x + t_B y \qquad (5.21)$$

进一步，对 t_A 和 t_B 求偏导，可以得到一阶条件为：

$$[\Delta + \beta^2 w_C(b + d + \beta w_0)]x - (d + \beta w_0)(x + y)p' - b\beta^2 w_C y + (b + d + \beta w_0)t_A - bt_B = 0$$

$$(5.22)$$

$$\left[\Delta+\beta^{2}w_{C}(a+d+\beta w_{O})\right]y-(d+\beta w_{O})(x+y)p'-a\beta^{2}w_{C}x+(b+d+\beta w_{O})t_{B}-at_{A}$$

$$(5.23)$$

其中，$\Delta=\left[a+b+p'-(1-\beta)w_{O}\right]\left[p'-(1-\beta)w_{O}\right]>0$。将式（5.22）代入式（5.23），可以得到：

$$\left[\Delta+\beta^{2}w_{C}(a+b+d+\beta w_{O})\right](x-y)+(a+b+d+\beta w_{O})(t_{A}-t_{B})=0 \quad (5.24)$$

利用对称性，对于 B 地区也有类似于式（5.20）的条件，可以得到：

$$(d+\beta w_{O})(x-y)-(t_{A}-t_{B})=0 \quad (5.25)$$

再联合式（5.24）和式（5.25），可以得到以下等式：

$$\left[2(d+\beta w_{O})+\beta^{2}w_{C}\right](a+b+d+\beta w_{O})(x-y)=0 \quad (5.26)$$

同样，根据对称性可以得到 $x=y$、$t_{A}=t_{B}=t$，再将式（5.26）代入式（5.22），可以得到式（5.27）：

$$(\beta^{2}w_{C}+a+b+d+\beta w_{O})x-2xp'+t=0 \quad (5.27)$$

将式（5.27）代入式（5.20），可以得到企业进行外包时的新均衡式：

$$g(x)=p+\left[2p'+2xp''-(1-\beta)(2-\beta)w_{O}\right]x-w_{O}=0 \quad (5.28)$$

对比式（5.28）和式（5.15），就可以对比进行外包和不进行外包时的就业增长差距：

$$g(x)-f(x)=(3-\beta)\beta w_{0}x>0 \quad (5.29)$$

式（5.29）意味着：C 地区承接 A 地区和 B 地区企业的外包后，同封闭经济相比，就业增长的速度更快（一阶条件较大），均衡时的就业量更高。再根据生产函数，C 地区就业增长就意味着其产出的增长，显然接受外包有助于 C 地区的经济增长。如果将该结论拓展到存在多个接受外包的地区的前提下，多个地区在接受外包后同样会实现就业和产出的增长，这显然会改变多个地区之间的协调发展程度。具体到长江经济带，10 个省（市）在承接外包的过程中都会实现经济增长，但彼此之间的区域差距或协调发展程度变化可能出现三种情形：一是长江经济带各省（市）之间的区域发展更加协调。这是由于相对落后地区通过更高程度地承接外包，可能获得更快速度的经济增长，从而缩小与相对发达地区之间的差距，使长江经济带内部的区域差距缩小。二是长江经济带各省（市）之间的区域发展更不协调。这种情形出现的原因在于相对落后地区更加封闭，没能承接更多的外包，外包所导致的经济增长速度也相对更慢，其与相对发达地区之间的区域差距被拉大。三是长江经济带各省（市）之间的区域发展协调程度相对稳定，变化不大。如果各地区承接外包程度基本相同，那外包尽管会促进各地区的经济增长，但是并不会改变它们之间的相对发展差距，最终表现为长江经济带各省（市）之间的区域差距没有明显变化。这三种情形在理论上都可能会发生，在长江经济带的协调发展实践中，究竟哪种情形会发生，还有赖于采用更加精准的计量手段来加以验证。

四、计量方程设定及数据来源说明

（一）研究模型

前面的理论模型表明欠发达地区可以通过外包提高产出效率，能否进一步通过外包来缩小与发达地区的经济发展差距，实现区域经济的协调发展？本章在理论模型的基础上，借鉴安德森等（2016）的实证模型，分析外包对区域经济协调发展的影响。考虑到外包内部细分种类繁多，不同类型的外包存在较为明显的异质性（Mcgregor and Pöschl，2015；Hummels et al.，2016），本章将从离岸和在岸两个视角分析外包对协调区域经济增长的影响。在结合样本实际特征的基础上，本章设计如下计量模型：

$$\ln Y_{ij,t} = \alpha_0 + \alpha_1 \ln offshore_{ij,t} + \alpha_2 \ln onshore_{ij,t} + \mu_i + \mu_j + \delta_t + \varepsilon_{ij,t} \qquad (5.30)$$

其中，下标 i 表示 18 个细分行业；j 表示 10 个省（市）；t 代表时间；Y 表示区域经济协调发展的代表变量；$offshore$ 表示行业的离岸外包；$onshore$ 表示行业的在岸外包；μ_i 是行业的固定效应；μ_j 是地区固定效应；δ_t 是不随时间变化影响区域经济发展的特定因素；$\varepsilon_{ij,t}$ 是随机误差项。因此，本章控制"省份—行业—时间"的固定效应。为了避免变量由于数量级差异造成的估计结果的偏误，所有变量均采用对数形式。考虑到动态面板的特征，本章引入区域经济协调发展的滞后一期作为被解释变量：

$$\ln Y_{ij,t} = \alpha_0 + \alpha_1 \ln Y_{ij,t-1} + \alpha_2 offshore_{ij,t} + \alpha_3 \ln onshore_{ij,t} + \mu_i + \mu_j + \delta_t + \varepsilon_{ij,t} \quad (5.31)$$

为了进一步避免遗漏重要解释变量引起内生性误差，本章还引入了 4 个控制变量——产业结构服务化程度、外商直接投资金额、人力资本和研发投入，来控制随着产业结构变迁、外商直接投资增加、人力资本提高以及研发投入增加对区域经济协调发展产生的正向或者负向影响。因此，本章最终的计量模型设定为：

$$\ln Y_{ij,t} = \alpha_0 + \alpha_1 \ln Y_{ij,t-1} + \alpha_2 offshore_{ij,t} + \alpha_3 \ln onshore_{ij,t} + \alpha_4 \ln industry$$
$$+ \alpha_5 \ln fdi_{ij,t} + \alpha_6 \ln rd_{ij,t} + \alpha_7 \ln hc_{ij,t} + \mu_i + \mu_j + \delta_t + \varepsilon_{ij,t} \qquad (5.32)$$

其中，$industry$ 表示产业结构服务化程度；fdi 表示行业使用的外商直接投资；rd 表示行业的研发投入；hc 表示人力资本。

（二）变量说明

1. 区域经济协调发展水平

区域经济协调发展水平是本章的被解释变量，对该指标的测度是本章实证方程的核心。徐盈之、吴海明（2010）构建了经济、科技文化、社会以及生态环境四大系统来测算区域协调发展水平，但其计算方法针对的是省级层面数据，无法用来测度省级细分行业的数据。马志飞等（2017）利用空间基尼系数测度了我国地级市经济差距的时空特征。但是，空间基尼系数是由产业数据加总得到的省级数据。本章数据是长江经济带省级的分行业数据，不适合采用该指标。倪鹏飞等（2014）在对证券市场和资本空间配置对区域经济协调发展的研究中，利用人均 GDP 的离差来衡量区域差距。但是，离差是数值和均值差的绝对值，绝对值无法测算出区域增长极之间的差距。范剑勇、谢强强（2010b）在分析区间产业分布对区域协调发展的研究中利用区域 GDP 的数据作为被解释变量。但是，采用加总的 GDP 数据只能反映增长的绝对能力，无法衡量区域发展的差异。本章在数据可得性的基础上，尽量弥补过去研究在数据测度上的不足；同时参考徐现祥、李郁（2005）的处理方法，用 GDP 的相对数值来衡量区域经济协调发展。徐现祥、李郁（2005）在研究长三角区域协调发展时指出，将上海作为极点测度长三角其他地区与其的差距是分析区域经济协调发展比较适合的方法。因此，本章构建了如下指标来衡量长江经济带区域经济发展的差距：

$$Y_{ijt} = \frac{\dfrac{gdp_{ijt}}{l_{ijt}}}{\dfrac{gdp_{sjt}}{l_{sjt}}} \qquad (5.33)$$

其中，gdp_{ijt} 表示长江经济带中 i 地区 j 行业在 t 年的产值；l_{ijt} 表示 i 地区 j 行业在 t 年的就业人数；gdp_{sjt} 表示上海 j 行业在 t 年的产值；l_{sjt} 表示上海 j 行业在 t 年的就业人数。上海是长江经济带的增长极，本章将上海作为"基准点"，采用行业的人均 GDP 作为产业层面相对发展差距的衡量指标。该数值越大，说明相对差距越小；该数值越小，则意味着相对差距越大。将 Y_{ijt} 取自然对数作为纵轴，图 5-1 反映了长江经济带 10 个省（市）相对于上海的整体区域协调发展程度。

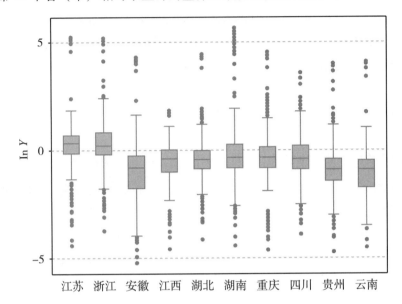

图 5 –1　长江经济带 10 个省级单位加总的区域协调发展程度

2. 离岸外包和在岸外包

为了计算长江经济带 10 个省（市）细分行业的离岸外包和在岸外包，本章借鉴芬斯特拉和汉森（Feenstra and Hanson，1999）的计算方法，构建 FH 指数，即利用中间投入品的进口占比来衡量离岸外包：

$$offshore_{ijt} = \sum_m \left(\frac{X_{ijmt}}{Y_{ijt}} \right) \left(\frac{M_{mt}}{D_{mt}} \right) \tag{5.34}$$

其中，X_{ijmt} 表示地区 i 行业 j 在 t 年使用的来自行业 m 的中间品投入量；Y_{ijt} 代表地区 i 行业 j 在 t 年使用的中间投入品总量；M_{mt} 表示行业 m 在 t 年的总进口量；D_{mt} 表示行业 m 在 t 年的总消费量。$D_{mt} = P_{mt} + M_{mt} - E_{mt}$，$P_{mt}$ 代表 t 年行业 m 的总产出量；M_{mt} 是行业 m 在 t 年的总进口量；E_{mt} 表示行业 m 在 t 年的总出口量。

由于 FH 指数较为贴切地测度了行业的外包使用情况，迅速得到了推广（Amiti and Wei，2009；Carsten and Irlacher，2017；Fariñas and Martín-Marcos，2010；陈启斐、张为付，2017）。该指数的含义是行业使用的中间投入品中进口的比例（国外生产），因此，该指数衡量的是离岸外包。相对于离岸外包，在岸外包的成本更小、门槛更低，因此，后者数量要远远大于前者。遗憾的是，目前学界对外包的研究主要集中在离岸外包，本章在 FH 指数的基础上构建在岸外包的测算公式，并用中国省级分行业的数据进行测度。公式的逻辑如下：行业的中间投入品中进口比例部分衡量离岸外包，将进口部分剔除之后就是在岸外包部分。因此，在岸外包的计算公式为：

$$onshore_{ijt} = \sum_m \left(\frac{X_{ijmt}}{Y_{it}}\right)\left(1 - \frac{M_{mt}}{D_{mt}}\right) \tag{5.35}$$

计算行业的双重外包需要有以下数据：行业的中间投入品的数量、行业的产出、行业的进口额和出口额。中间投入品的数量来自投入产出表，行业的产出源于历年的投入产出表。本章使用的行业涉及第一产业、第二产业和第三产业，因此，贸易数据包括货物贸易数据和服务贸易数据，货物贸易数据来自 UNCOMTRAD 数据库。

由于投出产出表中给出的是产业数据，UNCOMTRAD 数据库给出的是双边商品贸易数据，国际收支平衡统计数据库给出的是双边服务贸易数据，统计的口径存在差异，必须要将不同的数据进行匹配。在 UNCOMTRAD 数据库中，本章采用 HS 分类下的细分 6 位码数据，并采用盛斌（2003）的处理方法，将商品贸易数据合并为产业数据。具体的匹配如表 5 – 1 所示。

表 5 – 1　　第一产业和第二产业行业数据和商品贸易数据匹配

匹配后的行业	国民经济标准行业分类 GB/4757—2011	SITC（Rev 4.0）
农业	农业、林业、畜牧业和渔业	010；013；014；015；020；021；030；040；050；051；060；070；071；080；081；090
采矿业	煤炭开采和洗选业；石油和天然气开采业；黑色金属矿采选业；有色金属矿采选业；非金属矿采选业；其他采矿业	321；322；333；342；342；281；282；283；284；285；287；288；289；272；273；274；277；278
农副食品、饮料和烟草业	农副食品加工业；食品制造业；酒、饮料和精制茶制造业；烟草制品业	011；012；016；017；022；023；024；025；034；035；037；042；045；046；047；048；054；056；058；059；；061；062；071；073；074；075；081；091；098；411；421；422；431；111；112；122
纺织品、皮革和鞋类制造业	纺织业；纺织服装、服饰业；皮革毛皮羽毛（绒）及其制品业	269；651；652；653；654；655；656；657；658；659；841；842；843；844；845；846；848；611；612；613；831；851

续表

匹配后的行业	国民经济标准行业分类 GB/4757—2011	SITC（Rev 4.0）
木材、纸制品和出版印刷业	木材加工及木竹藤棕草制品业；家具制造业；造纸和纸制品业；印刷和记录媒介复制业；文教、工美、体育和娱乐用品制造业	633；634；635；821；251；641；642；892；894；895；898
化学品和非金属制造业	石油加工、炼焦及核燃料加工业；化学原料和化学制品制造业；医药制造业；化学纤维制造业；橡胶和塑料制品业；非金属矿物制品业	325；334；335；232；511；512；513；514；515；516；522；523；524；525；531；532；533；551；553；554；562；571；572；573；574；575；579；591；592；593；597；598；541；542；266；267；621；625；629；581；582；583；593；661；662；664；664；665；666；667
金属制品业	黑色金属冶炼和压延加工业；有色金属冶炼和压延加工业；金属制品业	671；672；673；674；675；676；677；678；679；681；682；683；684；685；686；687；389；691；692；693；694；695；696；699；811；812
机械设备制造业	通用设备制造业；专用设备制造业	711；712；713；714；716；718；731；733；735；737；741；742；743；744；745；746；747；748；749；721；722；723；724；725；726；727；728；774；872；881；882；883
运输设备制造业	运输设备制造业*	781；782；783；784；785；786；791；792；793
电器和光学设备制造业	电气、机械及器材制造业；通信设备、计算机及其他电子设备制造业；仪器仪表及文化办公用机械制造业	771；772；773；775；776；778；813；752；761；762；763；764；751；759；871；873；874；884；885
制造业回收业	制造业回收业；废弃资源综合利用业	891；896；897；899；931
电力、水利和煤气供给业	电力、热力生产和供应业；燃气生产和供应业；水的生产和供应业	351；344

注：* 2012 年之后的行业分类多出一个铁路、船舶、航空航天和其他运输设备制造业，为保证统计口径一致，也归为运输设备制造业。

匹配之后，第一产业和第二产业可以分为 12 个细分行业，其中包括 9 个制造业细分行业。匹配完第一产业和第二产业之后，还需要对服务业和服务贸易进行匹配。在服务贸易统计中，一共有 11 个细分类型，[①] 为了与服务业细分行业进行匹配，本章合并不同的服务贸易和服务业。本章在陈启斐、刘志彪（2014）的处理方法基础上进行调整。合并之后，可以得到 5 个服务业大类的行业。在 5 个大类中，除了一般性的消费性服务业、生产性服务业和公共服务业，本章还单独设立了金融业和交通运输、仓储和邮政业。金融业在各国经济增长中的重要性日益显现，而运输服务贸易和其他服务贸易展现出不同的特征，发展水平和商品贸易高度相关。[②]因此，本章对这两个特殊的行业进行独立核算研究。具体的行业合并处理如表 5 - 2所示。处理之后，14 个服务行业合并为 5 个。

表 5 - 2 服务业和服务贸易数据匹配

合并后的行业	BPM5	BPM6	《中国统计年鉴》
交通运输、仓储和邮政业	运输服务；通信服务	运输服务；与货物相关的服务	交通运输及仓储业、邮政业
消费性服务业	旅游服务；个人文化和娱乐服务	旅游服务；个人文化和娱乐服务	批发和零售业；住宿和餐饮
金融业	金融服务；保险服务	金融服务；保险和个人服务	金融业
生产性服务业	计算机和信息服务；建筑服务；专利和特许费服务；其他商业服务	通信、计算机和信息服务；建筑服务；知识产权使用费；其他商业服务	信息传输、计算机服务和软件业；房地产业；租赁和商务服务业；科学研究和技术服务业
公共服务业	政府服务	政府服务	水利、环节和公共设施管理业；居民服务、修理和其他服务业；教育事业；卫生、社会保障和社会福利业；文化、体育和娱乐业；公共管理和社会组织

---

① 这 11 个类型分别为：运输服务、旅游服务、通信服务、建筑服务、保险服务、金融服务、计算机和信息服务、专利和特许费服务、其他商业服务、个人文化和娱乐服务、政府服务。

② 阿里乌（Ariu，2016）对 2008 年全球金融危机期间的全球服务贸易进行了分析。他发现，在金融危机期间，虽然全球商品贸易受到了极大的冲击，但服务贸易几乎不受影响，部分细分贸易还出现了增长，只有运输服务贸易出现了下降。这说明，运输服务贸易具有特殊的性质。

　　由于投入产出表每五年绘制一次，为了计算长江经济带 10 个省（市）细分年行业其他年份的离岸外包和在岸外包，本章参考了平新乔（2005）以及陈启斐、刘志彪（2013）的处理方法：1995～1996 年、1998～2001 年采用 1997 年投入产出表数据；2003～2006 年采用 2002 年投入产出表数据；2008～2011 年采用 2007 年投入产出表数据；2013～2014 年采用 2012 年投入产出表数据。经过处理之后，可以计算出长江经济带 10 个省（市）18 个细分行业的离岸外包和在岸外包。[①] 18 个行业离岸外包和在岸外包的箱线图如图 5 - 2 和图 5 - 3 所示。

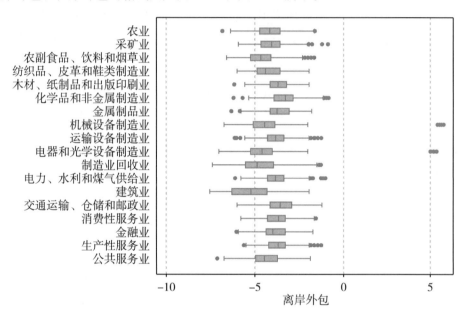

图 5 - 2　18 个行业离岸外包的箱线图

3. 控制变量

　　本章计量方程引入 4 个控制变量：产业结构服务化程度、外商直接投资金额、人力资本和研发投入。这些控制变量的提出有助于降低随机误差项与核心解释变量的相关性，从而减少核心解释变量内生性的可能性。

　　第一，产业结构的服务化程度（*industry*）。经济服务化是当前中国经济发展的一个主要特征。为了分析经济服务化与区域经济协调发展的问题，本章在回归中引

---

　　① 计算 10 个省（市）细分 18 个行业的外包还需要省级层面细分行业的产出数据和进出口数据，产出数据源于各个省（市）的统计年鉴。为了解决总量贸易存在的重复统计问题，本章的进口数据和出口数据为附加值贸易数据。计算方法借鉴、采用科普曼等（Koopman et al., 2014）构建的 KWW 模型，该模型基于行业层面的数据特征较好地解决了国际贸易中大量中间品贸易导致的"统计假象"。限于篇幅，附加值贸易数据的计算方法并没有展开，如果有需要可以向作者索要。

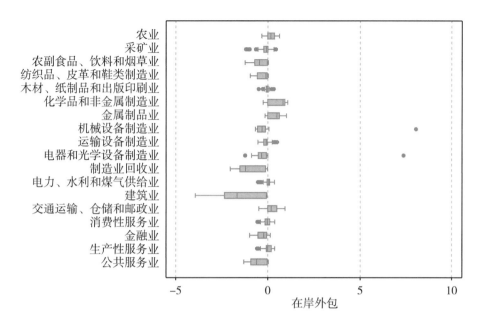

图5-3　18个行业在岸外包的箱线图

入了服务化程度，用服务业的行业产出占整体的比重来衡量产业结构的服务化程度。

第二，外商直接投资（fdi）。外商直接投资是全球技术扩散的主要来源之一，能否通过外商直接投资来改善中国经济地理结构，协调区域增长？这是本章重点关注的问题。

第三，人力资本存量（hc）。内生增长理论强调人力资本是经济增长重要的内生动力之一。尤其是，随着刘易斯拐点的来临，低成本的人口红利不再，人力资本对于我国经济增长的重要性日益提高。本章将人力资本纳入计量方程，分析提高人力资本对区域经济协调发展的影响。对于人力资本的计算，本章借鉴巴罗和李（Barro and Lee，2013）的计算方法，认为一国的人力资本设定如下所示：

$$hc = e^{\phi(x)} \tag{5.36}$$

其中，x是受教育的年限；$\phi(x)$的表达式如式（5.37）所示，其中系数0.134、0.101和0.068分别表示不同受教育年限（初等教育、中等教育和高等教育）的人力资本累积系数。

$$\phi(x) = \begin{cases} 0.134 \times x & \text{如果} \quad x \leq 6 \\ 0.134 \times 6 + 0.101 \times (x-6) & \text{如果} \quad 6 < x \leq 12 \\ 0.134 \times 6 + 0.101 \times 6 + 0.068 \times (x-12) & \text{如果} \quad x > 12 \end{cases} \tag{5.37}$$

第四，研发投入（rd）。随着中国步入中等收入水平国家，创新发展成为中国经济转型升级的重要动力。本章将考察研发投入能否带动区域经济协调发展。

（三）数据来源

行业的产出、年末就业人数、教育年限以及外商直接投资金额来自各省（市）历年统计年鉴。服务业的固定资产投资来源于国研网的《固定资产投资数据库》，部分缺损数据采用 7 年加权平均进行补值。各省（市）的 1997 年、2002 年、2007 年和 2012 年的投入产出表来自国研网的《国民经济核算统计数据库》。商品贸易数据从《联合国商品贸易数据库》中获得；服务贸易数据从《国际收支平衡统计数据库》获得，部分缺损数据采用 7 年加权平均值进行弥补。[①]

五、实证分析

（一）全样本整体回归

首先，本章采用广义最小二乘法（GLS）进行实证分析，结果如表 5 - 3 所示。表 5 -3 中方程 1 和方程 2 分别分析了离岸外包和在岸外包对区域经济协调发展的影响；方程 3 同时纳入离岸外包和在岸外包。豪斯曼（Hausman）检验表明，方程应当采取固定效应模型。佩萨兰（Pesaran）检验和弗里德曼（Friedman）检验显著拒绝了存在异方差的假定，这说明本章存在异方差问题。方程 4 则是在方程 3 中加入控制变量，核心解释变量的系数没有明显的变化。实证结果表明：在岸外包有助于缩小长江经济带内部不同区域的经济增长差距，而离岸外包则会进一步拉大这种差距。

尽管前面得到了初步的估计结果，并且也通过了相应的检验，但普通最小二乘法（OLS）并未考虑无法观察到的异质性因素。而这些未被观察到的异质性因素或许能够解释区域经济增长的差异。同时，在计量模型中也可能存在逆向因果关系。在这样的情况下，OLS 方法的估计结果就不再是有效的。因此，需要引入另一种方

---

① 需要额外说明的是，为了更好地反映出价值链上的产品增值特征，本章的商品贸易数据和服务贸易数据均采用国际上最新发展起来的附加值贸易数据。本章在科普曼等（2015）的附加值贸易理论模型的基础上进行扩展，引进多个部门，构建多边框架下的全球附加值贸易理论；并运用 WIOD 数据中的双边贸易数据测算了多边框架下的我国细分行业的增加值贸易数据。限于篇幅的原因，本章没有将这部分展开，有需要的学者可以向作者询问和索取。

表 5 - 3　　　　　　双重外包对长江经济带区域协调发展影响的全样本回归

变量	广义最小二乘法				差分 GMM	系统 GMM
	方程 1	方程 2	方程 3	方程 4	方程 5	方程 6
	$\ln Y$	$\ln Y$	$\ln Y$	$\ln Y$	$\ln Y$	$\ln Y$
$L. \ln Y$					0.800 *** (0.0002)	0.809 *** (0.00036)
$\ln offshore$	- 0.097 *** (0.0149)		- 0.148 *** (0.0177)	- 0.180 *** (0.0199)	- 0.119 *** (0.0014)	- 0.074 *** (0.0014)
$\ln onshore$		0.0233 (0.0278)	0.173 *** (0.0329)	0.180 *** (0.0336)	0.182 *** (0.0034)	0.072 *** (0.0018)
$\ln fdi$				0.014 (0.0349)	0.160 *** (0.0016)	0.136 *** (0.0018)
$\ln rd$				0.109 *** (0.0194)	- 0.004 *** (0.0011)	- 0.012 *** (0.0008)
$\ln industry$				- 0.576 *** (0.130)	0.262 *** (0.0062)	0.369 *** (0.0055)
$\ln hc$				- 0.306 *** (0.0709)	0.048 *** (0.0021)	- 0.104 *** (0.0040)
$Constant$	- 0.786 *** (0.0608)	- 0.394 *** (0.0132)	- 0.958 *** (0.0688)	- 1.808 *** (0.332)	- 1.455 *** (0.0125)	- 0.850 *** (0.0198)
Pesaran 检验	0.000	0.000	0.000	0.000		
Friedman 检验	0.000	0.000	0.000	0.000		
AR（2）检验					0.412	0.443
Sargan 检验					0.310	0.663
地区固定效应	控制	控制	控制	控制	控制	控制
行业固定效应	控制	控制	控制	控制	控制	控制
时间固定效应	控制	控制	控制	控制	控制	控制
观测值	3 600	3 600	3 600	3 600	3 240	3 420
R^2	0.12	0.130	0.20	0.56		

注：***、**、* 分别表示 1%、5%、10% 的显著性水平；圆括号中的数字为双尾检验的 t 值。

法来解决内生性问题。本章引入系统矩估计（GMM）方法（Arellano and Bond，1991）。系统 GMM 方法同时考虑到水平方程和差分方程，因此估计结果更加可靠。实证结果见表 5-3 中方程 5 和方程 6，方程 5 是差分 GMM 方法的检验结果，方程 6 是系统 GMM 方法的检验结果。同时，在选择了作为工具变量的水平方程和差分方程的工具变量之后，过度性识别检验和相关性检验都通过了检验，说明可以采用系统 GMM 方法进行实证分析。

观察表 5-3 中方程 6，可以得到以下结论。第一，方程 6 表明离岸外包和在岸外包对区域经济协调发展存在明显的异质性。数据显示，离岸外包每增加 1% 会导致区域经济协调发展水平差距拉大 0.074%；在岸外包每增加 1% 会促进区域经济协调发展水平优化 0.0726%。这说明，基于全球价值链的离岸外包和基于国内价值链的在岸外包对协调区域经济增长存在差异性的作用机制。离岸外包需要专业化的供给者进行生产和设计，因此，离岸外包对不同地区生产网络的冲击存在差异，高人力资本的国家或者地区从外包中获得的生产率提升效应更强。莫纳克等（Monarch et al. , 2016）研究发现，离岸外包具有垂直关联效应，对发达地区的生产率提升作用更强。技术进步降低了生产合作成本，带动全球生产分割程度的提升，离岸外包的去中心化带来了生产率的显著提升。福特（Fort, 2016）研究发现，2002～2007 年全球外包增加了 3.1%，带动生产率提高 20%。离岸外包对生产率的影响受到距离的限制（Ito et al. , 2011），作为开放桥头堡的上海可以更加便利地获取离岸外包带来的全球技术扩散收益。因此，离岸外包对上海生产率的提高作用更强，这就造成了离岸外包会拉大长江经济带内部的经济发展差距。与离岸外包相比，在岸外包实际上是基于国内价值链对本土资源的再整合，充分挖掘本地市场优势。巴特拉和贝拉迪（Batra and Beladi, 2010）发现在岸外包会改变生产函数，提高资本回报率、降低工资、提升增加值。此外，在岸外包的影响不仅体现在生产过程中，还体现于提高内陆地区工人的技能水平，进而促进研发和创新活动，具有明显的知识外溢效应和社会正外部性（Abramovsky et al. , 2017）。因此，离岸外包具有效率寻求型特征，而在岸外包则具有典型的公平寻求特征。长江经济带开展在岸外包会优化本地经济的空间布局，扭转产业日益向"胡焕庸线"右侧过度倾斜的趋势，促进经济协调稳定的增长。

第二，产业结构服务化对长江经济带区域协调发展有显著的优化作用。数据显示，服务业占比每提高 1% 会带动区域经济协调发展水平提高 0.369%。"经济服务化"是当今世界发展的潮流，通过服务业占比和服务品质量的提升，促进制造业服务化以及经济结构的深度融合发展，进而提高国家竞争力。对长江经济带而言，由于长期计划经济体制的影响，处于转型发展阶段的经济系统依然有较强的路径依赖问题，经济发展效率低下；作为"世界工厂"，工业已经深度融入全球价值链中，服务业尚未很好地融入全球生产网格中。通过发展服务业可以突破服务业空间布局的限制，促进服务业融入全球价值链，解决经济增长绩效低下的问题，促进区域经济的协调发展。

第三，外商直接投资的提高也有利于区域经济协调发展，外商直接投资对长江经济带区域协调发展的偏回归系数为 0.136%。外商直接投资对经济增长的影响不仅能弥补资金的短缺问题，还能引进国外先进的管理理念和技术水平。对于资本丰裕程度日渐提高的中国而言，获取技术外溢才是吸收外商直接投资的关键。科埃和赫尔普曼（Coe and Helpman，1995）发现，通过外商直接投资可以显著促进全球技术扩散。陈继勇、盛杨怿（2008）研究表明，通过外商直接投资获取的国外知识外溢对于中国的经济增长具有显著的推动作用。本章在以上学者的研究基础上进行拓展，认为外商直接投资不仅可以通过全球知识扩散促进东道国的经济增长，还可以协调区域经济发展，解决经济高速增长中区域非均衡发展问题。

第四，内生经济增长理论强调，人力资本和研发是促进经济增长的关键因素。但是，人力资本和研发的提升都会拉大长江经济带的区域经济差距。本章认为需要从以下两个方面来解释这样的结果：一方面，以上海为代表的东部发达地区持续虹吸中西部地区的优秀人才，导致"胡焕庸线"左右两侧要素尤其是人力资本分布持续失衡。随着人力资本布局的空间失衡，人力资本的增加对发达省份经济增长的促进作用更强，呈现出典型的"马太效应"。另一方面，上海是国内价值链上的链主，是总部经济的核心。大部分企业将设计研发环节留在人力资本丰裕度高的地区，研发对经济增长的影响更多体现在长江经济带的核心地区，分化现象明显。

（二）细分外包种类回归

外包按照不同性质可以分为常规任务外包和非常规任务外包，前者主要涉及一系列标准化的生产制造和组装行为；后者包括研发、咨询、技术支持、信息发布和售后服务等非标准化的环节（Autor et al.，2015；Hummels et al.，2012）。不同性质的外包对长江经济带会有怎样的影响？本章将双重外包再划分为常规离岸外包（lnmoff）、非常规离岸外包（lnsoff）、常规在岸外包（lnmon）和非常规在岸外包（lnson），研究不同的外包对长江经济带区域协调发展的影响。[1] 计量方程和总体保

---

[1]　本章设定的常规外包是一系列的生产和组装环节，主要集中在第二产业，将发往农副食品、饮料和烟草业，纺织品、皮革和鞋类制造业，木材、纸制品和出版印刷业，化学品和非金属制造业，金属制品业，机械设备制造业，运输设备制造业，电器和光学设备制造业，制造业回收业这9个大类行业的外包加总得到常规外包；而非常规外包指一系列的非标准化的环节，主要集中在第三产业，将发往交通运输、仓储和邮政业，消费性服务业，金融业，生产性服务业，公共服务业这5个大类行业的外包加总得到非常规外包。

持一致，实证结果如表 5 - 4 所示。

表 5 - 4　　　　　细分不同类型外包对长江经济带区域协调发展影响的回归

变量	离岸外包			在岸外包		
	方程 7	方程 8	方程 9	方程 10	方程 11	方程 12
	ln$Y$	ln$Y$	ln$Y$	ln$Y$	ln$Y$	ln$Y$
$L.$ ln$Y$	0.803 *** (0.0002)	0.815 *** (0.0001)	0.796 *** (0.0001)	0.811 *** (0.0002)	0.808 *** (0.0002)	0.801 *** (0.0002)
ln$moff$	− 0.062 *** (0.0010)		− 0.086 *** (0.0005)			
ln$soff$		0.006 *** (0.0009)	0.050 *** (0.0007)			
lnmon				− 0.048 *** (0.0005)		− 0.056 *** (0.0005)
lnson					0.051 *** (0.0008)	0.059 *** (0.0007)
lnfdi	0.109 *** (0.0014)	0.088 *** (0.0010)	0.073 *** (0.0013)	0.088 *** (0.0008)	0.098 *** (0.0008)	0.092 *** (0.0016)
lnrd	− 0.006 *** (0.0007)	− 0.011 *** (0.0004)	− 0.005 *** (0.0007)	− 0.005 *** (0.0004)	− 0.015 *** (0.0006)	− 0.008 *** (0.0007)
ln$industry$	0.334 *** (0.0063)	0.265 *** (0.0059)	0.267 *** (0.0045)	0.255 *** (0.0059)	0.238 *** (0.0076)	0.204 *** (0.0052)
lnhc	− 0.146 *** (0.0044)	− 0.242 *** (0.0029)	− 0.207 *** (0.0030)	− 0.253 *** (0.0015)	− 0.224 *** (0.0023)	− 0.248 *** (0.0024)
$Constant$	− 0.719 *** (0.0192)	− 0.168 *** (0.0177)	− 0.326 *** (0.0136)	− 0.273 *** (0.0091)	− 0.219 *** (0.0131)	− 0.255 *** (0.0148)
AR（2）检验	0.498	0.558	0.601	0.575	0.610	0.660
Sargan 检验	0.658	0.651	0.658	0.658	0.654	0.654
地区固定效应	控制	控制	控制	控制	控制	控制
行业固定效应	控制	控制	控制	控制	控制	控制
时间固定效应	控制	控制	控制	控制	控制	控制
观测值	3 420	3 420	3 420	3 420	3 420	3 420

注：*** 、** 、* 分别表示 1% 、5% 、10% 的显著性水平；圆括号中的数字为双尾检验的 t 值。

表 5 - 4 中方程 7 是常规离岸外包的回归结果，方程 8 是非常规离岸外包的回归结果，方程 9 同时分常规离岸外包和非常规离岸外包；方程 10 是常规在岸外包的回归结果，方程 11 是非常规在岸外包的回归结果，方程 12 同时将常规在岸外包和非常规在岸外包纳入计量方程中。6 个方程均通过了相关性检验和工具变量有效性检验，表明本章可以采用系统 GMM 进行回归分析。

对比表 5 - 4 中方程 9 和方程 12 可发现，常规外包（常规离岸外包和常规在岸外包）会进一步拉大长江经济带的区域发展差距。数据显示，常规离岸外包提高 1%，导致区域经济增长的差距拉大 0.0864%；常规在岸外包提高 1%，导致区域增长的差距拉大 0.0562%。常规外包具有典型的低工资特征，因此，有利于生产效率的提升（Ebenstein et al.，2011）。常规外包是将一系列标准化的流程进行外包，具有典型的"成本节约"效应，发达地区利用工资差异将标准化的业务外包到欠发达地区，有利于发达地区降低生产成本，扩大生产规模，深度挖掘规模经济的优势。上海处于国内价值链核心地区，是长江经济带的龙头、总部经济的核心地区，通过常规在岸外包可以充分利用长江经济带的低工资优势，弥补工资水平相对较高的缺点，拉开与长江经济带其他地区的经济发展差距。

非常规外包（非常规离岸外包和非常规在岸外包）则会缩小长江经济带区域发展的不均衡水平。数据显示，非常规离岸外包每提高 1%，会促进长江经济带区域经济协调发展水平优化 0.0502%；非常规在岸外包每提高 1%，会将长江经济带的区域发展差距缩小 0.0596%。非常规外包主要指将设计、研发、咨询和金融等个性化的服务进行外包，具有典型的"生产率提升"效应。长江经济带除了上海其他区域的服务业尤其是高端服务业发展相对滞后，利用非常规离岸外包和非常规在岸外包可以充分地逆向利用发达国家或地区的高级服务要素，有效弥补自身服务业发展滞后的不足，扭转区域空间生产要素布局失衡的缺陷，进而促进区域经济协调发展。

（三）分地区回归

长江经济带内辖长江三角洲、长江中游和成渝三大城市群，区域梯度明显，区域间要素禀赋优势分化显著，产业差异化程度大。双重外包对不同区域经济协调发展是否存在差异化的作用？针对该问题，本章将长江经济带划分为长江下游（泛长三角地区）、长江中游（长江中游城市群）和长江上游（泛成渝城市群）进行分地区研究。其中，长江下游地区包括浙江省、江苏省和安徽省；长江中游地区包括江西省、湖北省和湖南省；长江上游地区包括重庆市、四川省、贵州省和云南省。实证方程和整体保持一致，具体结果如表5-5所示。

表5-5 细分不同类型外包对长江经济带区域协调发展影响的分区域回归

变量	长江下游		长江中游		长江上游	
	方程13	方程14	方程15	方程16	方程17	方程18
	$\ln Y$	$\ln Y$	$\ln Y$	$\ln Y$	$\ln Y$	$\ln Y$
$L.\ln Y$	0.751*** (0.0040)	0.760*** (0.0043)	0.798*** (0.0053)	0.812*** (0.0027)	0.752*** (0.0023)	0.753*** (0.0023)
$\ln moff$	-0.211*** (0.0084)		-0.090*** (0.0039)		-0.021*** (0.0027)	
$\ln soff$	0.108*** (0.0093)		0.081*** (0.0048)		0.023*** (0.0046)	
$\ln mon$		-0.148*** (0.0096)		-0.068*** (0.0039)		-0.010** (0.0043)
$\ln son$		0.141*** (0.0089)		0.030*** (0.0050)		0.029*** (0.0034)
$\ln fdi$	-0.019 (0.0147)	-0.080*** (0.0105)	-0.026 (0.0189)	-0.011 (0.0133)	0.138*** (0.0065)	0.164*** (0.0058)
$\ln rd$	0.074*** (0.0115)	0.105*** (0.0092)	0.141*** (0.0153)	0.176*** (0.0104)	-0.059*** (0.0027)	-0.063*** (0.0037)
$\ln industry$	-0.038 (0.0548)	-0.203*** (0.0523)	-0.623*** (0.0893)	-0.795*** (0.0689)	0.654*** (0.0436)	0.626*** (0.0551)
$\ln hc$	-0.054 (0.0345)	-0.194*** (0.0334)	-0.151*** (0.0518)	-0.128*** (0.0330)	-0.460*** (0.0285)	-0.421*** (0.0240)
$Constant$	-0.750*** (0.1680)	0.270** (0.1340)	-0.815*** (0.0925)	-1.206*** (0.1080)	0.221** (0.1060)	0.011 (0.1030)
AR（2）检验	0.142	0.147	0.419	0.413	0.696	0.683
Sargan 检验	1.00	1.00	1.00	1.00	1.00	1.00
地区固定效应	控制	控制	控制	控制	控制	控制
行业固定效应	控制	控制	控制	控制	控制	控制
时间固定效应	控制	控制	控制	控制	控制	控制
观测值	1 026	1 026	1 026	1 026	1 368	1 368

注：***、**、*分别表示1%、5%、10%的显著性水平；圆括号中的数字为双尾检验的 t 值。

表 5 - 5 中方程 13 和方程 14 分别是常规离岸外包和非常规离岸外包、常规在岸外包和非常规在岸外包对长江经济带下游区域协调发展的回归方程；方程 15 和方程 16 分别是常规离岸外包和非常规离岸外包、常规在岸外包和非常规在岸外包对长江经济带中游区域协调发展的回归方程；方程 17 和方程 18 分别是常规离岸外包和非常规离岸外包、常规在岸外包和非常规在岸外包对长江经济带上游区域协调发展的回归方程。6 个方程均通过了相关性检验和有效性检验，对比 6 个方程可以得到以下结论：

第一，6 个方程中常规离岸外包和常规在岸外包都会拉大区域经济增长的差距，非常规离岸外包和非常规在岸外包都会促进区域经济协调发展。这和前面的实证结果保持一致，说明常规外包和非常规外包在三个区域的作用机制基本相同。

第二，双重外包对三个区域的作用强度呈现出典型的梯度特征。从长江下游到长江中游，再到长江上游，常规离岸外包和常规在岸外包对区域协调发展的负向作用呈现出递减的趋势，非常规离岸外包和非常规在岸外包对区域经济协调发展的促进作用也呈现出递减的趋势。本章认为造成这样的结果主要有以下几个方面的原因：首先，戈德施密特和施密德尔（Goldschmidt and Schmieder, 2017）证明了外包对经济增长的影响需要本地的高端要素与之匹配。随着区域要素分布的失衡，高端要素逐步向东部地区流动，这就导致长江经济带从上游到下游生产要素的市场浓度逐步提升，越往下游越有利于外包发挥作用。其次，离岸外包对经济增长的影响会随着区域与沿海的距离拉长而衰减。长江中游和上游距离沿海距离更远，开放程度更低，这一地理特征决定了离岸外包（常规离岸外包和非常规离岸外包）对这些区域协调发展的作用强度相对更弱。最后，随着国内价值链的重构，区域的关联性增强，距离总部（上海）越近的地区越容易获得知识外溢。因此，区域离上海越远，在岸外包对该区域协调发展的作用强度越会削弱。

六、稳健性检验

第五部分对双重外包和区域经济协调发展进行回归分析，得出相应的结论。为了确保研究结论的可靠性，本部分将从以下三个方面进行稳健性检验：第一，调整样本的时间范围。考虑到 2008 年全球金融危机之后全球经济组织和经济增长发生了深远的变化，本章以 2008 年为节点，分别对金融危机前后进行对比回归。第二，本章考虑 10%、25%、50%、75% 和 90% 五种中位数的分位数回归，对不同位数的回归结果进行分析。第三，为了避免地理区位差异的偏误，本章采用空间面板模型进行检验。

(一) 稳健性检验 I : 分年度回归

2008 年爆发的全球金融危机对全球经济产生了深远的影响。企业参与全球价值链的合作成本明显上升，产业的供给链甚至发生了断裂，全球价值链发生重构。区域间的合作成本明显上升，而区域内的合作成本不断降低。在全球价值链重构之后，离岸外包和在岸外包对长江经济带区域协调发展的影响是否会发生变化？针对该问题，本章以 2008 年为节点，将样本划分为全球价值链重构之前和全球价值链重构之后，对比分析双重外包与区域经济协调发展的关系，回归结果如表 5 - 6 所示。

表 5 - 6　　全球价值链重构、双重外包与长江经济带区域协调发展

变量	价值链重构之前			价值链重构之后		
	方程 19	方程 20	方程 21	方程 22	方程 23	方程 24
	$\ln Y$	$\ln Y$	$\ln Y$	$\ln Y$	$\ln Y$	$\ln Y$
$L. \ln Y$	0. 933 *** (0. 0028)	0. 902 *** (0. 0030)	0. 917 *** (0. 0024)	0. 268 *** (0. 0047)	0. 261 *** (0. 0051)	0. 249 *** (0. 0058)
$\ln offshore$	- 0. 122 *** (0. 0117)			- 0. 072 *** (0. 0081)		
$\ln onshore$	0. 133 *** (0. 0211)			0. 129 *** (0. 0170)		
$\ln moff$		- 0. 140 *** (0. 0105)			- 0. 0507 *** (0. 0043)	
$\ln soff$		0. 112 *** (0. 0099)			0. 0618 *** (0. 0070)	
$\ln mon$			0. 005 (0. 0093)			- 0. 011 * (0. 0063)
$\ln son$			0. 173 *** (0. 0120)			0. 103 *** (0. 0090)
$\ln fdi$	0. 170 *** (0. 0157)	0. 039 *** (0. 0140)	0. 105 *** (0. 0110)	0. 140 *** (0. 0157)	0. 113 *** (0. 0166)	0. 165 *** (0. 0166)
$\ln rd$	- 0. 050 *** (0. 0096)	- 0. 048 *** (0. 0071)	- 0. 054 *** (0. 0068)	0. 008 (0. 0097)	0. 024 *** (0. 0087)	6. 73e - 05 (0. 0088)

续表

变量	价值链重构之前			价值链重构之后		
	方程 19	方程 20	方程 21	方程 22	方程 23	方程 24
	$\ln Y$	$\ln Y$	$\ln Y$	$\ln Y$	$\ln Y$	$\ln Y$
$\ln industry$	1. 123 *** (0. 0775)	0. 804 *** (0. 0699)	0. 802 *** (0. 0547)	0. 081 * (0. 0439)	0. 221 *** (0. 0426)	0. 105 *** (0. 0401)
$\ln hc$	− 0. 149 *** (0. 0329)	− 0. 381 *** (0. 0363)	− 0. 381 *** (0. 0305)	− 0. 613 *** (0. 0358)	− 0. 596 *** (0. 0360)	− 0. 621 *** (0. 0342)
$Constant$	− 0. 280 ** (0. 1290)	0. 851 *** (0. 1520)	0. 847 *** (0. 1150)	− 1. 031 *** (0. 1541)	− 0. 458 *** (0. 1610)	− 0. 758 *** (0. 1441)
AR（2）检验	0. 567	0. 213	0. 193	0. 560	0. 253	0. 227
Sargan 检验	0. 678	0. 653	0. 582	0. 682	0. 712	0. 534
地区固定效应	控制	控制	控制	控制	控制	控制
行业固定效应	控制	控制	控制	控制	控制	控制
时间固定效应	控制	控制	控制	控制	控制	控制
Observations	2 160	2 160	2 160	1 260	1 260	1 260

注：*** 、** 、* 分别表示 1%、5%、10% 的显著性水平；圆括号中的数字为双尾检验的 t 值。

表 5 - 6 中方程 19 至方程 21 分别是全球价值链重构之前，离岸外包和在岸外包、常规离岸外包和非常规离岸外包、常规在岸外包和非常规在岸外包与区域经济协调发展的回归结果；方程 22 至方程 24 分别是全球价值链重构之后，离岸外包和在岸外包、常规离岸外包和非常规离岸外包、常规在岸外包和非常规在岸外包与区域经济协调发展的回归结果。6 个方程都通过了相关性检验和有效性检验。从 6 个方程中可以发现，全球价值链重构之后，各种不同类型的外包对区域间经济协调发展的影响都有不同程度的变化：总体上看，离岸外包对区域经济协调发展的负向作用在减弱，在岸外包对区域协调发展的优化作用也在衰减。从细分类型上看，常规离岸外包的负向作用在减弱，非常规离岸外包和非常规在岸外包的优化作用也在下降。无论金融危机之前还是之后，各种不同类型外包对区域经济协调发展的回归方程结构都和前文保持一致。这说明，双重外包对长江经济带区域协调发展的影响不随时间的变化而变化。

（二）稳健性检验 Ⅱ：分位数回归

由于双重外包和区域经济差距的关系对经济发展程度不同地区的影响可能存在差异，最小二乘法和广义矩估计法无法有效反映出这种特性，而分位数回归方法可以较好地解决这个问题。分位数回归方法的优势在于对每一个误差项赋予不同的权重，在高位点处对正的误差项赋予较大权重，对负的误差项赋予较小的权重；在低位点处则相反，使加权后的误差项绝对值之和最小，较好地解决了最小二乘法对每个误差项赋予相同权重的缺陷，因此，该估计结果更加可靠，实证结果如表5-7所示。

表5-7　双重外包对长江经济带区域协调发展的分位数回归结果

变量	方程 25	方程 26	方程 27	方程 28	方程 29
	0.10	0.25	0.50	0.75	0.90
	$\ln Y$	$\ln Y$	$\ln Y$	$\ln Y$	$\ln Y$
$\ln offshore$	−0.387 *** (0.0000)	−0.306 *** (0.0000)	−0.214 *** (0.0000)	−0.156 *** (0.0000)	−0.303 *** (0.0000)
$\ln onshore$	0.563 *** (0.0001)	0.423 *** (0.0000)	0.323 *** (0.0000)	0.228 *** (0.0000)	0.183 * (0.0540)
$\ln fdi$	0.342 *** (0.0002)	0.326 *** (0.0000)	0.343 *** (0.0000)	0.279 *** (0.0001)	0.133 ** (0.0230)
$\ln rd$	0.004 (0.8890)	−0.059 *** (0.0091)	−0.059 *** (0.0040)	−0.035 * (0.0841)	−0.007 (0.8860)
$\ln industry$	0.441 (0.1711)	−0.236 (0.1791)	−0.134 (0.2411)	−0.220 (0.1531)	0.213 (0.6660)
$\ln hc$	−0.642 (0.00001)	−0.669 *** (0.0000)	−0.374 *** (0.0000)	−0.425 *** (0.0000)	−0.668 *** (0.0001)
$Constant$	−4.485 *** (0.0001)	−3.959 *** (0.0000)	−3.369 *** (0.0000)	−2.306 *** (0.0000)	−0.519 (0.4060)
地区固定效应	控制	控制	控制	控制	控制
行业固定效应	控制	控制	控制	控制	控制
时间固定效应	控制	控制	控制	控制	控制
观测值	3 600	3 600	3 600	3 600	3 600

注：***、**、*分别表示1%、5%、10%的显著性水平；圆括号中的数字为双尾检验的 t 值。

表5－7列出了5个分位数上的双重外包对区域经济协调发展的影响。结果显示，随着双重外包在条件分布的位置改变，双重外包对区域协调发展的影响表现出不同的作用强度。随着点位的提升，在岸外包对区域经济协调发展的促进作用在不断下降，离岸外包对区域经济协调发展的负向作用表现出先下降再上升的规律。但在5个点位上，离岸外包和在岸外包对区域协调发展的偏回归系数与整体回归结果一致，并且都在1%的显著性水平上通过了显著性检验。这说明，双重外包对区域经济协调发展的回归结果不会随着条件分布的不同而改变。

（三）稳健性检验Ⅲ：空间面板回归

长江经济带内部呈现出典型的梯度性，前面的实证表明双重外包对上游、中游和下游的区域协调发展存在明显异质性的作用。胡梅尔斯等（Hummels et al.，2012）曾指出外包对经济增长的影响不仅受到区域禀赋的影响；考虑到人力资本的迁移，也会受到相邻地区要素禀赋的影响。一般的计量模型可能会忽略这种空间上的相互关系。此外，区域经济协调发展的变量在空间上也会具有一定的内生性问题，通过空间计量模型能解决一般回归方程中无法解决的空间内生性问题。

在进行空间计量建模之前，需要建立相关的空间权重矩阵。考虑到在空间距离较近的情况下，即使没有交界的省份之间也可能发生经济互动（谢露露，2015），本章参考范欣等（2017）的方法，利用空间相邻矩阵构建空间权重矩阵。

$$W_{ij} = \begin{cases} 1, \text{省份 } i \text{ 和省份 } j \text{ 相邻} \\ 0, \text{省份 } i \text{ 和省份 } j \text{ 不相邻} \\ 0, \text{省份 } i \text{ 内部不同行业} \end{cases}$$

不同于一般的省际或者城市层面的数据，本章采用了省际分行业的数据。为了保证空间矩阵对角线为0，在空间权重矩阵中必须有省级内部产业之间的系数为0。具体来说，本章将构建包含固定空间、时间和行业的空间自回归模型以及空间杜宾模型。具体方程为：

$$\ln Y_{ij,t} = \alpha_0 + \alpha_1 \ln Y_{ij,t-1} + \alpha_2 \ln offshoring_{ij,t} + \alpha_3 \ln onshoring_{ij,t} + \alpha_4 \ln service_{ij,t}$$
$$+ \alpha_5 \ln fdi_{ij,t} + \alpha_6 \ln R\&D_{ij,t} + \alpha_7 \ln hc_{ij,t} + \beta_1 \sum W_{ij} \times \ln Y_{ij,t-1}$$
$$+ \beta_2 \sum W_{ij} \times offshoring_{ij,t} + \beta_3 \sum W_{ij} \times \ln onshoring_{ij,t} + \beta_4 \sum W_{ij} \times \ln service_{ij,t}$$
$$+ \beta_5 \sum W_{ij} \times \ln fdi_{ij,t} + \beta_6 \sum W_{ij} \times \ln R\&D_{ij,t} + \beta_7 \sum W_{ij} \times \ln hc_{ij,t} + \mu_i + \mu_j + \delta_t + \varepsilon_{ij,t}$$

实证结果如表5-8所示。方程30至方程32分别是在岸外包和离岸外包、常规在离岸外包和非常规离岸外包、常规在岸外包和非常规在岸外包的空间自回归模型；方程33至方程35分别是在岸外包和离岸外包、常规在离岸外包和非常规离岸外包、常规在岸外包和非常规在岸外包的空间杜宾模型。

表5-8　双重外包对长江经济带区域协调发展的空间效应回归结果

变量	空间自回归模型			空间杜宾模型		
	方程30	方程31	方程32	方程33	方程34	方程35
	$\ln Y$	$\ln Y$	$\ln Y$	$\ln Y$	$\ln Y$	$\ln Y$
$L.\ln Y$	0.850 *** (0.0000)	0.840 *** (0.0001)	0.845 *** (0.0001)	0.867 *** (0.0000)	0.864 *** (0.0000)	0.854 *** (0.0000)
ln$offshore$	-0.071 *** (0.0001)			-0.080 *** (0.0000)		
ln$onshore$	0.097 *** (0.0070)			0.118 *** (0.0020)		
ln$moff$		-0.055 *** (0.0000)			-0.041 (0.1100)	
ln$soff$		0.043 ** (0.0200)			0.037 * (0.0590)	
lnmon			0.007 (0.7130)			0.011 (0.6110)
lnson			0.014 ** (0.0240)			0.022 ** (0.0340)
lnfdi	0.159 *** (0.0010)	0.121 ** (0.0130)	0.146 *** (0.0030)	0.202 *** (0.0010)	0.183 *** (0.0030)	0.192 *** (0.0020)
lnrd	-0.017 (0.3420)	-0.014 (0.4210)	-0.018 (0.3510)	-0.017 (0.3520)	-0.018 (0.3220)	-0.021 (0.2550)
ln$industry$	0.220 (0.1470)	0.256 * (0.0910)	0.249 * (0.1000)	0.555 *** (0.0010)	0.611 *** (0.0000)	0.548 *** (0.0010)
lnhc	-0.056 (0.5850)	-0.073 (0.4810)	-0.070 (0.4951)	-0.157 (0.1960)	-0.134 (0.2710)	-0.113 (0.3540)
Wly-lntfp	0.727 *** (0.0000)	0.746 *** (0.0001)	0.739 *** (0.0001)			
Wlx-ln$offshore$				0.056 (0.1330)		

续表

变量	空间自回归模型			空间杜宾模型		
	方程 30	方程 31	方程 32	方程 33	方程 34	方程 35
	$\ln Y$	$\ln Y$	$\ln Y$	$\ln Y$	$\ln Y$	$\ln Y$
Wlx-lnonshore				0.141 (0.4380)		
Wlx-lnmoff					0.136 ** (0.0350)	
Wlx-lnsoff					− 0.126 * (0.0950)	
Wlx-lnmon						− 0.162 (0.520)
Wlx-lnson						0.470 ** (0.0750)
Wlx-lnfdi				− 0.088 (0.3100)	− 0.028 (0.7630)	− 0.088 (0.3100)
Wlx-lnrd				− 0.004 (0.8930)	0.003 (0.9010)	0.003 (0.9110)
Wlx-lnindustry				0.421 * (0.0800)	0.425 * (0.0700)	0.398 * (0.090)
Wlx-lnhc				− 0.695 *** (0.0000)	− 0.772 *** (0.0000)	− 0.743 *** (0.0000)
Constant	− 0.191 *** (0.0040)	− 0.119 * (0.0970)	− 0.130 * (0.0510)	0.046 (0.6160)	0.026 (0.8050)	0.164 * (0.0840)
ρ	0.727	0.746	0.739			
Chi2 Test	(0.00)	(0.00)	(0.00)	(0.00)	(0.00)	(0.00)
Wald 检验	397.330 (0.00)	386.798 (0.00)	377.291 (0.00)	248.720 (0.00)	235.419 (0.00)	231.736 (0.00)
F 检验	49.666 (0.00)	48.349 (0.00)	47.161 (0.00)	19.132 (0.00)	18.109 (0.00)	17.825 (0.00)
R^2	0.857	0.859	0.857	0.855	0.854	0.855
地区固定效应	控制	控制	控制	控制	控制	控制
行业固定效应	控制	控制	控制	控制	控制	控制
时间固定效应	控制	控制	控制	控制	控制	控制
观测值	16 975	16 975	16 975	16 975	16 975	16 975

注：***、**、*分别表示1%、5%、10%的显著性水平；圆括号中的数字为双尾检验的 t 值。

对比表 5 – 8 中方程 30 至方程 35 可以发现，考虑空间效应之后，离岸外包依旧会拉大区域经济发展的差距，在岸外包会缩小区域发展差距。并且，从细分外包类型上看，常规外包（离岸和在岸）不利于区域经济的协调发展；非常规外包（离岸和在岸）有利于区域经济协调发展。这说明，本章的实证结果不会受到空间效应的扰动，保持稳健。

七、主要结论和政策建议

随着市场化进程的高速发展，我国内部的要素实现自由流动，在极大促进经济增长速度的同时，也造成了区域经济发展失衡。本章在全球价值链重构以及区域价值链兴起的大背景下，利用联合国贸易发展数据、国际收支平衡统计数据和省级单位 1997 年、2002 年、2007 年和 2012 年共 40 张投入产出表测算了长江经济带省级分行业的离岸外包和在岸外包，并在此基础上以长江经济带为对象分析了双重外包对区域经济协调发展的影响，主要结论有以下四个方面：第一，离岸外包具有典型的效率型特征。上海作为长江经济带的核心区域，已经深度融入全球价值链生产体系中，利用先发优势，通过离岸外包可以逆向吸收国外先进的技术，进一步拉大与长江经济带其他区域的差距。第二，在岸外包具有典型的公平型特征。在岸外包是基于国内价值链，整合国内生产资源，延伸本土产业链的长度，通过区域生产分割和垂直专业化，提升区域整体的经济发展水平。在岸外包促进错位发展，协调区域经济发展差距，弥补日渐失衡的区际福利水平。第三，从细分类型上看，常规外包会扩大发达地区的竞争优势，提高专业化水平，进一步拉大区域发展差距。非常规外包可以利用发达地区优质的生产性服务要素，弥补本地服务业发展相对滞后的劣势，扭转区域空间生产要素布局失衡的缺陷，有助于提高经济增长绩效，进而促进区域经济协调发展。第四，随着向内陆的延伸，双重外包对区域经济协调发展的作用强度依次递减，即对泛长三角地区作用最强，对泛长江中游城市群的影响次之，对泛成渝城市群的作用最弱。这意味着，双重外包具有典型的地理特征，会随着距离核心区域距离的增加而衰减。

本章的研究具有以下政策启示意义。第一，以 2008 年金融危机后的全球价值链重构为契机，通过发展在岸外包整合国内生产资源，提升经济增长潜力。一方面，要培育在岸外包的孵化机制，鼓励本土企业进行在岸外包，学习和吸收发达国家和地区外包的经验和教训，提高在岸外包的运用绩效；另一方面，建立健全在岸外包的重点产业，完善负面清单，以产业园区为载体，充分发挥集聚经济和范围经济的优势。长江经济带需要主动延伸国内产业链条的长度以及增强供应链的厚度，为进一步提升在国际产业分工中的地位夯实基础。第二，重塑国内经济地理的关键在于弥补国内生产性服务业发展滞后的困境，充分发挥非常规外包的作用，反向吸收国内外发达地区的高级生产要素。随着服务业比重的日益提升，全球产业结构逐步软化，非常规外包在全球贸易格局中的重要性稳步提升。长江经济带可以通过非常规外包，将不具备比较优势的研发、设计、金融和信息服务外包到发达国家或地区，充分利用外部高端生产性服务要素来提弥补自身生产性服务业不足的短板。长江经济带内的相对落后地区要通过产业关联效应促进制造业服务化程度的提升，进而缩小与发达地区的经济差距，实现区域经济协调发展的目标。

参考文献

[1] 陈继勇，盛杨怿. 外商直接投资的知识溢出与中国区域经济增长 [J]. 经济研究，2008 (12)：39 – 49.

[2] 范剑勇，高人元，张雁. 空间效率与区域协调发展战略选择 [J]. 世界经济，2010a (02)：104 – 119.

[3] 范剑勇，谢强强. 地区间产业分布的本地市场效应及其对区域协调发展的启示 [J]. 经济研究，2010b (4)：107 – 119.

[4] 罗雨泽，朱善利，陈玉宇，等. 我国移动通信产业发展路径区域差异及扩散机制研究 [J]. 经济研究，2011 (10)：81 – 94.

[5] 马志飞，李在军，张雅倩，等. 非均衡发展条件下地级市经济差距时空特征 [J]. 经济地理，2017，37 (2)：76 – 82.

[6] 倪鹏飞，刘伟，黄斯赫. 证券市场、资本空间配置与区域经济协调发展——基于空间经济学的研究视角 [J]. 经济研究，2014 (5)：121 – 132.

[7] 徐现祥，李郇. 市场一体化与区域协调发展 [J]. 经济研究，2005 (12)：57 – 67.

[8] 徐盈之，吴海明. 环境约束下区域协调发展水平综合效率的实证研究 [J]. 中国工业经济，2010 (8)：34 – 44.

[9] 盛斌. 中国对外贸易的政治经济分析 [M]. 上海：上海人民出版社，2002.

[10] 谢露露. 产业集聚和工资"俱乐部"来自地级市制造业的经验研究 [J]. 世界经济，2015 (10)：148 – 168.

[11] 张吉鹏，吴桂英. 中国地区差距：度量与成因 [J]. 世界经济文汇，2004 (4)：60 – 81.

[12] 张少军，刘志彪. 全球价值链模式的产业转移——动力、影响与对中国产业升级和区域协调发展的启示 [J]. 中国工业经济，2009 (11)：5 – 15.

[13] 张文爱. 西部省区经济差距的发展动态与波动机制——基于 EMD 方法的多尺度分析 [J]. 数理统计与管理，2014，33 (6)：951 – 964.

［14］Abramovsky L., Griffith R., Miller H.. Domestic Effects of Offshoring High-skilled Jobs: Complementarities in Knowledge Production ［J］. Review of International Economics, 2017, 25 (1): 1 – 20.

［15］Acemoglu D., Guerrieri V.. Capital Deepening and Nonbalanced Economic Growth ［J］. Journal of Political Economy, 2008, 116 (3): 467 – 498.

［16］Ahmed S. A., Hertel T. W., Walmsley T. L.. Outsourcing and the US Labour Market ［J］. World Economy, 2011, 34 (2): 192 – 222.

［17］Alireza Naghavi, Gianmarco Ottavian. Offshoring and Product Innovation ［J］. Economic Theory, 2009, 38 (3): 517 – 532.

［18］Andersson L., Karpaty P., Savsin S.. Labour Demand, Offshoring and Inshoring: Evidence from Swedish Firm-level Data ［J］. The World Economy, 2016, 40 (2): 240 – 274.

［19］Antràs, P., & Helpman, E.. Global Sourcing. Journal of Political Economy, 2004, 112 (3): 552 – 580.

［20］Autor D. H., Dorn D., Hanson G. H.. Untangling Trade and Technology: Evidence from Local Labour Markets ［J］. Economic Journal, 2015, 125 (May): 621 – 646.

［21］Baldwin, R., & Lopez-Gonzalez, J.. Supply-chain Trade: A Portrait of Global Patterns and Several Testable Hypotheses. World Economy, 2015, 38 (11): 1682 – 1721.

［22］Batra R., Hamid Beladi. Outsourcing and the Heckscher-Ohlin Model ［J］. Review of International Economics, 2010, 18 (2): 277 – 288.

［23］Carsten Eckel, Michael Irlacher. Multi-product Offshoring ［J］. European Economic Review, 2017 (94): 71 – 89.

［24］Ebenstein A. Y., Harrison A. E., Mcmillan M., et al. Estimating the Impact of Trade and Offshoring on American Workers Using the Current Population Surveys ［J］. Policy Research Working Paper, 2011, 96 (4): 581 – 595.

［25］Fariñas J. C., Martín-Marcos A.. Foreign Sourcing and Productivity: Evidence at the Firm Level ［J］. World Economy, 2010, 33 (3): 482 – 506

［26］Feenstra R. C., Hanson G. H.. The Impact of Outsourcing and High-Technology Capital on Wages: Estimates for the United States, 1979 – 1990 ［J］. Quarterly Journal of Economics, 1999, 114 (3): 907 – 940.

［27］Feenstra, R. C.. Statistics to Measure Offshoring and its Impact. NBER Working Papers, 2017, 23067.

［28］Fort T. C.. Technology and Production Fragmentation: Domestic versus Foreign Sourcing ［J］. The Review of Economic Studies, 2016, 84 (2): 650 – 687.

［29］Foster-Mcgregor N., Pöschl J.. Offshoring, Inshoring and Labor Market Volatility ［J］. Asian Economic Journal, 2015, 29 (2): 145 – 163.

［30］Goldschmidt D., Schmieder J. F.. The Rise of Domestic Outsourcing and the Evolution of the

German Wage Structure [J]. The Quarterly Journal of Economics, 2017, 132 (3): 1165 – 1217.

[31] Grossman, G. and E. Rossi-Hansberg. Trading Tasks: A Simple Theory of Offshoring. American Economic Review, 2008, 98 (5): 1978 – 1997.

[32] Herrendorf B., Rogerson R., Valentinyi A.. Growth and Structural Transformation [J]. NBER Working Paper, 2013, No. 18996.

[33] Hummels D., Munch J. R., Skipper L., et al.. Offshoring, Transition, and Training: Evidence from Danish Matched Worker – Firm Data [J]. American Economic Review, 2012, 102 (3): 424 – 428.

[34] Hummels D. L., Munch J. R., Xiang C.. Offshoring and Labor Markets [J]. Nber Working Papers, 2016, 22041.

[35] Ito B., Tomiura E., Ryuhei Wakasugi . Offshore Outsourcing and Productivity: Evidence from Japanese Firm – level Data Disaggregated by Tasks [J]. Review of International Economics, 2011, 19 (3): 555 – 567.

[36] Johnson, R. C., & Noguera, G.. Accounting for Intermediates: Production Sharing and Trade in Value Added . Journal of International Economics, 2012, 86 (2): 224 – 236.

[37] Krugman P.. Increasing Returns and Economic Geography [J]. Journal of Political Economy, 1991, 99 (3): 483 – 499.

[38] Koopman Robert, William Powers, Zhi Wang and Shang-Jin Wei. Tracing Value-Added and Double Counting in Gross Export [J]. American Economic Review, 2014, 104 (2): 459 – 494.

[39] Lucas R. E.. On the Mechanics of Economic Development [J]. Journal of Monetary Economics, 1988, 22 (1): 3 – 42.

[40] Monarch R., Park J., Sivadasan J.. Domestic Gains from Offshoring? Evidence from TAA – linked U. S. Microdata [J]. Journal of International Economics, 2016 (105): 150 – 173.

[41] Ngai L. R., Pissarides C. A.. Structural Change in a Multisector Model of Growth [J]. American Economic Review, 2007, 97 (1): 429 – 443.

[42] Romer P. M.. Increasing Returns and Long – Run Growth [J]. Journal of Political Economy, 1986, 94 (5): 1002 – 1037.

[43] Yi K. M., Zhang J.. Structural Change in an Open Economy [C]. Research Seminar in International Economics, University of Michigan, 2010: 667 – 682.

第六章

长三角地区环境可承载力与
主体功能区的约束有效性

一、引 言

　　改革开放40年来的经济高速增长虽然使中国一跃成为世界第二大经济体，但是众多的人口、极大的人口密度、有限的自然资源等先天限制条件，也决定了我国资源和环境承载力较差，生态环境相对容易遭到破坏，因此，在"经济—环境"博弈中与经济增长伴生的环境污染及资源过度使用问题日益严峻，且受到越来越广泛的重视。认识环境问题的一个内在要求，是将矛盾的普遍性和矛盾的特殊性相结合，即一方面从宏观层面把握国家整体环境的污染现状、基本环境的可承载性与环境保护趋势；另一方面从各地方的经济建设水平、环境资源禀赋、社会文化背景等出发，充分考虑区域异质性下环境问题的差异化特征，以提高环境相关研究的准确性和实用性。我国环境污染程度的区域间差异较大，部分发展起步早、工业基础好的地区受到传统的"先污染、后治理"观念影响，在一定时期内以环境为代价换取经济指标增长，造成了更严重并且累积的环境污染和资源消耗问题，对环境承载能力提出了极大的挑战。在这其中，长三角地区由于其在我国发展战略布局中的重要地位和较严重的环境污染、资源消耗程度，始终受到广泛的关注。

　　本章根据国务院2010年批准的《长江三角洲地区区域规划》，拟将分析着眼于江苏、浙江、上海两省一市区域限定的广义长三角地区。长三角地区经济建设起步早、经济发展水平高、基础设施建设条件全国领先，其中包含的由上海市为核心辐射周边其他城市的狭义长三角地区，更是中国经济发展速度最快、经济总量规模最大的区域，被列入世界前六大城市群之一（刘志彪，2010）。在 2016 年发布的《长江经济带发展规划纲要》中，长三角地区被定位为长江经济带的三大增长极之一，既是黄金水道实现海陆统筹、双向开放的重要枢纽，也是长江经济带发展的龙头。值得关注的是，长三角地区的经济先发优势是一度建立在以环境资源为代价换取经济增长这一传统发展思路模式下的成果，这也导致一些地区出现与经济高速增长伴生的诸如空气污染、水污染等一系列环境问题。《中国城市群发展指数报告（2013）》显示，长三角城市群在人口、社会经济、文化等方面的体系发展相对均衡，但在绿色发展的衡量指标下显著落后于珠江三角洲地区。目前，长三角地区已经步入中等工业化水平，这对区域发展的范式选择提出了新的要求，即由过去普遍经历的在发展中拼资源、拼环境的"只要金山银山，不顾绿水青山"，到环境保护与发展并重的"既要金山银山，也要绿水青山"，并最终实现环保优先的"绿水青山就是金山银山"。如果制度、技术、资金等支撑条件不能与发展范式提出的要求相匹配，长三角地区就有可能对历史上形成的产业结构产生路径依赖，这种不断自我强化的产业结构会最终表现为一定的稳态（刘威、栾贵勤，2004）。任由路径依赖引导下的工业化发展将对资源、环境造成压力，并反过来限制经济发展。因此，结合现阶段政治、经济、生态构建的综合趋势，综合考虑长三角地区的基本环境可承载性，拟定适合长三角地区经济与生态协同发展的路径，具有相当重要的理论与实践意义。

随着发展观念在宏观层面的转变，针对不同区域自身的禀赋和特点因地制宜地采取差异化发展战略成为主导思路。在"十一五"期间，中央政府提出了规定全国国土空间最新布局的"全国主体功能区"战略性规划。根据这一布局，依照不同区域的资源环境承载能力、现有开发密度和发展潜力等，全国国土空间被统一划分为优化开发、重点开发、限制开发和禁止开发四大类主体功能区。从发达国家的实践经验来看，理性政府通过空间管制为区域有序发展提供了基本保障，这一制度安排在资源开发、生态建设、增强可持续发展能力等方面发挥着积极的作用（樊杰，2007）。2011 年，《全国主体功能区规划》正式发布，标志着国土空间开发的主要目标和战略格局进一步明确，这一规划对于推进经济结构战略性调整、加快转变经济发展方式起到了有利的作用，是实现科学发展进程中的一项重要举措。在这一大背景下，长三角地区江苏、浙江、上海两省一市也在省级层面上先后针对县（市）、区级行政单位提出了主体功能区划定的具体方案，将下辖县（市）、区依照各自经济和生态等方面发展状况纳入国家提出的四类主体功能区中。这一举措显示长三角地区对于环境资源禀赋、发展路径和发展方向有了更准确的认识和定位，同时也为目标地区基本环境的可承载性研究提供了新思路和新视角，即如何依据主体功能区的具体规划，在综合考虑资源环境可承载性的基础上谋求下一步的发展。

基于这一思路和视角，本章将根据上海、江苏、浙江制定的主体功能区具体规划，结合现有主体功能区与基本环境可承载性的理论成果，展开长三角地区基本环境可承载性与主体功能区有效约束的研究。通过上海、江苏、浙江统计年鉴、各地级市统计年鉴、地方志以及相关统计公报提供的数据，本章得以对长三角不同功能区划分下具体单位的社会、经济发展水平和特征加以把握，借此归纳出主体功能区规划的相关逻辑。本章将重点着眼于主体功能区划在环境可承载性视角下对于长三角地区科学发展提供的支持与约束，并通过相关结论提出区划异质性特征下四类主体功能区可能的发展路径，对今后的进一步研究与实践提供理论支持。

本章余下部分的安排如下：第二部分为理论和文献综述；第三部分提出主体功能区划视角下长三角地区环境承载力发展的分析；第四部分为结论和政策建议。

二、文献综述

有学者论证了居民对环境质量的要求会随着人均 GDP 的提高而显著上升（Hering and Poncet，2014）。随着我国经济建设取得巨大的成功，居民人均收入持续上升，在物质生活得到满足的同时，对于生态环境质量的要求和关注成为一个必然的议题。陈向阳（2015）基于内生增长模型，提出环境质量外生于经济增长，环境污染问题不能在经济增长过程中自动得到解决。由于环境资源存在公共品属性，非竞争性和非排他性的特点往往导致市场主体对其过度消费，若仅仅依靠市场的自发调节，参与主体不太可能进行环境保护投入（张奔、戴铁军，2010；李佳佳、罗能生，2017）。随着我国经济建设不断取得突破，传统的增长模式已经难以匹配社会进一步提高发展质量的需要。考虑到资源的稀缺性和环境的脆弱性，从环境可承载性视角下看待经济发展，在环境承载阈值内选择恰当的增长方式，在经济发展水平进一步提高的过程中通过合理的制度设计和资源配置等方式保证环境资源利用更加合理有效，成为理论和实践两方面共同关注的目标。有鉴于此，在"十一五"期间，中央政府即提出"全国主体功能区"战略性规划，力图通过有效的国土空间管制保障区域的可持续发展；在 2017 年 8 月召开的中央全面深化改革领导小组第三十八次会议上，国家主席习近平将主体功能区建设定位为我国经济发展和生态环境保护的大战略。因此，充分掌握环境可承载性以及主体功能区规划相关理论、对环境可承载性视角下的主体功能区展开研究，将有助于为下一步的经济发展实践提供理论参考。

（一）环境可承载性

唐剑武、叶文虎（1998）对环境承载力概念进行了科学的定义，认为环境承载力是环境系统功能的外在表现，即环境系统维持自身稳态，有限地抵抗人类系统的干扰并重新调整自组织形式的能力。需要注意环境承载力与环境容量等一系列概念的区分，前者是对于资源、环境、社会生产力水平进行综合考量后制定的指标，具有自然生态与人类社会交互的特点，在时间上存在延展性并且受到相应环境接受主体对不同的环境所要求质量的影响；后者则单一地指示环境作为客体对于人类社会活动的反应。环境承载力的定义和内涵指向其由资源供给能力、环境纳污能力和生态服务能力组成，在环境系统自然禀赋的主效应下受到人类活动的调节（刘仁志等，2009）。这一定义直观地表明，支撑环境承载力的来源一类是自然生态范畴，即包括资源供给能力、环境纳污能力和生态服务能力等外生于人类社会经济运行的自然禀赋条件，这一范畴内的能力具有一定的刚性，不易通过人为的物质活动改变其体量；另一类支撑环境承载力的来源属于社会活动范畴，即人类社会经济生活施加于外部生态环境的冲击，这一冲击与资源供给能力、环境纳污能力和生态服务能力相交互作用于自然演变的进程，进而对环境承载力产生影响。显而易见的是，社会活动与自然禀赋条件相比更加活跃，受到人为的主观意识调节，能够通过改善生产生活结构、产业结构优化升级、采用新的生产技术和新的生产范式等途径以提高自然禀赋各方面支撑能力的极限。值得注意的是，在社会活动主体发挥主观能动性改造社会活动的过程中，单纯依靠技术进步能够有效地推动经济发展，进而在社会资源分配领域提高环境保护投入，一定程度上实现环境问题的解决，但这一过程并不能从根源上解决生产生活过程中造成的环境问题。牛文元（1997）指出，对技术的追求必须从经济效益的唯一目标过渡到环境效益与经济效益结合的双重目标，这种对技术的再认识有助于人们从工业文明中对技术和经济效益顶礼膜拜的心理误区中摆脱出来。

环境承载力是一个客观的标准，根据环境承载力值的大小可以得出某种发展是否满足可持续发展的要求，换言之，环境承载力为可持续发展提供了比较客观的判断依据（崔凤军，1995）。这对如何合理地度量环境承载力提出了具体的要求。洪洋、叶文虎（1998）使用人口—经济—资源环境承载力（PER）模型计算了一定区域内的人口经济承载力指数和人均资源承载力指数。匡耀求、孙大中（1998）提出可持续环境承载力模型，将可持续环境承载力作为不可再生资源的替代技术开发利用能力、环境纳污能力、环境无害技术等变量的一个函数展开实证研究。刘仁志等

（2009）从水资源可利用量、适宜建设土地资源量、大气环境容量、水环境容量、生态系统服务与生物群落等五个角度出发，分别对各角度分量构建了计算模型，最后采用曾维华等（1991）提出的向量模法将各分量归一化，以此构建环境承载力度量指标。王金南等（2013）使用压力—状态—响应（PSR）模型对长三角地区水环境承载力进行综合分析，模型从人类活动对自然环境施加压力导致环境进行自我调节出发，最终社会根据环境调节做出响应，以维持环境系统的稳态。结果显示，长三角地区 8 个城市水环境承载力状态改善明显，但仍有 7 个城市处于危机状态。樊杰等（2017）基于增长极限理论，综合考虑资源环境承载能力体系的客观性与动态性，提出由资源环境及其承载对象——特定地域人口和经济共同构成的资源环境承载能力预警模型，并在此基础上分别设计针对陆域和海域的环境承载力评价要素指标体系。从已有研究中可见，对于环境承载力测度方法的探究一直是相关学术领域的重点与前沿，大量研究者对此进行拓展与尝试，推进学科向更加科学合理和更具普适性的方向发展。

结合本章设定的背景，需要认识到，长三角在客观上是一个生态整体，各子区域间存在着高度的生态互动（宋言奇，2006）。部分研究将环境承载性的目标区域视为封闭空间的处理方法有待改进，分析长三角地区环境承载性时，应充分考虑各子区域间在环境问题上可能存在的溢出、协作与竞争关系；同时，也应考虑到国内外贸易和资源流动对于长三角地区环境承载力造成的冲击与调节。通过开放系统的视角分析区域环境问题，既能保证更加满足环境经济学的理论需要，同时也对理论与实践相结合提供了更多的可能性。

（二）主体功能区

"十一五"规划纲要提出"根据资源环境承载力、现有开发密度和发展潜力，统筹考虑未来我国人口分布、经济布局、国土利用和城镇化格局，将国土空间划分为优化开发、重点开发、限制开发和禁止开发四类主体功能区"，这是我国经济和社会发展的一个重大战略调整和转变。樊杰（2014）研究认为，当地域功能界定与地域定位格局合理时，其功能带来的效益大于无序的地域格局带来的效益。地域功能和功能承载主体交互构成功能区，主体功能区划分有利于空间结构向有序化演进，进而通过功能区之间的相互作用促进国土空间系统健康稳定运行。樊杰（2015）指出，主体功能区划是以服务国家自上而下的国土空间保护与利用的政府管制为宗旨，在地理学综合区划的方法论指导下，确定区域单元开发与保护的核心功能定位。主体功能区划着眼于制度、战略、规划和政府管理需求，将每一个地域发挥的主要作用界定为主体功能，按照开发与保护的方式将县级行政地域单元进行区域类型的划分，并在此基础上禁止开发部分区域，禁止开发区域叠加在优化、重点、限制的开发区域内。

区域发展空间均衡模型标识区域综合发展状态的人均水平区域大体相等。综合发展状态是包含经济、社会、生态、文化等一系列发展水平分量的总和（樊杰，2007）。这一指标系统的构成打破传统的通过单一经济指标进行地域识别的做法，在该指标语境下，经济发展水平低的区域可以通过生态构建来提高综合发展水平。区域发展空间均衡模型的理论内涵指向区域间的比较优势，萨缪尔森和诺德豪斯（Samuelson and Nordhaus，1999）强调比较优势原则在经济学理论中的地位。从区域资源禀赋条件出发，确定区域的比较优势进而对区域分工布局进行指导（杨宝良，2003），这对于正确实现区域规划和区域建设，形成有序的区域发展格局和资源配置格局起到了良好的推动作用。不同于传统的比较优势理论，空间均衡模型认识到生态环境对于区域发展过程起到支撑与限制作用。一方面，良好的生态环境通过外部感知与心理感知为区域内的个人带来正效用；另一方面，生态环境通过污染容纳限制、自然资源稀缺性限制等途径对发展产生约束。因此，理论分析应当将生态或环境因素纳入区域的禀赋中，将其视为一种"资源"。按照比较优势理论，我国东部地区发展高密度的贸易和投资活动，但这一过程对区域环境产生严重的冲击。李国平、张云（2004）提出，传统的比较优势理论过度重视经济比较利益而忽略了长期的生态环境绩效。李宗植、吕立志（2004）分析长三角建立在传统重化工产业上的经济增长透支生态环境，生态和资源反过来对社会经济的运行产生约束。樊杰（2007）认为，从区域发展的空间均衡模型出发，功能区的形成应当有助于区域发展空间均衡的正向实现，即功能区的形成有利于不同功能区间综合发展状态人均水平差距的缩小并正向移动。在这一语境下，主体功能区规划应当推动综合指标各分量的正向发展，在追求社会经济领域进步的同时，环境和资源领域指标也应得到充分的重视和提升。这为长三角主体功能区建设与环境可承载性的交互分析构建了理论桥梁。

三、主体功能区划视角下长三角地区环境承载力发展的分析

分析长三角主体功能区划问题，首先需要通过现象掌握区划的内在逻辑。以江苏省为例。江苏省政府于2014年初发布了县（市）、区级地方层面的主体功能区划方案，方案显示，江苏省共有南京市玄武区等39个县（市）、区被划定为优化开发

区域；南京市浦口区等 28 个县（市）、区被划定为重点开发区域；南京市溧水区等 34 个县（市）、区被划定为农产品主要产区。在这三类主体功能区的基础上，对部分自然文化资源集中展示地区、珍稀动植物保护基地进行禁止开发界定，禁止开发区重叠于已经划定的三类功能区当中。图 6-1 反映了江苏省三类主体功能区划分下对应县级行政单位 2010~2015 年度地区在地口径衡量下的平均 GDP 水平。

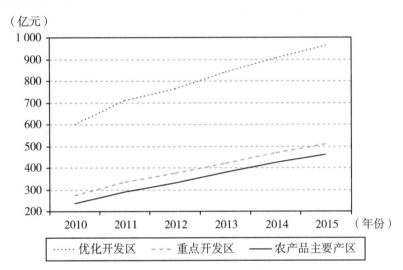

图 6-1　江苏省三类主体功能区年度平均 GDP

图 6-1 数据来源于 2010~2015 年度江苏省各地级市统计年鉴以及部分县（市）、区统计年鉴。从图 6-1 中折线反映的趋势可以清楚地看到，优化开发区的经济整体发展水平显著高于另两类主体功能区涵盖的县级行政单位，重点开发区的 GDP 略高于农产品主要产区。由于禁止开发区覆盖范围以森林公园、地质公园为主，在地域上重叠在前三类主体功能区中，因此，无法在数据上进行直观的呈现。为了进一步刻画三类主体功能区的产业结构分布，图 6-2、图 6-3 分别描述了三类主体功能区第二、第三产业增加值占 GDP 的比例。

与图 6-1 相同，图 6-2、图 6-3 数据来源于 2010~2015 年度江苏省各地级市统计年鉴以及部分县（市）、区统计年鉴，统计数据不覆盖禁止开发类型主体功能区。不同于使用第二产业和第三产业增加值的绝对数值，使用产业增加值占 GDP 的比重能够更好地反映三类主体功能区产业结构的布局变化。

图 6-1 分类型县级行政区划 GDP 反映出主体功能区经济发展水平的差异，说明三类主体功能区中，优化开发区的经济发展水平显著领先于重点开发区、农产品主要产区，重点开发区的经济发展水平略高于农产品主要产区。这一结论与功能区分异的直观认识吻合。图 6-2 三类主体功能区分类型第二产业增加值占 GDP 比重

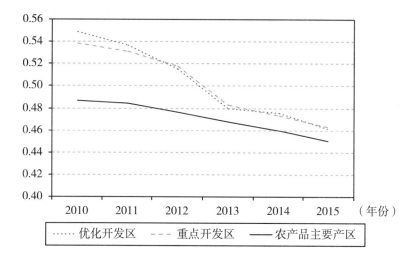

图 6 – 2　江苏省三类主体功能区第二产业增加值占 GDP 比重

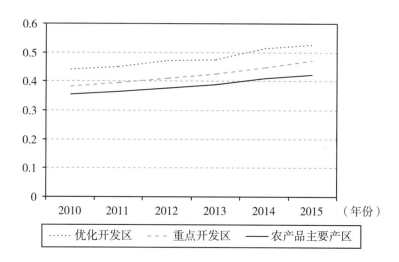

图 6 – 3　江苏省三类主体功能区第三产业增加值占 GDP 比重

折线图表明，三类主体功能区第二产业在经济中的比重都逐年有所下降，其中农产品主要产区第二产业占比在三类功能区中最低，需要注意这是由于该类型功能区覆盖县域单位农业占比较高的产业结构天然禀赋，并不能仅因此就认为该类型地区产业结构和环境压力优于其余两类型功能区。优化开发区的第二产业增加值占比下降速度比重点开发区和农产品主要产区更快，并且在 2012 年以后低于重点开发区第二产业比重。造成这一现象的内在原因是，优化开发区整体经济水平更高、产业结构更加完善，具有更充分的资源优势实现产业结构优化升级，提升第三产业在整体经济中的权重。图 6 – 3 直观地展示了三类主体功能区分类型第三产业增加值占

GDP 的比重，显示优化开发区第三产业在经济中的占比显著高于重点开发和农产品主要产区；重点开发区第三产业占比相对高于农产品主要产区。三类主体功能区的第三产业权重都呈逐年增加趋势，表明随着经济建设在"量"的积累上取得成绩以后，江苏省在经济发展的"质"这一维度也迈入不断优化的过程。

与江苏省类似，浙江省与上海市于 2013 年先后出台主体功能区相关规划方案。方案显示，浙江省将下辖子行政区划分为优化开发区、重点开发区、限制开发区（包括农产品主产区、重点生态功能区和生态经济地区）、禁止开发区域等类型；上海市将下辖子行政区域划分为都市功能优化区、都市发展新区、新型城市化地区、综合生态发展区以及呈点状分布的限制开发及禁止开发区域。根据省级地方政府的规划自主权，长三角两省一市主体功能区规划在整体遵循中央提出的主体功能区分类及界定的基础上，呈现出细微的区域性差别，其根据经济发展体量，以及依据产业结构衡量的区域发展质量和潜力进行区域划定的内在逻辑并未受到冲击。通过掌握主体功能区规划的规律性逻辑，可以实现整体性对长三角主体功能区展开讨论。

主体功能区作为国土开发的一项基础战略和制度，着眼于协调经济发展和生态环境保护同步推进，考虑主体功能区与环境可承载性的交互作用对环境承载力的定性以及定量研究，提出了相关要求。本章针对长三角两省一市，构建相应指标对水环境承载力进行相关测算。根据指标体系的系统性、科学性、整体性设计原则，结合社会经济发展现状以及数据的可获得性，同时借鉴郭怀成等（2009）提出的水环境承载力测算指标，本章拟采用城市化水平倒数、工业固定资产产出率、可用水资源总量与城市总用水量比值、单位水资源消耗量的工业产值、单位水资源消耗量的农灌面积、污水处理投资占工业投资比值、污水处理率、单位化学需氧量（COD）排放量的工业产值在内的 8 个指标，数据来自长三角两省一市统计年鉴、各地级市统计年鉴、地方志以及各市环境状况统计公报、水资源公报、国民经济和社会发展统计公报等官方资料，实证定量研究江苏、浙江两省 24 个地级市以及上海市共 25 个城市的水环境承载力。需要指出，江苏、浙江两省的主体功能区划以县（市）、区作为基本划定单位，上海市的主体功能区以所辖各区作为基本划定单位，因此，将上海市作为统一整体加以度量，在操作上具有与地级市层面定量研究的一致性和匹配性。

本章根据长三角地区 24 个地级市以及上海市的 8 个指标构建相关系数矩阵，利用主成分法提取公因子，并对因子载荷矩阵进行正交旋转，最后通过计算综合因子得分对目标城市水环境承载力进行相应定量评估。KMO（Kaiser-Meyer-Olkin）检验和 Bartlett 检验结果如表 6 – 1 所示。

表 6-1　　　　　　　　　　　　**KMO 检验和 Bartlett 检验结果**

取样足够度的 Kaiser-Meyer-Olkin 度量		0.511
Bartlett 的球形度检验	近似卡方	204.958
	df	28
	Sig.	0.000

由表 6-1 可知，当 KMO 检验系数高于 0.5 且 Bartlett 检验系数统计值的显著性 p 低于 0.05 时，结构效度的存在意味着因子分子方法的合理性。为了得到更为合理的实证结果，本章对成分因子进行正交旋转。实证结果如表 6-2、表 6-3 所示。

表 6-2　　　　　　　　　　　　　　**解释的总方差**

成分	初始特征值			旋转平方和载入		
	合计	方差的%	累计的%	合计	方差的%	累计的%
1	2.43025	30.38	30.38	2.07337	25.92	25.92
2	1.54580	19.32	49.70	1.86888	23.36	49.28
3	1.03620	12.95	62.65	1.06999	13.37	62.65
4	0.95724	11.97	74.62			
5	0.74439	9.30	83.92			
6	0.71753	8.97	92.89			
7	0.33124	4.14	97.03			
8	0.23737	2.97	100.00			

表 6-3　　　　　　　　　　　　　　**旋转成分矩阵**

变量	成分		
	1	2	3
城市化水平倒数	-0.5610	0.6173	-0.1165
工业固定资产产出率	0.0133	-0.0394	0.9095
可用水资源总量与城市总用水量比值	0.0884	0.8513	-0.0744
单位水资源消耗量的工业产值	0.6901	0.1592	-0.3025
单位水资源消耗量的农业灌溉面积	-0.6519	-0.0523	-0.3480
污水处理投资占工业投资比值	-0.3245	-0.4366	0.0455
污水处理率	0.3421	-0.6885	-0.0904
单位 COD 排放量的工业产值	0.7919	-0.2622	0.0303

如表 6 - 2 所示，使用主成分因子法计算后只有前 3 个成分具有大于 1 的特征值，同时这 3 个成分解释了 8 个变量指标组合方差的 62.65%，故本章提取 3 个因子。表 6 - 3 所示旋转成分矩阵结果可指导原始指标在 3 个因子上的载荷进行整理分类：本章将单位水资源消耗量的工业产值、单位水资源消耗量的农业灌溉面积、单位 COD 排放量的工业产值作为第一成分；将城市化水平倒数、可用水资源总量与城市总用水量比值、污水处理率作为第二成分；将工业固定资产产出率作为第三成分。

根据 25 个城市 2010～2015 年 3 个公因子的具体得分，本章以公因子方差贡献率作为权数对指标进行加权，从而计算得出每个城市的水环境承载力因子综合得分。为方便展示，本章将城市历年得分取平均值作为该目标城市 6 年期水环境承载力最终衡量指标。城市具体水环境承载力因子综合得分如表 6 - 4 所示。

表 6 - 4　　　　2010～2015 年长三角城市平均水环境承载力水平综合得分

江苏省			浙江省			上海市		
排名	城市	得分	排名	城市	得分	排名	城市	得分
1	泰州	1.4258	1	温州	0.0208	1	上海	-0.0118
2	盐城	0.8191	2	台州	-0.0330			
3	镇江	0.5905	3	金华	-0.1644			
4	淮安	0.3970	4	丽水	-0.1843			
5	扬州	0.3889	5	杭州	-0.1919			
6	常州	0.3188	6	湖州	-0.3125			
7	宿迁	0.2017	7	绍兴	-0.3622			
8	南通	0.1809	8	嘉兴	-0.3857			
9	连云港	0.1476	9	舟山	-0.4196			
10	无锡	0.1426	10	宁波	-0.4425			
11	徐州	0.1383	11	衢州	-0.6177			
12	苏州	0.0104						
13	南京	-0.0709						

表 6 - 4 报告了根据因子分析法估算的长三角 25 个城市水环境承载力因子综合得分平均值。结果显示，2010～2015 年从省级层面看江苏省整体水环境承载力在长三角地区中处于领先地位；上海市的水环境承载力居中；浙江省整体水环境承载力较差。着眼于江苏、浙江两省内部各自地级市水环境承载力平均因子综合得分比

较，在江苏省内部泰州、盐城等城市因子综合得分为正值且数值相对较大，说明这一类城市在报告期中水环境可承载性较好，从镇江、淮安至苏州、南京，因子综合得分逐渐减小并最终下降至负值；在浙江省内部，温州市因子综合得分为正值，显著高于省内其他城市，说明报告期内温州市水环境承载力在浙江省内优于其他城市，从台州、金华至舟山、宁波、衢州，因子综合得分为负值并逐渐下降，对应城市水环境可承载性逐渐降低。结合江苏、浙江两省出台针对县级地方行政单位进行划分的主体功能区名录，除禁止开发区外，将优化开发区域、重点开发区域、限制开发区域对应的县（市）、区与地级市进行匹配，可发现水环境承载力在地级市层面大致呈现出从以重点开发和限制开发区域为主的城市向以优化开发区为主导的城市递减的态势。

对于因子分析汇报的结果，可认为水环境承载力在苏、沪、浙的省级层面上出现整体性分异是由各省级行政单位间产业结构、资源禀赋等差异决定的。与江苏省相比，浙江省产业转型速度相对较慢、产业结构相对不合理，如印染纺织、医药化工等高耗能、高污染行业在江苏省经济发展中所占比重逐渐下降，而类似行业在浙江省经济发展当中仍扮演重要角色。产业转型需要智力支持与技术支撑，同江苏省相比，浙江省教育发展水平处于弱势，教育发展未能完全与经济社会发展需求相吻合。产业结构层面的异质性为浙江省水环境承载力整体处于劣势地位提供了解释依据。与江苏、浙江两省相比，上海市经济发展整体水平高、产业结构合理，金融、科技、文化等相关产业居于领先水平；然而，相对单一的地理格局、有限的自然资源禀赋对上海市环境承载力提出限制性条件。在本章水环境可承载性测度指标体系中，上海市的城市发展进程和工、农业生产效率以及水利投资等维度指标在长三角地区处于领先地位；而可用水资源与城市总用水量比值指标显著低于长三角内其他地区。资源禀赋的限制为上海市水环境可承载性定量研究结果提供了解释依据。

对于地级市层面水环境可承载性从以重点开发、限制开发区域为主的城市，向以优化开发区域为主的城市递减这一研究结论，一个可能的解释在于，得益于制造业特别是劳动密集型产业的快速成长，东部地区在改革开放的历程中获得丰厚的物质积累（曲玥等，2013）。在这一背景下聚焦相对微观的基层行政区划单位不难发现，由于区位、资源禀赋、产业结构等长期带来的累积影响，长三角内部子区域间仍然存在发展的结构性差距。结合本章主体功能区的研究背景，资本支撑雄厚、产业门类齐全的优化开发区早年凭借优质区位资源吸引了大量资本投入和劳动力聚集，与珠江三角洲一起，共同形成中西部劳动力向东转移的"孔雀东南飞"现象。这一过程刺激了区域性经济蓬勃，同时也对区域内部的自然生态环境造成严重冲击。格罗斯曼和克鲁格（Grossman and Krueger，1992）通过实证研究指出，在国民收入水平较低的国家，环境污染程度随着人均 GDP 的增长而上升；在国民收入水平较高的国家，环境污染程度随着人均 GDP 的增长而下降。研究者借用经济学家库兹涅茨描述收入分配状况与经济发展关系的倒"U"型曲线，将经济发展水平与环境质量之间的关系使用倒"U"型曲线加以刻画，即环境库兹涅茨曲线（environmental Kuznets curve，EKC）。赛尔登和宋（Selden and Song，1995）将污染归因于生产过程，只有当经济发展到达一定水平时，生产过程中的污染管制活动才会产生。长三角地区早期的城市建设和经济增长往往以环境污染作为代价，这一现象在发展起步较早的优化开发区城市更为显著。

可以预见，在该类型城市，伴生于产业密度增加的土地、劳动力等生产资料价格的提高，将会冲击区域性市场，并在一定程度上抵消优质区位带来的比较优势；在经济人的理性假设条件下，资本和劳动力从该区域"溢出"，转移向具有相对优势的周边其他城市。这对优化开发区提供了两种可能性：一方面，凭借前期积累的资本优势和技术优势，优化开发区具备相应产业结构优化升级的可能，在市场的推动下获取"腾笼换鸟"的发展机遇；同时，物质生产资料的丰富使该地区有能力将更多的资源投入与环境保护和污染治理相关的领域中，先进的制度管理经验和生产技术水平为区域环境管理提供智力支持。在以上因素的共同作用下，优化开发区具有环境承载力良性发展的可能性。另一方面，如果制度、技术、资金等支撑条件不能与发展范式提出的要求相匹配，或相关环境规制理念与环境规制实践未能满足社会发展要求，该类型城市就有可能在发展方式上形成路径依赖。李周、包晓斌（2002）引入生态不可逆阈值的概念，认为当环境承受的压力超过不可逆阈值时，生态环境将无法在后期进行恢复。因此，优化开发区域需要转变一味以经济发展优先的绩效评价体系，强化对经济结构、资源利用、环境保护、自主创新等多方面综合的城市发展评价体系，充分发挥自身优势，实现环境可承载性的良性发展。

相比于优化开发区，重点开发区的发展起步较晚，经济基础相对薄弱，产业结构较不完善。经济学家杨小凯指出，后发地区在技术层面能够简单地实现对先发地区的复制，但在文化制度层面难以实现相应认同程度的匹配。本章研究集中在我国长三角地区，相似的制度背景决定目标地区间不存在过大的制度距离，然而，在地方享有相当自主权的政治实践中，发展时机差异带来的地方行政理念差异仍然存在。从图 6-2 反映的第二产业增加值占 GDP 比重中可以看到，重点开发区产业结构调整不如优化开发区灵活，产业结构相对落后的现象仍然存在。这一方面是由地区发展思路决定的；另一方面也受到被动承接产业转移的影响。在这样的产业结构和市场实践下，重点开发区经济发展过程中通过污染排放与资源消耗同样对环境可承载性产生了显著的负向冲击。从区位布局来看，重点开发区比相对位于城市中心的优化开发区享有更为丰厚的环境资源，但如果不能及时调整产业结构、引入科学的生产技术，就有可能对其环境承载力产生极大的压力。重点开发区的后发优势在于，目标地区主动吸引产业转移的拉力和优化开发区产业迁移推力共同作用的过程中，重点开发区可以借鉴优化开发区先进的管理经验，享受优化开发区知识与技术溢出带来的效益。这一优势有助于重点开发区规避在经济建设探索的过程中产生的不确定性，进而保证资源配置的效率。因此，针对重点开发区域的管理实践中，长三角地区应当在实行工业化、城镇化水平优先的绩效评价的同时，综合考虑产业结构、资源消耗、环境保护等方面因素。对重点开发区域而言，合理配置资源、优化产业结构、引入科学的生产模式，是保障环境承载力的重要要求。

限制开发区域包含农产品主产区、重点生态功能区和生态经济地区，由于天然的区位禀赋限制和历史发展路径，其经济发展水平普遍低于优化开发和重点开发区。长三角地区受惠于得天独厚的自然地理条件，长久以来都是我国重要的农产品产区和生态经济发展地区之一。发展限制开发区域，需要在质和量保障的第一产业产出的基础上，合理布局区域资源，保证相关第二、第三产业的均衡发展。与工业污染相比，农业生产对生态环境造成的影响得到研究者的普遍研究。如果一味将关注焦点集中于工业污染而忽视农业生产对环境可能产生的负向干扰，那在限制开发区域的环境可承载性视角下是危险的。长三角地区限制开发区域在追求三次产业均衡发展的基础上，既要吸取优化开发区先进的技术和管理经验，充分从知识与技术外溢中获取效益，同时也要着眼于先进、绿色的生态经济技术与当地产业生产实践的有机嫁接，提高生态服务和农业生产中的科学技术含量，在追求产业结构合理布局、优势产业持续发展的过程中引入环境因素的制度变量，为区域环境可承载性提供保障。

不同于优化开发、重点开发区和农产品主要产区，禁止开发区由于覆盖范围与前三类地区重叠，本章分析并未着重刻画该类型地区，但这并不代表禁止开发区能够自外于主体功能区的相关分析。禁止开发区主要承载省域内的生态文化景观，相比之下对环境质量和区域生态面貌保持的要求较高。对于这一类区域应该尤其注重发展与保护的均衡，既要重点保护禁止开发区内的生态环境，同时也要因地制宜，找到适合该类型区域的发展方式，在保证生态效益的大前提下兼顾效益。

从更为宏观的层面看，长三角地区是一个生态的有机整体（宋言奇，2006），这对区域环境管制的制度设计提出相关要求。卡恩等（Kahn et al.，2015）在针对中国水流域污染的研究中提到，位于河流上游的区域往往倾向于将污染企业定位在靠近区域边界的地方，使生产排污向下游区域转移。这一战略使上游地区在享受工业生产利益的同时无须承担相应的社会成本，鉴于中央集权的政治体制缺乏有效的区域协商机制，这种"搭便车"的行为在理论上是可以预见的。蔡等（Cai et al.，

2016）实证检验了下游污染与边界污染问题，结果显示，自中央政府2001年施行相关减排政策以来，省级区域内位于河流最下游县份的水污染活动平均比其余县份高20%。张华（2014）从地方政府竞争的角度揭示环境规制严格程度与碳排放量正相关的"绿色悖论"现象，分析认为，在地方政府间竞争的影响下，本地区与相邻地区的环境规制会对碳排放产生促进作用，引发环境规制上的"竞次"效应和"绿色悖论"的产生。因此，单一提供长三角内部子区域环境规制的政治或经济激励，都有可能造成区域间环境治理的恶性竞争，不但不能保证环境绩效整体提升，还有可能带来环境规制的"竞次"效应，对整体的区域环境承载力造成压力。在明确长三角区域一体化、环境承载力的自然与人类社会交互性、环境承载力的时间延展性前提下，应从整体层面对长三角地区的环境现状与环境问题发展趋势加以把握，从区域整体产业结构优化、加大新科技、新技术的研发投入等角度着手，在不影响经济指标合理增长和居民生活水平稳步提高的前提下，转变区域发展路径，优化整体发展方式，发展具有高技术含量、低环境压力的产业，实现在发展的同时谋求对环境和资源的保护。作为一个区域整体的长三角地区，既是长江经济带对外开放的一个枢纽，也是我国东、中、西部互动合作中具有领先地位和带动作用的重要环节。因此，在看待长三角问题时，需要着眼全局，具备全面把握、统筹谋划的思维。虽然主体功能区的划分以县域为基本单位，政府行政绩效的评价也以行政区划作为基本单元，但是为了排除发展和环境污染中的寻租问题以及地方保护主义，长三角地区需要在中央政府的主体功能区划大方案以及上海、江苏、浙江主体功能区划具体方案的基础上，加大环境保护方面的区域一体化水平，提升区域合作程度，最终实现经济、生态、社会协调可持续发展。

四、结论和政策建议

本章基于现有文献，整合国土空间规划以及环境经济学相关研究成果，针对长江三角洲地区的环境可承载性与主体功能区有效约束问题展开相关讨论。在对水环境承载力进行相关测算的基础上，本章对优化开发区域、重点开发区域、限制开发区域、禁止开发区域四个区域类型各自的产业布局和发展特点进行分析。本章分析认为优化开发区域依赖于自身的资本和技术优势，在先进的制度设计和产业结构的进一步优化下，具有提高环境绩效、环境承载力良性发展的可能性。对于重点开发区域，本章认为其相比优化开发区域既有后发优势，但同时也存在后发劣势，先进的生产管理经验的溢出只有在匹配相应的制度设计与文化认同后，才能充分发挥环境保护方面的效益。在针对包含农产品主产区、重点生态功能区和生态经济地区的限制开发区域的分析中,本章认为在三次产业结构合理规划与匹配的前提下,同步注重工业生产和农业生产造成的环境问题,提高生态经济与农业生产的发展质量,才能为该类型区域的环境承载力保护刻画合理路径。对于禁止开发区,本章认为重点是生态面貌的保护,在保护的同时寻找合理的发展方式,在保障生态环境大前提下兼顾经济效益。对于长三角区域的生态一体化特性,本章从现有地方政府环境规制的相关研究出发,认为不合理的制度设计有可能造成长三角子区域间地方政府的恶性环境竞争,导致规制"竞次"、边界排污等一系列问题,因此,需要充分考虑到长三角的区域整体性,提升区域环境合作程度。这对于制度设计提出相关要求。

结合研究结论,本章提出以下政策建议。第一,经济发展与环境承载性具有相互制约或相互促进的双向可能性,因此,需要长三角政策制定者正确厘清经济与环境之间的关系,既要避免以牺牲环境为代价盲目冒进追求经济增长,也要避免过度的环境保护主义阻碍经济正常运行。第二,长三角地区要提高资源利用效率、加强环境规制力度,减少高污染、高耗能等不可持续的产业在整体经济中所占比重,促进产业结构优化升级。第三,长三角地区要提倡技术创新、加大新科技与新技术的研发投入,借助对传统制造业的技术升级从源头上减少污染。第四,长三角地区政府应在宏观制度设计层面加强区域生态一体化考量,合理设置环境保护的有效激励,提升区域环境合作绩效。

参考文献

[1] [美] 保罗·萨缪尔森,威廉·诺德豪斯. 宏观经济学(第十六版)[M]. 北京:华夏出版社,1999.

[2] 陈向阳. 环境库兹涅茨曲线的理论与实证研究 [J]. 中国经济问题,2015 (3):51-62.

[3] 崔凤军. 环境承载力论初探 [J]. 中国人口·资源与环境,1995 (1):76-79.

[4] 樊杰,周侃,王亚飞. 全国资源环境承载能力预警(2016版)的基点和技术方法进展 [J]. 地理科学进展,2017,36 (3):266-276.

[5] 樊杰. 人地系统可持续过程、格局的前沿探索 [J]. 地理学报,2014,69 (8):1060-1068.

[6] 樊杰. 我国主体功能区划的科学基础 [J]. 地理学报,2007,62 (4):339-350.

[7] 樊杰. 中国主体功能区划方案 [J]. 地理学报,2015,70 (2):186-201.

[8] 郭怀成,尚金城,张天柱. 环境规划学(第2版)[M]. 北京:高等教育出版社,2009.

[9] 宏观经济研究院国土地区所课题组,高国力. 我国主体功能区划分理论与实践的初步思考 [J]. 宏观经济管理,2006 (10):43-46.

[10] 洪阳, 叶文虎. 可持续环境承载力的度量及其应用 [J]. 中国人口·资源与环境, 1998 (3): 54 – 58.

[11] 匡耀求, 孙大中. 基于资源承载力的区域可持续发展评价模式探讨——对珠江三角洲经济区可持续发展的初步评价 [J]. 热带地理, 1998, 18 (3): 249 – 255.

[12] 李国平, 张云. 附加环境因素: 传统比较优势理论的扩展 [J]. 中国人口·资源与环境, 2004, 14 (4): 6 – 10.

[13] 李佳佳, 罗能生. 制度安排对中国环境库兹涅茨曲线的影响研究 [J]. 管理学报, 2017, 14 (1): 100 – 110.

[14] 李周, 包晓斌. 中国环境库兹涅茨曲线的估计 [J]. 科技导报, 2002, 20 (4): 57 – 58.

[15] 李宗植, 吕立志. 资源环境对长三角地区社会经济发展的约束 [J]. 经济经纬, 2004 (4): 59 – 62.

[16] 刘仁志, 汪诚文, 郝吉明, 等. 环境承载力量化模型研究 [J]. 应用基础与工程科学学报, 2009, 17 (1): 49 – 61.

[17] 刘士林, 刘新静. 中国城市群发展指数报告(2013) [M]. 北京: 社会科学文献出版社, 2013.

[18] 刘威, 栾贵勤. 路径依赖与区域产业结构 [J]. 理论探讨, 2004 (3): 64 – 65.

[19] 刘志彪. 长三角区域经济一体化 [M]. 北京: 中国人民大学出版社, 2010.

[20] 牛文元. 21 世纪中国环境与可持续发展能力 [J]. 地理知识, 1997 (6): 12 – 15.

[21] 曲玥, 蔡昉, 张晓波. "飞雁模式"发生了吗? ——对 1998—2008 年中国制造业的分析 [J]. 经济学 (季刊), 2013, 12 (2): 757 – 776.

[22] 宋言奇. 长江三角洲生态环境一体化规划的构想 [J]. 南阳师范学院学报, 2006, 5 (1): 20 – 22.

[23] 唐剑武, 叶文虎. 环境承载力的本质及其定量化初步研究 [J]. 中国环境科学, 1998, 18 (3): 227 – 230.

[24] 王金南, 于雷, 万军, 等. 长江三角洲地区城市水环境承载力评估 [J]. 中国环境科学, 2013, 33 (6): 1147 – 1151.

[25] 杨宝良. 论中国区域比较优势与产业地理集聚的非协整发展及成因 [J]. 经济评论, 2003 (5): 48 – 52.

[26] 曾维华, 王华东, 薛纪渝, 等. 人口、资源与环境协调发展关键问题之一——环境承载力研究 [J]. 中国人口·资源与环境, 1991 (2): 33 – 37.

[27] 张奔, 戴铁军. 环境治理中寻租的经济学分析 [J]. 中国市场, 2010, 31 (44): 121 – 123.

[28] 张华. "绿色悖论"之谜: 地方政府竞争视角的解读 [J]. 财经研究, 2014, 40 (12).

[29] Cai H., Chen Y., Gong Q.. Polluting thy Neighbor: Unintended Consequences of China's Pollution Reduction Mandates [J]. Journal of Environmental Economics & Management, 2016 (76): 86 – 104.

［30］Grossman G. , Krueger A. . Environmental Impacts of a North American Free Trade Agreement ［J］. Cepr Discussion Papers, 1992, 8（2）：223 – 250.

［31］Hering L. , Poncet S. . Environmental Policy and Exports：Evidence from Chinese Cities ［J］. Journal of Environmental Economics & Management, 2014, 68（2）：296 – 318.

［32］Kahn M. E. , Li P. , Zhao D. . Water Pollution Progress at Borders：The Role of Changes in China's Political Promotion Incentives ［J］. American Economic Journal Economic Policy, 2015, 7（4）：223 – 242.

［33］Selden T. M. , Song D. . Neoclassical Growth, The J Curve for Abatement, And the Inverted U Curve for Pollution ［J］. Journal of Environmental Economics & Management, 1995, 29（2）：162 – 168.

▶ 第七章
长三角城市群的溢出效应和
示范引领

改革开放以来，伴随着工业化和城市化进程的加快，催生了具有中国特色的城市群的快速发育。一方面，我国城乡体制改革驱使着我国城市地域空间结构和功能不断演进，城市发展模式也由各城镇独立发展的无组织状态转变为相互依赖的有组织的城市体系状态；另一方面，在一些地理条件优越与政策环境良好的地区形成了城镇密集协同发展的城市群。不同功能和规模的多个城市聚合而成的城市群对我国经济发展的空间格局和国际竞争力产生了重要影响，是我国未来经济格局中最具活力和潜力的核心地区，是国家参与全球竞争与国际分工的新型地域单元，也是供给侧结构性改革政策导向下优化国家供给体系的关键载体（方创琳，2009；叶南客、黄南，2017）。由于城市群内部各城市规模大小、资源禀赋和功能定位的不同，城市群内部各城市间的协同发展促使经济社会更紧密融合，从而形成优势互补、共同繁荣的整体效应，对整体竞争的提高至关重要（王士君，2009）。

一、新常态下长三角城市群的分工格局及体系演变

（一）长三角城市群各等级城市的分工格局

1. 长三角城市群城市规模变化

长三角城市群一直是我国国民经济发展的重要增长极。随着长三角地区空间范围界定的不断演变，对周边地区的集聚和辐射功能也在不断增

强。从行政意义上讲，各类主体的相互博弈导致长三角地区空间范围经历了快速扩大、骤然缩小、稳步扩容的反复过程。长三角城市群发展日益成熟，其空间范围在逐渐扩张。根据《关于调整城市规模划分标准的通知》，以常住人口为统计口径将我国城市规模划分调整为"五类七档"。长三角城市群的城市规模按照城区常住人口可分为六个层次；按照全市常住人口可分为四个层次。按照不同口径划分的各城市档次如表 7-1 所示。2016 年长三角地区新增安徽铜陵、安庆、池州和宣城，没有覆盖淮安、衢州、连云港、徐州、淮南、丽水、宿迁和温州，总城市数由 30 个减少到 26 个。尽管长三角城市群内部城市总数量减少，但空间范围由东向西梯次扩展，不仅丰富了长三角地区的资源禀赋多样性，也有利于整体的产业布局。以现阶段 26 个城市为例进行考察，2015 年长三角地区 GDP 为 135 502 亿元，人均 GDP 为 8.98 万元；2016 年长三角地区 GDP 和人均 GDP 分别增加 12 146 亿元和 0.88 万元，有理由认为此次长三角地区向西扩容优化了长三角城市群的产业结构和城市规模等级。因此，新常态下优化和提升长三角城市群功能，不仅可以推动区域经济创新发展，还能促进其空间范围由东向西、由南向北梯次拓展。区域内合理的人口和产业布局，更易促进区域经济协调发展，辐射中西部地区，从而引领全国经济发展。

表 7-1　　　　　　2016 年以常住人口统计的城市规模结构

城市类别	城市档次	划分标准（万人）	规划中各城市规模等级（城区常住人口）	各城市规模等级（全市常住人口）
超大城市	超大城市	$[1000, +\infty)$	上海	上海、苏州
特大城市	特大城市	$[500, 1000)$	南京	盐城、南通、无锡、南京、合肥、杭州、宁波
大城市	Ⅰ型大城市	$[300, 500)$	杭州、合肥、苏州	扬州、泰州、滁州、常州、芜湖、安庆、嘉兴、绍兴、金华、台州
大城市	Ⅱ型大城市	$[100, 300)$	无锡、宁波、南通、常州、绍兴、芜湖、盐城、扬州、泰州、台州	镇江、马鞍山、铜陵、宣城、湖州、池州、舟山
中等城市	中等城市	$[50, 100)$	镇江、湖州、嘉兴、马鞍山、安庆、金华、舟山	
小城市	Ⅰ型小城市	$[20, 50)$	铜陵、滁州、宣城、池州	
小城市	Ⅱ型小城市	$(0, 20)$		

资料来源：《长江三角洲城市群发展规划》及作者整理。

2. 长三角城市群产业专业化情况

城市规模的变化不仅是长三角城市群空间范围的扩张，更是基于城市功能定位和整体产业布局的考量，即利用区域内各城市禀赋优势发展差异性主导产业，从而形成城市和产业之间的错位发展。根据吴福象、蔡悦（2014）的研究，通常可以将区域内城市与产业之间的关系分为三个层次：第一，大部分资本密集型和技术密集型产业集聚在处于城市群较高层级的城市，这些城市将作为城市群的增长极对周边地区产生溢出效应和辐射带动作用，引领整个城市群的发展。第二，劳动密集型产业主要集聚在较低层级的城市，这些城市资本和技术相对匮乏，因此，为了实现自身经济快速、可持续发展，这些城市一方面主动利用自身禀赋优势，向高层级城市提供劳动密集型产品、原材料等推动区域经济发展；另一方面被动接受高层级城市的辐射作用，拉动区域经济发展。第三，处于较高层级和较低层级之间的中间水平城市，主要承担"承上启下"的作用，一方面接受较高层级城市的辐射带动作用发展自身经济，并调整产业结构将这种带动作用尽可能地传递到较低层级城市；另一方面购买较低层级城市的生产要素和初级产品，在发展自身经济的同时也能拉动较低层级城市的发展。

为了考察长三角城市群的产业分工布局，本章选择长三角 26 个核心城市制造业支柱行业进行分析。考虑到数据的完整性，选取 2015 年各地区分行业数据测度区位熵，用以判断某一产业部门的专业化程度。所有数据源于 2015 年《上海统计年鉴》《江苏统计年鉴》《浙江统计年鉴》《安徽统计年鉴》和《中国城市统计年鉴》。区位熵计算公式如下：

$$LQ_{ij} = \frac{\dfrac{X_{ij}}{\sum_i X_{ij}}}{\dfrac{\sum_j X_{ij}}{\sum_i \sum_j X_{ij}}} \tag{7.1}$$

其中，X_{ij} 为 i 地区 j 行业的工业总产值（或从业人员）；$\sum_i X_{ij}$ 为区域 j 行业工业总产值（或从业人员）；$\sum_j X_{ij}$ 为 i 地区所有行业的工业总产值（或从业人员）；$\sum_i \sum_j X_{ij}$ 为区域内所有行业的工业总产值（或从业人员）。本章采用工业总产值计算。当 $LQ_{ij} < 1$ 时，表示该行业属于地区劣势产业；当 $LQ_{ij} \geq 1$ 时，表示该行业属于地区优势产业；当 $LQ_{ij} \geq 1.5$ 时，表示该行业在当地的专业化程度非常高，具有显著的比较优势。

由表 7-2 可知，长三角地区核心城市的产业空间分布可分为三种类型：（1）轻纺类。代表城市有杭州、南通、盐城、金华、湖州、嘉兴和绍兴。这些城市的纺织业区位熵超过 1.5，纺织业属于当地的优势产业。其中，绍兴的轻纺业具有绝对主导优势，其总产值位于所考察的 8 个制造业首位；嘉兴的轻纺业是当地的主导产业，纺织业、服装业和皮革业稳步发展，已具有相当规模。(2) 电气 + 重化工类。代表城市有南京和常州。常州制造业增长主要以技术密集和资本密集为主。其中，黑色金属冶炼及压延加工业和电气机械及器材制造业是常州现有的优势产业，在常州制造业发展中具有重要的战略地位，是当地政府扶持和引导的主要对象。电气、石化、汽车和钢铁是南京的四大支柱产业，其中，化学原料制造业位居前列。(3) 电子 + 汽车类。代表城市有上海、南京和苏州。汽车制造业和电子信息产业均属于上海、南京和苏州的地区优势产业，尤其是上海市，高资本密集型汽车产业和电子信息产业是其产业发展的"领头羊"。

表 7 - 2　　　　　　　长三角地区城市制造业重点行业区位熵

重点行业	$LQ < 1$	$1 \leqslant LQ < 1.5$	$LQ \geqslant 1.5$
纺织业	马鞍山、南京、上海、芜湖、合肥、镇江、池州、扬州、宁波、台州、泰州、苏州	铜陵、舟山、常州、无锡	杭州、南通、盐城、金华、湖州、嘉兴、绍兴
化学制品	芜湖、合肥、金华、马鞍山、苏州、台州、湖州、上海、无锡	绍兴、杭州、扬州	宁波、南京、盐城、嘉兴、泰州、南通、常州、铜陵、镇江、池州、舟山
黑色金属	舟山、南通、杭州、绍兴、台州、镇江、盐城、合肥、金华、扬州、上海、宁波、南京	铜陵、泰州、嘉兴、苏州	芜湖、湖州、无锡、池州、常州、马鞍山
金属制品业	舟山、铜陵、湖州、苏州、池州、芜湖、盐城、上海、嘉兴、绍兴、南京、宁波、常州、杭州、扬州	马鞍山、合肥、无锡、镇江、南通、台州	泰州、金华
通用设备	铜陵、南京、舟山、金华、常州、扬州、苏州、镇江、无锡、合肥、池州、嘉兴、宁波	泰州、湖州、上海、南通、芜湖、杭州、绍兴	马鞍山、盐城、台州
汽车制造业	南通、常州、泰州、嘉兴、湖州、镇江、舟山、绍兴、铜陵、苏州、无锡、马鞍山、池州、杭州	合肥、金华、扬州	上海、宁波、台州、南京、盐城、芜湖

重点行业	LQ < 1	1 ≤ LQ < 1.5	LQ ≥ 1.5
电气机械	舟山、马鞍山、盐城、绍兴、上海、南京、苏州、金华、嘉兴、池州、杭州、台州、宁波、无锡	南通、常州、泰州、湖州、镇江、芜湖、合肥	扬州、铜陵
通信设备	舟山、绍兴、盐城、马鞍山、湖州、台州、芜湖、池州、金华、扬州、泰州、铜陵、常州、嘉兴、南通、镇江、宁波、杭州	无锡、合肥、上海、南京	苏州

注：根据区位熵整理，由于安庆、宣城和滁州数据不完整，故仅考虑 23 个城市。

综上所述，长三角城市群内各城市的产业专业化格局比较显著，如上海的支柱产业为高新技术产业，纺织业、服装业等传统轻工业对地区经济增长的作用逐渐弱化，但对绍兴、嘉兴、湖州等地区经济增长发挥重要作用。由此可见，资金、人才和技术等生产要素按照一定利益导向在地区和产业间流动，推动长三角城市群内部城市之间形成相互关联、相互依赖的产业分工格局，实现区域产业结构优化。

（二）长三角城市群各等级城市的体系演变

1. 长三角城市体系规模特征的测度

城市体系是指一定区域内，以中心城市为核心，将不同职能分工和等级规模的城市经济发展紧密相连，逐渐形成一种相互作用、相互联系的城市群组织。城市体系的空间合理性关系到各等级城市的空间布局总况，对城市体系功能发挥、竞争力提升和城市规模结构的优化具有重要意义。对于城市体系演变规律的测度，国内外学者提出了众多测度模型，常见的几种方法有：城市首位度指数、等级—规模法则、位序—规模法则及城市规模基尼系数等。本章结合城市首位度指数和城市规模基尼系数对长三角城市群的城市体系演变进行分析。

（1）城市首位度指数。杰弗森（Jefferson）于 1939 年提出了城市首位度概念，用以反映城市体系中人口在首位城市的集聚程度。他在研究中分别测度出 51 个国家的首位度指数，发现首位度指数通常在 3 左右，即各国首位城市拥有压倒性的人口规模优势，他将这种人口规模分布规律称为首位分布。通常采用区域内首位城市与第二位城市的人口规模之比对城市首位度指数进行衡量，但由于计算过于简单，学者们又提出了 4 城市指数和 11 城市指数，公式如下：

$$S_2 = P_1/P_2 \tag{7.2}$$

$$S_4 = P_1/(P_2 + P_3 + P_4) \tag{7.3}$$

$$S_{11} = 2P_1/(P_2 + P_3 + \cdots + P_{11}) \tag{7.4}$$

其中，S_2、S_4、S_{11} 分别为城市首位度指数、4 城市指数和 11 城市指数。按照城市规模大小排位，P_1 为第一位城市（即最大城市）人口数，P_i 为第 i 位城市人口数，$i = 2, 3, \cdots, 11$。

（2）城市规模基尼系数。基尼系数最早用以反映社会财富分配公平程度，在此基础上，马歇尔（Marshall）提出了城市规模基尼系数概念，用以研究不同规模城市的发育成长状况。在计算城市规模基尼系数时，首先假设一个城市体系由 n 个城市组成，S 为总人口，T 为各城市人口规模之差的绝对值总和，则基尼系数的计算公式为：

$$G = \frac{T}{2(n-1)S} \tag{7.5}$$

其中，G 为城市规模基尼系数，用以反映该城市体系中人口集中程度或均衡程度，且 $G \in [0, 1]$。当 $G \to 0$ 时，表明城市规模越集中；当 $G \to 1$ 时，表明城市规模越分散；当 $G = 0.5$ 时，表明各城市人口均匀分布。

（3）指标计算与结果分析。为了保证数据的延续性，本章采用 2004～2016 年全市常住人口数对城市首位度指数和城市规模基尼系数进行测度。其中，2004～2015 年按照 16 城市计算，2016 年按照 26 城市计算，所有数据均来自历年各省（市）统计年鉴，结果如表 7－3 所示。

表 7－3　　　　　长三角城市群城市体系规模分布描述性指数

年份	首位度指数	4 城市指数	11 城市指数	城市规模基尼系数
2005	2.510	0.647	0.584	0.157
2006	2.425	0.649	0.592	0.160
2007	2.339	0.660	0.608	0.165
2008	2.346	0.673	0.621	0.167
2009	2.359	0.676	0.648	0.158
2010	2.200	0.662	0.631	0.174
2011	2.232	0.671	0.639	0.175
2012	2.257	0.677	0.646	0.176

续表

年份	首位度指数	4 城市指数	11 城市指数	城市规模基尼系数
2013	2.283	0.685	0.653	0.177
2014	2.288	0.683	0.654	0.177
2015	2.275	0.677	0.649	0.177
2016	2.273	0.673	0.594	0.303

资料来源：作者整理。

从首位度指数来看，2005～2016 年长三角地区首位度指数始终超过 2，但呈波动发展趋势，说明长三角城市体系的首位城市有较高的集聚度，上海市始终是长三角地区最大的中心城市，符合首位分布特征。值得说明的是，杭州市始终为长三角地区的第二位城市，2007 年后，杭州市、南京市和南通市分别为第三、第四和第五位城市。从 4 城市指数和 11 城市指数来看，两者变化基本保持一致，均呈先增后减趋势，且 2007～2015 年两指数均在 0.65 左右波动，说明 2－11 位城市发展相对均衡。此外，由于 2016 年长三角地区囊括的城市个数上升至 26 个，第 2－11 位城市有所变化，11 城市指数变化较为明显。整体而言，上海是长三角地区的中心城市，但城市首位度并不明显。从城市规模基尼系数来看，2005～2015 年，长三角地区城市规模基尼系数呈先增后减再上升的波动趋势，但基本保持稳步增长，说明该阶段长三角各城市规模的差距呈微弱扩大趋势；2016 年由于长三角扩容，该系数骤然由 0.177 上升至 0.303，城市规模之间的差距进一步扩大。

2. 长三角城市群体系的演化机制

城市群体系演化通常有自上而下和自下而上两种模式（程开明、庄燕杰，2013）。前者又称他组织机制，是由各级政府通过规划、管理、控制等手段对城市体系发展产生影响的过程；后者又称自组织机制，是由市场机制导致的城市体系自行发展的过程，即城市体系依靠自身不断增强的集聚和辐射能力，从聚落→村镇→城镇→城市→城市群的演变过程。尽管 20 世纪 90 年代以来，我国经济体制由计划经济转向了市场经济，但在长三角地区城市体系演化过程中，政府力量和市场力量同样发挥着重要作用。

第一，长三角城市体系演化的他组织机制。他组织机制是城市体系发展的强力推动者，本质上是借助政府力量为区域城市发展提供良好的发展环境。改革开放以来，尽管中国经济体制已转型为市场经济体制，但政府对区域经济发展的作用仍不容小觑。国家对长三角地区的行政区划调整、区域开发政策、投资政策等为该地区吸引了大量的人才，引导产业集聚，为长三角城市群发展提供了有利条件。例如，1992年浦东开发后，上海在长三角城市群中的龙头地位日益显著；长三角地区行政区划的频繁变动，对城市体系规模分布有直接影响。2016年城市规模基尼系数骤然上升，说明此次长三角地区城市规模的扩大减弱了极化效应。

第二，长三角城市体系演化的自组织机制。自组织机制是城市体系发展的核心机制，本质上讲是市场主体经济行为的结果。也就是说，城市体系的形成和演变过程主要是因为，在市场条件下市场主体为了追求最大化利润或效用，促进要素流动、产业结构调整及科技创新等，使城市体系由低级向高级演变。长三角地区已初步形成了包括职能组织结构、等级规模结构和空间分布结构的城市体系，其地理优势明显，交通网络和信息网络健全，产业基础雄厚，区域增长极对周边城市的辐射带动作用明显。从首位度指数可以看出，上海作为长三角地区的核心城市，人口规模不断扩大，首位分布调整比较明显。2015年后长三角地区首位度指数呈下降趋势，说明长三角地区城市体系发展逐步向结构扁平化的城市网络发展。

二、国内外城市群的发展经验对长三角地区的借鉴意义

（一）长三角城市群和国内城市群的比较

长三角城市群处于"一带一路"与长江经济带的重要交汇地带，是我国参与国际竞争的重要平台，是我国最有能力成为世界级城市群的一体化经济区域，也是供给侧结构性改革政策导向下优化国家供给体系的关键载体，在国家现代化建设大局和全方位开放格局中具有重要的战略地位。作为全国第一大城市群、世界第六大城市群，在供给侧结构性改革重大战略背景下，长三角城市群经济水平不断提高，综合实力不断增强，国际影响力不断上升，对于国内其他城市群的发展具有重要的溢出和示范效应。目前，我国主要有三大城市群，其城市分布情况如表7-4所示。

从长三角、珠三角和京津冀城市群对比来看，长三角、珠三角和京津冀城市群经济的迅猛发展对我国经济发展的贡献举足轻重。但由于三者的起步时间、资源禀赋以及经济基础各异，国家对三大城市群的政策策略存在差异性，三者的战略定位与现阶段发展水平也有所不同。进一步对比分析三大城市群的特征及经济规模与速度等方面可以发现，三者在经济新常态和供给侧结构性改革大背景下的经济实力和发展潜力也存在明显差异。

表 7 - 4 中国三大主要城市群的城市分布情况

城市群名称	包含的主要城市	城市数量（座）
长江三角洲城市群	上海、南京、无锡、常州、苏州、南通、盐城、扬州、镇江、秦州、杭州、宁波、绍兴、湖州、嘉兴、金华、舟山、台州、合肥、芜湖、马鞍山、铜陵、安庆、滁州、池州、宣城	26
珠江三角洲城市群	广州、深圳、佛山、东莞、中山、珠海、惠州、江门、肇庆	9
京津冀城市群	北京、天津、石家庄、唐山、保定、秦皇岛、廊坊、沧州、承德、张家口、邢台、邯郸、衡水	13

资料来源：《现代城市研究》期刊、《长江三角洲城市群发展规划》及网页等相关内容。

首先，从三大城市群的发展特征来看，长三角城市群以上海为核心，覆盖浙、沪、皖 26 个城市，形成"一核五圈四带"众星拱月型的空间格局。整个区域经济发展水平较高，基本迈入城市群发展的"普遍繁荣"阶段；[①] 珠三角城市群以广、深、港为核心，形成"三足鼎立"的多核模式，覆盖广东省 9 个城市，形成"集体出海"的海洋经济圈，整个区域正处于"集中到分散"阶段向"普遍繁荣"阶段的过渡期；京津冀城市群以北京为核心，覆盖北京、天津、河北 13 个城市，由于北京和天津对河北的极化效应大于扩散效应，故而形成了北京独大、河北羸弱的局面，整个区域尚未实现一体化，仍处于"集中到分散"阶段（见表 7 - 5）。整体而言，长三角城市群发展进程最快，珠三角城市群次之，京津冀城市群最慢。

表 7 - 5 我国三大城市群的数据比较

城市群	面积（万平方千米）	人口（亿）	区域描述	发展阶段	特征描述
长江三角洲城市群	21.3	1.5	上海为核心，基本实现协同	步入普遍繁荣的城市群阶段	"一核五圈四带""众星拱月"
珠江三角洲城市群	5.6	0.7	广、深、港为核心，形成粤东南连同港澳的大都市带	新大都市带向城市群过渡期	"三个核心""集体出海"
京津冀城市群	18.4	0.9	北京为核心，尚未实现区域协同	向新大都市带迈入的过渡期	"一核双城三轴四区""双木难成林"

资料来源：作者整理。

---

① 城市群形成及发展过程：分散到集中—集中到分散—普遍繁荣。其中，"分散到集中"是超级城市孕育阶段，其周期在城市化快速发展中不断缩短；"集中到分散"是大都市带形成阶段，产业集聚效应浮现；"普遍繁荣"是城市群的标志，此时城市群协同发展。

其次，从经济实力来看，长三角城市群辐射 26 市，经济实力最为雄厚。由表 7 - 6 可知，以 GDP 总量指标衡量时，2016 年长三角城市群 GDP 总量为 147 647.9 亿元，占全国 GDP 的比重为 19.8%；珠三角城市群和京津冀城市群所占比重分别为 9.1%（不含港澳地区）和 10.1%，二者总量仅为长三角城市群的一半左右。其中，长三角城市群拥有四座 GDP 过万亿元的城市，珠三角城市群和京津冀城市群各两座。以人均 GDP 指标衡量时，2016 年长三角城市群人均 GDP 突破 10 万元的城市占比为 38.5%，珠三角城市群为 22.2%，京津冀城市群为 15.4%。整体而言，长三角城市群具有明显的优势。

表 7 - 6　　　　　　2016 年我国三大城市群经济实力的数据比较

长三角城市群					京津冀城市群			珠三角城市群		
城市	人均 GDP（亿元）	GDP（亿元）	城市	人均 GDP（亿元）	GDP（亿元）	城市	人均 GDP（亿元）	GDP（亿元）	城市	人均 GDP（亿元）	GDP（亿元）
上海	11.4	27 466.2	湖州	8.5	2 243.1	北京	11.4	24 899.3	广州	14.2	19 547.4
南京	12.7	10 503.0	绍兴	9.4	4 710.2	天津	11.5	17 885.4	深圳	16.7	19 492.6
无锡	14.2	9 210.0	舟山	12.6	1 228.5	石家庄	5.5	5 857.8	珠海	13.5	2 226.4
常州	12.3	5 773.9	金华	7.6	3 635.0	承德	4.1	1 432.9	佛山	11.6	8 630.0
苏州	14.6	15 474.1	台州	6.4	3 842.8	张家口	3.3	1 461.1	惠州	7.2	3 412.2
南通	9.2	6 768.2	合肥	8.0	6 274.3	秦皇岛	4.3	1 339.5	东莞	8.3	6 827.7
盐城	6.3	4 576.1	滁州	3.5	1 422.8	唐山	8.1	6 306.0	中山	9.9	3 202.8
扬州	9.6	4 449.4	马鞍山	6.6	1 493.8	廊坊	5.8	2 706.3	江门	5.3	2 418.8
镇江	12.1	3 833.3	芜湖	7.4	2 699.4	保定	3.1	3 110.4	肇庆	5.1	2 084.0
泰州	8.1	4 101.8	宣城	4.1	1 057.8	沧州	4.8	3 533.4	澳门	46.1	2 976.0
杭州	12.8	11 505.5	铜陵	6.0	957.3	衡水	3.2	1 413.4	香港	30.0	22 038.1
宁波	10.9	8 541.1	池州	4.1	589.0	邢台	2.7	1 954.8			
嘉兴	10.7	3 760.1	安庆	3.3	1 531.2	邯郸	3.5	3 337.1			

资料来源：各城市统计年鉴或统计公报。

（二）长三角城市群和世界城市群的比较

长三角城市群是我国综合实力最强的城市群，能够跻身世界六大城市群足以证明其实力不容小觑。但是，无论从发展水平还是整体质量来看，长三角城市群与其他世界五大城市群相比仍存在不小的差距。由表 7 - 7 可知，2016 年长三角城市群人口高居第一，面积仅次于北美五大湖区城市群，说明长三角城市群在空间、人口上已具备世界级城市群的发展基础。然而，其 GDP 总量对国家的贡献仅为 19.8%，与日本太平洋沿岸城市群和英国中南部城市群的经济实力相比还相差甚远。具体可从产业结构、城市空间体系、城市群空间结构和核心城市发展等方面进行对比分析，并以此为鉴，逐渐向新型世界级城市群迈进。

表 7 – 7   2016 年六大世界城市群的数据比较

城市群所在地	核心城市	面积（万平方千米）	人口（亿）	GDP（万亿美元）	占所在国的 GDP 比重（%）
美国东北部	纽约	13.8	0.65	4.45	24
北美五大湖区	芝加哥	24.5	0.5	3.71	20
日本太平洋沿岸	巴黎	10.0	0.7	3.07	65
英国中南部	伦敦	4.5	0.4	1.29	49
欧洲西北部	东京	14.5	0.46	2.28	占欧盟的 13%
中国长三角	上海	21.2	1.56	2.22	19.8

资料来源：米锦欣. 世界城市群视角下中国三大经济圈的特征比较 [J]. 商业经济研究，2017（13）：173 – 177.

产业结构方面，世界级城市群整体上服务业比重较高，各城市主导产业主要集中于高端制造业和高端服务业，处于价值链高端。长三角城市群整体上服务业比重未体现优势，各城市主导产业仍以低端制造业为主，处于价值链低端。城市空间体系方面，世界级城市群的城市体系能够实现错位发展，城市群内部各城市分工明确，形成良好的协同发展格局。相比较而言，目前长三角城市群内部各城市之间分工尚不够合理，协同发展格局有待形成和进一步完善。城市群空间结构方面，基础设施走廊是世界级城市群形成的必要条件，其他五大世界城市群基本建成联系密切的功能性网络，尽管长三角城市群基础设施比较健全，但相较而言还相对滞后。核心城市发展方面，作为世界级城市群的核心城市，不仅在城市群中承担着核心职能，还须具备对城市群内其他城市的辐射带动作用。可以肯定的是，上海作为长三角城市群的核心城市，其经济发展领跑中国，辐射带动作用明显。但与纽约、伦敦、东京等城市相比，上海的经济规模和功能都不够突出，对周边城市的辐射带动作用的潜力还有待继续挖掘。

三、城市群扩容对长三角区域增长的溢出效应

（一）长三角城市群规划的功能定位

1. 江、浙、沪、皖产业发展定位

在分析长三角城市的功能定位之前，首先了解江、浙、沪、皖各自的经济现状

和发展定位。图 7 - 1 显示，就三省一市各自总量在长三角地区占比而言，江、浙、沪、皖工业总量占比分别为 12%、45%、28%、15%；第三产业总量占比分别为 21%、42%、26%、11%。就地均值①在长三角地区占比而言，江、浙、沪、皖工业地均值占比分别为 64%、18%、13%、5%；江、浙、沪、皖第三产业地均值占比分别为 77%、12%、9%、2%。从地均值来看，上海是长三角地区发展极，是带动江、浙、皖三省发展的龙头。

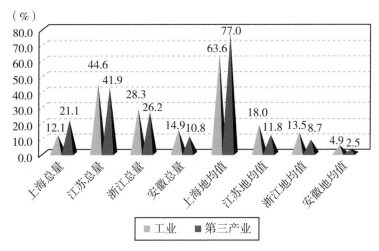

图 7 - 1　江、浙、沪、皖工业与第三产业占长三角地区生产总值的百分比

江、浙、沪、皖各自制定本地在"十三五"期间的产业发展定位如下：

第一，江苏坚持"调高调轻调优调强调绿"的导向，深入实施转型升级工程，推进产业高端化、高技术化和服务化发展，加快健全以高新技术产业为主导、服务经济为主体、先进制造业为支撑、现代农业为基础的现代产业体系，推动先进制造业和现代服务业成为主干部分。

第二，浙江加快发展现代化农业、新型制造业、战略性新兴产业和现代服务业，围绕结构深度调整、振兴实体经济，推进供给侧结构性改革，培育壮大新兴产业，改造提升传统产业，加快构建创新能力强、品质服务优、协作紧密、环境友好的现代产业新体系。

第三，上海按照高端化、智能化、绿色化、服务化要求，促进产业融合发展，不断完善以现代服务业为主、战略性新兴产业引领、先进制造业支撑的新型产业体系，不断提升服务经济特别是实体经济发展的质量和水平。到 2020 年，服务业增加值占全市生产总值比重达到 70% 左右，制造业增加值占全市生产总值比重力争保

---

①　地均值为市平均值，如江苏省有 13 个城市，地均值为经济总量除以 13。

持在25%左右。

第四，安徽着力加强供给侧结构性改革，大力实施调转促"4105"行动计划和《中国制造2025安徽篇》，基本形成以战略性新兴产业为先导、先进制造业为主导、现代服务业为支撑的现代产业新体系。到2020年，制造强省基本确立，制造业增加值占地区生产总值比重达到40%。

2. "一核五圈四带"网络化空间格局

长三角地区具有得天独厚的区位优势和优良的自然禀赋，产业集群优势非常显著。作为一核多中心的城市群样板，为继续推进城市群高效一体化发展，长三角城市群正致力于"一核五圈四带"网络化空间格局的构建，积极培育高水平增长极，形成以上海为核心的圈层结构和网络发展特征，即充分发挥上海的核心作用和辐射带动作用，促进五个都市圈同城化发展以及四个发展带聚合发展。

第一，提升上海的全球性城市功能。以世界级城市群核心城市为准绳，全力建设科技创新中心，充分发挥示范引领作用，将上海打造成核心竞争力强、综合服务功能高的世界级城市。同时，推动非核心功能疏散，与苏州、无锡等周边城市形成协同发展格局，引领长三角城市群一体化发展，提升服务长江经济带和"一带一路"等国家战略的能力。

第二，促进五个都市圈同城化发展。一是南京都市圈，包括南京、镇江和扬州，主要打造成为区域性创新创业高地和金融商务服务集聚区；二是杭州都市圈，包括杭州、嘉兴、湖州和绍兴，充分发挥创业创新优势，培育发展信息经济等新业态新引擎，建设全国经济转型升级和改革创新的先行区；三是合肥都市圈，包括合肥、芜湖和马鞍山，旨在发挥承东启西功效，承接产业转移，推动创新链和产业链融合发展；四是苏锡常都市圈，包括苏州、无锡、常州，全面强化与上海的功能对接与互动，发展先进制造业和现代服务业集聚区，推进开发区城市功能改造；五是宁波都市圈，包括宁波、舟山和台州，旨在打造全球一流的现代化综合枢纽港、国际航运服务基地和国际贸易物流中心，形成长江经济带龙头龙眼和"一带一路"倡议支点。

第三，促进四条发展带聚合发展。一是沿海发展带，旨在打造与生态建设和环境保护相协调的海洋经济发展带，辐射带动苏皖北部、浙江西南部地区经济全面发展；二是沿江发展带，依托长江黄金水道，打造沿江综合交通走廊，打造引领长江经济带临港制造和航运物流业发展的龙头地区，增强对长江中游地区的辐射带动作用；三是沪宁合杭甬发展带，依托沪汉蓉、沪杭甬通道，积极发展服务经济和创新经济，辐射带动长江经济带和中西部地区发展；四是沪杭金发展带，依托沪昆通道，连接上海、嘉兴、杭州、金华等城市，建设以高技术产业和商贸物流业为主的综合发展带，提升对江西等中部地区的辐射带动能力。

（二）长三角城市群经济增长的空间溢出效应

1. 长三角地区经济发展的空间相关性

城市群作为区域经济增长的重要引擎，应呈现出各城市协同发展的态势，这种协同发展的主要动力来自城市间的溢出效应。根据"地理学第一定律"，在考察长三角地区经济发展时，将各城市间的空间相关性纳入分析框架很有必要。本章采用全域莫兰指数（Moran's I）对空间相关性进行检验，公式如下：

$$I = \frac{\sum_{i=1}^{n} \sum_{j=1}^{n} W_{ij}(Y_i - \bar{Y})(Y_j - \bar{Y})}{S^2 \sum_{i=1}^{n} \sum_{j=1}^{n} W_{ij}} \tag{7.6}$$

其中，$S^2 = \frac{1}{n} \sum_{i=1}^{n} (Y_i - \bar{Y})^2$，$\bar{Y} = \frac{1}{n} \sum_{j=1}^{n} Y_i$，本章中 Y_i 为各城市的人均 GDP；$n = 1, 2, \cdots, 26$，代表 26 个城市；I 为全局莫兰指数，测度人均 GDP 的空间相关性。$I \in [-1, 1]$，当 $I \rightarrow 1$ 时，各城市间呈空间正相关；当 $I \rightarrow 0$ 时，各城市间不存在空间相关性；当 $I \rightarrow -1$ 时，各城市间呈空间负相关。W 为空间矩阵，目前对于空间矩阵的构造有多种方法，考虑空间关联的一般性规律，即两地区间的相关程度随着城市间距离的扩大而减弱。本章借鉴潘文卿（2012）的做法，选取不同城市间欧式距离的倒数作为空间矩阵的元素。此外，考虑到长三角空间地理范围不断地向外扩张，区域内各城市间的空间相关性也随着变化，因此，分别以不同距离为阈值构建 0~1 空间矩阵，对长三角地区溢出效应的变化范围进行对比分析。空间相关性结果如表 7-8 所示。由表 7-8 可知，2000~2016 年以欧式距离倒数为空间权重矩阵的莫兰指数显示，长三角地区经济发展存在空间相关性。

表 7-8　　　　　长三角城市群空间自相关莫兰指数及其统计检验

年份	$1/d$	$(0-200]$	$(0-250]$	$(0-300]$	$(0-320]$	$(0-350]$
2000	0.115 (0.000)	0.293 (0.000)	0.168 (0.000)	0.046 (0.005)	0.034 (0.007)	-0.017 (0.177)
2001	0.110 (0.000)	0.281 (0.000)	0.160 (0.000)	0.044 (0.006)	0.031 (0.009)	-0.018 (0.191)

年份	$1/d$	(0-200]	(0-250]	(0-300]	(0-320]	(0-350]
2002	0.113 (0.000)	0.282 (0.000)	0.159 (0.000)	0.045 (0.006)	0.032 (0.009)	-0.018 (0.188)
2003	0.109 (0.000)	0.266 (0.000)	0.143 (0.000)	0.038 (0.010)	0.024 (0.017)	-0.023 (0.251)
2004	0.102 (0.000)	0.252 (0.000)	0.134 (0.000)	0.033 (0.015)	0.020 (0.024)	-0.027 (0.293)
2005	0.087 (0.000)	0.212 (0.000)	0.109 (0.001)	0.024 (0.029)	0.008 (0.058)	-0.039 (0.486)
2006	0.076 (0.001)	0.234 (0.000)	0.136 (0.000)	0.037 (0.010)	0.024 (0.016)	-0.022 (0.223)
2007	0.087 (0.000)	0.248 (0.000)	0.145 (0.000)	0.045 (0.006)	0.027 (0.014)	-0.025 (0.271)
2008	0.064 (0.002)	0.181 (0.001)	0.098 (0.002)	0.017 (0.047)	0.000 (0.093)	-0.040 (0.497)
2009	0.065 (0.002)	0.177 (0.001)	0.096 (0.003)	0.013 (0.058)	-0.005 (0.122)	-0.043 (0.455)
2010	0.057 (0.004)	0.154 (0.002)	0.084 (0.004)	0.009 (0.073)	-0.011 (0.171)	-0.046 (0.397)
2011	0.096 (0.000)	0.270 (0.000)	0.159 (0.000)	0.055 (0.003)	0.033 (0.010)	-0.023 (0.252)
2012	0.095 (0.000)	0.268 (0.000)	0.155 (0.000)	0.054 (0.003)	0.032 (0.010)	-0.024 (0.261)
2013	0.069 (0.002)	0.193 (0.000)	0.110 (0.001)	0.025 (0.028)	0.006 (0.068)	-0.037 (0.450)
2014	0.071 (0.001)	0.202 (0.000)	0.117 (0.001)	0.027 (0.025)	0.006 (0.066)	-0.036 (0.433)
2015	0.105 (0.000)	0.257 (0.000)	0.137 (0.000)	0.035 (0.014)	0.014 (0.039)	-0.034 (0.400)
2016	0.132 (0.000)	0.309 (0.000)	0.170 (0.000)	0.049 (0.005)	0.028 (0.014)	-0.025 (0.270)

注：括号内为莫兰指数相对应的 p 值；d 为欧式距离。

资料来源：作者整理。

从时间维度看，长三角城市群之间存在空间正相关性，并且表现出两个明显的阶段性特征。第一阶段：2000～2014 年，空间相关的莫兰指数随着时间的推移整体上呈现减弱的趋势；第二阶段：2015～2016 年，空间相关的莫兰指数逐渐增强。究其原因，可能是因为本章考察的是长三角地区 26 城市，2015 年之前，长三角地区实际纳入的城市并不包含安徽 8 城市。长三角城市群作为一个区域，其区域发展政策有利于实现区域内资源的有效配置，最大化区域内城市间的溢出效应。因此，尽管此时长三角地区对安徽省存在空间相关性，但这种相关性随着长三角城市群的日益成熟而减弱，从而影响整体的空间相关性。相反，自长三角地区扩容至安徽 8 城市后，区域间的空间相关性也随之增强。这说明有理由相信长三角地区扩容至 26 城市有利于区域内各城市间的相互联系。

从空间距离看，表 7－8 中第 3～6 列显示了伴随着空间距离的增加，区域内各城市间的空间相关性。结果还显示，长三角城市群的空间相关性验证了空间关联规律，即空间相关的莫兰指数随着城市间距离的增加而下降。也就是说，在较小的空间范围内，长三角城市间存在较强的空间正相关性，但随着空间范围的扩张，这种空间正相关性逐渐减小。如分别按 0～200 千米、0～250 千米和 0～300 千米构建空间权重矩阵时，2000 年莫兰指数值分别为 0.293、0.168 和 0.046；2016 年莫兰指数值分别为 0.309、0.170 和 0.049；其他年份呈现出相同特征。此外，当欧氏距离超过 350 千米时，莫兰指数将变为负数，且空间相关性对应的 p 值均大于 0.1，即不存在全域性的空间相关性。

2. 长三角地区经济发展的空间集聚特征

上述全域莫兰指数对长三角地区空间相关性进行了测度，结果表明长三角地区扩容增强了城市间的经济联系。接下来采用局域莫兰指数 I_i' 测度区域空间局域自相关，公式如下：

$$I_i' = Z_{ij} \sum_{j=1}^{n} W_{ij} Z_{ij} \qquad (7.7)$$

其中，W 为前文中的空间矩阵 $Z_i = Y_i - \bar{Y}$、$Z_j = Y_j - \bar{Y}$，Y_i、Y_j 分别表示 i 地区和 j 地区的人均 GDP。I_i' 为局域莫兰指数，测度区域空间局域自相关：当 $I_i' > 0$ 时，表示相似人均 GDP 的城市集聚在一起；当 $I_i' < 0$ 时，表示相异人均 GDP 的城市集聚在一起。

图 7－2 给出了欧氏距离为 200 公里时测度的 2013 年[①]与 2016 年长三角地区人

---

① 选择 2013 年而不是更早时期的莫兰散点图的原因在于，2016 年长三角地区才正式确定 26 城市，时间更早，对比分析的结果并不能更好地反映问题。因此，本章选取 2013 年和 2016 年的莫兰散点图进行对比，限于篇幅，其他年份的莫兰散点图及局域相关莫兰散点图未提及。

均 GDP 的莫兰散点图。对比分析 2013 年和 2016 年莫兰散点图，可以看出第二象限和第四象限中非典型观测值的城市个数有了明显变化，即 2013 年非典型观测值的城市有 10 个，2016 年下降到 8 个，这种现象说明，长三角区域性的空间集聚特征随着时间的推移更加明显。也就是说，长三角地区具有较高人均 GDP 的城市集聚在一起，具有较低人均 GDP 的城市周围也集聚着相同经济发展水平的城市，因此，那些具有较高人均 GDP 和较低人均 GDP 毗邻的城市在减少。

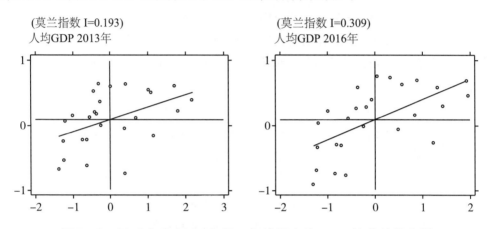

图 7 - 2　2013 年和 2016 年长三角地区人均 GDP 的莫兰散点图

综上所述，长三角地区经济发展存在空间溢出效应，且全域空间相关性和局域空间自相关性之间有着密切的联系，可以说，经济发展的空间溢出效应主要归功于局域的空间溢出。城市群发展过程中地理空间溢出效应对经济发展的作用不可小觑，但不能单纯地追求空间范围的扩张，城市间空间距离的扩大会导致溢出效应逐渐减小。因此，在进行扩容时，既要重视新增城市的资源禀赋和产业布局，又要关注新增城市与原位城市的空间距离。并且，随着时间的推移会出现明显的空间集聚特征，最终达到区域经济协同发展。

四、长三角城市群产业的协同发展与示范引领

（一）长三角城市群的产业协同分析

长三角地区处于东亚地理中心和西太平洋的东亚航线要冲，是"一带一路"与长江经济带的重要交汇地带。因此，长三角城市群与产业集群的协同发展对国内其他城市群的发展具有重要的溢出和示范效应。本章根据科斯蒂诺和沃格尔（Costinot and

Vogel，2010）的匹配理论对长三角地区各等级城市中的产业集聚进行分析。

1. 匹配模型设定

假设一个由两个不同等级的城市 A 和城市 B 组成的经济体，每个城市拥有相同的劳动力数量 L 和不同数量的产业，且劳动力和工作岗位都是异质性的。不同产业工作岗位具有不同的技术复杂度 $t \in R$，t 在 $\sum = [\underline{t}, \overline{t}]$ 区间上连续分布，$\overline{t}$ 越大代表该城市的技术发展水平越高。每个劳动力都无弹性地提供一单位劳动，且不同劳动力拥有不同的技能水平 $s \in R$，s 在 $S = [\underline{s}, \overline{s}]$ 区间上连续分布，当劳动技能水平为 s 时，劳动力供给量为 $L(s)$。假设经济体中只生产一种最终产品，生产最终产品需要连续的中间品或依赖于技术复杂度，则最终产品的 D – S 生产函数为：

$$Y = \left\{ \int_{t \in \sum} B(t) [Y(t)]^{(\varepsilon-1)/\varepsilon} d\varepsilon \right\}^{\varepsilon/(\varepsilon-1)} \tag{7.8}$$

$$Y(t) = \int_{s \in S} E(s,t) L(s,t) ds \tag{7.9}$$

其中，$1 < \varepsilon < \infty$ 是不变替代弹性，$B(t) \geq 0$ 是外生技术参数，且 $\sum \equiv \{t \in R/B(t) > 0\}$；$Y(t) \geq 0$ 表示技术复杂度 t 的中间品产出；$L(s,t) \geq 0$ 表示劳动技能水平为 S 的劳动力在工作岗位技术复杂度为 t 的产业中的人数；$E(s,t) > 0$ 表示不同劳动力与不同工作岗位的匹配效率，即在技术复杂度 t 给定的工作岗位中，劳动技能水平为 S 的劳动力的产出效率。假设匹配效率 $E(s,t)$ 二阶可导，且满足以下条件：

$$\frac{\partial E(s,t)}{\partial s} > 0 \tag{7.10}$$

$$\frac{\partial \ln E(s,t)}{\partial t \partial s} > 0 \tag{7.11}$$

式（7.10）表明，较之低技能劳动力，高技能水平的劳动力在生产效率上更具有绝对优势，即在技术复杂度相同的前提下，劳动力的技能水平越高，其产出水平越高。式（7.11）表明，高技能水平的劳动力在高技术复杂度的产业中更具有相对优势，较高技能水平劳动力与较低技能水平劳动力之间的生产率差距随着技术复杂度的增大而增大。上述假设等价于对数超模假设：对任何的 $t' > t$、$s' > s$，都有 $E(t',s') E(t,s) > E(t',s) E(t,s')$，即 $\frac{E(t',s')}{E(t',s)} > \frac{E(t,s')}{E(t,s)}$。对数超模假设表明：当技术复杂度处于较低水平时，不同技能水平劳动力的生产率差异较小；当技术复杂度处于较高水平时，不同技能水平劳动力的生产率差异较大。也就是说，劳动力的技能水平越高越适合从事技术复杂度较高的工作，其工作效率优势也将随着技术复杂度的提高而放大。

在完全竞争市场上，所有的产品将由大量的价格相同的企业生产。用 $\prod$ 表示最终产品部门的利润函数，$\prod(t)$ 表示中间产品部门的利润函数。$p(t) > 0$ 表示使用技术复杂度 t 生产的中间品价格；$w(s) > 0$ 表示劳动技能水平为 S 的劳动者工资水平。因此，最终产品部门和中间产品部门的利润函数分别为：

$$\prod = \left\{ \iint_{t \in \Sigma} B(t) \left[Y(t) \right]^{(\varepsilon-1)/\varepsilon} dt \right\}^{\varepsilon/(\varepsilon-1)} - \int_{t \in \Sigma} p(t) Y(t) dt \qquad (7.12)$$

$$\prod(t) = \int_{s \in S} \left[p(t) E(s,t) - w(s) \right] L(s,t) ds \qquad (7.13)$$

由于市场上存在大量的相同企业，在相同的工作岗位上，不同技能水平的劳动力之间具有完全替代性。因此，产品市场和劳动力市场都是完全竞争的。在竞争市场上，企业获取零利润，产品价格 $p(t)$ 和劳动工资 $w(s)$ 外生给定，劳动力的边际产品价值等于劳动工资，即 $w(s) = p(t) E(s,t)$。当劳动者效应最大化、企业利润最大化及零利润条件同时满足时，市场达到竞争均衡。劳动力技能水平 S 和工作岗位技术复杂度 t 之间存在一一对应关系，即 $t = m(s)$，该方程又称为匹配方程，满足连续性和严格递增性，且 $\underline{t} = m(\underline{s})$、$\bar{t} = m(\bar{s})$。

2. 长三角城市等级与产业的匹配分析

由匹配理论模型可知，劳动力技能水平和工作岗位的技术复杂度存在对应关系，接下来将运用匹配理论框架对长三角地区城市等级与产业匹配情况进行分析。在分析过程中，主要将长三角城市群所有城市划分为高层级城市（城市 A）和低层级城市（城市 B）进行分情况讨论。从城市群空间层级性出发讨论城市—产业协调发展，能够让城市群内部城市科学地认识自身的不足和发展方向，对各城市进行合理定位，从而避免同质竞争，实现区域内资源的有效配置，最终促使城市群和产业集群协同发展。由于地理位置、国家政策以及区域政策中对各类城市的功能定位不同，高层级城市比低层级城市更具绝对优势：能够引进并吸收更多的先进技术，拥有更多的资金进行科技创新并购买先进设备，城市内具更多优质企业为社会提供更高技术复杂度的工作岗位等。因此，两类城市的最低技术复杂度相等，高层级城市中工作岗位的最高技术复杂度超过低层级城市，$\bar{t}^A > \bar{t}^B$。为了便于分析且不失一般性，在分析过程中假定两城市的劳动力技能分布无差异。

情况 1　企业不能跨区流动、劳动力不能跨区流动

分析企业和劳动力均不能跨区流动时，首先假定两城市其他条件完全相同，仅工作岗位中的技术复杂度集合不同，即 $\bar{t}^A > \bar{t}^B$，从而匹配方程满足 $m^A(s) > m^B(s)$。此时，存在 $s' \geq s$ 使高层级城市的个体相对工资差异大于低层级城市：$w^A(s')/w^A(s) \geq w^B(s')/w^B(s)$。即存在一个技能水平 $\hat{s} \in S$，当 $\hat{s} \geq s \geq \underline{s}$ 时，两城市内部劳动力与技术复杂度 $t \in [\underline{t}, \bar{t}^B]$ 的工作岗位正好匹配；当 $\bar{s} \geq s \geq \hat{s}$ 时，高层级城市中存在技术复杂度 $t \in [\bar{t}^B, \bar{t}^A]$ 的工作岗位与之匹配，低层级城市不存在相应的工作岗位与之匹配，从而拥有该技能水平的劳动力只能从事低技术复杂度的工作，产出效率下降。

这就意味着，高技能水平的劳动力与高技术复杂度的工作岗位相匹配，低技能水平的劳动力与低技术复杂度的工作岗位相匹配。在两城市劳动力技能分布无差异的前提下，高层级城市所有技能的劳动力都能够选择匹配程度更高的工作岗位，从而劳动力整体的产出效率大幅度提高。此外，根据对数超模假设可知，高技能水平劳动力的工作效率随着其从事工作岗位技术复杂度的提高而放大，个体工资差异也将变大。

命题 1：在企业（工作岗位）和劳动力不能跨区流动的前提下，如果两城市劳动力技能分布无差异，但高层级城市拥有更多的高新技术产业，那么，高层级城市的收入水平高于低层级城市的收入水平。

情况 2　企业不能跨区流动、劳动力能跨区流动

在情况 1 的基础上，改变劳动力流动条件，即劳动力能跨区流动且成本为零。由于高层级城市拥有更多的高技术复杂度的工作岗位，从而高技能水平的劳动力与高技术复杂度的工作岗位的匹配程度更高。低层级城市的部分劳动力尽管拥有相同的高技能水平，但该城市内并没有企业提供与之匹配的高技术复杂度的工作岗位，从而这些高技能水平的劳动力在选择工作岗位时处于劣势地位。也就是说，存在一个技能水平 $s^* \in S$ 且 $\underline{s} \leq s^* \leq \bar{s}$，使两城市匹配方程出现以下两种情况：

$$\begin{cases} m^A(s) = m^B(s), w^A(s) = w^B(s), \text{当} \underline{s} \leq s \leq s^* \\ m^A(s) > m^B(s), w^A(s) > w^B(s), \text{当} s^* \leq s \leq \bar{s} \end{cases} \tag{7.14}$$

式（7.14）表明两地区低技能劳动力的工资无差异，但同等高技能劳动力在高层级城市中得到的工资高于在低层级城市中得到的工资，这是因为该高技能劳动力并没有选择低层级城市同等技能劳动力的工作岗位，而是选择了技术复杂度更高的工作岗位，其工作效率更高。当两城市同等技能劳动力的工资不相等时，工资差距必然导致劳动力跨区流动。

命题2：在企业（工作岗位）不能跨区流动、劳动力能跨区流动的前提下，由于高层级城市拥有更多的高新技术产业，当低层级城市不能为本地区高技能劳动力提供足够的高技术复杂度的工作岗位时，这些高技能劳动力为追求较高工资就会从低层级城市向高层级城市迁移，最终促使两地区的工作岗位技术复杂度都与劳动技能水平相匹配。

情况3　企业能跨区流动、劳动力不能跨区流动

在情况1的基础上，改变企业流动条件，即企业能跨区流动且企业搬迁成本为 C。假设低层级城市通过培育或者并购等手段出现较高技术复杂度 t^* 的企业，该城市内部不存在较高技能水平的劳动力与之匹配时，匹配效率为 $E^B(s^B, t^*)$；当高层级城市内存在相同技术复杂度 t^* 的企业，并存在相应技能水平的劳动力与之匹配时，匹配效率为 $E^A(s^A, t^*)$。其中，$s^A > s^B$。此时 $E^A(s^A, t^*) > E^B(s^B, t^*)$，从而 $\prod_A(s^A, t^*) > \prod_B(s^B, t^*)$ 成立，说明相同技术复杂度的企业在高层级城市具有更高的产出水平，能够获取更丰厚的利润。因此，对于任何 $\bar{t}^A > t^* > \bar{t}^B$，当 $\prod_A(s^A, t^*) - \prod_B(s^B, t^*) > C$ 时，技术复杂度为 t^* 的企业都会从低层级城市搬迁至高层级城市以获取更高利润。

命题3：在企业（工作岗位）能够跨区流动、劳动力不能跨区流动的前提下，初始状态时，高层级城市和低层级城市内部均实现劳动力技能水平和企业工作岗位技术复杂度的有效匹配。一旦低层级城市出现高技术复杂度的企业，且城市内没有足够的高技能劳动力与之匹配时，只要高层级城市内有足够的高技能劳动力与之匹配，使该企业搬迁至高层级城市后获得的利润超过搬迁成本时，该企业就会从低层级城市搬迁至高层级城市。

情况4　企业能跨区流动、劳动力能跨区流动

基于前三种情形分析，对企业和劳动力都能够跨区流动进行讨论。首先，从劳动力流动来看，存在一个技能水平 $\hat{s} \in S$，当 $\bar{s} \geqslant s \geqslant \hat{s}$，且 $w^A(s) > w^B(s)$ 时，拥有该技能水平的劳动力从低层级城市向高层级城市迁移，获取更高工资；当 $\hat{s} \geqslant s \geqslant \underline{s}$，且 $w^A(s) = w^B(s)$ 时，拥有该技能水平的劳动力全部留在本地区。一方面，工资差距导致劳动力跨区流动，使高层级城市劳动力数量和技能水平都超过低层级城市，地区收入水平进一步扩大；另一方面，劳动力自由流动使留在低层级城市的劳动力产出效率提高，但高层级城市的高技能劳动力的匹配优势消失。同时，更多的高技能劳动力会对次高技能劳动力的工作岗位进行替代，以此类推，最终使低技能劳动力的工作岗位压缩，同质竞争增大使低技能劳动力的工资下降，从而低技能劳动力向低层级城市迁移。

其次，从企业流动来看，由于劳动力自由流动导致高层级城市高技能劳动力数量增加，低技能劳动力数量减少，存在一个技能水平 $\hat{i} \in \sum$ ，当 $\underline{t} \leqslant t \leqslant \hat{i}$ 时，$\prod_A (s^A, t) < \prod_B (s^B, t)$ ，其中 $s^A \geqslant s^B$ ，原因在于高层级城市低技能劳动力数量减少，在较低技术复杂度的工作岗位数量不变的情况下，低技能劳动力的供给小于需求，用工单位只能通过提高工资吸引本地区较高技能劳动力或者低层级城市低技能劳动力，此时该部分企业利润下降 $\Delta \prod_A (s^A, t)$ 用于支付较高工资。当 $\Delta \prod_A (s^A, t) > C$ 时，该部分企业将会流向低层级城市，从而两城市的匹配效率都提高，尽管两城市收入水平差距增大，但整体收入水平提高。

命题 4：在企业（工作岗位）和劳动力都能跨区流动的前提下，由于高层级城市拥有更多的高新技术产业，工资差距导致低层级城市的高技能劳动力向高层级城市迁移，高层级城市的低技能劳动力向低层级城市迁移。此时，高层级城市的低技能劳动力供不应求，低技术复杂度的企业用工成本增加，只要增加的用工成本大于搬迁成本，该企业就会从高层级城市搬迁至低层级城市。这种劳动力和企业流动的经济动机最终实现高技术复杂度的企业集聚在高层级城市，低技术复杂度的企业集聚在低层级城市。

（二）长三角城市群产业分类集聚的特点

上述分析从理论层面对长三角城市群和产业集聚发展进行了讨论，分析结果显示：对高技能人才需求较大的技术密集型产业通常集聚在层级较高的城市，对普通劳动力需求较大的劳动密集型产业通常集聚在层级较低的城市。长三角城市群和产业集群的这种协同发展使区域内各城市工作岗位和劳动力技能水平的匹配效率提高，区域经济快速发展。接下来，从现实层面对长三角城市群产业集群的特点进行分析。在分析前，首先我们要了解什么是产业集群？王世营（2015）认为，产业集群不仅仅是单一企业的集聚，也不是市场的简单扎堆，而是以优势产业为主导的产业综合体，产业集群对城市经济发展具有明显的乘数效应和扩散效应。因此，产业集群发展对长三角城市群发展至关重要。

1. 长三角地区主要城市的产业类型

长三角地区产业门类齐全，各城市均形成各具特色的产业体系，并且具有明显的产业集群优势。长三角地区处于较高层级城市的产业未来发展方向主要为未来智能制造和现代服务业。例如，上海现阶段产业构成中，汽车制造和钢铁等加工制造业仍处于重要地位，但未来发展将逐步向外疏散非核心功能，构建以总部经济、金融、科技创新等为主的核心功能；苏州开创"苏南模式"，制造业门类齐全且基础雄厚，积极利用科技创新进行产业结构优化，推动产业价值链向上攀升；南京是老牌工业基地，高效资源非常丰富，科研实力十分强劲，具有智能电网、新能源、信息技术和高端装备制造业等优势；杭州金融、电子商务、旅游等第三产业蓬勃发展，借助科学技术实现城市革新和生活方式创新；合肥家用电器、装备制造等传统产业依然保持强劲优势，平板显示及电子信息产业逐渐成为其支柱产业。

2. 以江苏装备制造业集群为例的分析

为落实"中国制造 2025"战略部署，适应和引领新常态，2015 年江苏省委、省政府发布《中国制造 2025 江苏行动纲要》（以下简称《纲要》），旨在推动省内制造业向中高端持续迈进，着力提升江苏制造业整体水平和核心竞争力，将江苏省打造成装备制造强省。聚焦《纲要》，《江苏省装备制造业"十三五"发展规划》秉持企业为本、创新驱动、示范带动、政策推动、跨界联动等五个基本原则，指出要突出和强化企业的市场主体地位，发挥企业技术创新主体作用；推动创新资源和跨界资源整合，引导行业整体有序创新升级；坚持典型引路、示范引领，在重点企业培育、特色产业发展、重大装备研制应用等多领域开展项目示范，引导各领域强化对标赶超，率先转型升级。

江苏省具有良好的制造业基础，为装备制造业快速发展提供了有利条件。为实现装备制造大省向装备制造强省的转变，首先，要优化区域产业发展布局，实现错位互动的城市—产业协同发展；其次，要依托各类产业园区和经济开发区打造区域特色产业集群，这就意味着要在空间布局上引导装备制造领域上下游关联企业的集聚和合作，要按照"实施重大项目—引进龙头企业—推进产业链式聚集—打造产业集群"的发展思路，提高产业的规模效应以及整体协作能力。表 7－9 给出了"十三五"江苏装备制造业重点培育的产业集群，可以看出，城市—产业形成了错位发展，且验证了命题 4 的结论：高技术复杂度的企业集聚在高层级城市，低技术复杂度的企业集聚在低层级城市。

表 7－9　　"十三五"江苏装备制造业重点培育的产业集群

序号	产业集群	重点区域
1	智能制造装备产业集群	南京、常州、扬州、南通、苏州、无锡
2	先进轨道交通装备产业集群	常州、南京
3	航空装备产业集群	镇江、南京、无锡、常州

序号	产业集群	重点区域
4	电子信息装备产业集群	无锡、南京、苏州
5	新型电力装备产业集群	南京、苏州、常州、南通、镇江、连云港
6	节能型与新能源汽车产业集群	南京、苏州、常州、盐城、扬州
7	工程机械产业集群	徐州、常州、苏州
8	海洋工程装备与高科技船舶产业集群	南通、泰州、扬州
9	新型农机产业集群	常州、镇江、泰州、盐城、连云港、扬州
10	节能环保装备产业集群	无锡、盐城、苏州、南京、南通
11	石化装备产业集群	南京、苏州、盐城、淮安
12	纺织机械产业集群	常州、盐城、宿迁

资料来源：《江苏省装备制造业"十三五"规划》。

为了验证命题 4，借鉴崔大树、李鹏举（2017）的研究，从 2016 年人均 GDP 出发，按照三个层级对江苏省 13 个城市进行空间层级性划分。位于第一层级的城市有苏州、无锡、南京、常州、镇江，人均 GDP 为 99 152～145 556 元；第二层级的城市有扬州、南通、泰州，人均 GDP 为 66 846～99 151 元；第三层级的城市有徐州、盐城、淮安、连云港、宿迁，人均 GDP 为 48 311～66 845 元。

表 7-9 给出了江苏省装备制造业的产业集群及其分布区域，可以发现，智能制造装备产业集群、先进轨道交通装备产业集群、航空装备产业集群、电子信息装备产业集群、工程机械产业集群、新型电力装备产业集群和节能型与新能源汽车产业集群这些需要高技能人才的产业大多集聚在第一层级城市；海洋工程装备与高科技船舶产业集群主要集聚在第二层级城市；纺织机械产业集群主要集聚在第三层级城市。此外，石化装备产业集群、新型农机产业集群和节能环保装备产业集群分布在第三层级城市。

参考文献

［1］崔大树，李鹏举. 长三角城市群层级性及空间组织模式构建［J］. 区域经济评论，2017（4）：89-98.

［2］程开明，庄燕杰. 中国中部地区城市体系规模分布及演进机制探析［J］. 地理科学，2013（12）：1421-1427.

［3］方创琳. 中国城市群可持续发展报告［M］. 北京：科学出版社，2009.

［4］潘文卿. 中国的区域关联与经济增长的空间溢出效应［J］. 经济研究，2012（1）：

54 – 65.

　　［5］王士君. 城市相互作用与整合发展的理论和实证研究［D］. 东北师范大学, 2003.

　　［6］王世营. 产业集群: 长三角地区城市发展路径与启示［M］. 上海: 同济大学出版社, 2015.

　　［7］吴福象, 蔡悦. 中国产业布局调整的福利经济学分析［J］. 中国社会科学, 2014 (2): 96 – 115.

　　［8］叶南客, 黄南. 长三角城市群的国际竞争力及其未来方略［J］. 改革, 2017 (3): 53 – 64.

　　［9］Arnaud Costinot, Jonathan Vogel. Matching and Inequality in the World Economy［J］. Journal of Political Economy, 2010 (4): 747 – 786.

　　［10］Jefferson M.. The Law of the Primate City［J］. Geographical Review, 1939 (29): 226 – 232.

第八章

长三角地区一体化发展：战略意义和协调的动力机制

2018 年 11 月 5 日上午，习近平在出席首届中国国际进口博览会开幕式并发表主旨演讲时指出，将支持长江三角洲区域一体化发展并上升为国家战略，着力落实新发展理念，构建现代化经济体系，推进更高起点的深化改革和更高层次的对外开放，同"一带一路"建设、京津冀协同发展、长江经济带发展、粤港澳大湾区建设相互配合，完善中国改革开放空间布局。

区域一体化发展是指在一个大经济区域中，各个行政边界清晰的地区之间不断地克服和消除区域发展中各种阻碍资源和要素流动的制度、体制、机制、政策等人为障碍，实现市场的竞相开放和市场充分竞争的过程。从实践来看，中国作为发展中大国，不仅在地区之间和地区内部存在着严重的非一体化发展现象和倾向，而且降低这种分割的程度、实现一体化发展往往不见得比国家之间的一体化来得更加容易，尤其是对处于体制转型时期的中国经济来说，更是如此（刘志彪，2014）。其中的主要原因，一是过去行政计划、命令、条例等把国民经济分割为各种"条条"和"块块"，在经济转型过程中，还要依靠它们发挥资源配置的功能和作用，如地方性产业政策仍然要发挥重要的资源配置作用，因此，在替代性机制即市场中间组织和机制发育和发展成熟之前，各种"条条"和"块块"的行政机制就会阻碍区域统一市场的建立和发挥作用；二是受发展阶段的限制，在经济转轨中除了中央政府大量干预经济活动外，中国的地方政府和部门政府由于保留甚至发展了大量的国有企业，因而也能通过国有企业广泛、深入地直接干预市场活动。这就必然产生行政利益边界，这是我国目前分割性市场产生、市场难以统一的基本原因，是地方性和部门化的产业政策盛行、经济体系被"条块"分割的主因。

回顾历史，长三角地区从 1982 年率先建立上海经济区，到 1992 年自发形成长三角 15 市协作办主任联席会议并于 1997 年升级为市长峰会，再到 2005 年建立长三角地区主要领导的定期会晤机制，长三角地区一直在现行的体制机制下不断地摸索和展开着协作、协调、协同发展路径。由于现行行政管理体制使政府介入市场活动过于深入，各地都盘算着自家的"一亩三分地"，难以打破行政割据的藩篱，因此总体上区域一体化发展的效果并不显著。2018 年 4 月，习近平总书记做出重要批示，要求上海进一步发挥龙头带动作用，苏、浙、皖各扬所长，使长三角地区实现更高质量的一体化发展。至此，长三角地区一体化发展已经成为各界共识，也将成为我国探索区域一体化发展的标杆与典范。

本章研究长三角地区一体化发展的战略意义和影响其发展水平的体制机制，重点是研究和设计长三角地区更高质量一体化发展的动力机制，给出实现长三角地区更高质量一体化发展的若干政策建议。

一、长三角地区一体化发展上升为国家战略的示范意义

近年来，通过推动区域一体化发展促进整体发展水平提高的办法，逐渐在我国经济发展政策中占据了重要地位。推进区域经济一体化发展，是习近平在长期的经济工作实践中坚持的重要方法，是实施区域协调发展战略的重要形式和手段，已成为习近平中国特色社会主义经济思想的重要组成部分，在治国理政的理论和实践中占有极其重要的地位（洪银兴等，2018）。

早在出任浙江省委书记期间，习近平就多次到上海考察上海的发展经验，力主推进长三角地区经济一体化发展。2003 年习近平即率领浙江省党政代表团与上海签署了《关于进一步推进沪浙经济合作与发展的协议书》；随后与江苏签署了《进一步加强经济技术交流与合作协议》。他要求浙江应该在基础设施建设、产业分工、旅游资源的开发和市场的拓展、环境保护以及科技、信息、教育、人才等方面，全方位地主动对接上海。2007 年 3 月习近平上海履新，为促进上海与江浙的紧密合作提供了更好的舞台。他指出，上海"四个中心"的建设仅仅靠上海不能完成，要整个长三角、长江流域来互为补充。2014 年 2 月 28 日，习近平把推动长三角地区一体化发展的经验运用到京津冀协同发展战略上，提出了 7 个"着力"，要求打破"一亩三分地"思维，协同完成京津冀三地一体化发展的顶层设计目标；3 个月后，习近平到上海考察，要求上海市主要领导努力促进长三角一体化发展。2018 年 4 月，习近平又对推动长三角地区一体化发展做出重要指示，明确了"更高质量一体

化发展"的目标追求、"上海进一步发挥龙头带动作用，苏浙皖各扬所长"的推进路径和"凝心聚力抓好落实"的关键保障，为新时代长三角地区合作与发展指明了方向。

党的十九大报告提出，"实施区域协调发展战略"要求"创新引领率先实现东部地区优化发展"。支持长三角地区一体化发展并上升为国家战略，是落实和落地党的十九大报告的具体行动。根据习近平 2018 年 4 月的批示要求、"更高质量一体化发展"的总目标，以及"上海进一步发挥龙头带动作用，苏浙皖各扬所长"的推进路径，长三角区域一体化发展升级为国家战略将有利于长三角地区尽快形成可复制、可推广、可辐射的经验做法，更好地发挥长三角地区在中国新一轮改革开放中的龙头带动作用，同时也有利于长三角地区参与全球竞争，加快长三角世界级城市群建设。

长三角地区将成为着力落实新发展理念、推进高质量发展的标杆和典型。着力落实新发展理念、推进高质量发展需要，可以用树标杆和典型的办法来推进。例如，长三角地区作为我国经济、社会最具活力、开放度最高、创新能力最强的区域之一，可以通过丰富的科教资源与基础扎实的现代产业融合，走出一条高质量发展的创新驱动路子。再如，长三角地区走工业化推动城市化的路子较早、发展水平较高，因而农业现代化水平、城乡发展差距在全国也是相对较小的，这逐步形成了可以在全国复制和推广的走工业化、信息化、城镇化、农业现代化协调同步发展的道路和模式。又如，长三角地区由于过去粗放型工业化推进时间较早，区域内资源环境生态等问题十分突出，如何让新一轮工业化可持续发展是长三角地区实施一体化发展中必须探索的重大问题。最后，如何把长三角地区过去出口导向的外向型经济发展模式转化为高水平双向开放模式，如何在发展中提高民众分享的比例、实现共享性发展，也都需要有条件的发达地区率先进行探索，都将为其他地区落实新发展理念、推进高质量发展提供鲜活的经验和教训。

长三角地区将成为构建现代化经济体系的先导和主力军。建设现代化经济体系是我国未来经济建设的总纲领，发达地区应该努力率先示范。在长三角地区高质量一体化发展的国家战略下，一是可以打造除粤港澳大湾区之外的第二个大湾区，即长三角大湾区，以此驱动长三角世界级城市群的产业升级、科技和金融创新，为中国发展提供新动能；二是通过搭建区域合作制度平台，如共建覆盖三省一市的 G60科创走廊，规划建设创新城市圈，建设制造业世界性产业集群、战略性新兴产业协同发展示范区等；三是有利于上海发挥龙头带动作用并专注于"五个中心"的建设，即主要从事现代生产性服务业，降低长三角地区经济运行的交易成本，周边地区主要从事先进制造业、高技术产业和战略性新兴产业，降低长三角地区的制造成本，从而综合地提升现代经济体系的竞争力（刘志彪，2005）。

长三角地区将成为推进更高起点深化改革的先驱和标兵。更高起点的深化改革，要求大规模的对内开放和进一步对外开放。长期以来，我国坚持对外开放，对内开放不够。这导致了比较严重的内部发展机制僵化的问题，如政府职能转变不够、民营企业进入不足等。大规模的对内开放首先要求坚决破除行政壁垒，实现地区间竞相开放，平等无歧视地对待各类市场主体，才能加速地区一体化高质量发展。这首先要限制地方政府直接干预市场的功能、范围、边界和程度，放手让民营企业参与市场竞争。例如，长三角地区可以突破以邻为壑的行政壁垒的限制，在一定条件和范围内复制推广上海自贸区和自由港政策、浙江金融改革政策等多项重大政策，放大改革的叠加效应。

长三角地区将成为推进更高层次的对外开放的示范区和标准制定者。长三角地区过去是出口导向发展外向型经济的典型区域。新一轮高水平的经济全球化，需要长三角地区把向东开放的空间指向转向全方位开放；把以出口商品为主转变为输出资本带动商品销售为主；把吸收外资变为主要吸收先进技术和高级人才；把利用别人的市场为主变为利用自己的市场扩大内需为主；把以建设科技园区、利用优惠政策吸收外资，变为向科技人员提供先进的制度平台和硬件载体。

长三角地区将成为完善中国改革开放空间布局的主动力。如果说世界经济看中国，中国经济要看东部地区，那么东部地区的"领头羊"就是长三角地区。长三角城市群无疑是中国经济参与全球竞争合作的超级巨轮。长三角地区将与京津冀、粤港澳大湾区之间形成南北呼应，共同成为拉动中国新经济增长的"三驾马车"。

二、长三角地区更高质量一体化发展的内在动力机制

众所周知，在转轨经济中影响区域发展的因素有两类：一类是那些自然和技术的因素，如地形地貌、交通运输、基础设施等；另一类是制度、体制、机制、政策等人为的障碍因素。在这两类因素中，前一类因素影响和决定区域一体化发展的成本和效率，只要存在空间区位和技术水平差异，就会有不同发展成本，从而有不同的发展水平差异；后一类因素泛指体制机制的摩擦成本，也是我们在推进区域一体化发展中真正需要花大力气消除的因素。因为只有制度和政策的差异，才可以系统地、大幅度地影响和扭曲要素和资源的合理配置，从而形成人为的发展差异。也就是说，区域是不是一体化发展，主要要看各个区域是不是充分开放的，是不是存在各种人为的制度和政策障碍；而自然条件和技术因素的限制，不是区域是不是一体

化发展的充分必要条件，它只影响一体化发展的效率，从而影响经济发展水平高低。当然，这两类因素之间也是相互影响的。例如，交通运输和基础设施的改善是区域一体化发展的基础，有利于制度分割状态的改进和迅速推进市场一体化；制度障碍的消除和分割状态的改进，反过来有利于推进基础设施跨区域合作，有利于技术在更大的市场范围内规模化、集约化地有效利用。

经济体制机制问题的核心是正确处理政府与市场的关系。因此，更高质量地推进长三角地区一体化发展，构建各个地区投身一体化建设的动力机制，就是要协调好政府与市场的关系，充分发挥政府和市场次序有别的"双强"作用。发挥政府强力推动作用的目的，是营造让市场发挥决定性作用的环境。要在竞争和协商中处理好各自的利益诉求，设计出牵引一体化的动力引擎。

当前，长三角地区一体化发展上升为国家战略之后，三省一市的合作发展进入了崭新阶段。早期各地在互联互通、生态保护、产业创新、市场改革、公共服务等方面取得重要收获的基础上，如何向更高质量一体化的行线推进，以在决策层形成的共识的基础上，同时在执行层面上设计出各方利益共享的机制？这是国家战略得以顺利实施的关键问题，因为只有参与方都能尝到一体化的甜头，才是真正可执行、可持续的一体化。

长三角地区过去的非一体化的表现形式，无论表现为交通运输、基础设施等互联互通的不通畅，还是体制、机制原因形成的市场障碍，直接原因在于地方保护主义。不论是过去还是当前，地方政府出于各自短期利益的"各自为政"都是正常现象，关键是通过制度设计形成各地竞相开放的动力机制。构建这一动力机制的障碍，可能存在于以下方面：

第一，扩散效应与虹吸效应。一个地区是否愿意选择一体化战略，往往会考虑本地与周边地区的"扩散效应"和"虹吸效应"哪个更大。如果周边会更多虹吸本地要素，或者本地要素更多会扩散到周边地区，将会表现为区域之间竞争大于合作。过去搞外向型经济，上海与周边江浙地区都把吸引跨国公司制造业作为重要的战略，大家都要吸引加工贸易型的外商直接投资，这种情况下，上海通过与周边地区互联互通降低整个区域制造业交易成本的动力就减弱了。当前，上海紧抓"五个中心"核心功能，致力于打造体现国际高端水平的新功能，上海这种与周边错位发展的战略就为一体化提供了基础（权衡，2018）。

第二，产业协调与产业同构。当今世界高新技术产业的发展主要集中在信息产业、生物医药、装备仪器、新能源、新材料产业等方面，一个国家和地区的实体经济发展也主要依赖于这几类产业。这不可避免地导致各地就这些产业领域进行竞争，采取各类优惠政策支持这些产业本地化发展。这一点已经为 2008 年全球金融危机以来各地发展实践所证明。地方集中资源发展少数热门产业带动区域转型升级，在某种意义上已经成为一种模式定势，要求各个地区有动力通过产业政策协调放弃以政策洼地进行产业竞争，存在相当的难度。

第三，市场保护与本地发展。政府扶持本地企业发展的一个重要手段，是对本地市场进入限制以及在政府采购方面进行倾斜，如规定出租车市场只能使用本地生产的汽车、限制外地啤酒产品进入本地市场等，有的还以特种行业为由限制外地企业进入。利用本地市场保护、扶持少数企业发展，虽然可能"搬起石头砸自己的脚"，但仍有地区信奉市场保护能够快速见效，这种短视的地方政府可能会没有动力加入统一大市场。

第四，公共产品辐射与竞争。各个区域在机场、港口、重大科技仪器和实验室等具有公共产品性质的基础设施的选址和落地方面存在竞争，地方政府在一种利益边界明确的制度结构下的市场竞争，必然是寻求地方行政区域边界内的垄断利益最大化和成本最小化，表现为公共产品尽量在本地实现"外溢"，而建设成本最好是由中央政府或别人承担。这导致公共产品除了盲目竞争和重复建设之外，在选址和建设方式等方面也是为了本区域的利益最大化，而不是从长三角地区一体化发展的角度配置公共资源。

在构建长三角地区一体化发展的动力机制时，"强政府"和"强市场"的作用都要发挥，但位次有别。更好地发挥政府作用的目的是营造发挥市场作用的环境，这表现为以下两个方面：

第一，在一体化发展的过程中只有首先发挥政府的强力推动作用，才能充分发挥市场的作用。这是因为：一是地方保护的市场壁垒只有政府才能形成，也唯有政府才能打破。也就是说，从阻碍统一市场建立的因素来看，在几乎所有影响市场运行格局和效率的因素中，不论是互联互通的有形壁垒还是体制机制壁垒，只有政府的行政权力才有可能长期地、有力地、大幅度地扭曲、分割和限制市场。因此，就通过区域一体化形成统一市场、清除市场壁垒、公平竞争发展环境、提高资源配置效率的目标来说，首先需要政府自身的改革，尤其是要协调和平衡好产业政策与竞争政策之间的关系。二是地方追求自身利益所进行的独立决策难以避免社会成本的发生，因此有限的中央政府和长三角层面上的干预是必需的。长三角地区一体化发展需要在全国统一的法律和政策体系的规范下，逐步修正和统一各成员地区的地区性法规和政策，废除与一体化有冲突的地区性政策和法规。在现阶段，表现为需要减少相互之间负外部性的干扰，协调各地既有的经济社会发展战略，以有意识地适应区域经济一体化发展的需要。

第二，在政府建立初步竞争规则之后，应当让市场发挥更大的作用。当交通基础设施等公认的一体化领域达成共识之后，政府为推进区域一体化发展提供外在环境的任务初步完成。在更深层次利益调整过程中，唯有市场机制才能自动产生经济一体化发展的内生效应。当前一体化发展过程中发挥市场机制的作用主要体现在以下三个方面：一是确保微观主体在长三角地区一体化发展中的利益诉求。创造各类平台和氛围，让基层政府、广大企业等利益攸关方在长三角地区一体化发展问题上充分发声，表达各自的利益，从而保证一体化的思路和方案从最初设计开始就是符合市场内在规律的，有利于推进执行。二是以市场化的原则协调和处理一体化过程中的地方利益冲突。包括机场、港口等基础设施的地点选择和差异化定位、重大科研平台的落地方式、创新载体合作模式等深层次一体化合作中的问题，均涉及各个地区重大利益调整乃至矛盾冲突，解决这些问题依靠行政命令即使暂时能够达成平衡，也无法得到微观层面的持续执行。只有让相关主体按照市场的原则，以价格机制作为主要调节手段充分地讨价还价和动态调整，形成的方案才具有生命力（徐琴，2018）。三是充分发挥企业在长三角地区一体化发展中的作用。在各地政府对企业跨区域行为限制进一步减少的过程中，行政区划形成的天然障碍能够由企业的一体化来克服。随着体制机制的改革打破影响区域间生产要素自由流动的障碍，企业会敏锐地捕捉到长三角区域内的商业机会，整合区域内的资源。当所有的企业都根据长三角各地比较优势进行企业层面的资源配置时，一体化的格局就将自然形成。

三、长三角地区更高质量一体化发展的推进路径

为了找准构建长三角更高质量一体化的引擎，可以着重从以下几个方面考虑。

第一，发挥上海作为长三角地区经济龙头的辐射作用。需要充分发挥上海龙头带动作用和苏、浙、皖各扬所长的基本区域合作格局。当前，上海在长三角地区的龙头带动作用主要体现在其利用发达的生产性服务业带动和协调各地制造业发展等方面。经济学认为区域内部需要形成制造成本和交易成本相对低的合理分布，在长三角区域内部，上海可以降低交易成本，而苏、浙、皖等地可以很好地控制制造成本，因而长三角地区交易成本和制造业成本综合较低的区域可以很好地促进区域协调。世界级城市和城市群的衡量标准应该是生产性服务业的占比，如金融、航运、商务等生产性服务业的发展水平。上海生产性服务业占 GDP 和服务业的比重应该分别达到 50% 和 70%，这样应该可以很好地支撑区域的高质量发展。苏、浙、皖各扬所长的路径，就是进一步嵌入全球价值链，增加对价值链高端、高附加值环节

的控制。过去是依靠传统制造业和出口加工的方式嵌入全球化价值链，主要是被动嵌入，附加值较低；当前，苏、浙、皖地区需要围绕"一带一路"倡议，主动建立以我为主的全球产业分工和价值链体系。我们通过长三角区域合作办公室了解到，在向长三角相关地区征求有关一体化意见的过程中，90%的意见是希望通过各种基础设施和制度设计更好地接受上海的辐射。基于长三角发展的现有区域格局，如果上海不能发挥对长三角地区的龙头带动作用，如果其他成员不能从上海的转型发展中受益，整个一体化的格局将无法较快形成。在长三角地区更高质量一体化发展中，上海的龙头作用至少体现在以下方面：一是上海从大局出发为辐射周边创造条件。例如，周边地区都在积极协调打通"断头路"接受上海辐射，但不少道路对上海来说收益可能并不高，这个时候上海就要算好长远账、整体账。二是上海从建设全球卓越城市的目标出发，聚焦彰显功能优势，聚焦"四个中心"定位，突出服务经济，主动在产业方向上逐步退出一般性的、劳动密集型、能耗高的制造业，逐步取消吸引代工型外商直接投资的优惠政策。让这些产业和外商直接投资转移到长三角更具有承载能力的地区，这也有利于解决长三角地区内部的发展不平衡、不充分问题。三是上海的科技平台、金融平台、人力资源平台向长三角地区开放，为长三角地区嫁接和配置全球资源创造条件。

第二，需要进一步明确高质量一体化发展的主要任务和内容。长三角地区一体化的高质量发展需要推动重大改革举措的集成联动。区域一体化发展实质上是区域内部各地高水平的竞相开放，一体化的核心含义是破除政府设置的行政壁垒，高质量一体化发展要求转变政府职能，尤其是改变政府对各地商品和要素市场的封锁。长三角地区一体化发展不能在抽象层面上进行空谈，需要先就一些关键领域等（如基础设施建设、旅游产业发展合作等）进行渐进式的改革和合作，这样会快速推动区域内相关体制的整体创新。浙江和江苏的一体化是长三角地区一体化发展的重点，需要构建"一圈、两带、一廊"。"一圈"是指环太湖地区，要重点开展产业结构优化调整和生态环境的协同治理，解决太湖污染等环境问题的负外部性；"两带"一是指宁杭生态经济带，要探索生态保护和高科技园区协同发展的路径，二是指运河文化经济带；"一廊"是指科技走廊。针对如何发挥上海生产性服务的作用，进行高水平的对外开放和创新，政府可以探索设立高科技产业基金，重点投资有成长性的项目（江南，2018）。浙江和安徽的一体化重点是解决新安江生态环境问题，以及浙江和安徽之间旅游资源的协同开发问题等。江苏和安徽之间的一体化重点是制造业产能转移的问题，即如何将江苏部分过剩产能向皖江地区转移，以及如何打造以南京为中心的都市圈和商圈，这也会影响到合肥、蚌埠和徐州等地区。

　　第三，国家试点政策在长三角范围内复制推广。目前国家层面已经在长三角地区试点若干重要政策，已经涵盖了贸易、金融、科技创新等多个重要方面，很多非试点地区具有很强的动力对这些政策进行学习、引进和落地，尤其是上海自贸区和自由港政策、苏南现代化建设示范区政策、浙江金融改革政策等。可以从长三角层面向中央争取一定的行政授权，长三角地区各地政府的决策机构可以在一定条件下、一定范围内有秩序地复制推广国家已经在长三角地区试点的政策；或者由长三角决策机构统一向国家有关部门申请，在部分地区复制推广某些具有共性的试点政策。让这些重要改革试点、改革举措的成果率先在长三角地区复制推广，一定会放大改革叠加效应。

　　第四，打造有形"飞地经济"和无形"互联网平台"整合区域资源。可以尝试将过去各地行之有效的"飞地经济"的模式和经验扩展到更广范围、更多主体，让更多地区和企业受益。随着最严格的环保政策在长三角全区域的实施，现阶段"飞地经济"不能再作产业梯度转移跟随者，而要成为产业价值链和创新链分工的试验区。除了"飞地经济"这样的有形载体，还要打造互联网平台载体整合教育、医疗、产业供应链等资源，让参与者真正受益（高长春，2018）。例如，长三角地区的大型科研设备可以通过构建整体平台实现有偿共享；构建汽车、医药等重点行业的检测检验设备平台等。

　　第五，鼓励企业在长三角范围内兼并收购。各地集中支持战略性新兴产业发展时不可能完全排斥产业同构和重复建设，更何况市场经济下，企业投资者是根据不完全、不可预测的信息进行决策的，只要是市场经济，就会有重复投资和重复布局，就会有产业结构的趋同。协调长三角各个地区形成特色化、差异化的产业定位，并不是要去协调哪个省（市）做什么、不做什么，无法调动各地积极性的协调也不可能实现。产业重复和趋同并不可怕，可怕的是市场不存在自动结清机制，即如果不存在收购兼并、破产倒闭机制，就一定会出现严重的产能过剩和结构冲突。一般来说，只要在统一大市场下存在兼并收购机制，能够突破人为的市场壁垒，就能自动将产能重复和过剩限制在一定范围内，差异化的产业定位会通过区域内充分地兼并、收购、合作自动形成。

　　第六，发挥大型企业集团的区域协调作用。长三角地区拥有众多国内外著名的大型企业集团，涵盖了先进制造、互联网经济等多个领域，这些企业是全球价值链和国内价值链的"链主"。大型企业集团进行跨区域投资，按照市场化原则在长三角范围内配置资源，长三角的区域一体化分工就演变为大型企业集团内部的产业链、价值链、创新链的分工，这种企业集团内部的协调难度将大大小于各地政府之间的协调难度。可以设想，企业集团在产业配置上，服务环节以上海为主、制造环节以苏浙皖为主，前者可以降低长三角地区商品和服务生产的交易成本，后者则可以降低长三角地区商品和服务生产的制造成本。在区域对外开放方面，长三角三省一市还可以协调本地企业组团到长江中上游和"一带一路"国家以办开发区的形式投资建设制造基地，本地企业则在长三角发展以总部经济为主，通过构建以我为主的价值链的"链主"地位。

第七，逐步构建长三角地区的竞争规则。长三角地区一体化发展的中长期目标是形成统一的市场竞争规则。长三角地区通过致力于建立以市场竞争为基础、非行政扭曲的竞争体系，推进经济从"发展竞争"逐步转向"平等竞争"，逐步限制地方政府参与市场运作的市场主体功能，确立竞争政策替代产业政策并在市场经济中占据优先地位。当各个成员充分享受到一体化发展的利益时，遵守竞争规则就会成为一种自觉动力和行为。在现阶段，可以在交通、环保、公共服务等部分外部性较强的领域从易到难逐步签订某些具体的协议，达成对各地区竞争规则的协调。在法律层面逐步构建区域竞争规则，将是长三角地区一体化发展为全国做出的最好示范。

第八，长三角地区更高质量一体化发展需要充分结合长江经济带和"一带一路"建设。长期以来，我国及长三角地区以向东开放为主，长三角地区作为对外开放的前沿地带，发展较快。当前，我国需要构建东西双向开放的新格局，尤其突出了要向西开放的重要性，这就要求我国及长三角地区面向全球、"一带一路"沿线国家和地区建立以我为主的价值链分工体系。在这一过程中，上海等中心城市可能成为企业总部集聚地区，开始将传统制造加工职能向"一带一路"沿线地区进行转移。长三角地区可以通过"一带一路"倡议，由企业家抱团投资在沿线国家和地区设立工业园区等。另外，长三角地区高质量一体化发展也要充分结合长江经济带建设，将长三角地区的企业向长江中上游地区转移，避免相关产业过度向东南亚等地区转移，实现真正的产业"溢出效应"而不是产业退出的"外移效应"。

参考文献

[1] 高长春. 长三角区域创新网络协同治理思路和对策 [J]. 科学发展，2018 (9)：35 – 46.

[2] 洪银兴，王振，曾刚，等. 长三角一体化新趋势 [J]. 上海经济，2018 (3)：122 – 148.

[3] 江南. G60 科创走廊：长三角更高质量一体化发展重要引擎 [J]. 江南论坛，2018 (6)：21.

[4] 刘志彪. 长三角区域合作建设国际制造中心的制度设计 [J]. 南京大学学报（哲学·

人文科学·社会科学版），2005（1）：47－55.

［5］刘志彪. 区域一体化发展的再思考——兼论促进长三角地区一体化发展的政策与手段［J］. 南京师范大学报，2014（6）：37－46.

［6］权衡. 长三角高质量一体化发展：发挥上海的龙头带动作用［J］. 上海城市管理，2018，27（4）：2－3.

［7］徐琴. 多中心格局下的长三角一体化发展［J］. 现代经济探讨，2018（9）：36－40.

第三篇

城乡协调发展

第九章

长三角地区城乡差异与全面建成小康社会

一、问题的提出

从 21 世纪开始，我国进入全面建设小康社会，加快推进社会主义现代化的新的发展阶段。党中央强调要把统筹城乡发展作为全面建设小康社会的根本要求，把建设社会主义新农村和推进城市化作为保持经济平稳较快发展的持久动力。党的十八届五中全会要求，统筹城乡发展，积极稳妥推进城市化，加快推进社会主义新农村建设，促进区域良性互动、协调发展。在新时期、新阶段，我国必须进一步深化农村综合改革，逐步消除各种制度性障碍，促进城乡资源要素自由流动，促进基本公共服务均等化，为构建城乡经济社会一体化新格局注入强大动力。而在国民经济迅速增长的今天，区域城乡二元结构现象仍较为明显，城乡之间发展不协调且发展差异较大，已经成为关系到我国未来现代化与和谐社会的关键问题。长三角地区①作为中国经济最具有活力和一体化程度最高的区域之一，其区域内部城乡协调程度如何？协调程度是否仍然存在一定的差异？如果存在城乡不协调情况，那么造成城乡不协调的原因是什么？长三角地区过去所采取的城乡协调政策是否有效？弄清这些问题，更有利于各地政府制定更为有效的城乡协调政策，以实现长三角地区整体城乡协调发展，具有很高的理论与实践意义。

城乡关系通常经历城乡分化、城乡分离、城乡对立、城乡融合、城乡一体等几个阶段，不同阶段的城乡协调状况有所不同。城乡协调发展不仅

---

① 长三角地区有几种界定标准，本章将江苏省、浙江省和上海市的共 25 个地级市定义为长三角地区。

是城市系统与乡村系统间的关系特征，也包含城乡发展转型过程中要素层、结构层、功能层、政策层等的协调。城乡要素流动和空间集聚效应是城乡联系和交互作用的基础，表现为城乡人口、土地、资源、资金、信息、技术等生产要素在城乡之间的流动与重组；结构层是城乡要素组成及重构的反映，包括城乡产业结构、就业结构、土地利用结构、城乡空间体系等方面；功能层是城市与农村参与区域间及城乡间分工与协作的主导功能与定位，分为经济功能、社会功能、生态涵养功能、粮食生产功能等，主要由其生产部门和服务部门的活动体现，随着生产水平的提高及消费需求的改变，城乡地域功能内涵会发生变化；政策层是与城乡发展适宜的政策体制，包括城乡户籍、土地、就业、社会保障、医疗及教育等方面的相关政策和制度。

城乡协调体系除多层级特征外，还具有层级内及层级间相互作用特征。（1）各层内组成部分相互影响、相互制约。城乡间要素自由流动、平等交换，产业、就业、土地利用等结构协调演变，城乡地域功能互补，政策衔接、体制健全等共同推动城乡协调发展，层级内各组成部分的协调是城乡协调发展的基础。以结构层为例，经济增长伴随产业结构优化，产业结构升级与布局优化促使就业结构相应变化，产业结构、就业结构的变化共同影响城乡空间与区域作用。（2）层级间作用有机互馈。要素层、结构层、功能层、政策层构成自下而上的驱动体系，下层级变化驱动上层级变动；政策层、功能层、结构层、要素层为自上而下的反馈体系，上层级的调整分为正反馈和负反馈，既可能深化下层级的变化，也可能对其形成阻碍。新时期统筹城乡发展需要处理好市场和政府的关系，明确市场在资源配置、要素流通中的基础地位，强化政府在城乡基础设施、公共服务、社会保障、就业服务等方面的调控和统筹。基于城乡地域发展转型的过程性、地域性特征，调整相关政策体制，推动要素流动、结构优化与城乡功能互补。

近年来，学者们主要从城乡协调程度的测度、影响城乡协调的因素，以及统筹城乡发展路径等角度分别对我国城乡协调关系进行了研究。

第一，关于城乡协调程度的测度。王艳飞等（2012）构建城乡协调发展的理论框架与指标体系，基于 GIS 技术和 ESDA 方法揭示了我国地级市城乡发展协调空间特征，发现我国城乡协调发展综合指数空间集聚特征明显。刘桂莉等（2015）通过引入耦合度函数与耦合协调度函数构建城乡系统耦合模型，对长三角 16 个城市城乡系统耦合协调性进行了测度，发现长三角城乡协调类型可以分为高耦合类型、中耦合类型和低耦合类型。魏杰（2015）通过构建城乡协调发展评价指标体系和应用城乡协调发展评价模型，对 2013 年我国 31 个省级行政区的城乡协调发展状况进行了测度。刘凯（2015）以新型城市化为研究背景，通过建立城乡协调度综合评价指标体系，运用加权线性法测算了济南市城乡协调程度。

第二，关于城乡协调影响因素的研究。王艳飞等（2012）认为，经济增长、城市化、对农投资、消费能力的提高有助于城乡协调发展，教育投资、教育水平、基础设施建设对城乡协调发展的作用仍需进一步加强。刘凯等（2015）认为城乡户籍制度差异、土地制度差异和社会保障制度差异是影响城乡协调发展的主要制度因素。魏杰（2015）认为我国城市发展综合指数明显高于农村发展综合指数，农村发展滞后是造成我国城乡差距的主要原因，有效解决"三农"问题仍然是促进城乡协调发展的根本所在。李文宇（2015）在空间经济学的分析框架下，通过设定 CP 模型对城乡关系发展进行了研究，发现推动城乡协调关系发展的主要动力包括本地市场效应、规模经济效应、生活成本效应、拥挤成本效应和市场一体化效应五大因素。

第三，关于统筹城乡发展路径的研究。（1）关于以城市化经济发展促进城乡统筹发展的路径。陈锡文（2003）指出，解决"三农"问题不可能封闭在农村内部，要和城市结合起来，包括加快推进中国的城市化，使更多的农业人口转移到城市中去，从事非农产业，形成一个城乡统筹的格局，逐渐为解决中国的农业、农村、农民问题找一个新的途径。洪银兴（2008）认为统筹城乡发展实际上是都市圈建设，需要政府在空间形态和环境优化上的统一规划，借助覆盖城乡的基础设施网络，从根本上解决城乡现代化水平的差距。姜晔等（2011）则认为需要特大城市都市圈地区充分发挥城市对郊区农村的辐射带动功能，将城市居民生活需求与农村生产发展相融合，形成城乡融合型发展模式。（2）关于以发展农村经济促进城乡统筹发展的路径。钟甫宁（2003）认为，从长远看创造非农就业机会和提高农民人力资本是增加农村收入的根本途径，是统筹城乡发展的核心，是保持社会安定、维持经济长期稳定和健康发展的必要条件。曾玲华（2007）在对农村经济的研究中发现，发展现代农业既是社会主义新农村建设的重要内容，也是建设社会主义新农村的必由之路。因此，要把解放和发展农村生产力作为统筹城乡发展的基本任务，采取综合有效措施，促进城乡经济协调发展。欧阳彦等（2011）指出，随着工业化、城市化进程的加快，在新的历史时期，以科学发展观为指导，把协调城乡关系放到战略的高度来抓，加强对农业、农村、农民的投入力度，加大对"三农"的政策和财政投入，使工业反哺农业，促进农业剩余劳动力的合理流动，是新时期统筹城乡关系的正确选择。（3）关于城乡平等协调发展的路径。顾益康（2003）认为，实现城乡经济社会统筹发展必须在城乡经济结构和劳动力结构与人口布局结构调整、城乡配套体制与政策改革和国民经济分配结构调整三个方面进行重点突破。李光跃等（2010）认为，"成都模式"的"三集中"（工业向集中发展区集中、农用耕地向规模经营集中、农民向城市集中）是城乡一体化发展主要空间过程的高度概括和总结，将城乡一体化中城市发展、以人为载体的城乡融合以及农村发展作为一个有机整体，通过"三集中"构建城市与乡村经济社会运行的良性互动机制。陈晓华（2011）认为，统筹城乡发展要以建立城乡平等的要素交换关系为前提，以缩小城乡居民收入差距为目标，以逐步实现城乡基本公共服务均等化，以发展现代农业、建设社会主义新农村为主要任务，加快形成以城带乡、以工促农、城乡互动、协调发展新局面。

综上所述，国内外学者对统筹城乡的研究随着实践的发展而不断深入，并提出了许多切实可行的路径，这些既有利于构建统筹城乡发展理论的知识体系，也可以为正在开展的实践建设提供理论指导。当然，目前通过耦合测度来研究城乡系统动态演化过程和协调状态的实证分析并不多见，对以往城乡协调政策效果的分析更为少见。鉴于此，本章第二部分在选取耦合测度指标体系的基础上，通过构建城乡系统耦合协调度模型，对2003～2015年长三角25个城市的城乡系统耦合协调度进行测度，深入分析长三角地区城乡系统之间相互依赖、相互协调、相互促进的动态演化过程；第三部分通过构建计量模型实证检验长三角地区过去城乡协调政策的有效性；第四部分是结论与政策建议。

二、长三角地区城乡耦合协调度的测度及分析

本章通过引入耦合度函数与耦合协调度函数构建城乡系统耦合模型，选取相应耦合测度指标体系，对长三角地区2003～2015年城乡系统耦合协调度进行了测度，并分析长三角地区城乡协调度的时空格局演化过程。

（一）评价指标的标准化处理

由于原始数据间量纲不同，指标间数量级有显著差异。为消除子系统指标数据量纲影响，使其具有可比性，首先对数据指标进行极差标准化处理。公式为：

$$X'_{ij} = [X_{ij} - \min(X_j)]/[\max(X_j) - \min(X_j)] （正向指标）$$
$$X'_{ij} = [\max(X_j) - X_{ij}]/[\max(X_j) - \min(X_j)] （逆向指标）$$

其中，X_{ij}为指标原始数据；$\max(X_j)$表示第j个指标的最大值；$\min(X_j)$表示第j个指标的最小值；X'_{ij}为指标无纲化数据。一般来说，正向指标越大越好，逆向指标越小越好。

（二）评价指标权重的确定

对各指标原始数据进行标准化处理后，确定各个指标的权重，为接下来的计算和分析做准备。目前，多数学者在研究城乡协调发展确定各评价指标的权重时都选用层次分析法。层次分析法属于主观赋权法，其评价结果易受人的主观性影响，所以，为了避免主观性影响造成的偏差，本章采用熵权法来计算指标的权重。熵权法是一种客观赋权的方法，它根据各指标的变异程度，利用信息熵算出各指标的熵权，再通过熵权对各指标进行修正，从而得出较为客观的指标权重。根据熵权法原理，信息熵越小，说明某指标的指标值变异程度越大，该指标提供的信息量也就越大，从而权重越大。采用熵权法的计算步骤如下。

第一步，利用标准化后各指标数据构建 m 个评价对象、n 个评价指标的判断矩阵 $R_{m \times n}$ 为：

$$R_{m \times n} = (A_{ij})_{m \times n} (i = 1, 2, \cdots, m; j = 1, 2, \cdots, n)$$

第二步，根据信息熵的计算公式，确定各指标的信息熵值：

$$H_j = - \sum_{i=1}^{m} P_{ij} \ln(P_{ij}) / \ln(m), P_{ij} = A_{ij} / \sum_{i=1}^{m} A_{ij}$$

由于当 P_{ij} 为 0 时对其取对数没有意义，因此需要对 P_{ij} 进行修正，将其定义为：

$$P_{ij} = (1 + A_{ij}) / \sum_{i=1}^{m} (1 + A_{ij})$$

第三步，计算各评价指标的权重。各评价指标的权重为 $W_j = (1 - H_j) / \left(n - \sum_{j=1}^{n} H_j\right)$，满足 $\sum_{j=1}^{n} W_j = 1$。

（三）计算城乡发展综合指数

城市发展综合指数为：$U_i = \sum_{j=1}^{n} W_j \times X'_{ij}$。其中，$U_i$ 为第 i 个样本的城市发展综合指数；W_j 为第 j 个指标的权重值。农村发展综合指数和城市发展综合指数的衡量方法相同。

（四）评价指标的选取

城乡协调发展状况是一个综合的概念，是由城市和农村两个子系统构成的系统工程，需要对区域城市和农村的发展状况分别建立指标体系来进行分析。指标体系构建时，选取与评价对象相关性较强的指标；同时，由于反映区域城市和农村发展状况的因素很多，选取评价指标时要兼顾主导性原则，选取主导性指标来进行科学评价。最后，选取指标时要尽量科学，要科学地反映区域差异，要具有一定的可比性。本章根据科学性、实用性、可量化性、多层次性、独立性、系统性等基本原则，从城市发展综合指数和农村发展综合指数两个大类衡量长三角地区城乡耦合协调度。从城市经济发展水平、城市居民生活水平和城市基础设施水平三个方面，选取了 12 个指标来反映城市发展综合指数；从农村经济发展水平、农村居民生活水平和农业生产水平三个方面，选取了 10 个指标来反映农村发展综合指数。最终建立的评价指标体系及各指标体系的权重如表 9 - 1 所示。

表 9 - 1　　　2015 年长三角地区城乡协调发展评价指标体系及权重

目标层	准则层	指标层	权重	类型
城市发展综合指数	经济发展水平 （0.7001）	第二、第三产业比重	0.0355	正
		人均 GDP	0.0949	正
		城市化水平	0.2733	正
		固定资产投资额	0.2964	正
		在岗职工平均工资	0.0442	正
	城市居民生活水平 （0.1072）	城市居民人均可支配收入	0.0143	正
		城市居民人均消费支出	0.0208	正
		城市居民恩格尔系数	0.0279	逆
	城市基础设施水平 （0.1927）	建城区绿化覆盖率	0.0089	正
		人均城市道路面积	0.0582	正
		污水处理厂集中处理率	0.0504	正
		每万人拥有公共汽车数	0.0752	正
农村发展综合指数	农村经济发展水平 （0.5295）	农林牧渔业产值	0.0915	正
		农林牧渔业从业人员数	0.2920	正
		农村用电量	0.1460	正
	农村居民生活水平 （0.1994）	农村居民人均纯收入	0.0611	正
		农村居民人均消费支出	0.0383	正
		农村居民恩格尔系数	0.0459	逆
		农村居民人均住房面积	0.0541	正

目标层	准则层	指标层	权重	类型
农村发展 综合指数	农业生产水平 （0.2711）	农业机械总动力	0.1208	正
		有效灌溉面积	0.0446	正
		化肥使用量	0.1057	正

资料来源：《中国城市统计年鉴》《中国区域经济统计年鉴》《江苏统计年鉴》《浙江统计年鉴》《上海统计年鉴》，以及各省（市）历年《国民经济和社会发展统计公报》。

（五）耦合度模型

耦合协调度是衡量系统内部各子系统在发展过程中彼此和谐一致的程度。本章对耦合度的衡量借鉴物理学容量耦合概念，根据耦合概念及耦合系数模型，得到 n 维系统相互作用耦合度模型为：

$$C_n = \left\{ (U_1 \times U_2 \times \cdots \times U_n) / \prod (U_i + U_j) \right\}^{1/n}$$

其中，$C_n \in (0, 1)$，当 $C_n = 1$ 时，耦合度最大，系统之间或系统内部要素之间达到了高度的共振耦合，整个系统实现结构良性有序；当 $C_n = 0$ 时，耦合度极小，系统之间处于无序状态，整个系统呈现无序发展。

此次研究对象仅为城市和农村两个子系统，即 $n = 2$，因此可以得到适用于城乡协调发展的二维耦合度函数为：

$$C_2 = \sqrt{U_1 U_2 / (U_1 + U_2)(U_2 + U_1)}$$

（六）耦合协调度模型

耦合度模型仅分别对城市子系统和农村子系统协调度进行评价，但为了得到城乡协调发展的整体协同效应，必须构造长三角地区城乡协调系数模型，全面衡量城市发展子系统和农村发展子系统之间的协调程度。利用 C 和 U 构造耦合协调度函数为：

$$\begin{cases} D = \sqrt{C \times T} \\ T = \alpha U_1 + \beta U_2 \end{cases}$$

其中，D 为耦合协调系数；T 为长三角地区城市与农村协调发展综合评价指数，反映城乡的综合发展水平即整体协调效应；α 和 β 为长三角地区城市发展子系统和农村发展子系统的权重。分别取 $\alpha = \beta = 0.5$，表示城市发展和农村发展同等重要。根

据耦合协调系数 D、U_1 和 U_2 之间的关系，识别长三角地区城乡耦合协调发展评判标准与基本类型，具体的评判标准与类型如表 9 - 2 所示。

表 9 - 2　　　　　长三角地区城乡协调发展分类体系及评判标准

协调度 D	协调类别	U_1、U_2 对比关系	综合评价类型
0.8 ~ 1	良好协调发展（Ⅰ）	$U_1/U_2 > 1$	农村发展滞后型（A）
		$0.7 < U_1/U_2 \leqslant 1$	城乡同步发展型（B）
		$0 < U_1/U_2 \leqslant 0.7$	农村发展超前型（C）
0.7 ~ 0.79	中度协调发展（Ⅱ）	$U_1/U_2 > 1$	农村发展滞后型（A）
		$0.7 < U_1/U_2 \leqslant 1$	城乡同步发展型（B）
		$0 < U_1/U_2 \leqslant 0.7$	农村发展超前型（C）
0.6 ~ 0.69	初级协调发展（Ⅲ）	$U_1/U_2 > 1$	农村发展滞后型（A）
		$0.7 < U_1/U_2 \leqslant 1$	城乡同步发展型（B）
		$0 < U_1/U_2 \leqslant 0.7$	农村发展超前型（C）
0.5 ~ 0.59	勉强协调发展（Ⅳ）	$U_1/U_2 > 1$	农村发展滞后型（A）
		$0.7 < U_1/U_2 \leqslant 1$	城乡同步发展型（B）
		$0 < U_1/U_2 \leqslant 0.7$	农村发展超前型（C）
0.4 ~ 0.49	轻度失调发展（Ⅴ）	$U_1/U_2 > 1$	农村发展滞后型（A）
		$0.7 < U_1/U_2 \leqslant 1$	城乡同步发展型（B）
		$0 < U_1/U_2 \leqslant 0.7$	农村发展超前型（C）
0.3 ~ 0.39	中度失调发展（Ⅵ）	$U_1/U_2 > 1$	农村发展滞后型（A）
		$0.7 < U_1/U_2 \leqslant 1$	城乡同步发展型（B）
		$0 < U_1/U_2 \leqslant 0.7$	农村发展超前型（C）
0 ~ 0.29	严重失调发展（Ⅶ）	$U_1/U_2 > 1$	农村发展滞后型（A）
		$0.7 < U_1/U_2 \leqslant 1$	城乡同步发展型（B）
		$0 < U_1/U_2 \leqslant 0.7$	农村发展超前型（C）

（七）长三角地区城乡耦合协调关系类型及分析

通过上述方法计算得出 2003 ~ 2015 年长三角地区 25 个城市及省份整体的城乡耦合协调关系类型如表 9 - 3 所示。由表 9 - 3 可以看出：长三角地区城乡耦合协调关系类型从类型 Ⅰ 到类型 Ⅶ 跨越了 7 个等级，长三角地区 25 个城市城乡耦合协调度空间分异特征较为明显。江苏省整体城乡耦合协调度要高于浙江省，说明江苏省城乡发展更为协调。根据城乡耦合协调度相对大小，可将长三角地区 25 个城市划分为三种类型，即中耦合区、低耦合区和失调区。

表 9 - 3　　　　2003~2015 年长三角地区城乡耦合协调关系类型

城市	2003年	2004年	2005年	2006年	2007年	2008年	2009年	2010年	2011年	2012年	2013年	2014年	2015年
上海	ⅠA	ⅠA	ⅠA	ⅡA	ⅡA	ⅡA	ⅡA	ⅡA	ⅡA	ⅡA	ⅡA	ⅡA	ⅡA
南京	ⅣA	ⅣA	ⅣA	ⅣA	ⅣA	ⅣA	ⅣA	ⅣA	ⅣA	ⅣA	ⅣA	ⅢA	ⅢA
无锡	ⅢB	ⅢB	ⅢA	ⅢA	ⅢA	ⅢA	ⅢA	ⅢA	ⅢA	ⅢA	ⅢA	ⅢA	ⅢA
徐州	ⅣC	ⅤC	ⅣC	ⅣC	ⅣC	ⅣC	ⅣC	ⅣC	ⅣC	ⅣC	ⅣC	ⅢC	ⅣC
常州	ⅣA	ⅣB	ⅣA	ⅣB	ⅣA	ⅣA	ⅣA	ⅣA	ⅣA	ⅣA	ⅣA	ⅣA	ⅣA
苏州	ⅡB	ⅢB	ⅢB	ⅢB	ⅢB	ⅢA	ⅢA	ⅢA	ⅢA	ⅢA	ⅢA	ⅢA	ⅢA
南通	ⅣC	ⅣC	ⅣC	ⅣC	ⅣC	ⅣC	ⅣC	ⅣC	ⅣC	ⅣC	ⅣB	ⅣB	ⅢB
淮安	ⅤC	ⅥC	ⅥC	ⅥC	ⅥC	ⅥC	ⅥC	ⅥC	ⅥC	ⅤC	ⅤC	ⅤC	ⅤC
盐城	ⅤC	ⅣC	ⅤC	ⅤC	ⅤC	ⅤC	ⅤC	ⅤC	ⅤC	ⅣC	ⅣC	ⅣC	ⅣC
扬州	ⅤB	ⅤB	ⅤA	ⅤB	ⅤB	ⅥB	ⅤB	ⅤA	ⅥB	ⅤA	ⅤA	ⅤA	ⅤA
镇江	ⅤA	ⅤB	ⅤA	ⅤA	ⅤA	ⅤA	ⅤA	ⅤA	ⅤA	ⅤA	ⅤA	ⅤA	ⅤA
泰州	ⅤC	ⅤC	ⅤC	ⅤC	ⅤC	ⅤC	ⅤC	ⅥC	ⅤB	ⅤB	ⅤC	ⅤC	ⅤB
宿迁	ⅤC	ⅦC	ⅦC	ⅦC	ⅦC	ⅥC	ⅦC	ⅦC	ⅦC	ⅥC	ⅥC	ⅥC	ⅥC
杭州	ⅢA	ⅢA	ⅢA	ⅣA	ⅣA	ⅣA	ⅢA	ⅢA	ⅢA	ⅢA	ⅢA	ⅢA	ⅢA
宁波	ⅢB	ⅣB	ⅢB	ⅣB	ⅣB	ⅣB	ⅣA	ⅣA	ⅣA	ⅣA	ⅣA	ⅣA	ⅣA
温州	ⅣA	ⅤB	ⅤA	ⅤA	ⅤA	ⅤA	ⅤA	ⅤA	ⅤA	ⅤA	ⅤA	ⅤA	ⅤA
嘉兴	ⅣB	ⅣB	ⅤB	ⅤB	ⅤB	ⅤB	ⅣB	ⅣB	ⅤB	ⅣA	ⅣA	ⅣA	ⅣA
湖州	ⅤB	ⅤB	ⅤB	ⅤB	ⅤB	ⅤB	ⅤA	ⅤA	ⅤB	ⅤA	ⅤA	ⅤA	ⅤA
绍兴	ⅣB	ⅣB	ⅣB	ⅣB	ⅣB	ⅣB	ⅣB	ⅣB	ⅣA	ⅣB	ⅣB	ⅣB	ⅣB
金华	ⅤB	ⅤB	ⅤB	ⅤA	ⅤA								
衢州	ⅥA	ⅥB	ⅥA	ⅥA	ⅥA	ⅥA	ⅥA	ⅥA	ⅥA	ⅥB	ⅥA	ⅥA	ⅥA
舟山	ⅥB	ⅥB	ⅥB	ⅥB	ⅥB	ⅥB	ⅥA	ⅥA	ⅤA	ⅤA	ⅤA	ⅤA	ⅤA
台州	ⅣB	ⅤB	ⅤB	ⅤC	ⅤC	ⅤC	ⅤC	ⅤC	ⅤC	ⅤB	ⅤA	ⅤA	ⅤA
丽水	ⅦB	ⅥB	ⅦA	ⅦA	ⅦA	ⅦA	ⅦA	ⅦA	ⅦA	ⅦA	ⅦA	ⅦA	ⅦA
连云港	ⅤC	ⅥC	ⅥC	ⅤB	ⅣB	ⅤC	ⅤC	ⅤC	ⅤC	ⅤC	ⅤC	ⅤC	ⅤC
江苏	ⅡB	ⅡB	ⅡB	ⅡB	ⅡB	ⅡB	ⅡB	ⅡB	ⅡB	ⅡB	ⅡB	ⅡB	ⅡB
浙江	ⅢA	ⅢA	ⅢA	ⅢA	ⅢA	ⅢA	ⅢA	ⅢA	ⅢA	ⅢA	ⅢA	ⅢA	ⅢA

中耦合区：将处于类型Ⅱ和类型Ⅲ的城市划分为中耦合区。从结果来看，上海、苏州、无锡和杭州在2003～2015年城乡耦合协调度基本保持在类型Ⅱ和类型Ⅲ上，只有上海的城乡耦合协调度在2003～2005年基本一直保持在类型Ⅰ上，即良好协调发展关系，说明这四个城市的城市与农村有着至少初级协调发展关系。同时，这四个城市城乡耦合协调类型基本一直表现为A类，即乡村发展滞后型。由此得知，相对于其高度发展的城市水平，其乡村发展仍然较为滞后，农村发展滞后在一定程度上影响了这些地区的城乡协调发展。

低耦合区：将处于类型Ⅳ和类型Ⅴ的城市划分为低耦合区，主要包括江苏的南京、徐州、常州、南通、连云港、盐城、镇江、扬州、泰州，以及浙江的宁波、温州、嘉兴、湖州、绍兴、金华和台州。其中，南京、徐州、常州、南通和绍兴基本保持在类型Ⅳ上。从历年城乡综合发展指数之间的关系来看，表现出农村发展滞后型的比例达到45.5%；表现出城乡同步发展型的比例为24.5%；表现出农村发展超前型的比例为30%。低耦合区城乡发展不协调主要以农村发展滞后型为主，农村发展滞后同样在一定程度上影响了这些地区的城乡协调发展。

失调区：将处于类型Ⅵ和类型Ⅶ的城市划分为失调区，主要包括江苏的宿迁以及浙江的舟山、衢州和丽水。从城乡综合发展指数之间的关系来看，除了宿迁表现出农村发展超前型，舟山、衢州和丽水都表现出农村发展滞后型，失调区城乡不协调主要也是由于农村落后造成的。

因此，从长三角地区25个城市历年城乡耦合协调度以及城乡耦合协调关系类型可以看出，长三角地区城乡不协调主要是由于农村发展滞后造成的，今后若想实现长三角地区城乡关系的进一步协调，主要是要解决农村落后这一核心问题。

（八）长三角地区城乡耦合协调度时空格局演变

从2003～2015年长三角地区25个城市城乡耦合协调度的时空演变看，由于上海的辐射带动作用，靠近上海的几个城市城乡耦合协调程度都较高。不同时期时空格局演变存在一定差异，但是差异并不是很明显，大部分城市城乡耦合协调度都比较稳定，偶尔会呈现明显的上升或者下降趋势。单从城乡耦合协调度的时空格局演变来看，长三角地区过去实行的城乡协调政策改善城乡协调的效果并不明显。

三、长三角地区城乡协调政策有效性的实证检验

为了更好地说明城乡协调政策是否有效，通过构建计量模型进行实证分析。

（一）变量选取与数据来源

第一，被解释变量为城乡耦合协调度（D）。城乡耦合协调度的测度方法如前文。

第二，解释变量为城乡协调政策（$Policy$）。由于统筹城乡协调的政策较多，包括户籍、居住、就业、社保、教育、医疗、基本公共服务等方面，各地出台的统筹城乡协调发展政策不一，很难有效统计出各市历年具体实施了多少城乡协调政策。本章借鉴朱军（2017）的做法，通过收集各市的核心报纸，如各市的日报作为衡量政府城乡协调政策的来源，凡是每日日报中涉及"统筹城乡发展""城乡协调发展""城乡一体化"等词语的，都视为当地政策实施了一次城乡协调政策。

第三，控制变量包括五个变量。地区经济发展水平（GDP），用各地人均GDP来衡量；城乡收入差异（$Income$），用城市居民人均可支配收入与农村居民人均纯收入的比值来衡量；城乡消费差异（$Consume$），用城市居民人均消费支出与农村居民人均消费支出的比值来衡量；城乡恩格尔系数差异（$Engel$），用城市恩格尔系数与农村恩格尔系数的比值来衡量；政府支农程度（$Fiscal$），用政府用于农林水利事务的财政支出占公共财政预算支出的比值来衡量。

第四，所有变量的数据来源于历年《中国城市统计年鉴》《中国区域经济统计年鉴》《江苏统计年鉴》《浙江统计年鉴》《上海统计年鉴》，以及各省（市）历年《国民经济和社会发展统计公报》和中国知网报纸数据库。

（二）模型构建

本章将城乡耦合协调度作为被解释变量、城乡协调政策作为解释变量，为了更好地实证检验影响城乡耦合协调度的因素，引入地区经济发展水平、城乡收入差异、城乡消费差异、城乡恩格尔系数差异和政府支农补贴程度作为控制变量纳入模型中。对于某些数值较大的指标，为了避免异方差的影响，本章对其进行对数化处理，构建的具体计量实证模型为：

$$D_{it} = \beta_1 \ln Policy_{it} + \beta_2 \ln GDP_{it} + \beta_3 \ln Income_{it} + \beta_4 \ln Consume_{it} + \beta_5 \ln Engel_{it} + \beta_6 \ln Fiscal_{it}$$
$$+ \eta_i + \gamma_t + \varepsilon_{it}$$

其中，D_{it} 表示 i 地区第 t 年的城乡耦合协调度；$Policy_{it}$ 表示 i 地区第 t 年实行的城乡协调政策数；η_i 表示个体效应；γ_t 表示时间效应；ε_{it} 表示随机干扰项。

（三）实证结果分析

表 9 - 4 中第 （1）~ （3）列分别是混合回归、固定效应回归和随机效应回归的结果。F 检验结果表明固定效应优于混合效应，豪斯曼检验结果表明固定效应也优于随机效应，因此，本章将固定效应估计结果看作最终回归结果。由第（3）列的回归结果可以看出，城乡协调政策的回归系数为负，且没有通过显著性水平，说明过去长三角地区城乡协调政策效果不明显，没有很好地缩小城乡差距。从其他控制变量的回归系数来看，地区经济发展水平越高，该地区城乡耦合协调程度越高；城乡居民收入差异、城乡居民消费差异、城乡居民恩格尔系数之比与城乡耦合协调度都呈现负向关系；政府支农补贴程度与城乡耦合协调程度呈现正向关系，政府支农补贴程度每增加一个单位，城乡耦合协调程度就会增加 0.0292 个单位。

表 9 - 4 实证回归结果

变量	（1）	（2）	（3）
	混合回归	固定效应	随机效应
Policy	0.0037	− 0.0043	− 0.0022
	(0.21)	(− 1.11)	(− 0.55)
GDP	0.0693 ***	0.0222 ***	0.0337 ***
	(2.95)	(2.79)	(4.35)
Income	− 0.1025 **	− 0.0066	− 0.0112
	(− 2.73)	(− 0.52)	(− 0.87)
Consume	0.0232	− 0.0283 **	− 0.0290 **
	(0.5)	(− 2.39)	(− 2.37)
Engel	− 0.1079	− 0.0795 ***	− 0.0829 ***
	(− 1.44)	(− 2.76)	(− 2.79)
Fiscal	1.3709 ***	0.0292	0.2723 **
	(7.75)	(0.22)	(2.21)

变量	（1）	（2）	（3）
	混合回归	固定效应	随机效应
Cons	0.1438 （0.39）	0.4266*** （4.33）	0.03214*** （3.24）
N	198	198	198
F 检验（*Prob* > F）	—	66.51***	—
Hausman 检验	—	19.93***	—
R^2	0.6280	0.3403	0.5083

注：*** 、** 和 * 分别表示 1%、5% 和 10% 的显著水平；括号内为 *t* 统计值。

四、结论与政策建议

本章通过选取长三角地区 25 个城市 2003～2015 年的耦合测度指标，引入耦合度函数和耦合协调度函数构建城乡系统耦合协调度模型，并对长三角地区 25 个城市的城乡系统耦合协调性进行了测度。结果表明：长三角地区作为中国乃至世界经济增长最迅速、城市化进程最快的地区之一，其区域内部城乡耦合协调程度仍然存在一定差异。长三角地区 25 个城市城乡耦合协调度的时空差异规律表现如下。

绝大部分地区历年来的城市发展综合指数要高于农村发展综合指数，其中，部分地区城市发展综合指数更是显著高于农村，这表明长三角地区城乡差距问题依然存在，并且在部分地区表现得十分明显；从城乡耦合协调度来看，城乡耦合协调关系类型跨越了 7 个等级，地区间城乡协调性差异较大；从历年城乡协调政策效果来看，过去长三角地区城乡协调政策改善城乡协调的效果并不明显。因此，有效解决农村落后这一核心问题仍是长三角地区今后努力的方向。

长三角地区在今后的发展中，要凭借经济实力和制度创新的领先优势，解决好新形势下的"三农"问题，把城市和农村作为一个整体统一筹划，从体制、政策和机制上实现不同层次的创新，重点解决制约农业和农村发展的体制性矛盾，加快城市化进程，构建起全新的城乡社会经济均衡协调发展的战略框架，需要做到以下三点：第一，加大对农村的支持力度，改善长三角地区大部分城市农村发展滞后问题需要加大对农村的支持力度。首先，要全面落实中央一系列强农、惠农政策，重点加大农业基本建设、农村社会化服务体系建设、农村公共设施建设、农村教育事业的投入力度，增强农村社会发展水平。其次，要构建有利于农村发展的公共财政体制，提高财政支出中支农的比重，加大对贫困地区的转移支付力度，加大对农村基础设施、义务教育、社会保障等方面的投入。第二，加强城乡要素流动。长三角地区在经济与社会发展方面具有明显的优势，城市化与工业化水平较高，具有实现城乡协调发展的良好基础，但是城乡之间要素流动仍然有限制，城乡互动的根本在于建立城乡统一的要素市场，促进劳动力、资本等在城乡间的自由流动和公共资源的均衡配置，这对城乡资源互补、协调发展具有重要意义。第三，发挥城市的增长极作用。要加快城市的转型发展，进一步完善城市功能，增强其对农村的辐射力。特别是对于城乡协调发展较差的地区，如苏北的宿迁、淮安、连云港以及浙江的丽水和衢州，要统筹城乡经济社会发展的各个方面，制定城乡协调发展的战略规划。大力开发县级城市、建设特色鲜明的小镇，将有效带动周边农村的发展。此外，建设多层次城市体系有助于在更大空间内进行产业布局，使产业链由中心城市向中小城市乃至农村延展，加速产业聚集、吸收城乡剩余劳动力，进一步促进城乡经济协调发展。

参考文献

[1] 陈锡文. 新世纪的"三农"问题 [J]. 求是，2003 (7)：49 – 51.

[2] 陈晓华. 统筹城乡发展的路径选择 [J]. 财会研究，2011 (11)：22 – 23.

[3] 顾益康. 全面推进城乡一体化改革——新时期解决"三农"问题的根本出路 [J]. 中国农村经济，2003 (1)：20 – 26.

[4] 洪银兴. 工业和城市反哺农业、农村的路径研究——长三角地区实践的理论思考 [J]. 经济研究，2007 (8)：13 – 20.

[5] 姜晔，吴殿廷，杨欢，等. 我国统筹城乡协调发展的区域模式研究 [J]. 城市发展研究，2011 (2)：42 – 47.

[6] 刘凯，任建兰，王成新. 新型城市化背景下的城乡协调发展研究——以山东省济南市为例 [J]. 江苏农业科学，2015，43 (7)：464 – 466.

[7] 刘桂莉，张薇，雷茜茜，等. 长三角地区城乡耦合协调发展差异性研究 [J]. 湖北农业科学，2015，54 (17)：4346 – 4351.

[8] 李光跃，王敏，吴建中. 统筹城乡发展的"成都模式"初探 [J]. 系统科学学报，2010 (1)：67 – 71.

[9] 李文宇. 城乡分割会走向城乡融合吗——基于空间经济学的理论和实证分析 [J]. 财经科学，2015 (6)：71 – 83.

[10] 欧阳彦，卢勇辉，刘秀华. 基于熵值法的城乡协调发展的综合评价研究——以重庆市

为例 [J]. 西南农业大学学报（社会科学版），2011（1）：10－14.

[11] 王艳飞，刘彦随，严镔等. 中国城乡协调发展格局特征及影响因素 [J]. 地理科学，2016，36（1）：20－28.

[12] 魏杰，李富忠，刘学等. 中国城乡协调发展的综合评价与研究 [J]. 山西农业大学学报（社会科学版），2015，14（11）：1123－1128.

[13] 朱军. 中国财政政策不确定性的指数构建、特征与诱因 [J]. 财贸经济，2017（10）：22－36.

[14] 钟甫宁. 我国能养活多少农民？——21 世纪中国的"三农"问题 [J]. 中国农村经济，2003（7）：4－9.

[15] 曾玲华. 发展现代农业与推进城乡经济统筹发展 [J]. 农村经济，2007（6）：17－19.

[16] Liu Y., Lu S., Chen Y.. Spatio-temporal Change of Urban－rural Equalized Development Patterns in China and Its Driving Factors [J]. Journal of Rural Studies，2013，32（32）：320－330.

[17] Long H., Jian Z., Liu Y.. Differentiation of Rural Development Driven by Industrialization and Urbanization in Eastern Coastal China [J]. Habitat International，2009，33（4）：454－462.

[18] Long H., Jian Z., Pykett J., et al.. Analysis of Rural Transformation Development in China since the Turn of the New Millennium [J]. Applied Geography，2011，31（3）：1094－1105.

第十章

城乡协调发展的长三角模式：
事实经验与政策演进

一、引 言

作为中国最发达的区域之一，长三角地区气候宜人、物产富庶，区位优势显著，经济禀赋占优，历史文化底蕴深厚，社会治理体系健全。无论是历史维度的经济演化，还是空间维度的发展变革，长三角地区始终领跑全国，是最为发达的经济圈之一，源源不断地为全国贡献税收和财源。更为重要的是，长三角地区始终以其发展实践为全国的发展提供先导的方案、模式和智慧。改革开放以来，长三角地区立足自身禀赋，把握宝贵的战略发展机遇，跨越时空，以全球视野和超前的历史前瞻性，审时度势，探索出了一条迥异、超前于全国的改革发展之路，拉动了自身经济强劲的内生发展，成为加入世界贸易组织（WTO）以来我国经济发展的重要增长极之一，为全国经济和产业发展提供了宝贵的经验借鉴。其中，尤其是在城乡协调发展方面，长三角地区走在了全国的前列。以江苏的"苏南模式"、浙江的"块状经济"等闻名的经济增长奇迹，成为长三角地区城乡协调发展的响亮代名词。

作为一个区域经济发展差异较大、城乡二元经济结构特征显著的发展中大国，城乡协调发展是我国长期发展中必须要实现的目标，也是实现全面小康的题中之义。党的十九大报告提出了"乡村振兴"战略，再一次将城乡协调发展的问题提到了国家层面发展战略的高度，通过构建乡村发展的产业、生态、治理体系、制度等政策组合拳，全力缩小城市与乡村发展差距，彻底解决城乡之间发展不平衡、不充分的矛盾。那么，在构建新一轮城乡协同发展政策体系的进程中，对长三角地区的城乡协调发展模式进行回顾和总结，准确、全面地剖析既往的协同发展模式的优劣势，无疑将对新时期城乡发展提供重要的理论和实践上的指导意义。

二、长三角地区城乡协调发展模式总结

长三角地区城乡协调发展的进程可以上溯到 20 世纪 80 年代。2010 年国务院颁布长江三角洲区域发展规划后，将长三角一体化正式纳入国家战略，长三角城乡协调发展进入新时期。国务院《长江三角洲城市群发展规划》划定长三角城市群 26 市，总人口占全国 10.87%，面积占全国只有 2.18%，但 2016 年 GDP 占比达 19.78%。在城乡协调发展方面，长三角地区通过不断增强城市功能，细分区域功能定位，夯实公共服务体系，深化跨区规划协同，加强城乡产业互动，构建完备城镇体系，不断推进城乡协调发展。在长期实践中，长三角地区在城乡协调发展方面走出了独特的道路，诞生了四类典型的发展模式，[①] 为国内其他地区开展城乡协调发展建设工作提供了有益的借鉴。

（一）以新型城镇化为特色的"苏南模式"

新型城镇化是以城乡统筹、城乡一体、产业互动等为基本特征的城镇化模式，新型城镇化旨在产业发展的基础上，突破城乡二元经济结构，实现城乡互动融合，其推进实施也推动着城乡协调发展的实现，江苏的苏南地区正是这种发展模式实施的典型例证。"苏南模式"是指江苏省南部苏、锡、常的发展模式，其特色在于通过发展乡镇企业促进非农化，激发各类非公有制经济主体活力，加速乡镇多元经济规模的扩张，推动新型城镇化建设，实现城乡协调发展。改革开放以来，苏南地区的乡镇企业借助灵活的政策体系、优越的地理区位、丰富的区域资源禀赋、当地开放的市场氛围和活跃的企业家精神，迅速在传统的农业产业结构中打破僵局，成为地方经济的支柱。而乡镇企业的快速发展，一方面，吸纳大规模就业人口，大量人口在未大规模迁徙的背景下，实现离土不离乡，土地开始可以集聚，发挥规模效应；另一方面，创造更多地方 GDP 产值，促进了苏南地方财政的充裕，使地方财政有更多的资金推广农业机械化、产业化，鼓励现代高效农业的发展，实现农业的

---

① 本章阐述四类主要的城乡协调发展模式，当然，在模式内部，不同的城市由于区位、经济禀赋、文化差异等方面的因素，还呈现多元特征，这里不一一阐述。本章侧重提炼共性特点，剖析差异，找准切入点，以梳理出更有针对性的政策建议。

集约化生产，调整优化农村的产业结构。而这样一种正向反馈，推动了农村社会结构的深刻转型，二元城乡结构被打破，工农的边界逐渐模糊，城乡的边界也逐渐打破，城镇与传统乡村加速融合，"中心城市 + 卫星城市 + 大集镇①"的苏南城市格局形成，一体化进程随着工业、农业的齐头并进有序推进。在众多的例子中，无锡是一个典型代表。在 20 世纪 80 年代初，无锡大力发展乡镇工业，构建"以工补农、以工建农"的工业反哺农业，进而推动协同发展的体系结构。80 年代末期，通过乡镇企业大发展，使城乡发展实现双向促进。进入 90 年代后，无锡启动乡镇集体企业产权制度改革，大力推进个体工商户、中小型企业等私营经济，同时推进企业主动融入全球价值链体系，并以"农业现代化、工业集约化、农村城市化"为发展战略，实现了城乡经济的协调发展。2000 年以后，无锡开始加快制造业发展，积极嵌入国际制造业价值链，经济外向型加速，城乡居民收入水平显著提升。近年来，随着前期电子信息、高端制造的"泡沫"破裂，无锡经济面临新的发展"瓶颈"，但总体而言，在市场自发调整和政府主动作为下，城乡居民的幸福指数提升，2017 年 GDP 突破万亿元大关，"骨肉共生"平衡度增强，经济发展的内生性显著增强。

总体而言，新型城镇化的"苏南模式"在长期发展中并非一成不变，而是动态自我完善的，通过不断演变以适应外部经济环境的变化。在发展阶段上，其经历了从"苏南模式"到"新苏南模式"再到"后苏南模式"的转化，城乡协调发展的进程也经历了以下三个发展阶段。

1. 以非农化为主要形式的初期发展阶段

20 世纪 90 年代以前，在农村改革发展初期，苏南地区依靠临近上海这一地理优势，各村社自力更生，纷纷开厂办企业，工业化浪潮涌现，农村剩余劳动力主动融入工业化浪潮，乡镇企业占据了苏南经济的半壁江山，开辟出区域经济率先发展的"苏南模式"道路。在此进程中，农村剩余劳动力得到了就地消化，而农村工业化与农民就地自主创业也使传统的农村小集镇开始形成，基础设施有效提升，一些村镇开始变成小城镇，在初步工业化基础上的第一轮的城镇化模式层起叠涌。在这个过程中，城镇工业化与农村工业化并存，在发展农村经济的同时，农村与城市格局逐步趋同。

2. 依托小城镇推进城乡协调的发展阶段

20 世纪 90 年代中后期，随着国家"严格控制大城市规模""着重发展小城镇

---

① 苏南地区称之为中心镇或大集镇，地区国内生产总值可达百亿元，个别甚至突破千亿元规模。

经济"发展战略的推进，苏南地区及时调整产业结构，依托乡镇企业大力发展小城镇。通过抢抓浦东开发的发展时机，积极发挥地域优势，充分利用上海的人力资本外溢，依托各级各类开发区，整合城乡各类工业企业，推动小城镇快速发展。这一阶段交通、通信等基础设施不断加强，金融、旅游、文教等事业蓬勃发展。在农业劳动力转化为工业劳动力的同时，一大批外来就业人口不断涌入，苏南地区在社会经济和城镇建设上取得了巨大成就。1997 年，苏、锡、常地区的农业经济收入占江苏地区经济收入的 45%，城镇化工业产值占全省的 31.16%。[①]

3. 围绕县城发展为核心的城乡协调发展阶段

随着经济全球化的快速发展，中国经济格局从开放型经济向国际化经济演进。苏南发展模式加速转变，其核心是围绕提高经济增长质量，转到依靠科技进步的高效率增长方式。2001 年加入 WTO 后，苏南主动将对外开放与国内发展统筹，外向型经济快速发展，大量外资企业涌入，为苏南模式注入了新鲜血液。苏南地区凭借其土地优势、充裕的劳动力与灵活的政策机制，依托县城工业园区、开发区，积极融入全球价值链，帮助外资企业进行制造业代工，经济迅速发展。不断涌现的外向型企业不仅扩充了当地劳动力的就业渠道，也吸引了大量外来人员。与此同时，江苏整合汇聚当地有限资源，提高地区发展质量，并合并缩减乡镇数目，甚至出现了乡镇级的"城市"，在城乡协调发展中取得了显著成果，城乡融合程度明显加速。近年来，又出现了新苏南模式，以园区为支点，打破城乡二元结构，通过调节农业与工业，促进社区农民共同富裕，加速工业化和市场化，实现发展支撑的政府与市场协同，加快民营经济发展，配置创新创造精神，实现产业结构的优化和民营经济的后发发展，推动共同富裕。但我们认为，这是苏南模式在新的经济环境背景下的自发调节机制，没有改变其本质内涵。2016 年，苏、锡、常三市 GDP 占全省 40%以上，人均 GDP 分别达到 14.58 万元、14.15 万元、12.28 万元，远高于全省和全国，几乎所有县市入选全国百强县。[②]

（二）"城郊互动、统筹规划"的上海模式

上海城乡协调发展主要分为三个阶段。第一阶段始于改革开放之初，上海推进以农业向工业转化的初步工业化进程，在原先集体经济基础上，大力发展乡镇企

---

① 《江苏统计年鉴 1998》。
② 《江苏统计年鉴 2017》。

业，推进农业人口向工业人口就业转化，以工业化发展带动农民致富增收，缩小城乡居民收入差距，推动乡村地区的产业、经济格局的工业化方向性调整。从 20 世纪 80 年代起进入第二阶段。从 80 年代中后期，上海推进市区工业企业向城郊接合部迁徙，实现城市内部的产业结构分层、分梯次迁徙转移，市区的产业结构高级化进程加速，同时郊区也实现快速工业化，进入城市郊区化发展阶段。自 21 世纪初进入第三阶段，上海全面推进郊区城市化进程，2004 年进一步明确郊区实现"城乡一体化、农村城市化、农业现代化、农民市民化"的总目标，推进"人口向城镇集中、产业向园区集中、土地向规模经营集中"等"三个集中"总战略，按照"体系呈梯度、布局成组团、城镇成规模、发展有重点"的原则，规划郊区"新城、新市镇和居民新村"三级城郊居住体系，加快中心城和郊区联动发展，并优化市域人口、城镇、产业布局，按照人口集中、产业集聚和土地集约要求，提升人口、产业、资源、环境和基础设施等各类要素的聚集度，逐步消除城乡二元结构，为推进城乡协调发展打下坚实基础。上海周边地区当前城乡协调发展"城郊互动、统筹规划"的生动实践，围绕城市现代化和国际大都市两个建设目标，在城镇体系、产业发展、基础设施、公共服务、生态环境等各个方面都进行了统筹考量和布局优化，通过郊区工业化和城市化建设协同推进来促进城乡一体化发展。

立足新阶段的城乡协调发展和一体化建设，围绕建成国际经济、金融、贸易、航运中心，建成经济繁荣、社会文明、环境优美的国际大都市目标，上海发展改革委员会提出了五大原则，即非均衡整体发展战略原则、双向演进互动发展原则、市场取向与政府有效干预相结合原则、制度创新原则、系统协同原则，并提出了城乡一体化五大发展战略措施。在城乡协调发展推进过程中，上海以集中城市化、推进非农化、建立新型城乡关系、转变经济增长方式、保全生态系统等多项措施协同推进，加速农村劳动力的非农化转移，突破影响城乡一体化发展的制度性障碍，加速实现郊区经济城市化、现代化转型。

（三）以特色县域产业集群为特色的浙江"块状经济"模式

改革开放以来，浙江以农村工业化为起点，走出了新的城乡协调发展之路。作为我国民营经济的先发地区，浙江的传统产业蓬勃发展，促进了当地经济高速增长，如大唐袜业、柳市低压电器、慈溪小家电、永康五金、嵊州领带等。特色产业根植于地方社会文化的不断创新，逐步发展壮大为特色鲜明的以块状经济为特征的产业集聚区。

"块状经济"是具有浙江特色的产业集聚。浙江通过创新"省管县"体制，以

"一村一品""一镇一业"为抓手，做实品牌、产业、行业基础，健全县域经济发展激励机制，各地"块状经济"在产业细分领域中取得了显著的竞争优势。与此同时，在夯实县域经济架构、释放县域经济活力的基础上，调整优化行政区划，主动向外延放射状推进，打造"都市圈"，产业格局也随之打开，形成良性的正向外溢效应。在这一模式下，产业地理空间被打开，中心城市集聚的高端要素与都市圈的特色禀赋形成了很强的正向反馈效应，实现优势互补和集聚，并放射状向外延拓，支撑城市与乡村的协调发展，助推产业、经济结构的升级跃迁。

（四）从"块状经济"到特色小镇：城乡协调发展模式的升级版

2000 年以后，随着人力资本、土地、环境资源等要素成本的快速上升，面临着产业结构的快速变迁和技术革命的加速迭代，传统块状经济创新动力匮乏、投入产出比低、产业格局低端、总体附加值偏低的弊端凸显，竞争力持续下降，并陷入低端制造、低端服务、低端人力资本、低端产业结构交互抑制，负向体系结构自我强化，产业跃迁路径被捕获的发展困境和恶性循环，产业转型升级滞后于消费升级。在浙江提出特色小镇建设前，各地已经开始反思主体产业附加值低、效率不高等弊端，谋求突破和转型。如何汇聚高端创新要素、集聚优势资源禀赋、吸收高端人力资本、构筑强劲的新动力引擎，成为加快产业链整体升级、推动产业结构高级化的重要方向。

在这一背景下，基于现有约束、资源禀赋和发展思路考量，"特色小镇"模式应运而生。特色小镇遵循"小而精""小而美"的规划设计理念，立足已有产业优势，以城市化为依托，打造新型化的创新平台，推进空间集聚、要素集约，以助力产业转型升级。政策提供的土地要素保障、财政支持，为这些产业转型升级提供了重要机遇。特色小镇与传统小镇有所不同。特色小镇立足当地特色产业或产业集群，汇聚特定的人力资本、专业机构和企业体系，构建具有鲜明特色的现代中小型产业聚簇，在组织构成上多以大型城市周边的独立集镇、街区形式存在，既能共享大型城市人力资本、交通、科研院所、销售网络等各类优质要素资源，又能在发展格局上自成体系，保持独立的规划体系，进而构建相对独立的产业体系和专业集聚的产业链结构，衔接协调上下游，吸引人才并推动创新。特色小镇建设与目前新型城镇化进程中的农业现代化、人口市民化、新型工业化、信息化等相互促进、螺旋推进，共同推进城市、乡村、区域的协调发展。

特色小镇建设推进方面，2015 年 4 月浙江出台《浙江省人民政府关于加快特色小镇规划建设的指导意见》，拟在全省重点培育和规划建设 100 个左右产业特色鲜明、体制机制灵活、人文气息浓厚、生态环境优美、多种功能叠加的特色小镇，主要涉及信息经济、环保、健康、旅游、时尚、金融、高端装备制造七大产业，兼顾茶叶、丝绸、黄酒、中药、青瓷、木雕、根雕、石雕、文房等历史经典产业，并定位于产业、文化、旅游"三位一体"和生产、生活、生态融合发展。2015年6月初，第一批涵盖10个设区市的37个省级特色小镇列入首批创建名单；2016年1月底，第二批42个特色小镇创建名单公布，同年5月，10个特色小镇被确定为省级示范特色小镇；2017年8月，公布第三批35个创建名单，此外，设立了培育名单、市级特色小镇等，创建规模已达数百个。特色小镇有明确的产业定位，采用"政府引导、企业主体、市场化运作"模式，以企业为主推进项目建设，辅之以政府引导和服务保障，代表了浙江产业升级的发展方向。从特色小镇创建成效来看，截至2016年底，浙江省78个特色小镇入驻企业超过1.9万户，进驻5473个创业团队，其中，国家级高新技术企业291家，汇聚了"浙大系、阿里系、海归系、浙商"四大类创业人才12 585人，吸收"国家千人计划""省级千人计划"人才239人、国家和省级大师205人，入库税收超过160.7亿元，同比增长13.5%，其中，税收收入132.2亿元，同比增长14.5%，远高于全省税收总体增幅，发展势头强劲（陆澜清，2018）。特色小镇的迅速发展成为浙江新产业、新业态的孵化器和助推器。例如，常山赏石文化小镇依托"金融+""互联网+"，创新推出"石头变富矿"新模式，并与阿里巴巴、腾讯合作，开创线上线下一体化营销新形式。

三、既有城乡协调发展模式的比较与评析

由于长三角地区迥异的地理位置、多元的文化氛围、差异化的经济格局和禀赋，在发展的过程中也处于不同的起点和发展路径，城乡协调发展实践中的侧重点和所采取的方式也不同。下面分别对其做比较分析。

（一）区位格局与发展禀赋

从发展阶段来看，苏南模式和浙江"块状经济"兴起是在工业化发展起步阶段形成的；上海已进入工业化中后期，形成了以城带乡、城乡联动的一体化发展模式。从发展格局来看，苏南是几个主要"点状"中等城市带动周边"面状"的乡镇、村落；上海则是以特大型城市带动周边郊区、卫星城（传统的县域、远郊区），以中心的经济体量、要素集聚辐射周边区域，推动郊区和农村的现代化进程；浙江

则是以"自发形成、集群簇生"为特征，城乡协调发展由点及面深入推进。

（二）发展重心剖析

由于各地资源禀赋、制度文化、区位格局和发展阶段的差异，三种发展模式在发展重心上各有侧重、特征显著。苏南模式源于改革开放之初苏南农村改革的大胆探索和地方政府的积极作为，在农业实现改革突破的进程中打破发展的"瓶颈"，借力农业的发展和乡镇发展机制障碍的突破，通过乡镇企业发展工业化，同时，原来强大的国有企业、集体企业处于体制机制调整的阵痛期，客观上为乡镇企业挤占市场、抢抓发展空间提供了机遇。作为推动苏南协调发展的重要产业载体，乡镇企业成为苏南模式城乡一体化发展的主要推动力。浙江以"块状经济"为特征的城乡协调发展主要依靠地方经济的内生力量，并逐步扩展。历史或偶然的因素诱发了"块状经济"在局部地区萌芽，通过不断创新和集聚生产要素逐步发育壮大。"块状经济"的发展打破了城乡二元结构，促进了城乡之间人口和生产要素的流动和重组，为城乡协调发展进程提供了强大推力和产业基础。上海模式的发展，则是源于中央大力的政策支持、地方政府较高的自主发展权限、开放的发展格局和雄厚的工业基础，自身内部实现了产业的区域梯次发展，由中心区域向近郊、农村转移，郊区发展提速，卫星城、卫星集镇迅速崛起。与此同时，为避免"摊大饼"、内部区域产业政策导向冲突和资源过度分散等问题，上海突出"人口向城镇集中、产业向园区集中、土地向规模经营集中"等"三个集中"战略，推进城市化按照有序、强势、有力的发展路径前进，带动郊区农村的工业化、现代化进程，进而带动城乡的协调发展。

（三）发展方式分析

苏南模式和浙江模式是一种自发的由下而上分散决策、激发地方主观能动性的发展方式，与改革开放的特定历史阶段有很强的正相关性。这种模式的出现在于紧紧抓住外部市场需求（如苏南模式对国有经济、集体经济转轨时期的市场空白期的把握，浙江模式抓住了对外开放、融入全球产业链的历史机遇），诱发了具备一定原始积累的农村工业的发展，具有很强的内生自主动能、经济主体分散决策、良性激励较强的城乡协调发展模式，对推进城乡的工业化、一体化和现代化具有深层次影响，有助于城乡协调内生动力的形成和培育，但也容易出现资源非集约、同质性发展、产业升级难等缺陷，大量缺乏优质人力资本、技术禀赋和高端要素的产行业的聚集，将严重制约经济发展层次的升级和革新。今天，无论是苏南发展模式还是浙江"块状经济"发展模式，在时空、发展阶段、国内经济格局、全球产业链轮动的进程中，其隐含的内生缺陷逐渐浮上台面。上海的城乡一体化发展进程则是自上而下、政府主导推动、市场因策而动的大城市强势助推周边郊区和农村的发展模式，推广速度快，但在实施中对政策设计的要求较高，同时很难避免各地发展同质性、对中心城市过度依赖、辐射边际效应随着距离加速衰减的现象和问题。

（四）协调发展的红利与时滞副作用

1. 苏南模式

苏南地区伴随着城镇化发展模式结合实际政策的演化，构建了城镇化发展与经济社会良性互动发展的格局，加速了城乡协调发展，有力推进了苏南各市（县）在既有区位格局和经济禀赋上加快发展，促进了区域内不同规模城市的协调发展，打破了重点发展大城市而郊县、乡镇经济实力薄弱的局面，立足县、镇作为中心区的发展，使小城镇成为联系大城市与乡镇居民之间的紧密纽带，熨平城市与乡村在发展水平、治理模式、文化特征等方面的隔阂与差异，带动了乡村人口向城市的自然过渡，实现了自然的城镇化，特别是熨平了人的城镇化，由此形成的人口城乡间均衡分布频谱保持了足够的平滑，避免了一些国家出现的极速城镇化后的乡村空心化与郊县贫民窟化现象，加快了苏南城市群的健康协调发展，拉动了区域整体经济水平的提升。

与此同时，在迅速发展的背后，苏南模式存在着城乡框架拉得过大、企业低质或同质化高、低端生产要素集聚、产业结构钝化、人力资本发展层次低等现象。小规模城镇建设带来的建设用地迅速增长致使土地利用率不高，土地资源浪费严重；而小规模、分散化的发展模式引发环境污染、水质破坏等严重环境问题，制约了经济发展的质量提升，成为社会经济可持续发展的"瓶颈"；在城镇化发展过程中，由于乡镇建设治理水平的滞后，土地利用集约化低，农民居住密集程度不同，居民点多而无序、杂而分散，引致农村基础设施大规模重复投入、重复建设，管理力度分散，农村非法扩建、违建现象严重，大量资源严重错配、效率低下，由此引发社会治理成本攀升。同时，源自城乡企业自发模式的城乡一体化有着先天优质人力资本匮乏的缺陷，更多从事技术含量偏低、劳动密集、资本规模投入少的中低端制造业，即使有创新，更多也是技术的改进和流程工艺的调整，缺乏原创发明创造，附加值低，由此引发产业的中低位循环，产业转型升级难度加大，整体结构优化空间亟待拓宽，发展的质量和内涵不够深化，内生动力不足。

2. 上海模式

上海城乡协调发展的特征之一是城郊互动，在统一的城乡统筹发展规划指引下，依托上海中心城市强大的市场内需和产业带动能力，自上而下驱动城乡协调发展。在这一进程中，农民加速市民化，解决了城乡二元经济体系引致的各种制度性、结构性割裂，就国内而言，属于城乡协调发展的较高级阶段。另外，中心城市强大的研发创造能力将增强对高端人力资本的虹吸，整体拉升城乡的人力资源储备水平，加速推动城市的内生发展。再者，中心城区庞大的经济规模和发展动能有助于早期产业结构的高水平发展，随着技术的变迁，产业在城市内部形成闭合循环，在制度成本、空间成本等因素共同作用下，优先在城市内部迁徙，由城区向郊区再向乡镇迁徙，构成波浪型产业演化轨迹，带动城市整体产业格局跃迁。同时，乡村的发展将在土地、人力、资源、空间等方面拓宽城市的格局，反作用于城市的发展，培育更为健全的整体城市产业格局和经济结构。但上海模式的优势特征也是构成其难以推广的重要因素，对于国内大多数城市而言，其城市的中心区域本身经济体量小、产业结构高级化程度低、发展水平较低，仍处于较低发展阶段，缺乏拉动周边发展的源动力，这种大中心城市带动的模式适用性不强，带动作用不明显。城乡协调发展除了大城市"输血"外，目前更多地区要依赖于乡村地区自身的"造血"，两者共同配合、协同发展才是城乡协调发展的合适道路。

3. "特色小镇"模式

一方面，特色小镇是根据各地经济禀赋，特别是产业发展格局，因地制宜，实现乡村产业结构、社会治理的共同提升，推动城乡协同发展；另一方面，浙江从"块状经济"到"特色小镇"的发展轨迹实践证明，特色小镇某种程度上代表了未来城乡协调可持续发展的一个方向。例如，与传统工业园区、开发区相比，特色小镇面积小而强、精而美。传统的园区集聚效应差、配套不平衡、投资分散盲目性强等诸多问题，容易"摊大饼"、粗放式、恶性同质竞争，有限的资源禀赋过度平均和散失，不利于创新活力的激发。

实践层面上，首先，浙江特色小镇模式是前期地方产业自发集聚、各地不断尝试探索、逐渐完善成熟的过程，规模已经成型，模式持续优化，特色产业带状、块状分布明显，自我造血功能强，内生的带动效应明显。其次，特色小镇基于特色产业聚簇的区域空间，相对独立于市区，区别于行政区划单元和产业园区，具有明确的产业定位、文化内涵、旅游和一定社区功能的发展空间平台，兼具财政、税收、土地等方面的政策倾斜。例如，浙江明确，对特色小镇用地，确需新增建设用地的，由各地先行办理农用地转用及供地手续，对如期完成年度规划目标任务的，按实际使用指标的 50% 给予配套奖励。又如，特色小镇在验收后，其新增财政收入上交省财政部分，前 3 年全额返还、后 2 年返还一半给当地财政，等等。系统性、综合性的政策倾斜和支持，一方面充分调动了各方的积极性，另一方面也没有显著增加地方财政负担，使其大范围推广成为可能，是典型的"放权搞活"，让市场发挥作用，通过自有竞争和正向的良性激励集聚高端要素。市场的主体企业，经济"能人"基于既有约束的理性选择，权衡利弊，进行自发建设，比如龙游红木小镇，即是年年红家居集团转型过程中衍生而来的特色小镇，"产业是基础、文化是灵魂、创意是可持续发展"理念贯穿其中。

但是，同所有政策在推广进程中所面临的难题一样，在全国推广特色小镇的过程中也出现了一些弊端，如部分地区特色小镇缺乏"特色"，搞成了特色镇、新城基建、园区、美丽乡村，为了"特色"而"特色"，缺乏自我培育、自我高端要素集聚、自我创新研发能力，更有甚者搞成了政绩工程，比数量、比进度、比规模，单纯以行政手段为支撑的"特色小镇"难以形成"特色"，会加剧资源的扭曲。为此，2017 年 12 月 4 日，国家发展改革委、国土资源部、环境保护部、住房城乡建设部联合印发《关于规范推进特色小镇和特色小城镇建设的若干意见》，认为各地区通过稳妥推进特色小镇和小城镇建设，取得了一些进展，涌现了一批产业特色鲜明、要素集聚、宜居宜业、富有活力的特色小镇，但是，其是经济发展到一定阶段的产物，应具备相应的要素和产业基础，需要特色的产业基础、深厚的人文基础、清新的环境基础和开放的市场基础，不能是空中楼阁，因而，要坚持创新探索、因地制宜、产业建镇、以人为本、市场主导，循序渐进发展"市郊镇""市中镇""园中镇""镇中镇"等不同类型特色小镇。

四、城乡协调发展的实践启示

从上述对长三角地区城乡协调发展几类实践的介绍和比较分析，可以得出以下几个方面的启示。

（一）城乡协调是动态演进的过程

城乡协调发展的成功很大程度上源于区域经济发展格局、资源禀赋、制度环境和政策导向多维度协同的自发过程，必须与所处经济格局相适应，尊重所处发展阶段，动态、跨时空、有序地推进。例如，苏南模式借助国有企业和集体企业向市场化转轨的契机，实现工业化进程中自身的发展；上海模式的基础则是上海改革开放之初灵活的政策导向、较早的开放格局和良好的区位优势，工业基础雄厚，产业得以从市区向郊区扩散，带动人力资本、资源、技术等各类要素向周边扩散，同时实现了保护和发展现代农业；浙江城乡协调从块状经济到特色小镇的演变，也表明城乡协调发展是对外部经济环境、内部成长能力变动的一个动态响应过程。可以设想，随着产业结构的变迁、经济结构的演化，在今后的发展阶段，城乡协调发展还会有新的模式和路径，采取新的形式，实现新的特色发展。

（二）城乡协调是市场机制和政策干预互补的发展过程

在中国的制度环境下，城乡协调发展既离不开市场的无形之手，也离不开政府的有限理性干预，离不开两者的协调推进。例如，在上海模式中，企业出于市区土地价格、交通拥堵成本、人力资本等多方面成本的考量，基于理性考量和市场选择，主动向近郊和农村转移；政府以产业园区集中为主线，推动人口向城镇集中、土地向规模化经营集中，充分运用产业的集聚效应，加快推进郊区、农村的工业化和现代化。伴随这个双向互相强化的过程，传统产业向外转移，城市主导产业在市内不同区域实现梯次布局和迭代升级，信息科技、生物医药、新能源、新材料等高新产业和总部经济逐渐获得发展空间和纵深，进而以资本和技术来统领城乡社会经济协调发展。

（三）城乡协调是不断深化推进的系统性工程

城乡协调既是目标，也是一个不断向更高目标演进的过程，是一项综合性、系统性、动态化的工程，需经济、金融、社会、文化和环境等多维的协同发展，但与此同时，随着发展阶段的演进，政府的政策重心、市场的选择、企业家的视角都会影响协调推进的过程，是多方共同作用的进程。在这个进程中，经济主体是以试错、验证的流程来重塑对协调发展的定位，既不是一蹴而就，也不是一成不变，不同阶段会存在既有体系下的探索和突破，需要对各类要素的创造性探索，制度重塑和创新贯穿始终，确保打破发展的"瓶颈"制约，以持续释放政策红利。

五、建构培育良性的政策体系

政府的公共政策是城乡协调发展的重要保障。城乡协调的推进要求更为立体和丰富的政府功能，要求政府有更高的认识能力、精细化管理能力和灵活调整能力。但强调政府角色并不意味着政府要提供全方位的服务，而是指政府应在市场空白的领域培育、扶持市场主体，在市场难以覆盖的领域提供公共服务，在市场容易失灵的领域完善制度和管理，同时支持城乡协调的动态升级发展。以浙江特色小镇建设为例，其对政府恰当界定自身角色提出了更高要求。无论是产业发展还是功能完善，特色小镇均要求有良好的公共服务，政府在其中扮演了重要的角色。因此，从公共政策角度看，推进城乡协调发展需要激励相容、优势互补、协同发展的良好运行的政策体系的支持。

（一）做好城乡协调发展的统筹规划，明确发展思路

推进城乡协调发展是为人的发展服务，终极目标是提升城乡居民的福祉。要围绕提高扶持大众创业和万众创新、扩大社会稀缺资源配置范围、促进发展动力转换，以缩小城乡差距，推进城乡合理分工和有机连接，加快城乡内部结构优化调整，进一步科学谋划城乡发展规划，优化配置好有限的土地和空间资源，以资源优化配置撬动城乡协调发展。要寻求在推进农民市民化、农业现代化和新型城镇化建设上取得突破，实现产业协调发展，促进经济发展提质增效和平稳较快增长。在这个进程中，需要格外突出区域的协调，避免区域内和跨区域的产业发展导向的同质化，进而引致系统性风险，加剧在下一轮经济周期中的产能过剩。要特别注重生态环境的治理，包括自然的生态环境、营商环境、创新用新的环境等，注重整体的协调推进。

（二）按照市场经济的原则推进城乡协调发展

推进城乡协调发展的重要机制是市场化机制，要围绕让市场在资源配置中起决定作用的主线，对稀缺资源的区域配置效率进行评价，促进要素的合理流动。通过深入推进农业供给侧结构性改革，拓展城乡资源要素供给渠道，特别是要挖掘产业结构的互补领域，加速资源的高速融合，发挥最大的配置效率。要着力打破城乡户

籍制度差异，消除人口自由流动的制度约束，给予乡村居民更广阔的择业空间，让其能够在区域间迁徙，发挥最大的人力资本效能。加快农村产权制度改革，加强城乡产权交易市场建设，建立城乡统一的要素市场化交易体系，促进城乡要素之间的双向流动和优化配置，让居民特别是农村居民有更多的资产型财富增值，拓宽消费的资金来源，激发社会整体的创业、创新、创造的活力，以市场的自由竞合加快城乡统筹协调发展。

（三）持续优化公共物品供给政策，推进财政资源均衡配置

过去一段时期，由于财政政策长期向城市倾斜，农村地区基础设施领域的财政投入严重不足，公共服务发展存在很大短板，城乡基础设施建设、教育、卫生医疗等方面均差异明显，而由于制度倾斜引致的城乡"剪刀差"，进一步加剧了公共服务体系和居民消费水平等一系列的不平等。在城乡协调发展进程中，必须要重塑财政的跨区域、跨城乡配置格局，优化配置结构，加大对农村基础设施、公共服务等领域的投入力度，尤其要注重农村科技创新、模式创新等领域的制度体系供给，培育农村的自我"造血"能力。另外，要特别重视建构城乡均衡的农村社会保障兜底机制，勇于跳出既有的思路框架和政策藩篱，持续加大民生领域的财政支出，建构起城乡更为均等、更趋全面的社会保障体系。在为乡村居民提供均等化公共服务的基础上，在充分保障农村居民基本生活的前提下，充分激发农村居民干事创业的热情。

（四）不断创新体制机制，深化激励机制设计

长三角地区城乡协调发展之所以质速兼备，体制机制的设计及其因时创新所起的关键作用不可忽视。政府要找准自己的定位，做到有所为有所不为。在推进机制上，要明确奖惩导向，对于协调发展质量的考量要侧重于产业定位、增长动力、环境功能等内涵功能，部分发展基础较好的地区可以适当放宽 GDP、税收等硬指标考核，同时在土地、资金、政策等方面给予倾斜。在组织保障上要做好协同配合，各级政府部门对企业创新要密切跟踪，应该根据不同转型发展阶段和面临的问题选择适合的制度安排与政策，为创新转型提供制度保障，要加大对内设机构和职能设置、招商制度、人才引进、规划范畴、考评体系等及时进行调整、重组，以适应市场业态的更新升级。需要特别指出的是，目前长三角地区城乡协调发展模式成功的一个重要共同之处是有一个良性的激励体系。在城乡协调发展

的进程中，激励机制设计尤为关键，需要充分调动地方政府、企业、居民（城市和乡村）的积极性，对于每一个主体，都是基于其他主体核心关切上的利益最大化的激励相容，每一方的目标函数都必须考量其他主体的诉求，进而让城乡协调发展进程中的每一方都是源自内生动力去实现效率优先和整体的产出最大化。具体而言，无论是政策设计还是要素供给及产业导向，都必须考虑激励相容，考虑多方诉求，实现协同发展。

参考文献

［1］安中轩. 城乡一体化典型实践模式的比较分析及启示［J］. 重庆工商大学学报（西部论坛），2007，17（6）：82－85.

［2］白小虎，陈海盛，王松. 特色小镇与生产力空间布局［J］. 中共浙江省委党校学报，2016（5）：21－27.

［3］董晓宇. "苏南模式"的理论和实践30年回顾［J］. 现代经济探讨，2008（8）：19－24.

［4］洪银兴. 苏南模式的演进及其对创新发展模式的启示［J］. 南京大学学报（哲学·人文科学·社会科学），2007，44（2）：31－38.

［5］黄勇，陶特立，张金华. "新苏南模式"——再城镇化阶段的探讨［J］. 小城镇建设，2011（4）：46－51.

［6］刘爽，顾楚均. 浙江特色小镇建设的基本经验及其对南京市栖霞区的启示［J］. 中共南京市委党校学报，2017（3）：108－112.

［7］陆澜清. 2017年浙江省特色小镇建设成果与建设效益分析［J］. 前瞻产业研究院，2018.

［8］马斌. 特色小镇：浙江经济转型升级的大战略［J］. 浙江社会科学，2016（3）：39－42.

［9］上海市人民政府. 关于切实推进"三个集中"加快上海郊区发展的规划纲要，2004.

［10］孙亚南，张桂文. 二元经济转型的一般规律研究——基于跨期国际比较分析的视角［J］. 天津社会科学，2017（2）：107－114.

［11］卫龙宝，史新杰. 特色小镇建设与产业转型升级：浙江特色小镇建设的若干思考与建议［J］. 浙江社会科学，2016（3）：28－32.

［12］杨洁，辛灵. 论构建推进城乡统筹发展的政策体系［J］. 当代经济，2011（11）：90－91.

［13］郁建兴，张蔚文，高翔. 浙江省特色小镇建设的基本经验与未来［J］. 浙江社会科学，2017（6）：143－154.

［14］张金富. 我国东部地区城乡一体化探索与实践［J］. 特区经济，2012（5）：127－130.

［15］张荣天，焦华富．中国新型城镇化研究综述与展望［J］．世界地理研究，2016，25（1）.

［16］卓勇良．创新政府公共政策供给的重大举措——基于特色小镇规划建设的理论分析［J］．浙江社会科学，2016（3）：32－36.

［17］Sadorsky P.. Information Communication Technology and Electricity Consumption in Emerging Economies［J］. Energy Policy, 2012（48）：130－136.

▶ 第十一章

长三角地区基本公共服务均等化的
评估及影响分析

一、引 言

随着我国经济社会持续快速发展，我国正由生存型社会逐渐转变为发展型社会，人民生活需求日益多样化。全社会公共需求全面快速增长与公共服务、民生事业发展的不对称，正成为新阶段的突出矛盾。基本公共服务在城乡间、地区间、不同人群间的不均等，伴随着收入差距的扩大，已经不仅是单纯的财政问题，而是影响到社会、经济、政治的诸多社会问题之一，突出体现在三个方面。一是城乡差距。长期城乡间的二元结构使农村居民不能和城市居民一样平等地享有教育、医疗、社保等基本公共服务。二是地区间差距。发达地区和不发达地区的经济差距，导致地方政府财政收入来源产生差距，以致基本公共服务供给的区域间非均等化反过来又加剧了地区间差距。三是不同人群间的差距。农村居民、流动人口以及贫困弱势群体，与城市中高收入群体相比，获取基本公共服务的机会和结果都存在巨大的不均等。

从党的六届六中全会提出"逐步实现基本公共服务均等化"，到党的十九大报告指出"加快推进基本公共服务均等化，缩小收入分配差距"，推进基本公共服务均等化这一任务已成为我国全面建设小康社会中不可或缺的目标。

长三角地区虽然经济发展处于全国较高水平、基本公共服务供给绝对量全国领先，但上述三个不均等的全国性问题在其区域内依旧存在，如基本公共服务供给不足、各类基本公共服务发展不平衡、城乡公共服务配置不均、区域内基本公共服务不均等。群众不断增长的服务需求对区域基本公共服务的供给提出了更高的要求，这在经济发达地区更加明显。本章在此背景下，建立长三角地区的基本公共服务评价指标体系，评估长三角地区的基本公共服务均等化进程，分析基本公共服务非均等化对于建设全面小康社会的经济社会效应，并在此基础上探讨实现长三角地区基本公共服务均等化的对策和建议。

二、基本公共服务的界定

（一）公共服务的含义与特征

基本公共服务的概念源于公共服务。格鲁贝尔和沃克（Grubel and Walker，1988）依据服务对象把服务业分为公共服务、消费者服务和生产者服务三类。其中，公共服务包括基本生存服务（社会保障、社会福利和救助等），主要是保障居民的生存权；公共发展服务教育、医疗等；环境服务（公共交通、公用设施和环境保护等）；公共安全（药品安全、治安和国防安全等）。

公共服务与公共品的本质相同，区别在于形式上的有形和无形。纯粹的公共品在消费中具有非竞争性，在受益范围上具有非排他性。我国的公共服务并不属于完全的公共品，在设计上，通过地域、户籍限制等各种方式将某些社会群体排除出公共品的受益范围，具有部分的竞争性和排他性。因此，我国的公共服务接近于"准公共品"。公共服务本身供给和消费在空间上受到本地化的约束，在不同的地理范围内，各地公共品供给的水平不同。再加上排他的受益范围，直接导致城乡间、地区间、不同人群间基本公共服务消费和受益的非均等化现象日益突出。

（二）基本公共服务与一般公共服务

讨论基本公共服务均等化的必要环节是界定"基本"和"一般"。学者们从公共服务的视角、消费需求视角、政府职能的视角界定了"基本"的范围并给出诸多分类。例如，陈昌盛、蔡跃洲（2007）指出，基本公共服务是建立在一定社会共识基础上，根据一国经济社会发展阶段和总体水平，为维持本国经济社会的稳定、基本的社会正义和凝聚力，保护公民个人最基本的生存权和发展权等所必需的公共服务。2017 年国务院发布的《"十三五"推进基本公共服务均等化规划》中的基本公共服务清单中，基本公共服务围绕从出生到死亡各个阶段和不同领域，包括公共教育、劳动就业创业、社会保险、医疗卫生、社会服务、住房保障、公共文化体育、残疾人服务八个领域。虽然界定视角和分类不同，但本质都肯定了基本公共服务是最贴近民生的那部分公共服务。

本章认为，基本公共服务不管分类如何，应强调其基本性，它是公共服务应该覆盖的最小范围。基本，即是公共程度较高、公共品特征较强、与民生密切相关的公共服务。因此，基本公共服务的基本性，一是看其正面外部性的大小；二是看其是否具有非竞争性和非排他性；三是看其是否与民生密切相关。更高层次的需求是一般公共服务的范畴，可以由市场机制补充提供。例如，义务教育既具有较大的正外部性、非竞争性和非排他性，又与民生密切相关，可以看成基本公共服务；而高等教育具有准公共品特征，正外部性较小，就属于一般公共服务。

（三）基本公共服务均等化

均等包含了均衡和相等的意思。基本公共服务均等化，即基本公共服务的资源、惠及的范围要包括全体社会成员，而不是厚此薄彼（卢洪友等，2012）。对于均等的共识是，均等不是绝对的均等，而是承认地区、城乡、人群间存在一定的差别，但对具体的均等化标准可以有不同的选择（倪红日、张亮，2012）。因此，这种均等是大致的、相对的。《"十三五"推进基本公共服务均等化规划》指出，基本公共服务均等化是指全体公民都能公平可及地获得大致均等的基本公共服务，其核心是促进机会均等，重点是保障人民群众得到基本公共服务的机会，而不是简单的平均化。因此，地区、城乡、人群之间并不一定享有完全相等的公共服务，而是可以存在差别。但是，大体来说，农村居民和城市居民、低收入人群和高收入人群、发达地区和不发达地区居民，能够获得的各种基本公共服务资源在数量和质量上应基本相等。

总之，基本公共服务均等化的目标，是全社会成员均等化的分享数量、质量大致相当的各种基本公共服务，将人群之间的差距控制在较小的范围内。我国基本公共服务供给的主要问题是在地区、城乡、人群之间基本公共服务供给水平的差异，即"非均等化"。因此，具体来说，我国基本公共服务均等化的终极目标，就是在地区、城乡、人群之间实现基本公共服务的数量、质量上的均等配置。

三、长三角地区基本公共服务均等化指标构建

（一）基本公共服务水平测度指标体系

衡量基本公共服务的指标通常分为两类：一类为投入指标，即根据劳动、资

本、土地等生产要素投入情况（如地方财政支出、教室医院密度等）来表示公共服务均等化程度。这是大部分研究所采用的办法。然而，仅仅是投入并不能有效地转化为公共服务供给，也不能衡量公共服务的绩效水平。因此，另一类基本公共服务的指标为产出指标，即根据公共服务供给绩效来表示公共服务均等化程度，把公共服务的生产分为一个两阶段过程，使用了一个非参数模型来评估公共图书馆的供给效率（De Witte and Geys, 2011）；乔宝云等（2005）以小学入学率作为公共教育服务的供给指标；卢洪友等（2012）从投入—产出—受益三个维度，系统分析中国的基本公共服务的均等化程度。

从实际操作层面来看，能够直接获取的客观数据有一定局限，故不能完全使用多阶段的指标。从服务本身的性质来看，由于服务的无形性，产出、质量存在难以量化的特点；服务的投入和产出又往往具有同时性，它的投入产出其实不易区分。故在考虑数据的可获得性基础上，本章建立的评价指标一定程度上考虑了指标的多维度和全面性。参照《"十三五"推进基本公共服务均等化规划》八大类基本公共服务，本章概括出四大类基本公共服务：公共教育、文化体育、社会保障和就业、医疗卫生。对于各地级市的各类基本公共服务，构建基本公共服务水平测度指标如表 11 -1 所示。

表 11 -1　　　　　长三角地区地级市基本公共服务水平测度指标

分类	类型	二级指标	计算方法
公共教育	投入	普通中等学校的师生比	普通中学专任教师数/普通中学在校学生数
	投入	地方公共财政支出中教育占比	地方财政教育事业费支出/地方财政一般预算内支出
医疗卫生	投入	人均医生数量	医生数/地区人口
公共文化体育	投入	人均拥有公共图书馆图书藏量	公共图书馆图书藏量/地区人口
社会保障和就业	产出	基本养老保险参保率	参保人数/地区人口
	产出	基本医疗保险参保率	参保人数/地区人口
	产出	失业保险参保率	参保人数/地区人口

在测度基本公共服务水平的前提下，进一步计算出不均等程度的指标。对于各个省（市），同样也建立基本公共服务水平测度指标，如表 11 -2 所示。

表 11 – 2   长三角地区基本公共服务水平测度指标

分类	类型	二级指标	计算方法
公共教育	投入	人均教育财政支出	地方财政教育支出/地区城镇人口
医疗卫生	投入	人均医疗卫生支出	地方财政医疗卫生支出/地区城镇人口
公共文化体育	投入	人均文化体育与传媒财政支出	地方财政文化体育与传媒支出/地区城镇人口
社会保障和就业	投入	人均社会保障和就业财政支出	地方财政社会保障和就业支出/地区城镇人口

注：我国基本公共服务的提供具有明显的城乡界限，农村居民获得的基本公共服务远远少于城市居民，故此表使用城镇人口而非总人口。

（二）计算方法

1. 无量纲化

某些指标具有不同的量纲，为了对不同单位的指标进行加总，以及纵向比较各年度水平，在对原始指标合成之前，需要无量纲化处理。本章采用卢洪友等（2012）的方法，用极差处理法进行无量纲化。先令 x_{it} 表示 t 年的第 i 个指标，如果该指标与基本公共服务水平呈现正向关系，则该指标 i 得分 $y_{it} = (x_{it} - x_{min0})/(x_{max0} - x_{min0})$。其中，$x_{min0}$ 为基年中 25 个城市该指标的最小值；x_{max0} 为基年中该指标的最大值。如果某项数值小于基年的最小值，该项指标就会小于 0。

2. 基本公共服务的水平指标

在对具体指标进行无量纲化处理后，需要指标确定权重对指标进行合成，从而形成各级指数及总指数。确定权重的计算方法主要有主观赋权法和客观赋权法两种。本章选取的指标在重要性上基本可以保持对称，故使用算术平均法确定权重，赋予各指标相等的权重，将下一级指标依次向上合成，从而得到各级基本公共服务分类指标和基本公共服务水平的总指标。①

---

① 社会保障方面的指标仅从 2011 年开始有数据，本章同时计算了包括社会保障的基本公共服务指标以及不包括社会保障的基本公共服务指标，发现两者变化趋势和大小差别不大，因此，本章的总均等化指标如无说明指的是不包括社会保障的三大类服务的基本公共服务指标。

3. 基本公共服务的不均等程度指标

最终衡量各地区基本公共服务均等化程度，需要用表示不均等程度的统计指标来反映。常用指标有基尼系数、泰尔指数、变异系数等统计指标。本章采用最普遍使用的基尼系数来衡量各省（市）的公共服务均等化水平，使用的公式如下：

$$G = 1 + (1/n) - 2/(mn^2) \sum_{n-i+1} y_i$$

其中，n 为该省（市）内地级市个数；m 为该省（市）内地级市某基本公共服务水平的算术平均数；y_i 表示第 i 个地级市的基本公共服务水平，按照升序依次排列。由于上海为直辖市，无法计算其不均等程度，本章只计算了江苏和浙江两省各地级市间对应公共服务的基尼系数。

以上计算适用于地级市指标的计算。如表 11 - 2 所示，长三角地区各省（市）基本公共服务水平指标体系与各地级市不同，仅用人均财政支出表示公共服务水平，因此这是一项主要从投入来衡量各地区水平的指标。为了清晰体现地区间的差异，本章利用集中系数对比长三角地区各省（市）与全国基本公共服务水平差异，将省份 i 的 j 类公共服务的二级指标按人口平均与全国相应人均指标相比，具体见下式：

$$y_{it} = x_{ijt} \sqrt{x_{jt}}$$

其中，对于 j 类公共服务，$\bar{x}_{jt}$ 为全国人均水平。如该数值大于 1，则说明该地区的基本公共服务水平在全国之上，越大则水平越高。该指标不仅表示公共服务水平与全国水平的差异，同时也强调了该地区的基本公共服务水平是否能够达到相对的全国"均等化"水平。

四、长三角地区基本公共服务均等化进程评估

（一）总体发展水平描述

从规模大小来看，长三角地区作为东部地区，是全国基本公共服务发展较好的区域之一，但其内部差距明显，基本公共服务水平按照地区自然地分为三个阶梯（见图 11 - 1）。第一阶梯上海作为全国基本公共服务水平最高的地区之一，指数在所有年份中一直保持在高于全国水平的 1.5 倍以上；第二阶梯浙江在所有年份中的指数基本与全国基本公共服务水平持平；第三阶梯江苏在所有年份中的指数与全国平均水平相

比，处于 0.6 ~ 0.8 的偏低位置。如果不考虑人口规模的影响，2016 年，上海、江苏、浙江的地方公共财政支出分别为 6 918 亿元、9 990 亿元、6 976 亿元。其他各项财政支出，江苏、浙江两省也高于上海，在全国处于前列。然而，考虑了人口之后，江苏、浙江两省相对于全国基本公共服务的优势就被弱化了。因此，按照绝对规模排名的指标，只能说明该区域是基本公共服务提供大省而非强省。另外，基本公共服务水平在两个省内部的分布不均等，也不与人口规模相匹配，说明某些人口较多的地区可能并没有与之对应的基本公共服务，地区发展差距和城乡差距较大。

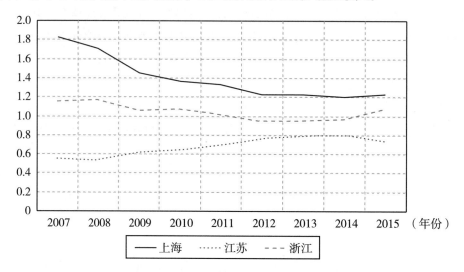

图 11 - 1 2007 ~ 2015 年基本公共服务分地区水平指数

动态来看，上海、江苏和浙江的基本公共服务总体水平具有逐步走向均等化的趋势。2007 年，上海、江苏和浙江三地的基本公共服务总体水平分为三个阶梯，但随着时间推移，三地间的基本公共服务水平的差距缺口缩小。上海绝对水平高，但相对优势变小，表明三地间的均等化进程较快。到 2012 年，三地的基本公共服务水平走势相对稳定，但依旧呈现上海高于浙江、高于江苏的格局。

（二）内部结构演化

总体上长三角地区基本公共服务水平分为三个阶梯，但也不断趋于均等化。就不同类别的基本公共服务来说，由于其行业特性、政策支持等的不同，分地区、分时间看呈现不断的演化特征。从投入的绝对规模来看，长三角地区各省（市）的各项财政投入规模领先于全国，基本公共服务投入排序依次是教育、医疗卫生、社会保障和文化体育。其中，教育投入最多，远远高于其他服务；文化体育投入最少，远远低于其他服务（见图 11 - 2）。这表明，在长三角地区各项基本公共服务中，教育的发展具有绝对优势，而文化体育等还没有受到重视。而从投入的相对水平来看，与全国相比，虽然在总量上占优，但消除人口影响后，教育、医疗卫生、文化体育的投入水平仅在 2008 年之前领先于全国，2008 年以后大致与全国水平持平，有些年份低于全国水平。而社会保障类的财政投入长期低于全国水平（见图 11 - 3）。这也可以再次肯定，长三角地区内部基本公共服务投入水平不均衡。另外，随着全国各地不断加大基本公共服务投入水平，长三角地区的基本公共服务相对于全国人均水平的优势在缩小，主要的短板在社会保障方面。

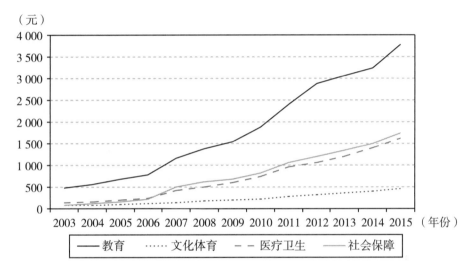

图 11 - 2　2003~2015 年长三角地区各类基本公共服务投入

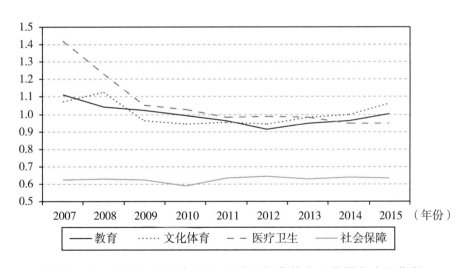

图 11 - 3　2007~2015 年长三角地区各类基本公共服务水平指数

分类来看，教育是投入绝对规模最大的基本公共服务，同时地区间差距也较大。上海 2007 年的人均教育支出达到全国平均水平的 2.5 倍以上，而同时江苏的人均教育支出不足全国的一半，上海、浙江、江苏在教育方面的差距和总体基本公共服务的差距格局类似。医疗卫生属于支出规模中等的基本公共服务，与全国平均水平接近，三地间的人均医疗卫生支出差距相对较小，说明医疗卫生方面三地的均等化程度较高。2011 年以前，上海的人均医疗卫生支出最高，2011 年以后被江苏赶超，自此之后的排名一直是江苏、上海、浙江。浙江在医疗卫生方面的支出比较稳定，保持在全国水准的 80% 左右。文化体育方面，上海、浙江的人均投入较大，浙江略低于上海，而江苏在这方面与其他两地有一定差距。社会保障方面，江苏的人均投入和上海、浙江有较大的差距，虽然 2007～2015 年社会保障投入水平不断上升，但在 2015 年依旧只有全国水平的 40%，和所有年份都高于全国的上海、浙江差距甚远。因此，在所有基本公共服务之间，不论从绝对规模还是从分类、分地区的水平看，江苏离均等化水平最远的是社会保障类基本公共服务。而教育是长三角地区绝对规模大，但地区间均等化程度不高的基本公共服务。

分地区来看，由于城市是人口集中地，在低成本集中提供各种服务方面具有规模经济和靠近消费群体的优势，所以必然具备平均水准以上的基本公共服务供给能力。由图 11-4 至图 11-7 可知，上海作为行政等级最高的城市之一，在获取各种资源上比其他两省有绝对优势，在每一项基本公共服务上基本都处于领先地位。对于江苏、浙江两省，浙江的基本公共服务投入水平高于江苏，仅在医疗卫生这一项上投入不足。江苏各项服务的人均支出水平除了医疗卫生方面高于全国水平外，其他类基本公共服务的人均支出水平不仅低于浙江，还低于全国平均水平，而其中又以社会保障类基本服务最低，说明在民生方面江苏还存在较大不足。

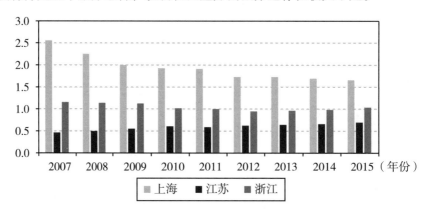

图 11-4　2007～2015 年长三角分地区教育水平指数

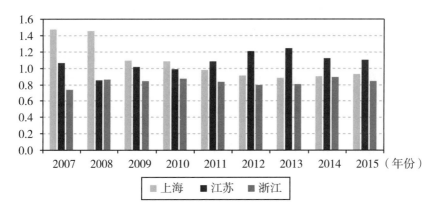

图 11 - 5　2007 ~ 2015 年长三角分地区医疗卫生水平指数

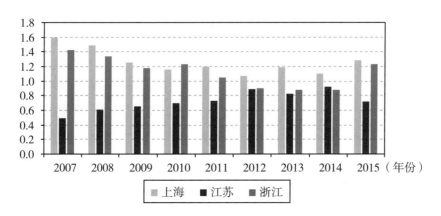

图 11 - 6　2007 ~ 2015 年长三角分地区文化体育水平指数

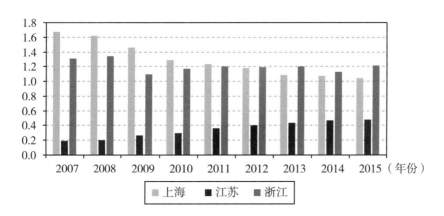

图 11 - 7　2007 ~ 2015 年长三角分地区社会保障水平指数

分时间来看，上海与全国平均水平的领先差距在日益缩小，表明全国的基本公共服务投入一直在增加；浙江的基本公共服务投入水平与时间的相关性并不明显，但即使是投入不足的服务，也没有与全国水平有太大的差距，说明浙江的均等化水平较好，发展较为均衡；比起其他两地，江苏投入不足，但可以看出逐年递增的趋势，因此均等化有了相对的进展。

（三）城市间均等化进程分类特征

从绝对数值来看，长三角地区各地级市之间总体基本公共服务均等化水平较高。按照联合国有关组织对基尼系数的规定，系数低于 0.2 表示收入绝对平均；系数低于 0.3 表示收入比较平均；系数在 0.3 ~ 0.4 之间表示收入相对合理；系数在 0.4 以上表示收入差距较大。长三角地区总体基本公共服务的基尼系数在 0.2 上下波动，在 2011 年后接近于 0.1。2011 年后，各项基本公共服务的基尼系数逐渐趋于下降，可见"十一五"提出推进公共服务均等化后，长三角地区的基本公共服务均等化进程取得了成效。结合基本公共服务发展水平来看，基本公共服务发展水平和均等化是并行不悖的，基本公共服务投入水平上升的同时，城市间均等化水平也在提高（见图 11 -1、图 11 -8）。

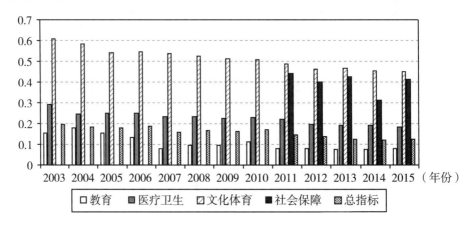

图 11 -8　2003 ~ 2015 年长三角地区城市间基本公共服务基尼系数

分类来看图 11 -8。绝对数值上，教育的基尼系数在 0.1 上下波动；医疗卫生的基尼系数在 0.2 上下波动；文化体育的基尼系数在 0.4 ~ 0.6 之间波动；社会保障的基尼系数在 0.3 ~ 0.4 之间波动。趋势上，各省（市）各项基本公共服务均向较低的基尼系数上收敛（见图 11 -9 至图 11 -12）。总的来说，教育在长三角地区各城市间率先达到了很高的均等化程度，而在省际间差距较大，说明农村和城市间、区域间教育投入的差距是目前长三角地区教育均等化的主要矛盾。医疗卫生在长三角地区各城市间的均等化程度仅次于教育，分布比较平均，基尼系数的变化也较平稳，省际间医疗卫生水平差距较小，说明各城市应当根据各自情况进一步加大基本医疗卫生的投入力度。文化体育、社会保障属于不均等程度较大的两项基本公共服务。一般来说，直辖市相对于省会城市、省会城市相对于一般地级市，承担了更多的文化服务中心功能。故依靠城市行政等级发展的基本公共服务，在城市间的分布体现出较高的不均等。文化体育方面的投入规模也是最小的。因此，长三角地区文化体育类基本公共服务在总量和结构上都需要进一步优化。社会保障类的基本公共服务同样存在这个问题。

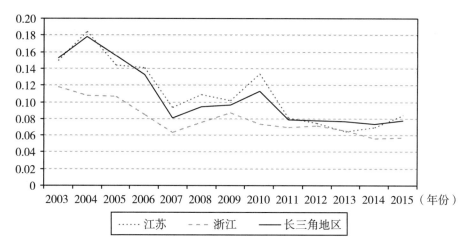

图 11 - 9 2003~2015 年长三角地区分省（市）城市间教育基尼系数

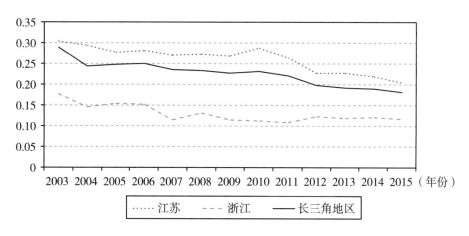

图 11 - 10 2003~2015 年长三角地区分省（市）城市间医疗卫生基尼系数

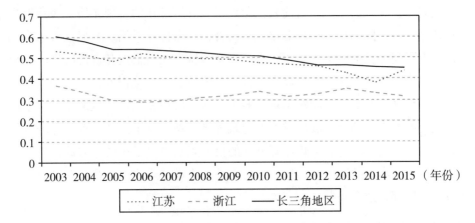

图 11 - 11　2003 ~ 2015 年长三角地区分省（市）城市间文化体育基尼系数

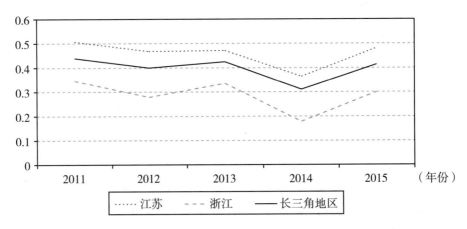

图 11 - 12　2011 ~ 2015 年长三角地区分省（市）城市间社会保障基尼系数

（四）地区间的对比分析

分地区来看，各省（市）城市间的基本公共服务发展水平与均等化水平是一致的。上海、江苏、浙江三地发展水平指数上呈现的阶梯状特征同样存在于基尼系数的图形上，大致来说是上海优于浙江、优于江苏，但省际间的差异自"十一五"以后逐年缩小（见图 11 - 13）。江苏城市间各项基本公共服务的均等化水平均弱于浙江，表现了江苏省内较大的地区差异。从时间上来看，江苏自"十一五"以后基本公共服务不均等程度减弱，各项基本公共服务不均等程度也同样缩小；而浙江虽然城市间差异绝对数值小，但随时间改善的程度有限，因此，相对于江苏的优势在减弱（见图 11 - 14、图 11 - 15）。

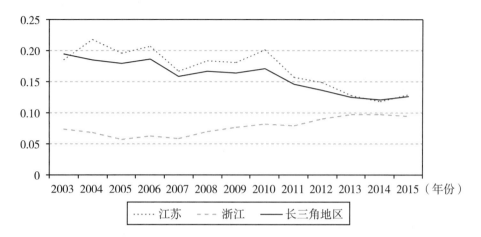

图 11 – 13　2003～2015 年长三角地区分省（市）城市间基本公共服务基尼系数

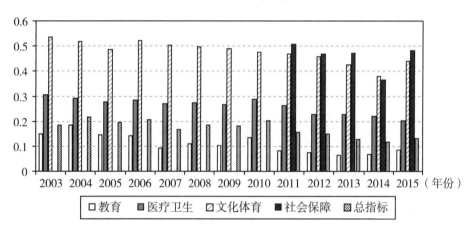

图 11 – 14　2003～2015 年江苏各项基本公共服务基尼系数

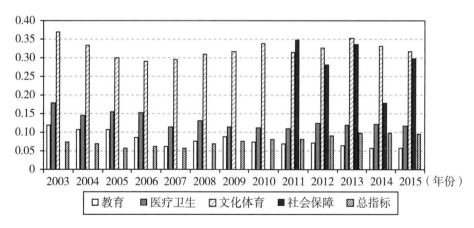

图 11 – 15　2003～2015 年浙江各项基本公共服务基尼系数

分城市来看，本章计算得出的各地级市基本公共服务水平分类排名如表 11 - 3 所示。

表 11 -3　　　　　各地级市基本公共服务水平与人均 GDP 排名

排名	教育	文化体育	医疗卫生	社会保障	总体	人均 GDP
1	泰州	上海	杭州	无锡	杭州	苏州
2	南通	杭州	苏州	苏州	上海	宁波
3	镇江	苏州	宁波	上海	苏州	镇江
4	南京	南京	上海	宁波	南京	杭州
5	徐州	嘉兴	无锡	杭州	舟山	无锡
20	常州	连云港	扬州	盐城	扬州	衢州
21	宁波	淮安	泰州	徐州	丽水	淮安
22	宿迁	盐城	徐州	宿迁	淮安	金华
23	衢州	徐州	连云港	连云港	连云港	连云港
24	丽水	宿迁	宿迁	淮安	宿迁	宿迁

根据表 11 -3 本章得出以下结论。第一，行政等级高的城市，总体基本公共服务水平明显高于其他城市。总基本公共服务水平前 5 名中，上海、南京、杭州在列，处于领先地位，在其他几类公共服务排名中，也可以看见这几个城市。它们城市行政等级高，城市规模大。这是因为基本公共服务的水平不仅取决于地方政府的财政收入，还取决于当地居民对服务的消费需求。后者正是受到城市规模即市场大小的直接影响。然而，除了沪、宁、杭三市外，长三角地区其他各市人口水平相似，却在基本公共服务水平上参差不齐。说明基本公共服务水平受城市行政等级、经济发展水平影响更大，受城市规模影响较小。第二，经济发展水平能够影响基本公共服务水平。经济发展程度较高的城市有可能把主要资源投入经济发展中，其基本公共服务水平未必很高。然而，经济发展水平较低的城市基本公共服务水平却普遍较低。例如，人均 GDP 后 5 名的城市为苏北和浙西南等地区，其总体和分类基本公共服务水平都偏后。经济发展水平较低的地区，首先会把主要资源投入到对经济增长拉动较大的项目中，对于与 GDP 关系较少的民生类支出缺乏投入的动力。反过来说，经济发展水平较低的地区，财政收入直接制约了其各项基本公共服务财政支出的规模。第三，具体看各项基本公共服务，不同城市在不同类别的公共服务上各有特点。例如，在教育这一类公共服务上，排名前 5 名的均为江苏的地级市，而其中有几个地级市在其他的服务上排名后 5。这说明，不同的城市应根据各自的发

展状态提出针对性建议，促使各项基本公共服务水平协调发展。

五、基本公共服务非均等化影响全面小康社会

（一）经济影响

早在 1936 年，凯恩斯就在《就业、利息和货币通论》中指出，通过加强国家干预增加政府的公共财政支出和基础设施建设，刺激私人投资和消费，以促进经济增长，实现充分就业。可见，一定社会公共支出的增加有利于社会福利和经济发展。总的来说，基本公共服务对经济增长的作用有三个方面：一是宏观上从消费、投资上直接发挥带动作用；二是通过微观个体人力资本的纽带促使经济增长；三是通过营造公平稳定的社会环境、降低交易成本、提高交易效率间接作用于经济增长。

宏观上看，基本公共服务通过影响消费、投资来改变居民的劳动供给和储蓄消费等行为，从而刺激经济增长。基本公共服务水平的提高增加了居民的安全感，减少了预防性储蓄，增加了边际消费倾向，扩大了内需；对基本公共服务的相关投资和消费，如学校、医院的基础设施建设，是经济增长的直接驱动力。例如，43 个发展中国家 20 余年政府的非生产性支出与经济增长正向相关，而生产性支出与经济增长存在负向关系（Devarajan et al.，1996）。

微观上看，基本公共服务的提高促进劳动者身体和文化素质的提高，这些人力资本的积累将有利于生产效率的改善。新的增长理论认为，一个国家要实现经济增长，关键是提高人力资本的存量。基本教育是人力资本形成的首要条件。对于医疗卫生的投资有助于劳动者健康状况的改善，从而使劳动者预期寿命更长、工作精力更集中、生产效率更高，更好的健康也有助于教育人力资本的形成。社会保障类的服务为劳动者"托底"，减少低收入人群在遭遇打击时的不利影响，缓解其贫困程度，提高他们生存发展的能力。

反过来说，正是由于各地区的经济发展水平不同、财政支持力度不同，公共服务提供水平才出现高低错落的差异。经济发展的程度又直接制约基本公共服务提供的数量和质量。从区域发展的视角看，地区经济发展的水平越高，基本公共服务提供水平越高、越均衡；地区经济发展的水平越低，基本公共服务越不均等。例如，图 11－16 所示长三角地区间人均 GDP 的不均衡状况，正是与图 11－14 所示的地区间基本公共服务不均衡的状况相对应的。2010 年人均 GDP 不均衡大幅下降，而

2010 年地区间基本公共服务的基尼系数也趋于收敛（见图 11 - 17）。图 11 - 16 为各城市人均 GDP 与基本公共服务水平指数之间的散点图，两者间明显正相关。不发达地区在经济发展和公共服务上难以两头兼顾，而发达地区却有充足财力投入公共服务。长期来看，区域经济的发展需要公共服务的支持，经济的发展需要有相应的公共服务与之适应。基本公共服务的均等化推动了经济增长，非均等化使经济发展受到相当程度的遏制。这种双向影响的循环机制容易产生一种叠加起来的后果，即强者更强、弱者更弱，基本公共服务越是不均等，地区经济发展的水平就越低，地区间不平衡加剧。

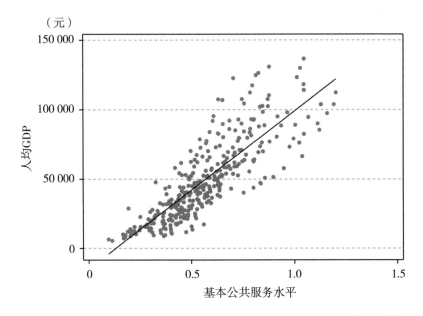

图 11 -16　长三角地区基本公共服务水平与人均 GDP 的相关性

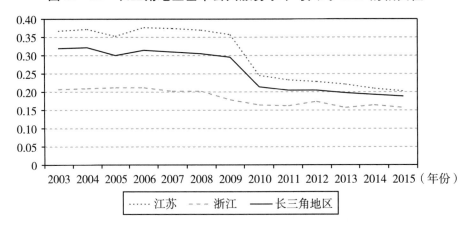

图 11 -17　2003 ~ 2015 年长三角地区分省（市）城市间人均 GDP 基尼系数

首先，公共服务非均等化影响到城市化进程。在人口向异地迁徙时，他们往往会考虑当地的劳动报酬和发展水平，而劳动报酬高、发展水平好的城市一般是公共服务水平较高的城市。地区间发展的差异使人口向公共服务水平较高的特大城市集聚，提高了大城市的城市化程度和经济发展，对中小城市的城市化则产生了抑制效应，导致地区间的不均衡发展更为严重。其次，公共服务的提供和消费具有极强的本地性，作为生产者的当地政府只在当地范围内提供公共服务，消费者也只可能是当地居民。受到本地化的约束，地区经济发展水平的高低直接影响了当地公共服务的水平。然而，不发达地区地方政府受到经济绩效的压力，将财政收入用于生产性的物质投资，忽略了公共服务的投资，形成了公共服务不均衡—劳动力流出—经济增长减速—发展不均衡的循环，基本公共服务的问题越发成为社会经济问题的"瓶颈"。图 11 – 18 绘制了江苏、浙江两省的城市化趋势，2009 ~ 2010 年两省的城市化率有大幅提升，江苏 2010 年后的城市化程度逐渐超过浙江。对照图 11 – 13 至图 11 – 15 可知，2009 ~ 2010 年这个时间段是两省尤其是江苏基本公共服务发展的重要拐点，也说明经济发展和公共服务之间的联动性。

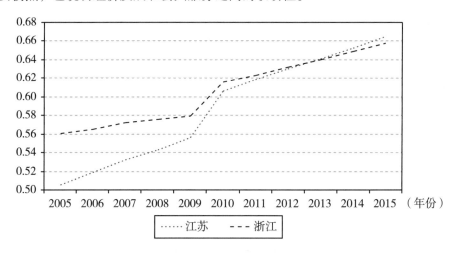

图 11 – 18　2005 ~ 2015 年江苏、浙江两省城市化率

以上分析表明，基本公共服务对经济增长有一定作用，但公共服务不均等产生的阻碍作用也许更大。

（二）社会影响

从再分配的视角看，公共服务本质上来看是将社会所有不同收入水平者提供的税收收入进行再分配。收入再分配的直接目的是通过收入从高收入群体向底层低收入群体转移的方式调整收入差距，对于低收入人群的福利贡献较大；基本公共服务的存在是为了促进公平、保障社会成员的福利，本身已经包括了收入再分配和社会保障政策的内涵。在这个意义上，基本公共服务均等化既是经济发展的目标之一，也是实现经济发展的手段。

从初次分配的视角看，基本公共服务通过改变人力资本的方式影响生产率，提高居民初次分配的收入。教育、医疗、文化体育等基本公共服务是居民进行人力资本积累的基础，提高这类服务的投入能够使居民生产效率更高，获得收入也更多。贝克尔在《人力资本理论》中写道："人力资本投资的方式多种多样，包括上学、在职培训、医疗护理、移民以及价格和收入的信息搜寻。……所有这些投资都能够提高技能、知识或者健康，从而提高了货币收入和心理收入。"在现阶段的中国，对于基本教育、医疗等公共服务的投入应当能达到立竿见影的效果。第一，我国经济发展水平较低，低收入、低技能人群较多，农村平均受教育年限较低，基础教育严重供不应求。美国各地区的收入不平等与平均受教育水平负相关、与教育不平等正相关，即教育的平等有助于改善居民收入分配状况（Becker and Chiswick，1966）。对于一个国民平均受教育水平较低的国家来说，随着基本教育的覆盖和扩展，平均受教育年限的提高将能够大大降低受过较多教育者和受过较少教育者之间的收入差距。第二，我国是发展中国家，从事第一、第二产业的体力劳动者比发达国家要多。身体健康是体力劳动者最大的资产。劳动者身体素质的改善不仅有利于经济增长，也有利于社会福利的提高。我国经济发展的不均衡虽然使城乡公共服务发展呈现二元结构，但这种状态也使人力资本能够发挥作用的空间较大，有利于短期内大幅度的边际改善。

进一步通过如图 11 −19 所示的散点图，直观分析基本公共服务水平和城市居民人均工资的相关性。基本公共服务水平指标与该城市居民人均工资呈现明显的正相关关系。由图 11 −20 和图 11 −21 可知，地区间收入的不均衡、地区间的就业情况和第四部分基本公共服务不均衡的趋势变化一致。

基本公共服务不均等带来的负面社会影响可能比正面社会影响更为突出。基本公共服务的提供理应向底层低收入人群倾斜，而我国长期采取的牺牲农业换取工业的战略使农村经济发展落后，农村基本公共服务供给严重不足。从纳税义务来看城乡居民没有区别，然而城乡居民享受的基本公共服务却厚此薄彼。城市居民能够获取的基本公共服务，农村居民不能享受。城市高收入群体从教育、医疗等服务中获取了更多的利益，农村地区低收入群体因为不能获得充分的教育还处于贫困边缘，生存发展条件更差。即使是进城打工的外来流动人口，在户籍和社会福利挂钩的背景下，也无法享受城市的基本公共服务。由于基本公共服务不均等，城乡间和城市

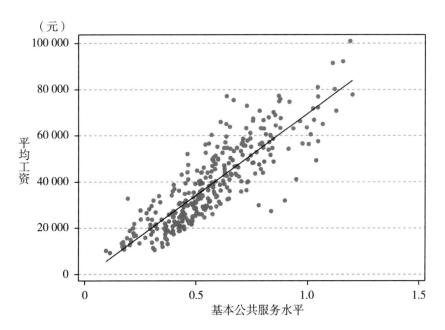

图 11 – 19　长三角地区基本公共服务水平与人均工资的相关性

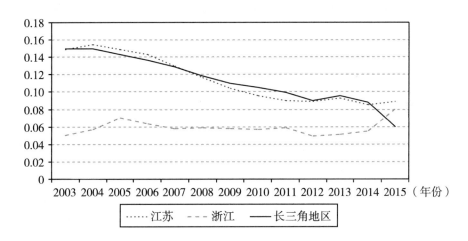

图 11 – 20　2003 ~ 2015 年长三角地区分省（市）城市间人均工资基尼系数

内的收入差距进一步扩大，导致了更大的不平等。不仅如此，基本公共服务差异导致的劳动力质量下降，也会使生产率和经济增长速度受到影响。

通过以上的简单分析，得出了一个基本公共服务均等化影响全面小康社会发展程度的基本结论：无论从保障社会公平或是追求经济效率的视角看，促进基本公共服务的均等化都是现阶段的当务之急和理性决策。但由于数据可获得性等原因，论证缺乏进一步精确的计量分析。此外，虽然城乡二元分割是我国公共服务供给的主

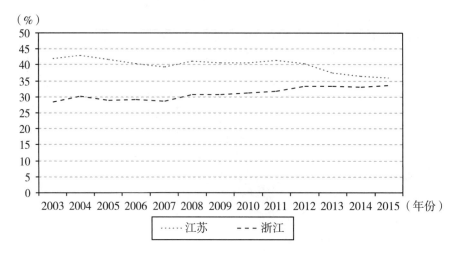

图 11 - 21　2003～2015 年江苏、浙江两省城镇登记失业率

要矛盾，但农村数据的缺乏导致论证只能涉及长三角地区间的均等化。

六、推进长三角地区基本公共服务均等化的政策措施

近年来，随着我国经济的发展，基本公共服务需求的快速增长与基本公共服务供给持续不足、发展滞后的矛盾日益突出。长三角地区尽管经济发达、基本公共服务供给绝对量在全国领先，但也同样存在基本公共服务供给不足、各类基本公共服务发展不平衡、地区间发展不均等、城乡发展不均等的全国性问题。原因有多方面，比如政府将经济发展作为唯一目标，没有将资源分配至可持续发展的领域，在财政支出结构上的失衡直接导致公共服务供给不足；地区差距、城乡差距的长期存在使地方政府财政收入来源相差较大，难以实现公共服务投入均等，公共服务的不均等反过来又加剧了地区间的不平等，等等。本章基于长三角地区上海、江苏、浙江三地的数据，测算了长三角地区分地区和城市间的基本公共服务水平和不均等状况，分析了基本公共服务非均等化对建设全面小康社会的影响，得出以下结论：

第一，三地间基本公共服务的发展水平差异显著，均等化程度也随着公共服务发展程度的增加而增加。上海的基本公共服务发展水平最高，浙江次之，江苏再次之并低于全国平均水平。江苏的均等化程度也低于浙江和长三角地区平均水平，说明江苏虽然经济发展水平较高，但省内各地的基本公共服务以及民众实际享有的基本公共服务与经济发展水平不匹配，地区内的不均衡和城乡的不均衡程度较大，这有可能成为阻碍地区经济进一步发展的因素。

第二，经济发展情况与基本公共服务水平间有正相关性。经济发展水平高的地区基本公共服务水平不一定高，但基本公共服务水平落后的地区经济发展水平一定不高。并且，落后的基本公共服务在经济和社会方面都会带来更大的负面影响。这是因为在现行财政分权制度下，发达地区的地方政府财政收入有余裕支撑公共服务的投入，不发达地区只能首先将资源投入经济建设而非公共事业中。而有些发达地区并没有改变重经济发展轻公共服务的发展观念，因此基本公共服务水平与经济发展程度出现矛盾。基本公共服务水平的发展能够一定程度上带动经济增长，还具有调节收入差距、促进全社会公平和福利的作用，因此，基本公共服务的均等化本身就是发展的目标之一。

第三，随着全国均等化进程的推进，长三角地区的基本公共服务相对于全国的优势在缩小，短板在社会保障、文化体育方面，不仅发展水平低，而且非均等化程度高。这两类服务在规模和结构上都有待进一步优化。教育在长三角地区总体投入规模大、城市间均等化程度高，而在省际间差距较大，说明城乡二元结构、区域间差距是目前长三角地区教育均等化的主要矛盾。值得政策制定者关注的是，除了上海以外，长三角地区基本公共服务投入的规模大但人均量并不优于全国，说明公共服务投入的强度还有待提高。

基于以上结论和长三角地区基本公共服务均等化现状，本章提出以下几点推进长三角地区基本公共服务均等化的政策重点与措施：

第一，经济发展水平依然是制约公共服务提供的首要因素。为了保证经济发展水平的均等化和公共服务的均等化，各级政府应根据辖区内情况，运用各种政策手段缩小落后地区与其他地区的发展差距，同时将民生类的财政支出向不发达地区倾斜。经济发展水平较差的地区要谋求公共服务水平的提高并实现良性循环，首先得追求经济增长，次要是将财政支出投入在如教育、医疗、社会保障等托底的基本公共服务上。部分的资金不足问题，可以通过省级或中央政府的转移支付来解决。

第二，建立并完善均等化的财政转移支付制度。在投入方向上，看不起病、住不起房、上不起学等现象的存在，说明政府在民生上还是投入不足。要保证基本公共服务的供给，就必须建立确保公共服务投入的强制性机制，改变公共财政支出的结构，加大基本公共服务财政支出的比重。在投入方式上，现行财政分权制度使地方政府忽视基本公共服务的供给。要改革现行的转移支付制度，增强中央政府提供地方公共服务的职责，理顺地方的财权、事权关系，建立权责对应的财税制度。例如，中央向地方的转移支付应主要投向非生产性建设如公共服务相关方向，将某些由县乡层级政府提供的公共服务提高到省市层级政府来统筹配置。更深层次地考虑，这种现象的根源在于基于 GDP 的绩效考核体系，以及政府职能在公共领域的长期缺位。因此，中央政府应当调整发展战略，将政府职能逐渐转移到社会发展上来，并且对绩效考核体系做出相应调整。要认识到，基本公共服务的支出不仅仅是政府必须承担的责任和义务，还是一项能促进经济增长的重要机制和渠道，也是政府能选择的工具和手段。

第三，根据不同的情况对症下药。在不同的经济发展阶段制定不同的政策。对于经济发展程度较高的地区，政府的职能应当以追求公共服务为主；对于经济发展水平落后的地区，政府的职能以经济发展为主。对于不同的地区，应根据各地区的基本公共服务现状在相关领域上有的放矢。例如，长三角地区应重点加强社会保障和文化体育类服务的均等化发展；江苏基本公共服务均等化水平相对滞后，与经济大省的地位不匹配，未来发展重点应主要向民生领域倾斜；而浙江虽然均等化程度较高，城乡差距、社会保障和文化体育类服务与其他公共服务的差距依旧较大，应在此基础上继续加大公共服务领域的投入。地区间也可向某些公共服务较为均等化的地区学习并借鉴经验。

参考文献

［1］陈昌盛，蔡跃洲．中国政府公共服务：体制变迁与地区综合评估［M］．北京：中国社会科学出版社，2007.

［2］加里·贝克尔．人力资本理论［J］．北京：中信出版社，2007.

［3］卢宏友等．中国基本公共服务均等化进程报告［M］．北京：人民出版社，2012.

［4］倪红日，张亮．基本公共服务均等化与财政管理体制改革研究［J］．管理世界，2012，(9)：7－18.

［5］Becker G. S., Chiswick B. R.. Education and the Distribution of Earnings［J］. The American Economic Review, 1966, 56 (1/2)：358－369.

［6］Devarajan S., Swaroop V., Zou H.. The Composition of Public Expenditure and Economic Growth［J］. Journal of Monetary Economics, 1996, 37 (2)：313－344.

［7］De Witte K., Geys B.. Evaluating Efficient Public Good Provision：Theory and Evidence from a Generalised Conditional Eefficiency Model for Public Libraries［J］. Journal of Urban Economics, 2011, 69 (3)：319－327.

［8］Grubel H. G., Walker M. A.. Service and the Changing Economic Structure［J］. Services in World Economic Growth Sysposium Institute, 1988.

第十二章

长三角地区新型城镇化中的
户籍、土地和资金协调

一、问题的提出

改革开放以来，农村经济体制改革释放了我国城镇化的"制度性红利"，城镇化率由原来的不足 17.9% 上升到 50% 以上。[①] 但是，这种快速发展的城镇化也不可避免地带来了一些棘手的后遗症，比如土地收益分配不公、城乡收入差距扩大、社会冲突加剧等（北京大学国家发展研究院综合课题组，2010）。在此背景下，"新型城镇化"战略思想应运而生，即坚持走中国特色新型工业化、信息化、城镇化、农业现代化道路，推动信息化与工业化深度融合、工业化与城镇化良性互动、城镇化和农业现代化相互协调，促进工业化、信息化、城镇化、农业现代化同步发展（中国金融四十人论坛课题组，2015）。新型城镇化的本质是要实现人的城镇化，由过去片面追求城市规模扩张向进城人口的市民化转变。

然而，过去 5 年来，新型城镇化的推进并不顺利，发展较为缓慢。究其原因，主要还是因为我国日益突出的城乡二元结构矛盾未能从根本上得以解决。在过去很长一段时期，政府为了支持重工业优先发展战略的需要确立了一套较完善的户籍管理制度，以法律形式严格限制农村户口流入城市（蔡昉等，2001）。但是，这一制度也造成了深刻的城乡二元分割，伴随着城镇化过程产生了严重的经济扭曲，并且具有自我固化的特征（Wen and Xiong，2014）。特别是在当前人口老龄化导致人口红利消失加剧而外

---

① 国家统计局。

部需求环境无明显好转的阶段，城乡分割的户籍管理制度不仅导致城乡收入差距日益扩大，而且严重制约着经济新动能的形成。与此同时，在"城市土地国有、农村土地集体所有"的土地制度框架下，农民集体所有的农村土地变为国家所有的城市土地必须经政府统一审批，农村土地自由流转一直严格受限，土地行政性供给（周文等，2017）。由此造成了稀缺的土地资源在城镇化加速和经济转型发展过程中的错配（黄忠华、杜雪君，2014）。二元化的户籍和土地制度限制了劳动力在地区间的自由流动，是造成中国城镇化水平远远低于工业化水平的元凶（Lu and Wan，2014）。然而，我国城镇化的一个更重要的症结在于缺少资本（北京大学国家发展研究院综合课题组，2010）。虽然过去"土地财政"在一定程度上缓解了资本短缺问题，但这一模式却是"竭泽而渔"的短视行为。有研究指出，未来10年中国城镇化率年均提高1.2个百分点，新增城镇人口将达4亿左右，若农民工市民化以人均10万元的固定资产投资计算（较低口径），需要增加40万亿元的投资需求（迟福林，2012）。如此庞大的资金需求断然不是继续依靠"土地财政"的旧模式能够解决的，这不仅是因为现在政府实施强制征地权的经济社会成本（如征地冲突事件、补偿标准上升等）急剧增加，而且从长远来看，后备土地资源的存量总是在不断减少，总有卖完的一天。

综上，已有研究围绕户籍、土地和财税等制度性因素的某一方面展开了深入分析，各有侧重，但却忽视了三者之间内在的联动性，是以无法形成一个逻辑自洽的可行方案，从根本上解决城乡二元结构矛盾，也就不能真正有效地指导新型城镇化实践。鉴于此，本章从户籍制度、土地制度和财税制度的联动改革视角切入，考察人口、土地和资金的协调为何有利于解决城乡分割难题，进而加速推进新型城镇化。需要指出的是，与本章研究最为接近的是陆铭、陈钊（2009）的研究，认为户籍制度改革必须要与土地制度改革联动，才能促进区域间平衡和城市内部的和谐发展，让更多农民分享经济集聚的发展成果，同时为我国经济增长注入新的动力。不可否认，户籍和土地联动改革对于推进新型城镇化而言具有极其重要的意义，但略显遗憾的是，这一研究并未针对城镇化推进过程中的资金来源问题展开分析。我们认为，倘若忽视财税制度的同步改革，户籍和土地制度改革必将掣肘受限，新型城镇化将举步维艰。因此，户籍、土地和财税制度改革的内在联动性，是加速推进新型城镇化建设的逻辑起点。

二、新型城镇化推进缓慢的特征性事实

长三角地区作为中国经济最发达的地区之一，也是人口和城市分布最为密集的

地区之一。① 早在 20 世纪 70 年代，法国地理学家简·戈特曼（Jean Gottmann）就将该地区列为第 6 大世界级城市群；英国城市地理学家彼得·霍尔（Peter Hall）也认为，该地区的强劲发展态势使之很快可以与美国东北部、北美五大湖、日本太平洋沿岸等城市群相媲美（方创琳等，2011）。然而，长三角地区内部区域发展极不平衡。仅以江苏为例，2015 年，苏南、苏中和苏北地区生产总值之比为 57.5∶19.3∶23.2，巨大的发展差异可见一斑。这种发展的非平衡性，不仅不利于长三角地区经济的健康持续增长，而且也严重拖累了新型城镇化进程。

（一）户籍人口城镇化仍大幅低于常住人口城镇化

通常而言，用城镇化率这一指标来衡量一个地区的城镇化水平是较为普遍的一种方法。根据国家统计局标准，城镇化率是按常住人口计算的城镇人口比上总人口，反映了一个地区常住人口中有多少人居住在城市。但是，很多城镇常住人口并没有城市户籍，也就不能获得与城市户籍相挂钩的一系列诸如教育、劳动就业创业、社会保险、医疗卫生、社会服务、住房保障、文化体育等公共福利和社会保障。表 12 - 1 显示了 2005～2014 年上海、江苏、浙江和安徽的户籍人口城镇化率和常住人口城镇化率。从表 12 - 1 中可以发现，上海的城镇化水平要远远高于长三角地区的其他省份。2014 年，上海市户籍和常住人口城镇化率分别达到 90.32% 和 89.60%，均位列全国第一位。然而，安徽省的城镇化水平却与此形成鲜明对比。2014 年，安徽省户籍和常住人口城镇化率分别仅为 22.69% 和 49.15%，远低于全国平均水平。进一步地，除上海外，江苏、浙江和安徽三地的户籍人口城镇化水平均远不及常住人口城镇化水平，特别是 2011 年以来，安徽的常住人口城镇化率虽然呈现快速上升趋势，但其户籍人口城镇化率却出现了一定程度的下降。因此，从总体上看，长三角地区户籍人口城镇化水平仍然大幅低于常住人口城镇化水平。

（二）土地城镇化仍快于人口城镇化

地方政府是我国城镇化进程的主要推动者，但是在唯 GDP 论的地方官员政绩考核下，一些城市"摊大饼"式扩张的现象屡见不鲜，造成城市规模不断扩张的同时，城市人口的集聚程度却不高。图 12 - 1 分别描绘了上海、江苏、浙江和安徽的

---

① 由于 2016 年国务院批复同意的《长江三角洲城市群发展规划》，正式将安徽的 8 个城市纳入长三角城市群，标志着长三角的范围已经从原来的"两省一市"扩展到目前的"三省一市"。同时，也为了使本章研究更具广泛代表性，故而将安徽省也作为长三角研究对象之一。

表 12 - 1 　　　　2005～2014 年长三角地区户籍人口城镇化和

常住人口城镇化 　　　　　　单位：%

年份	上海市		江苏省		浙江省		安徽省	
	户籍人口城镇化	常住人口城镇化	户籍人口城镇化	常住人口城镇化	户籍人口城镇化	常住人口城镇化	户籍人口城镇化	常住人口城镇化
2005	84.46	89.09	43.33	50.50	27.53	56.02	20.99	35.50
2006	85.76	88.70	44.43	51.90	28.34	56.50	21.74	37.10
2007	86.81	88.70	45.74	53.20	29.00	57.20	21.98	38.70
2008	87.46	88.60	47.26	54.30	29.77	57.60	22.23	40.50
2009	88.25	88.60	49.94	55.60	30.40	57.90	22.33	42.10
2010	88.86	89.30	50.77	60.58	30.94	61.62	22.71	43.01
2011	89.32	89.30	54.09	61.90	31.41	62.30	22.90	44.80
2012	89.76	89.30	55.99	63.00	31.70	63.20	22.85	46.50
2013	90.03	89.60	57.43	64.11	32.02	64.00	22.92	47.86
2014	90.32	89.60	60.14	65.21	32.52	64.87	22.69	49.15

资料来源：Wind 资讯。

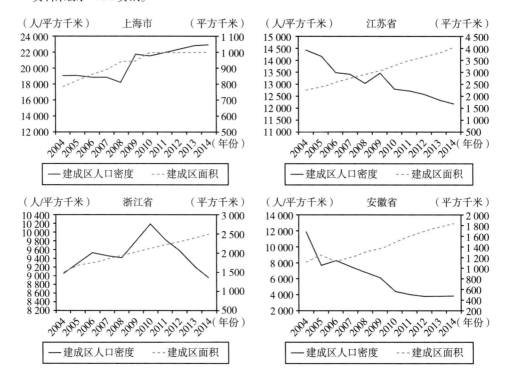

图 12 - 1　2004～2014 年长三角地区的城市规模与人口密度

资料来源：国家统计局和 Wind 资讯。

建成区面积及城市人口密度。① 从图 12 - 1 中可以看到，长三角地区各省（市）的城市建成区面积呈现持续扩大的态势，三省一市的平均值从 2004 年的 1 417 平方千米持续增加到 2014 年的 2 336 平方千米，十年间增长了 65%。其中，江苏的城市建成区面积总量和增速都是最大的，浙江、安徽次之，上海最末。然而，长三角地区整体上的城市人口密度却呈现恰恰相反的趋势。根据图 12 - 1，除上海的城市人口密度自 2008 年以来有所上升外，江苏、浙江和安徽的城市人口密度均出现了不同程度的下降。2004~2014 年，江苏的城市人口密度从 14 428 人/平方千米下降至 12 182 人/平方千米；浙江从 9 058 人/平方千米降至 8 955 人/平方千米；安徽下降得最严重，由 11 951 人/平方千米下降至 3 928 人/平方千米。即使从 2010 年算起，江苏、浙江和安徽的城市人口密度降幅也分别达到了 5.0%、12.1% 和 14.1%。因此，大量地通过"人为造城"来快速推进土地城镇化，忽视了人口和经济活动的集聚规律，导致城镇化的核心——人口城镇化严重滞后，而且土地城镇化这种粗放而低效的土地利用方式也造成土地资源的严重浪费。

（三）城镇化容易沦为房地产化

从各地推进城镇化建设的实践来看，行政手段的选择偏好仍然强于市场手段。例如，多地进行的行政区划调整频频通过"并区""撤县设区"等进行大规模的征地拆迁、新城开发，利用房地产来维持土地财政。据统计，仅江苏一省，2009 年以来就已发生 10 例"撤县并区"，其省会城市南京已经成为江苏境内首个"全区化"的城市。但问题是，一方面，在目前的土地制度框架下土地行政性供给，资源配置被严重扭曲，城镇化外衣之下的"圈地"助推了房地产泡沫；另一方面，在缺乏企业培育和产业支撑的三四线城市，许多所谓的产业新城看起来是在推进城镇化建设，实质上却是以城镇化为名进行房地产开发，这样的"被城镇化"导致大量房地产库存积压，造成经济发展的严重结构性失衡。表 12 - 2 描述了长三角地区三省一市的城镇固定资产投资完成额中房地产开发占比。从表 12 - 2 中可以看到，进入 21 世纪以来，房地产开发投资占比整体上呈现较大幅度的上升趋势，长三角地区均值接近全部城镇固定资产投资的 1/3。其中，上海的房地产开发投资占比最高，2015 年已经超过 50%。值得注意的是，近几年来，长三角地区的房地产开发投资增速有所放缓，背后其实是国家近些年对一二线城市持续实施的楼市调控政策在房地产开

---

① 此处城市人口密度用每平方千米建成区面积上的人口数量进行衡量。其中，假设当地农业户籍人口全住在非建成区（农村），常住人口除开当地农业户籍人口全住在建成区，那么建成区人口大致等于当地常住人口减去当地农业户籍人口。

发投资增量上的反映，而房地产开发投资存量依然巨大。如果推进新型城镇化过程中地方政府过于急功近利，而房地产开发中巨大的存量投资又调整不到位，新型城镇化很可能会沦为房地产化。

表 12-2   长三角地区城镇固定资产投资完成额中房地产开发占比   单位：%

年份	上海市	江苏省	浙江省	安徽省	长三角地区
2001	31.46	14.68	19.22	12.43	19.45
2002	33.83	15.77	20.96	13.64	21.05
2003	36.06	15.48	20.68	16.96	22.29
2004	38.54	19.37	22.40	18.10	24.60
2005	38.98	24.85	30.44	21.60	28.97
2006	36.47	25.49	29.00	20.90	27.96
2007	32.32	27.46	30.38	20.07	27.56
2008	32.59	28.46	30.88	22.91	28.71
2009	31.65	23.40	30.24	21.02	26.58
2010	42.78	24.69	35.85	21.90	31.30
2011	45.44	21.16	30.31	21.75	29.66
2012	46.56	20.37	30.57	21.09	29.65
2013	49.96	20.12	30.78	21.81	30.67
2014	53.33	19.83	30.83	20.41	31.10
2015	54.63	17.76	26.67	18.59	29.41

资料来源：Wind 资讯。

新型城镇化的战略构想为何会遭遇如此之难的挑战？究其原因，城镇化固然是一项长期而且复杂的工程，但在其推进过程中不能仅就城镇化本身，而必须考虑到与之紧密关联的户籍制度、土地制度、财税制度的联动改革，否则，城镇化的推进工作必然步履维艰。实际上，新型城镇化的本质在于人的城镇化，即促进人口集聚，实现农业转移人口市民化。在这一过程中，农村劳动力能够自由流动是关键，但这一关键性条件却受制于当下的一系列制度安排，难以真正地发挥出积极作用。为此，本章提出如下核心命题：实现农业转移人口市民化内在地要求户籍、土地和财政制度必须进行联动改革，通过人口、土地和资金之间的相互协调，有利于加快推进新型城镇化。

三、户籍、土地和财税制度联动改革的内在逻辑

（一）人口流动中的户籍限制

自 1958 年政府颁布了《中华人民共和国户口登记条例》，一套较完善的户口管理制度就被确立起来，其以法律形式严格限制农民进入城市，限制城市间人口流动（蔡昉等，2001）。直到改革开放之后，这种户籍制度才逐渐进行多种形式的改革，如 20 世纪 80 年代中期的小城镇自理口粮户口及当地有效城镇户口改革、居民身份证制度试行、20 世纪 90 年代交钱办"农转非"的变相卖户口，以及进入 21 世纪后的户口一元化改革试点等（陆益龙，2008）。随着市场化转型不断推进，越来越多的农村及城镇人口开始流向大中城市，这种非正式的户口迁移方式使他们能够以临时工、合同工及农民工身份在城市里照常生活，户籍差异似乎变得不那么重要了。

但问题是，没有户籍意味着那些在城市生活的农村转移人口不能拥有与城市居民相同的公共福利和社会保障，其教育、劳动就业创业、社会保险、医疗卫生、社会服务、住房保障、文化体育等各方面都会受到不同程度的社会歧视。例如，在就业方面，城镇户籍人口在劳动力市场上具有非常明显的优势，不管是工资差异还是工作岗位，均表现出对非城镇户籍人口的歧视性质（Zhang，2010）。特别是对一些所谓的"体制内"企业而言，农村转移人口要想挤入这些国有企业非常困难，相比较而言，他们更多的是流向"体制外"企业，一般以小型民营企业居多。又如，在社会保险方面，现有制度普遍的规定是，一个外来劳动力必须在工作地缴费 15 年后方能享受养老保险，如果未满 15 年便离开工作地，只能退保，但退保时职工只能带走个人账户中个人缴纳的累积金额，而企业缴纳的统筹部分则无法带走，这对外来劳动力而言是不小的损失（陆铭，2011）。由此可见，城乡二元分割的户籍管理制度显然是导致新型城镇化推进缓慢的最直接原因。博斯克等（Bosker et al.，2012）的研究已经证明，放松户口管制所带来的劳动力流动，能够显著提升中国市场内在需求。倘若户籍限制能够全面放开，不仅能够提供城乡统筹发展、让更多人分享改革开放成果的机遇，而且所带来的增长潜力也能够为中国经济的持续增长提供重要动力（都阳等，2014）。

（二）"钟摆式"迁徙下的土地依赖

尽管 2014 年国务院发布了《关于进一步推进户籍制度改革的意见》，标志着我

国二元化户籍制度改革正式拉开帷幕，但截至目前，户籍制度改革推进速度相对缓慢。国务院发展研究中心副主任王一鸣表示，"一方面，相当一部分地区实行城乡统一的户口登记制度，但成为'市民'的农村居民并没有获得当地相应的最低生活保障、保障性住房等公共服务。另外，一些城市在推进一体化时，仅针对当地农村居民，而不包括外来农村居民"。① 实际上，户籍制度改革推进过程中所遇到的这种挑战是完全可以料想到的，因为与农民息息相关的土地制度改革仍然很不到位，必然会制约户籍制度改革。

为什么我国农村劳动力的迁移不是永久性的，而是呈现出"钟摆式"的流动模式？在现行土地制度下，农民个体对土地是没有所有权的，而只有使用权，这就决定了其无权出售和抵押土地。但随着经济的迅速发展，土地所产生的农业收入在农户家庭收入中所占的比例越来越小，而非农收入尤其是外出务工收入的比例逐渐上升，从而土地由农民的主要生产要素演变为提供保障和抵御风险的资产（蔡昉，2003）。在这种情况下，尽管土地对于农民的生产要素功能减弱了，但其社会保障功能的强化使农民不可能放弃对土地的依赖。另外，农村集体所有的土地产权又容易造成土地权属关系不明晰，导致即使有农业转移人口愿意放弃土地，但其应该得以补偿的土地权益却得不到有效保护，这又进一步加剧农村劳动力永久性流入城镇的困难。而且，从宏观层面上看，保护18亿亩耕地是我国土地政策的红线，因而对建设用地指标采取严格审批和规划，明确限制土地跨省（区、市）间的占补平衡。这一规定限制城乡统筹的跨区域土地交易市场的建立，进而导致农村土地不能直接进入城市建设用地市场。但是，城镇化过程中的级差土地收益规律却是客观存在的，政府如果继续以过去那种大规模强制征地来对土地收益进行攫取，必然导致与民争利。在这种情况下，农民不仅不能分享城市集聚带来的发展成果，而且低价征地还损害了农民的既有利益，新型城镇化将必然受阻。

（三）"土地财政"模式不可持续

上述分析表明，城乡二元化的户籍分割制约了农业转移人口的市民化，而农民与土地的紧密依赖关系又进一步加剧了这种制约。但实际上，户籍和土地制度制约只是表面现象，隐藏在这之下的社会公共福利分割才是导致人口城镇化滞后的根本障碍。但是，构建城乡统筹的社会保障体系，实现城乡公共服务均等化，需要有合

---

① 《"十三五"将加大户籍改革 管理目标"一国一制"》，http：//finance. people. com. cn/n/2015/1019/c1004 - 27712022. html，2015 年 10 月 19 日。

理和高效的财税体制来支持。在现行的分税制框架下，我国地方政府财力在推进城镇化方面显得捉襟见肘。是以，"土地财政"成了城镇化的主导。虽然土地财政部分地缓解了地方政府财力紧张局面，但这一模式断然不可持续。这一方面是因为当前征地事件累积的矛盾威胁社会稳定，而强化审批管制与提高补偿标准也急剧拉升着征地的成本，政府难以再像过去那样通过实施强征地权来开放各种商业盈利性项目（北京大学国家发展研究院综合课题组，2010）；另一方面，后备土地资源存量是有限的，单靠卖地来驱动城市的平面扩张，不仅造成土地资源利用的集约化程度低，严重浪费了稀缺的自然资源，而且也导致土地财政的基础愈加单薄。更为严重的问题是，土地财政还酝酿着庞大的债务风险。以土地为杠杆借债融资，以土地为诱饵吸引投资，再通过土地出让获得收入，这一通过"时间换空间"的土地经营城市化方式，可能由于国内外经济形势的变化而暴露出巨大风险（何杨、满燕云，2012）。根据审计署的报告，2010 年底，地方政府负有偿还责任的债务余额中，承诺用土地出让收入作为偿债来源的债务余额为 2.5 万亿元，占地方政府负有偿还责任债务余额的比重是 81.2%（国务院发展研究中心课题组，2014）。从某种程度上讲，土地财政造就了房地产市场的虚假繁荣，"泡沫"一旦破裂，地方政府庞大的债务风险必将引爆系统性危机。因此，推进新型城镇化，必须要摆脱土地财政的两难困境。

（四）成都城镇化改革实践的启示

为了更细致地说明户籍、土地和财税制度进行联动改革的必要性，本章选取影响较大的成都城镇化改革实践进行实例分析。2010 年底，成都市颁布了《关于全域成都城乡统一户籍实现居民自由迁徙的意见》，标志着中国"最彻底"的户籍制度改革探索由此展开。成都市户籍制度改革主要涉及三个方面的内容：一是实行居住登记制度，实现户籍、居住一元化的统一户籍管理；二是统一部分城乡公共服务政策，涵盖失业保险待遇标准、城乡住房保障体系、社会保险等；三是统一部分城乡管理措施，包括计划生育、义务兵家庭优待和退役安置、政治权利等（李铁，2013）。总的来看，成都市的这一轮户籍制度改革显然是一项积极的探索，其在两个方面有重大的创新和突破：一方面是农民进城落户可以继续保留农村的承包地、宅基地及其他土地资产；另一方面是全面放开本地农民进城落户的限制。这就意味着，成都市本地农民进城落户的限制已经基本取消，而且土地权利并不会随着居住地的迁徙发生变更，有利于促进农民在城镇中真正地安居乐业。

但是，成都市的户籍制度改革也有需要进一步突破的地方。例如，成都市户籍只是针对本地人口，对如何妥善解决大量举家迁徙的外来人口融入成都市没有明确的政策。地域分割仍然存在，公共福利均等化问题并未完全解决。而且，针对土地问题的规定也隐含着尚未彻底解决的矛盾，如农民进城落户虽然可以继续保留农村土地权利，但在农村仍有宅基地和相应房产的，不得享受保障性住房，或在农村仍有承包地和林地的，不得享受基本失业保险。这种与农村土地财产权利相挂钩的公共福利安排，并未能完全摆脱对农村土地的依赖关系。之所以遗留下这一系列问题，关键原因还在于未能彻底地进行户籍、土地、财税制度的联动改革。诚然，成都户籍改革只针对本地人口的考虑之一，就是一纸户籍之下巨额公共服务支出所带来的地方财政压力。资料显示，目前成都市有150万左右外来人口，根据成都市有关部门的测算，城镇人口增加所带来的社保成本大约为0.84万元/（人·年），如果全部解决外来人口的户口问题，仅社保一项需要政府每年增加投入126亿元。[①]而且，农民虽然可以带着土地产权进城，但我国宪法明确规定农村土地归集体所有，如果土地制度改革不同步进行，农民手中的土地产权就不能转换为切实收益，也不利于政府利用城市发展所产生的级差地租来增加财政收入，最终也将会妨碍新型城镇化的全面推进过程。

四、以城市群建设为突破口实现改革联动

党的十九大报告指出，推动新型工业化、信息化、城镇化、农业现代化同步发展，以城市群为主体构建大中小城市和小城镇协调发展的城镇格局，加快农业转移人口市民化。对于长三角地区而言，长三角城市群作为实现区域一体化发展的载体，通过各城市之间形成定位准确、分工明确、功能互补的城市群落，有助于推进新型城镇化建设中的劳动力、土地和资金需求的紧密协调。[②]因而，对于长三角地区而言，城市群建设无疑成为下一阶段推进新型城镇化的突破口。在这一过程中，户籍、土地和财税制度改革将如何形成联动呢？笔者认为，以全球性城市上海为首，串联起南京、杭州、合肥三个省会城市而形成的长三角城市群，其覆盖面广、纵深度高的梯度格局为构建现代化产业体系提供了良好的空间支撑，同时也有利于

---

① 《成都户籍制度改革的调研报告》，http：//www.ccud.org.cn/2012 - 03 - 05/113287990.html，2012年3月5日。

② 根据2016年国家发展改革委员会颁布的《长江三角洲城市群发展规划》，长三角城市群包括上海、南京、无锡、常州、苏州、南通、盐城、扬州、镇江、泰州、杭州、宁波、嘉兴、湖州、绍兴、金华、舟山、台州、合肥、芜湖、马鞍山、铜陵、安庆、滁州、池州、宣城26市。

在市场机制下形成明确的分工和合作。因此，可以通过城市群内的要素集聚功能与配置功能的协同来推进新型城镇化。这当中主要涉及以下两个问题：

第一个问题是产业集群带动人口集聚的问题。众所周知，长三角城市群已经初步具备了相对发达的制造业集群和服务业集群，以知识、技术和人力资本为主的服务业往往集聚在交易成本较低而制造成本较高的中心城市，而以自然资源、能源消耗为主的制造业集聚在与中心城市成本性态相反的周围地区。在这种"中心—外围"空间格局下，一方面，制造业集群可以"面对面"地接受来自服务业集群的高端化服务投入；另一方面，也可以使"服务业—制造业"集群之间的综合成本处于最具竞争力的状态（刘志彪，2016）。现代化产业体系下的产业集群不仅具有更加高级的生产制造工艺，而且在创新设计、品牌营销、流通管理等各个环节融入消费者定制偏好，从而引致更多的终端需求；与此同时，农业、工业和服务业之间的良性互动也将产生大量的中间需求，反过来也促进现代化产业体系的规模增加和等级提升。但是，如果城乡之间二元化的户籍分割严重，那么无论在生产方面还是在消费方面，仅仅依靠现有的城市人口，不可能支撑现代化产业集群所要求的劳动供给和商品消费。因此，长三角城市群要向世界级城市群迈进，产业集群必须带动人口集聚，即必须有足够的农村转移人口真正融合为城市人口。正是基于这种认识，《长江三角洲城市群发展规划》才明确提出，要以产业升级调整人口存量、以功能疏解调控人口增量，引导人口加快向"外围城市"的重点开发区域集聚，推动人口区域平衡发展。

第二个问题是要素集聚中的优化配置问题。要素和发展能量向长三角城市群高度集聚，物流、人流、信息流、资金流在该地区交汇，演化为大中小城市和小城镇一体化发展的"长三角模式"。这一模式的最大优点就是内部的资源共享和优势互补：一方面，教育、劳动就业创业、社会保险、医疗卫生、社会服务、住房保障、文化体育等能够实现统筹协调和多元共享，其正外部性有利于降低基本公共服务均等化供给成本；另一方面，推进基本公共服务均等化并非简单的平均化，而是促进机会均等，而城市群多层级、强辐射的地理空间体系，意味着不管是高端人才还是普通农民工都能在其中发挥比较优势，从而获得安身立命的机会。基础设施共建共享、公共服务统筹协调是长三角城市群发展的内在要求。问题是，在现行的分税制下，长三角城市群共建共享、统筹协调的建设资金从何而来？"土地财政"的旧模式断然不可持续，只有继续深化改革，释放制度红利。具体而言，一是在保护18亿亩耕地红线的前提下，完善城乡建设用地增减挂钩政策，必要时可在城市群内按照开发区域类型，试点实行建设用地指标跨地区市场化交易。其中，增减挂钩政策不再是单纯鼓励农村进行土地整理以增加耕地，而是直接对准城市新增建设用地指标，带有强烈的"指标激励"机制（谭明智，2014）。二是考虑在城市群内实施全面的财产税，既要对所有的财产都征收基于市场价值、税率合适的税赋，也要在财产的占用（保有）、获得、开发、转让等各个环节都抽税，这样才能约束"无成本"占用资源的行为，鼓励资源要素向更高利用效率的方向流动（北京大学国家发展研究院综合课题组，2010）。因此，利用长三角城市群建设过程中的级差土地收益的市场规律，不仅能够增加农民的财产性收入，而且也有利于地方政府在摆脱"土地财政"后形成稳定持续的支柱税种和主体税源，为推进新型城镇化提供资金支持。

此外，要素集聚和配置功能如何实现协同？答案就在于长三角城市群的组织重构上，即从过去那种行政化、命令性的"垂直式"自上而下结构，转化为以市场自组织机制协调为主的"扁平化"多中心网络结构（刘志彪，2016）。一般认为，"各自为政"的行政利益边界是阻碍长三角城市群协同发展主要的体制机制问题。这种分割不仅仅存在于相同行政级别的城市之间，而且也常常发生于上下级政府之间。不可否认，过去那种纵向垂直式结构在树立上级政府权威、集中决策权、决策执行力等方面占有独到的优势，但同时也极易导致委托—代理问题，上下级政府之间通常面临的是一个信息不对称的环境，在隐藏行为的情况下，代理人（下级政府）可能从自身的利益出发，实施一些不利于委托人（上级政府）利益的行为，产生道德风险问题（凌永辉等，2017）。这是极其不利于统一市场建设的，更不用说资源要素形成集聚和优化配置。但问题是，行政区划的实体边界是客观存在的，完全取消根本不可能，即使真的能够完全取消，也不是说统一市场就能立刻建立起来了。其中的关键在于政府有没有利用行政边界去干预市场。如果政府是真正的服务型政府、法治型政府，那么即使存在行政区划，也并不会妨碍统一市场的形成。实际上，纵观世界上所有的市场经济发达国家，也几乎没有哪个是没有行政区划的。长三角城市群组织架构由"垂直式"向"扁平化"的转化，根本上也是市场经济规律使然。根据世界级城市群演化的一般规律，只有充分发挥市场配置资源的决定性作用，才能增强城市群"质量型"发展的内生动力，而政府更多的是发挥公共服务供给、制度环境完善等方面的作用。这就意味着，在市场主导、政府引导的机制下，一方面，纵向层面上政府充分简政放权，实现信息和知识在上下级政府间的充分有效传递，增强服务型政府的执行力；另一方面，横向层面上打破地方政府部门间的显性、隐性界限，在以市场自组织机制协调为主的基础上实现信息和知识的水平流动。这样一来，长三角城市群内就构建了一个高效协同且信息对称的多中心网络结构。

五、结论与政策建议

本章首先总结了长三角地区新型城镇化的经验事实，并基于这些事实背后的原因分析，提出了本章关于户籍、土地和财税制度联动改革的核心命题，进而从理论上对这一核心命题进行了逻辑论证。主要研究结论是：目前，长三角地区的新型城镇化推进缓慢，表现为户籍人口城镇化仍大幅低于常住人口城镇化、土地城镇化仍快于人口城镇化、城镇化容易沦为房地产化这三个方面。造成新型城镇化推进缓慢的根本原因还在于体制机制层面，尽管已有不少学者从户籍制度、土地制度、财税制度三个方面分别提出了一些有针对性的建议，但却忽视了三者之间的内在联动性。实际上，实现农业转移人口市民化内在地要求户籍、土地和财政制度必须进行联动改革。因此，遵循联动改革的内在逻辑，本章认为，可以通过长三角城市群的要素集聚和分配功能的协同来实现人口、土地和资金之间的相互协调，进而加快推进新型城镇化。具体政策建议有以下五点：

第一，加快建立和完善全民统一的居住证制度，剥离与户籍挂钩的利益分配功能，推进基本公共服务均等化。在以城市群为主体的城镇格局中，户籍制度全面放开和城乡基本公共服务均等化的改革步子可以迈得大一点、快一点。尤其要注重发挥长三角城市群内各大中小城市和小城镇的人口经济集聚能力，让劳动力在地区间流动不再基于教育、医疗卫生、社会保障等公共服务差异，而是基于提升劳动生产率的需求。

第二，全面落实农村土地确权工作，尽快建立农村产权流转交易市场，探索城乡建设用地指标跨区域互换机制。由于历史原因，大量农村土地进行确权的难度非常之大，尤其是城市与城市之间地带的土地权属极为复杂，这就要求各地农发局、林业局、土地局和房产局等多个政府部门进行协调，切实为农民提供确权登记服务。在此基础上，可以通过修改《土地管理法》从法律上进一步完善"三权"分置制度，促进农村"三块地"（即农用地、农村集体经营性建设用地和宅基地）在以城市群为主体的城镇格局下实现自由流转，并且试点放开城乡建设用地指标互换的跨区域"占补平衡"的限制。

第三，主动改革财税体制机制，考虑在城市群内实施全面的财产税，积极研究针对所有财产及其保有、获得、转让等各个环节应该征收的合适税率，从而拓宽税基、稳定税收。同时，也应该相应地加大中央财政对地方财政的转移支付力度，提高县域增值税分成比例，推行消费税共享政策等。另外，针对城市群内由于行政壁垒可能产生的税收政策边界问题，一方面，需要中央政府进一步简政放权，赋予作为新型城镇化建设主体的地方政府足够的制度创新优先权；另一方面，也需要地方政府之间建立常态化的议事协调机制，商议统一的税收管理政策。

第四，改革地方政府官员绩效的考核体制，构建涵盖经济总量增长、人均增长、生态环境保护等多元化的综合考核机制，并且针对不同地区的城市群或者城市群内部不同层级的城市（镇），对指标考核赋予相应的权重。其中，权重合理设定的总体准则是：经济越是发达的地区，总量增长的权重应该更高；而经济越是欠发达的地区，人均增长、生态环境保护等指标应该更高。这样一来，才能保证新型城镇化沿着集约、高效、质量型的道路推进。

第五，坚持市场主导、政府引导的基本原则，处理好政府与市场的关系，使市场在资源配置中起决定性作用，更好地发挥政府作用。在以城市群为主体构建大中小城市和小城镇协调发展的城镇格局中，一方面，必须尊重市场规律，包括城市经济集聚规律、级差土地收益规律等，合理地利用这些规律，必然有助于大幅降低城镇化建设成本；另一方面，政府更好发挥作用的标准是不缺位、不越位、不错位，通过建立和完善负面清单制度来"放手"，把工作的"抓手"放到提供优质公共服务和营造良好制度环境上来。

参考文献

［1］北京大学国家发展研究院综合课题组．还权赋能——成都土地制度改革探索的调查研究［J］．国际经济评论，2010（2）：54 – 92，5.

［2］蔡昉．劳动力流动的政治经济学［M］．上海：上海三联书店，2003.

［3］蔡昉，都阳，王美艳．户籍制度与劳动力市场保护［J］．经济研究，2001（12）：41 – 49，91.

［4］迟福林．释放改革的红利［N］．学习时报，2012 – 12 – 03（001）.

［5］都阳，蔡昉，屈小博，程杰．延续中国奇迹：从户籍制度改革中收获红利［J］．经济研究，2014，49（8）：4 – 13，78.

［6］方创琳，姚士谋，刘盛和．2010中国城市群发展报告［M］．北京：科学出版社，2011.

［7］国务院发展研究中心课题组．中国新型城镇化：道路、模式和政策［M］．北京：中国发展出版社，2014.

［8］黄忠华，杜雪君．土地资源错配研究综述［J］．中国土地科学，2014，28（8）：80 – 87.

［9］何杨，满燕云．地方政府债务融资的风险控制——基于土地财政视角的分析［J］．财贸经济，2012（5）：45 – 50.

［10］李铁．城镇化改革的地方实践［M］．北京：中国发展出版社，2013.

［11］刘志彪. 扬子江城市群协同发展的框架与基本战略［EB/OL］. （2016 - 10 - 31）. https：//www. wxzhi. com/archives/059/gga1llcc8koefdmf/.

［12］凌永辉，徐从才，李冠艺. 大规模定制下流通组织的网络化重构［J］. 商业经济与管理，2017（6）：5 - 12.

［13］陆铭. 玻璃幕墙下的劳动力流动——制度约束、社会互动与滞后的城市化［J］. 南方经济，2011（6）：23 - 37.

［14］陆铭，陈钊. 为什么土地和户籍制度需要联动改革——基于中国城市和区域发展的理论和实证研究［J］. 学术月刊，2009，41（9）：78 - 84.

［15］陆益龙. 户口还起作用吗——户籍制度与社会分层和流动［J］. 中国社会科学，2008（1）：149 - 162，207 - 208.

［16］谭明智. 严控与激励并存：土地增减挂钩的政策脉络及地方实施［J］. 中国社会科学，2014（7）：125 - 142，207.

［17］中国金融四十人论坛课题组. 城镇化转型［M］. 北京：中信出版社，2015.

［18］周文，赵方，杨飞，李鲁. 土地流转、户籍制度改革与中国城市化：理论与模拟［J］. 经济研究，2017，52（6）：183 - 197.

［19］Bosker M. ，Brakman S. ，Garretsen H. ，et al. . Relaxing Hukou：Increased Labor Mobility and China's Economic Geography［J］. Journal of Urban Economics，2012，72（2）：252 - 266.

［20］Lu M. ，Wan G. . Urbanization and Urban Systems in the People's Republic of China：Research Findings and Policy Recommendations［J］. Journal of Economic Surveys，2014，28（4）：671 - 685.

［21］Wen G. J. ，Xiong J. . The Hukou and Land Tenure Systems as Two Middle Income Traps——The Case of Modern China［J］. Frontiers of Economics in China，2014，9（3）：438 - 459.

［22］Zhang H. . The Hukou System's Constraints on Migrant Workers' Job Mobility in Chinese Cities［J］. China Economic Review，2010，21（1）：51 - 64.

第四篇

物质文明与精神文明协调发展

▶ 长三角地区文化产业供需协调发展研究

第十三章

长三角地区文化产业供需协调发展研究

一、引　言

在现代社会的区域发展中，文化与产业协调统一发展已经成为社会发展的必然趋势，而且融合发展的进程不断加快。长三角地区的发展不仅要关注其经济状况和资源配置情况，也要关注文化之间的协调发展状况。长三角地区文化产业的协调发展，可以有效降低区域内的交易成本，促进生产要素以及人力资本在区域内自由流动，提升其在国际上的综合竞争力。长三角地区文化产业协调发展不但有利于居民形成相同的文化价值观，而且能促进区域之间的经济友好合作。区域间文化的融合对区域经济一体化有着正向的促进作用，但是长三角区域文化协调发展受当地经济一体化水平程度、当地人民对文化的认同度、区域之间文化的结构性矛盾以及政策实施等因素的影响（汪伟全，2014）。文化产业的协调发展能使长三角区域构建一个公共平台，更可以探索出一种具有创新力的区域共享机制（王凤良，2012）。

长三角不仅表示一种区域概念，在某种程度上更是文化概念，文化协调发展为长三角提供了认同基础、精神依托和前进动力（丁宏，2007）。党的十九大报告指出，我国已经解决了十几亿人民的温饱问题，总体上初步实现了小康，接下来将进行全面小康的建设，人民对美好生活的需要日益增长，这不仅是对物质文化提出的更高要求，也是对民主、政治、公平、公正、安全、环境等方面的要求日益增长。解决这些问题的关键之一，就是要加快推动文化事业与文化产业的快速发展，用多元化的文化产品满足人民的文化需求。目前，长三角城市群正在以"联盟"的形式构建一体化发展的新平台，通过建立文化创意产业园，打造文化资源共享、文创资源集聚的平台（江霞，2017）。这有助于长三角地区文化产业的发展，有助于解决长三角地区在建设全面小康过程中所面临的问题。

长三角地区是我国最早实行区域一体化实践的重要区域之一，其经济一体化和文化协调发展有着明显优势，长三角地区经济发展处于我国城市群的领先地位，各种经济指标和文化产业值都处于全国平均水平以上。虽然长三角地区整体的文化产业发展迅速，但是由于各地区自然资源、区位条件以及政策环境不同，导致各地区文化产业发展也呈现出明显的差异。例如，沪、苏、浙、皖三省一市中，各地区文化产业供给与需求存在明显的不同，文化产业总量上也存在很大的差异。较大的文化产业差距以及区域间文化供需的不协调发展，严重影响着长三角地区全面小康社会的建设。

本章从长三角地区文化产业的总体现状以及文化需求和文化供给方面入手，分析三省一市文化产业的发展趋势，在此基础上研究各地区文化需求与文化供给是否处于均衡状态，比较区域间文化产业发展的差异性，并提出相关的政策意见，以促进长三角地区文化供需的协调发展。

二、长三角地区文化产业及政策的比较分析

长三角城市群作为世界第六大城市群，是我国经济发展水平最高的城市群之一。凭借其独特的区位优势以及雄厚的经济基础，长三角地区文化产业发展水平居于我国前列，形成了一种经济、文化和社会相互协调的发展模式。上海作为我国经济最发达的城市之一，也是长三角城市群中的一员，起着"领头羊"作用，对带动周围城市经济和文化产业发展起着重要作用。进入"十三五"后，在我国经济高速发展的支持下，同时也在区域文化相互融合的大背景下，长三角地区各地均以建设文化大省和文化大市为发展目标，积极发展文化产业，以满足当地居民日益增长的精神文化需求。

（一）长三角地区文化产业发展分析

长三角地区国民生产总值、文化及相关产业增加值具体情况如图 13 - 1 所示。2015 年江苏国民生产总值达到 70 116.38 亿元，在规模上处于绝对优势；浙江、上海次之，国民生产总值分别为 4 288.6 亿元、24 964.99 亿元；安徽当年国民生产总值为 22 005.33 亿元，处于末游位置。上海无论是人口规模还是地域大小都远不及

苏、浙两省，这也是江苏、浙江国民生产总值高出上海很多的原因。为了更好地描述长三角地区文化产业发展的总体趋势，本章用文化产业总值与 GDP 的比值这一指标，来间接描述长三角地区文化产业总体发展状况。这个比值可以表示长三角地区文化产业的发展水平，比值越大，说明文化产业发展态势良好；反之，则说明文化产业在长三角地区发展程度不足，整体文化产业发展较为缓慢。通过计算得出，2015 年长三角地区 GDP 总值为 159 973.19 亿元，文化产业总值为 4 956.54 亿元，文化产业总值占 GDP 比重为 5.27%。这个比值在一定程度上说明了长三角地区整体文化产业发展态势良好，文化产业发展得到很大的重视。

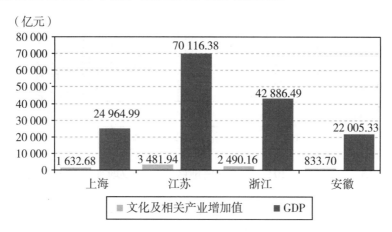

图 13 - 1　2015 年长三角地区 GDP 和文化及相关产业增加值

资料来源：历年《上海市文化及相关产业统计概览》《江苏省文化及相关产业统计概览》《浙江省文化及相关产业统计概览》《安徽省文化及相关产业统计概览》。下同。

2008～2015 年，长三角地区文化产业发展势头强劲，各地文化产业增加值呈现稳步增长的趋势，占当地 GDP 的比重也表征出持续增长的态势（见图 13 - 2）。由于上海与安徽相关数据的缺失，本章只对 2013～2015 年这 3 年文化产业发展状况进行比较分析，江苏和浙江两省则选取 2008～2015 年这 8 年文化产业发展状况进行比较分析。从图 13 - 2 中可以直观看出，上海、江苏、浙江和安徽各地文化产业增加值占国民生产总值的比重呈明显上升的趋势，2013 年上海文化产业增加值占 GDP 的比重为 5.7%，到 2015 年上升 0.8 个百分点；2008 年江苏文化产业增加值占 GDP 的比重为 3.42%，到 2015 年上升 1.35 个百分点；2008 年浙江文化产业增加值占 GDP 的比重为 3.24%，到 2015 年上升了 2.39 个百分点；2014 年安徽文化产业增加值占 GDP 的比重为 3.5%，到 2015 年上升了 0.29 个百分点。虽然安徽 2014 年文化产业增加值占比相比上一年有所下降，但经过一年的发展又有所回升，所以总体上依旧表现出增长的趋势。通过以上的分析可以得出，在以文化产业增加值占 GDP 比重表征的文化产业发展程度中，上海超过其他三省较多，居于首位；浙江、江苏次之；安徽文化产业发展程度相比其他地区较低。结合图 13 - 1 还可以得出，2015 年江苏文化产业的增加值虽然要比上海（1 849.26 亿元）、浙江（991.78 亿元）略高，而占 GDP 比重却比上海低 0.53 个百分点、比浙江低 0.84 个百分点。这表明江苏文化产业的发展力度和活力不及上海、浙江。

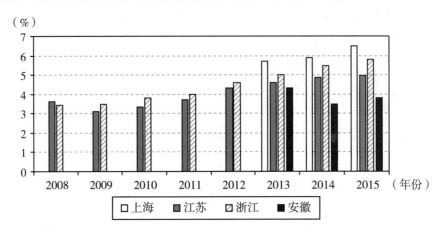

图 13 - 2　2008～2015 年长三角地区文化产业增加值占 GDP 比重

从长三角地区文化产业增加值增速来看（见图 13 - 3），2008～2015 年江苏、浙江两省文化产业增速总体上呈现波动下降的趋势。江苏从 2008 年的 33.91% 下降到 2015 年的 9.94%，浙江从 2009 年的 30.71% 下降到 2015 年的 13.82%，虽然江苏、浙江两省文化产业增速有所下降，但依旧保持在 10% 左右，发展势头依然强劲。这种趋势与全球金融环境转变相一致。2008 年金融危机席卷全球，地区发展环境发生很大变化，伴随着生产要素成本上升、政策环境的转变等，长三角地区经济

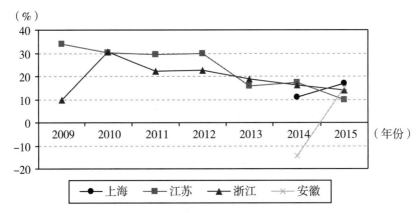

图 13 - 3　2009～2015 年长三角地区文化产业增加值增速

发展速度放缓，同时也造成了江苏、浙江两省文化产业增速的下降。上海和安徽近两年文化产业增速上有所提升，2014 年上海文化产业增速为 10.77%，2015 年增长到 16.83%，上升 6.06 个百分点；2014 年安徽文化产业增速为负值，到 2015 年增速为 15.2%，可见安徽文化产业发展存在波动，但发展潜力巨大，有很好的发展前景。综合以上分析，长三角地区整体文化产业发展态势良好，虽然三省一市文化产业增速有所不同，但在总体上，江苏、浙江、安徽和上海文化产业发展都保持着持续增长的趋势，长三角地区各地文化产业发展蒸蒸日上。

（二）长三角地区文化供给分析

虽然长三角地区各地文化产业发展势头强劲，但仍呈现出很大的差异性。为了进一步对长三角地区各地文化产业的协调发展状况进行更深入的分析，我们用文化产业增加值与地区年末常住人口规模的比值来描述该地区文化供给情况。通过对三省一市文化供给情况的具体分析，探讨长三角地区三省一市之间文化供给是否处于均衡状态。

三省一市文化供给具体结果如图 13－4 所示。由于上海与安徽相关数据的缺失，本章只对 2013～2015 年这 3 年数据进行比较分析，浙江、江苏则对 2008～2015 年这 8 年数据进行比较分析。从图 13－4 中相关数据可以得出，江苏、浙江和上海文化供给呈现稳步增长的态势，并且每年的上升幅度较大。2013 年安徽文化供给为 1 401 元，2014 年文化供给为 1 191 元，相比上年下降了 210 元，但 2015 年安徽文化供给有回升的现象，相比上年增长 166 元，总体上安徽文化供给变动幅度不大，保持平稳趋势。2008 年江苏文化供给为 1 024 元，2015 年增长到 4 365 元，年

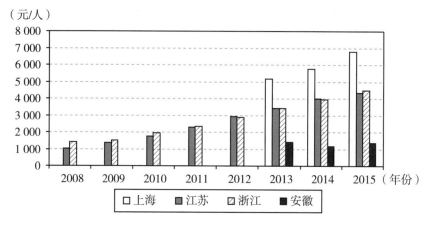

图 13－4　2008～2015 年长三角地区文化供给

均增长率为40.8%。2008年浙江文化供给为1 411元，2015年增长到4 495元，年均增长率为27.3%。江苏、浙江两省文化供给随着地区文化产业的不断发展都有很大程度的上升，而且两省人均文化供给在这几年都保持着较小的差距，从2008年相差387元，再到2015年相差130元。这从另一方面也反映出，江苏、浙江两省人均文化供给都在不断提高，且上升幅度保持着同等水平，文化供给水平趋势相一致。上海文化供给一枝独秀，近几年都维持在很高的水平。2013年上海人均文化产业值为5 164元，比安徽、浙江、江苏分别高出3 763元、1 744元、1 763元；2015年上海文化供给为6 760元，比安徽、浙江、江苏分别高出5 404元、2 265元、2 395元，文化供给之间的差距有明显扩大的趋势。综合以上的分析，三省一市人均文化供给存在很大的差异，上海人均文化供给最高，江苏、浙江次之，安徽文化供给处于较低的水平，并且三省一市文化供给的差距有扩大的趋势，也可以说，三省一市文化供给处于一种不协调的状态。

（三）长三角地区文化需求分析

长三角城市群作为我国经济发展水平最高的城市群之一，在国家现代化建设和文化产业领域具有举足轻重的战略地位。2013~2015年，三省一市规模以上文化产业营业收入的快速增长表征了区域文化产业发展水平的明显提升（见图13-5）。2013年上海实现文化产业营业收入6 525亿元，到2015年增长到8 575亿元，同比增长24%；江苏文化产业营业收入从2013年的8 391亿元增长到2015年的12 453亿元，同比增长32.6%；浙江文化产业营业收入从2013年的4 506亿元增长到2015年的

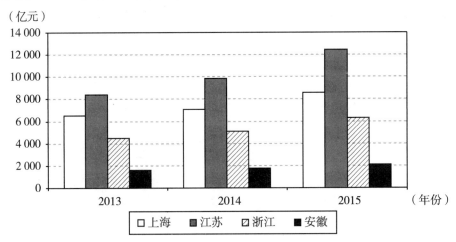

图13-5 2013~2015年长三角地区规模以上文化产业营业收入

6 310 亿元，同比增长 28.6%；安徽文化产业营业收入从 2013 年的 1 618 亿元增长到 2015 年的 2 108 亿元，同比增长 23.2%。三省一市文化营业收入表现出快速增长的趋势，并且江苏文化营业收入稳居首位。一个地区的文化产业营业收入越多，表明该地区居民购买的文化产品越多，对文化产品的需求处于一种高状态。从量上的直观分析我们得出，江苏省文化需求最高；上海、浙江次之；安徽文化需求相比其他地区较低，但依旧保持着平稳上升的趋势。

上述分析中依旧存在的一个问题是，各地区人口规模不一致，经济发展状况也有很大不同，文化产业营业收入只能从地区总量上反映文化产业的需求情况，不能从本质上反映出该地区文化需求的实际情况。所以，我们在分析地区文化需求时，引入可支配收入帮助解释这一问题。用某地区文化产业营业收入与该地区总可支配收入的比重这一指标来间接表示居民对文化产品的需求能力。该比重越大，则说明一单位可支配收入可以购买到更多的文化产品，居民有潜在能力购买更多的文化产品，从另一方面反映出该地区居民对文化产品需求能力的情况。具体结果如图 13 - 6 所示。三省一市文化需求总体上保持稳步上升的态势，并且上海文化需求明显高于其他各省；江苏、浙江次之；安徽最低。这结果与用文化产业营业收入总值表示文化需求有一定的差异。从总量上分析，江苏文化产业需求略高于上海；当用文化产业营业收入与总可支配收入的比重表示地区文化需求时，上海文化需求显著高于江苏。造成该结果的原因在于，江苏省相比上海市拥有更多的文化资源、人口规模、经济总量，以及地域更大、有更多的文化产品可以销售，这造成江苏文化产业营业收入高于上海；另外，上海文化产业的总体水平以及居民整体可支配收入高于江苏，所以用营业收入与可支配收入表征文化需求时，上海优于江苏。上海文化需求从 2013 年的 6 407 亿元增长到 2015 年的 7 120 亿元，同比增长 10%；江苏文化需

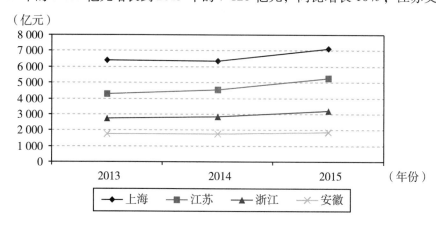

图 13 - 6　2013～2015 年长三角地区文化需求情况

求从 2013 年的 4 266 亿元增长到 2015 年的 5 285 亿元，同比增长 19.3%；浙江文化需求从 2013 年的 2 753 亿元增长到 2015 年的 3 206 亿元，同比增长 14%；安徽文化需求从 2013 年的 1 770 亿元增长到 2015 年的 1 868 亿元，同比增长 5.24%。

　　三省一市文化需求都有不同程度的增长，反映出长三角地区居民对精神文化的需求有日益增加的倾向。其中，上海、江苏、浙江三地同比增长率均超过 10%；安徽同比增长率仅为 5.24%，相对于长三角其他地区仍有一定的差距。总体上，长三角地区三省一市文化营业收入总量上均有所提升，在以文化产业营业收入与总可支配收入的比重表征文化需求时，三省一市文化需求都呈现出不断上升的态势，但是地区之间的文化需求差距存在很大波动性，表明三省一市文化需求处于一种不平衡状态。

（四）长三角地区各城市文化产业现状比较

　　本部分从长三角地区各个城市静态的角度来比较分析文化产业的发展状况，由于安徽省各市文化及相关产业增加值的数据缺失，本章只对苏、浙、沪两省一市进行分析讨论，具体结果如图 13 - 7 所示。其中，上海、杭州、苏州、南京和宁波居于前五位，文化及相关产业值分别为 1 632.68 亿元、880.35 亿元、839.23 亿元、572.18 亿元、362.26 亿元。上海凭借其雄厚的经济基础、独特的区位条件，文化产业总值居长三角地区首位。上海对长三角地区各地文化产业起着领导作用，尤其在文化服务业和创新文化产业上都为长三角地区做出很大贡献。相关数据显示，2015 年上海文化服务业增加值为 1271.25 亿元，占当年文化产业总值的 78%；文化核心产品和服务进出口总额为 91 亿美元，其中出口额为 45.3 亿美元，进口额为

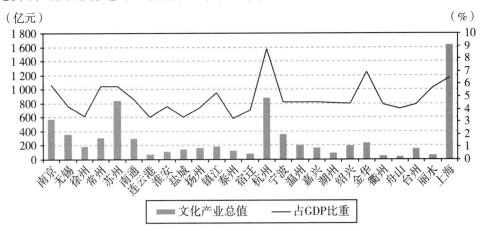

图 13 - 7　2015 年长三角地区各城市文化产业增加值及占 GDP 比重

45.7 亿美元。上海在文化产业和经济发展上都对长三角各地区起着积极的影响作用，带领周围地区在经济和文化领域快速发展。

虽然苏州、杭州、南京文化产业发展不及上海，但是它们都打响了自己的文化大品牌效应。中国有句俗语：上有天堂，下有苏杭。这说明苏、杭两市有着优美的自然环境，文化底蕴浑厚。杭州西湖是中国首批国家重点风景名胜区和中国十大风景名胜之一，是中国主要的观赏性淡水湖泊之一，也是现今《世界遗产名录》中少数几个（中国唯一一个）湖泊类文化遗产之一。苏州是中国著名的历史文化名城，素来以山水秀丽、园林典雅而闻名天下，有"江南园林甲天下，苏州园林甲江南"的美称。南京有着 6000 多年的文明史和 2400 多年的建城史，素有"江南佳丽地，金陵帝王都"的美誉，与北京、西安、洛阳并称为"中国四大古都"，是中国著名的历史文化名城。宁波是世界第四大港口城市、长三角南翼经济中心、浙江省经济中心，也是中国大运河南端出海口、"海上丝绸之路"东方始发港。宁波还连续四次蝉联全国文明城市，是中国著名的院士之乡，获评 2016 年东亚文化之都。上海、杭州、苏州、南京和宁波这五座城市文化产业增加值占当地 GDP 的比重分别为 6.5%、8.76%、5.79%、5.89% 和 4.53%，杭州最高，上海、南京次之，宁波最低。

江苏省有两个市 2015 年文化产业增加值未超过 100 亿元，分别为连云港 72.28 亿元、宿迁 83.09 亿元，占当年 GDP 比重分别为 3.35%、3.91%。浙江省有 4 个市当年文化产业增加值未超过 100 亿元，分别为湖州 93.85 亿元、衢州 50.46 亿元、舟山 44.31 亿元、丽水 62.41 亿元，占当年 GDP 比重分别为 3.91%、4.5%、4.4%、5.66%。文化产业增加值占 GDP 比重最高的杭州和文化产业增加值占 GDP 比重最低的泰州对比可以发现，前者比后者高出 5.52 个百分点，约为 3 倍，这表明城市之间文化产业发展有着显著的差距。总体上，长三角地区各城市因其自然禀赋、经济基础以及政策环境等的不同，文化产业发展存在很大的差异性。

（五）长三角地区文化政策比较

文化政策是指一定时期、一定的社会条件下，行政机构对文化领域问题所颁布的相关规定和对策原则。政策对一个地区文化产业的发展具有导向作用，正确、适度的文化政策能推动地区文化产业的快速发展；反之，错误的文化政策可能阻碍甚至破坏当地文化产业的有序发展。所以，不同地区由于文化资源禀赋、经济发展规模、自然环境等方面的差异性，必然造成地区之间文化产业政策的倾向和侧重点不同。

上海利用其独特优势，文化产业发展势头高歌猛进，在影视、演艺、动漫游戏、网络文化、创意设计、出版、艺术品交易、文化装备等文创领域均取得显著的成绩。据上海市统计局相关资料显示，近些年来，上海文化创意产业已经成为其支柱性产业，2017 年文化创意产业的总产出已逾 10 433 亿元，占全市 GDP 的 12%。在很多文创产业中，上海市都有很好的基础性条件，如影视和网络文化产业。近几年上海影视产业发展迅速，票房总量居全国首位，并且上海国际电影电视节在亚洲具有深远的影响；在动漫游戏以及网络文学产业方面，上海本身就具有坚实的基础，其总产值位居全国第一，在总量上已经达到全国的一半。党的十九大把"激发全民族文化创新创造活力"放在文化产业发展的重要位置。上海市经济实力雄厚，向来非常重视文化创意产业的良性发展。为了更深层地推进文化创意的发展，2017 年末上海颁布了《关于加快本市文化创意产业创新发展的若干意见》，此次政策制定特别注意强化文化创意产业为实现"创新驱动发展、经济转型升级"服务。上海对文化创意产业发展提供政策上的支持，完全符合上海文化产业本身发展的需要，符合全球文化产业发展总趋势。

与上海相比，江苏、浙江两省拥有更多的传统文化基因，其在旅游业和非物质文化遗产保护上面已经形成自身的特色。在文化遗产保护方面，江苏、浙江两省起步较早，江苏在 2006 年就发布了非物质文化遗产保护条例，而且在政策颁布上力度很大；浙江也加快了这方面的步伐，在 2007 年也随之颁布了非物质文化遗产保护条例，对文化遗产的保护力度在长三角地区中最大。江苏省非物质文化遗产众多，江苏已有联合国教科文组织"人类非物质文化遗产代表作"10 项，位列全国第一位；拥有非物质文化遗产项目资源达 2 万多项；国家级非物质文化遗产名录 108 项；江苏省非物质文化遗产名录 369 项。浙江省作为全国非物质文化遗产保护综合试点省，先后入选第一批国家级非物质文化遗产 44 项、第二批国家级非物质文化遗产 85 项，两批上榜数量均居全国第一位。

在旅游业方面，根据江苏旅游业年度报告显示，2016 年旅游业总收入超过 1 000 亿元，占全省 GDP 的 6%。在 A 级景区创建方面，2016 年江苏省新批 A 级旅游景区 36 家，总数已达 638 家，位居全国第二位，其中 5A 级景区已经超过 20 家，继续位列国家第一位。根据浙江旅游业年度报告显示，2016 年旅游业投资总额首次超过万亿元，达 11 775 亿元；当年旅游业增加值 3 305 亿元，占全省 GDP 的 7.1%，对浙江全省 GDP 的综合贡献率已达到 16.8%。

安徽相比长三角其他地区文化产业基础薄弱，在文化相关政策实施力度上面不及沪、苏、浙三地。安徽文化创意产业发展明显不足，2015 年安徽文化创意和设计服务产业增加值为 107.6 亿元，占全省 GDP 的 0.5%。另外，安徽省在 2014 年才发布非物质文化遗产保护条例，在这方面起步很晚。但是，安徽是中华文明的发祥地之一，拥有淮河文化、庐州文化、皖江文化、徽文化四大文化圈，非物质文化遗产数量很多，如庐剧、黄梅戏、花鼓灯等。政府应该加强对文化资源的保护和利用力度，加快这方面文化政策的实施，使安徽文化产业得以蓬勃发展，缩小与沪、苏、浙三地的差距。

三、长三角地区文化供需的总体测度

在对长三角地区总体文化状况和各地文化供需发展演变分析的基础上，本章采用区域差异研究中常用的泰尔指数和变异系数两个指标，比较分析长三角地区文化供给与文化需求的总体水平，定性分析区域之间文化供需差距的演变趋势，从而更深入地分析长三角地区文化供需发展的态势。由于数据的可获得性，本章仅分析 2013～2015 年三省一市文化供需状况，进一步了解区域之间文化供需差距状况。

第一，泰尔指数。泰尔指数或者泰尔熵标准是由泰尔（1967）利用信息理论中的熵概念来计算收入不平等而得名。泰尔指数的具体表达为：

$$T = \frac{1}{n} \sum_{i=1}^{n} \frac{y_i}{\bar{y}} \log\left(\frac{y_i}{\bar{y}}\right) \tag{13.1}$$

其中，T 表示泰尔指数；$\bar{y}$ 表示三省一市人均文化供给或者人均文化需求的平均值；y_i 表示 i 区域人均文化供给或者人均文化需求。泰尔指数越大，表明区域供需差距越大；反之，泰尔指数越小，则表明区域供需差距越小。

第二，变异系数。变异系数又称"标准差率"，是衡量资料中各观测值变异程度的另一个统计量。当进行两个或多个资料变异程度的比较时，如果度量单位与平均数相同，可以直接利用标准差来比较。如果单位和（或）平均数不同时，比较其变异程度就不能采用标准差，而需采用标准差与平均数的比值（相对值）来比较。标准差与平均数的比值称为变异系数，记为 CV。变异系数可以消除单位和（或）平均数不同对两个或多个资料变异程度的影响。其表达式为：

$$CV = \frac{1}{\bar{x}} \sqrt{\frac{\sum_{i=1}^{n} (x_i - \bar{x})^2}{n}} \tag{13.2}$$

其中，CV 表示变异系数；$\bar{x}$ 表示长三角地区人均文化需求或者人均文化供给的平均值；x_i 表示 i 区域人均文化供给或者人均文化需求。变异系数越小，变异（偏离）程度越小，则三省一市人均文化供给或人均文化需求差距越小；反之，变异系数越大，变异（偏离）程度越大，则三省一市人均文化需求或者人均文化供给差距越大。

本章用泰尔指数和变异系数深入分析 2013～2015 年长三角地区文化供给和文化需求演变状况。各地文化供给用三省一市人均文化产业值来表示，文化需求用规模以上文化产业营业收入与地区总可支配收入的比值来表示，具体结果如图 13－8、图 13－9 所示。图 13－8 说明，采用泰尔指数和变异系数衡量的长三角地区三省一市供给情况波动呈现一致性，虽然两者在变动程度上有所不同，但总体趋势上都表现出上升的趋势。其中，变异系数从 2013 年的 0.4 上升到 2015 年的 0.45，与此同时，泰尔指数从 2013 年的 0.037 上升到 2015 年的 0.051，两者都有不同程度的上升，表明三省一市在人均文化供给方面的差距有明显的扩大趋势。从图 13－9 可以看出，用泰尔指数和变异系数表示的文化需求变动同样表现出相同的趋势，先下降然后后上升。泰尔指数从 2013 年的 0.046 下降到 2014 年的 0.045，之后在 2015 年又回升到 0.047；变异系数从 2013 年的 0.46 下降到 2014 年的 0.451，之后在 2015 年又回升到 0.459。这表明三省一市文化需求差距先有缩小的趋势，然后又有扩大的趋势。

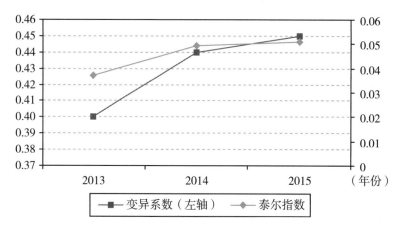

图 13－8　2013～2015 年长三角地区文化供给的泰尔指数和变异系数

2013～2015 年，伴随着长三角地区经济的快速发展以及文化产业的崛起，三省一市的文化产业都有不同程度的增长，但文化供给和文化需求并没有协调统一发展。上海在文化供给和文化需求方面都超过长三角其他地区很多，虽然苏、浙、皖三省文化产业都有长足的发展，但与上海相比仍有很大的提升空间。三省一市文化产业发展的不平衡性以及经济基础的差距，造成区域之间文化需求与文化供给的差

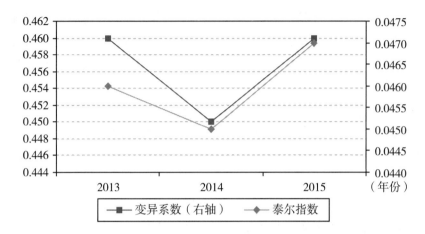

图 13 - 9　2013 ~ 2015 年长三角地区文化需求的泰尔指数和变异系数

距，并且这个差距随着时间的推移有扩大的趋势，这可以从文化供给、文化需求的泰尔指数和变异系数看出来。这种地区之间文化供给与需求的不协调发展，不利于长三角地区整体文化产业的发展以及区域经济的整合提升，在注重长三角地区经济发展的同时，也要重视区域之间文化需求与文化供给的协调发展，从而提升长三角地区的整体实力。

四、长三角地区文化产业供需不协调的主要原因

　　长三角地区文化产业的现状分析表明，各地之间文化需求与文化供给处于不平衡状态。例如，上海文化需求与文化供给均高出其他各省很多；安徽无论在人均文化需求与文化供给上都处于较低水平。造成三省一市文化需求与文化供给不平衡的原因有很多，如文化资源要素的不合理分配、行政区划空间割据、各地区文化管理机制障碍、产业对接不力以及产业链松散等，这些问题都严重影响着长三角地区文化供需协调发展的步伐和全面小康社会目标的实现。

（一）文化资源要素的不合理分配

　　文化产业的蓬勃发展，离不开人才、资源、政策、技术等各种要素，文化资源要素在区域内合理分配是长三角地区文化供需协调发展的第一步。不同地区由于地理位置、资源禀赋以及文化产业的相关政策不同，地区文化产业发展的方向、发展程度也不尽相同，使区域内部各城市之间文化产业发展出现差异性，暴露出各种问题。

文化资源要素的不合理分配在长三角地区的具体表现为：地区内部各城市之间以及各省（市）之间人才、资源、财力等文化要素缺少统筹规划；地区内部有的城市出现文化资源要素过度集中，也有的城市出现文化要素凹陷的问题。上海是中国的国际大都市，经济发展水平在我国也是首屈一指，凭借其雄厚的资本以及丰沛的资源，文化供给达到了很高的水平。由于安徽所获得的文化资源要素相对其他省（市）较少，制约了当地文化产业的发展，使安徽省文化供给得不到提高。

2015年上海市文化及相关产业增加值为1 632.68亿元，年末常住人口为2 415万人，人均文化供给为6 760元；江苏2015年文化产业增加值为3 481.94亿元，年末常住人口为7 976万人，人均文化供给为4 365元；安徽2015年年文化产业增加值为833.7亿元，年末常住人口为6 144万人，人均文化供给为1 357元。

地区经济发展水平不高在一定程度上也影响着居民的文化需求，可支配收入减少自然也会减少对文化产品的购买，造成文化需求下降。文化资源要素的不合理分配进一步加剧了区域间文化需求与文化供给的矛盾，导致区域间文化产业协调发展的步伐放缓，影响文化公共服务和文化产业效率。

（二）行政区划空间割据

面对新时代的发展以及调整产业结构升级和区域经济发展转型的压力下，近年来长三角地区大力发展文化产业，使文化产业高速度发展，推动了地区文化和经济的融合发展。尽管苏、浙、沪、皖之间跨地区的文化产业合作已经取得了很大进展，但是行政区划空间割据的局面依旧存在，这就造成了长三角地区每个城市都有自己的文化市场，这种地方性的文化市场一般都是小而分散，无法靠地方文化市场自身发展形成一个更大范围的市场。虽然长三角地区文化资源丰富，但由于自然地理因素的影响，各城市之间按照自身文化发展战略制定相关政策，这样就使城市之间文化发展战略难以协调，出现各自追逐自身利益最大化的情况。

行政区划的存在割裂了城市之间文化产业的有效联系，各城市只对本地区的文化供给与文化需求加以重视，即使与周围地区在文化供给与需求方面存在很大差异，也没有进行优势互补，这样只会进一步造成各地区文化供需不平衡的加剧。例如演艺行业，苏、浙、皖、沪演艺团体大部分还是由所在地管理，各演艺团体通常只能在地方演出，这使各地区文化市场的供需互补有限。在旅游市场上也有同样的情况，长三角地区许多城市依旧强调对本地所属的文化资源以及特色文化历史进行利用，但往往都是对现有的历史遗迹、自然景观的现成利用，还没有形成长三角各地区文化供需协调发展的模式。一方面，地区文化产业的发展一般都是以区域制定文化发展战略为基本导向，假如文化资源的开发属于不同的行政区，文化供需协调发展的难度和成本会进一步加大，从而降低区域文化产业发展的效率。另一方面，在传统的行政体制下，文化资源要素难以在长三角地区间自由流动，各区域之间的企业、产业的优势难以互补和对接，长三角地区没有形成统一的文化市场，造成文化消费能力不强，不利于长三角地区文化供需的协调发展。

（三）各地区文化管理机制阻碍

由于行政区划的存在，无可避免地会出现一个问题：各地区文化管理体制严重分割，无法形成统一制定文化政策以及供需相协调的发展模式。各城市之间文化供需协调发展意识很薄弱，高效有序的区域文化供需协调发展机制尚未建立。各城市的文化产业发展一般都是以追求自身利益最大化和建设文化大省为主要目标，这在一定程度上忽略了长三角地区文化供需的整体协调发展，尤其在文化政策制定方面，很少与其他省（市）进行有效的交流合作。这样直接造成了长三角地区文化产业政策制定缺少总体性的规划与方向性指导，使文化供需协调发展的脚步落后于地区经济发展。

另外，长三角各地在具体工作落实上也存在明显缺陷。各个省（市）文化产业的相关部门在工作职责和工作范围上存在很大差异，这也会造成区域之间文化工作难以协调，阻碍长三角地区文化供需协调发展的进行。

（四）产业对接不力，产业链松散

长三角地区文化产业要实现供需协调发展，就必须要加强区域之间产业有效对接的能力。但是，由于受行政区划以及以前文化产业发展观念的影响，长三角地区各城市之间依旧依托自身文化特色而独立发展，没有形成一种供需协调发展的理念。长三角地区各城市对文化供需协调发展和区域文化之间的关联性认识不够，就这会造成故步自封的状态，不去积极寻找文化产业价值链的延伸。长三角地区文化产业链普遍松散，项目的数目多但规模小，无法起到带头作用和成立文化品牌效应。长三角地区文化产业在文化要素上，资源要素、人才要素、市场要素和信息要素之间没有形成有效的联系，产业技术和人才的流动不顺畅，要素资源缺乏统筹规划，区域内部的文化企业缺乏相互交织的并购。

长三角地区应建立行之有效的文化产业链，加强区域之间的产业融合与对接。

产业链上的企业可以进行交流与协商，在产业以及人才交流方面形成有效对接。这样不但可以降低企业进行文化产品生产的成本，提高企业的盈利能力，而且可以提升长三角地区的文化产业总体实力，提高其在国际上的竞争能力，有助于树立国际文化大品牌效应，促进文化供需协调发展。

五、相关政策建议

（一）打破行政区划壁垒，协调共赢

长三角地区文化供需协调发展首先要打破地域之间、部门之间、行业之间等文化资源要素的壁垒和传统的文化意识形态，树立起一种文化供需协调发展的理念。这需要以文化企业为主体，充分发挥市场机制对文化资源要素分配的基础作用，使资金、人才、技术等文化资源要素在区域内自由流动。要发挥先进城市和区域的带头作用，形成一种以先进城市和区域为主导的文化供需协调发展网络，通过成立文化协调发展联盟等形式培育和发展文化辐射能力，带动周边城市文化产业的建设，实现区域之间的文化供需协调发展。另外，还要改变以往区域内文化产业发展的模式和文化资源自上而下的分配方法，加强区域内横向文化资源要素的分配和协调，理性处理地区文化产业的发展同区域文化供需协调发展的关系，建立起区域之间有效合作战略，统筹规划区域内文化资源分配，以供需协调发展为目标，不断提升区域内文化产业的竞争力。

长三角地区还要努力发展区域文化资源要素市场，激发出区域内文化供需协调发展的内生动力。可以通过政府扶持、人才引进、技术支持等途径，推动文化资源生产要素在区域内合理流动。其中，人才是文化产业发展的灵魂，长三角地区人才一体化是文化供需协调发展的内在要求，也是精神支柱。三省一市应该对区域内文化产业人才进行合理、有效的统筹规划；梳理长三角各个地区人才资源情况，依据各区域文化产业发展的实际情况，建立健全的区域内人才资源培训、引进、激励、管理机制，实现长三角区域人才交流以及合理配置，最大限度发挥出人才资源在文化供需协调发展中的效用。

（二）共享文化资源

长三角地区地方政府应该着眼于长三角地区文化供需协调发展的长远利益，加快文化产业管理体制的变革，力求突破行政区域的体制性障碍。长三角地区各级政府要敢于进行制度创新，充分发挥政府的领导作用，积极成立区域文化合作交流组织。这样才能促进长三角地区文化供需的协调发展，共同为国家文化产业事业的发展而努力。

在人才流动方面，要通过建立行之有效的人才流动机制，加强长三角地区人才交流与合作，打破传统的人才流动壁垒，从而形成一个开放的人才流动市场。在对文化人才的培养上，各地政府应该积极开展与文化产业相关的活动，凭借其雄厚的文化底蕴以及师资力量，使各城市在文化产业协调发展的基础上培养出更多的复合型文化人才。

在资本流动方面，资本对长三角地区文化供需协调发展的重要性不言而喻，应该加强资本在长三角地区的自由流动。要想实现资本在长三角地区自由流动，必须对文化产业的金融政策、交易事项、风险控制以及贷款体系等进行统一制定，支持政府出台有利于长三角地区文化供需协调发展的政策，使成果遍及整个地区。还要进一步完善文化产业投融资机制，增加健全文化产业融资渠道，让资本在区域内自由流动，充分调动居民参与文化产业投资的热情。

在信息共享方面，长三角地区应该建立统一的信息传递网络系统，依靠各城市图书馆网络和文化部门，通过及时更新和报告实施文化政策的情况、地区文化产业发展情况、文化人才培育及流动情况以及各类文艺演出等，才能使长三角各地区在第一时间掌握文化产业的第一手相关信息，做出相应的应对，才能实现长三角地区文化供需协调发展的目标。

三省一市在文化供需协调发展的过程中，既要着眼于自身实际情况，充分发挥自身优势，利用好本地文化资源特色，还要对接三省一市的文化市场与文化消费人群。文化企业在制定发展战略以及产品宣传时，应将眼光拓展到长三角地区这个大市场，充分了解长三角地区文化内涵、特色和优势，将本地传统文化融入商品的设计和服务中，不断激发出本地居民的消费活力。

（三）坚持城市之间错位发展

长三角各城市由于地理位置毗邻以及自然环境的相近性，地区文化具有很强的相容性。在很长的社会历史发展中，长三角各城市之间利用文化资源方面存在很多共通性。但从长三角文化发展的形态出发，可发现每个城市都在文化产业发展中显现出各自不同的特点，具有自身独特的文化底蕴。所以，从长三角文化产业发展的趋势来看，长三角各城市文化产业都朝着符合自身实际情况发展，多样化文化必定比单一化文化更加具有活力与生命力。只有各地区都保持自身文化产业发展的特性，才能使长三角地区在世界之林中更加具有竞争力，长三角地区文化供需协调发展才有坚实的基础。

根据当地历史特点、地理位置以及人文情怀，依据每个城市在文化产业发展中不同的定位要求，坚持城市之间错位发展的理念，创造出有地方特色、种类繁多的文化品牌，对本地文化在继承中创新，发挥各个区域的比较优势，以此来满足区域之间文化资源的互补。因此，本章强调长三角地区文化供需协调发展并不是表面上的文化政策统一制定，还应考虑城市和区域之间的实际情况。长三角地区应该根据城市之间的特色以及地理环境，制定符合地区文化产业发展的政策，坚持城市之间的错位发展，使长三角地区文化产业多样化发展，但在总的方向上又有统一性，形成世界性的文化大品牌效应。

（四）打造一体化的公共平台

行政壁垒是阻碍长三角地区文化供需协调发展的一个重要因素，政府针对这种情况应该有所作为，充分发挥政府的带头作用，为长三角地区文化供需协调发展建立强有力的机构组织。政府应该树立长久的利益观念，通过对制度的创新以及对文化管理机制的改革，力求突破文化行政体制障碍，通过正式成立区域文化交流组织充分发挥政府的领导作用，加速长三角地区供需文化协调发展的步伐，使长三角地区文化产业竞争力更上一层楼。

在文化产业合作方面，2003 年首届"长三角文化合作与发展论坛"的举办标志着苏、浙、沪两省一市在文化市场、文化理念以及文化协调发展上开始了初步的探索，并取得了可观的成绩。2004 年，上海、江苏、浙江三地在杭州又签订了一系列有助区域文化产业协调发展的文件：《江浙沪文化市场合作与发展意向书》《长三角区域演出市场合作与发展实施意见》。在旅游合作方面，2017 年首届长三角旅游文化投资论坛暨第二届上海（浦东）旅游文化投资发展推介会成功举办，标志着长三角地区旅游合作发展进入了新的阶段，开启了长三角地区旅游的新篇章。这些都是长三角地区打造一体化组织的成果，并且实际证明了区域协调发展平台具有很好的可行性。

可考虑在此基础上建立更加有效率的区域文化协调发展组织，文化合作组织应该由长三角地区各省（市）文化部门主管、知名文化企业负责人以及在社会有很高声望的文化学者构成。通过定期召开文化会议，就长三角地区文化供需协调发展给出切实可行的政策意见，统筹规划长三角地区文化资源的配置以及各地区文化产业基础设施联合建设等问题，苏、浙、皖、沪均要以认同本地文化为基础，着眼于文化供需协调共同发展的战略视角，自觉遵守供需协调发展理念，制定文化产业发展战略时应当以整体利益为参考。既要鼓励官方文化合作组织开展活动，也要积极引导非官方文化合作组织的建立，充分发挥非官方文化合作组织在长三角地区文化协调发展中的有利作用，这样可以形成一种以长三角政府为引导、市场主导的各地区文化协调发展机制，有条理、有步骤、逐渐地推动长三角地区文化供需协调发展。

参考文献

［1］陈柳，于明超，刘志彪. 长三角的区域文化融合与经济一体化［J］. 中国软科学，2009（11）：53 – 63.

［2］丁宏. 长三角一体化中的文化协调发展研究［J］. 南京社会科学，2007（9）：26 – 30.

［3］季赛卫. 区域经济一体化、经济增长与区域差异——基于新经济地理的分析［J］. 现代管理科学，2016（6）：73 – 75.

［4］江霞. 长三角以"联盟"方式搭建一体化合作新平台［J］. 江南论坛，2017（4）：18 – 18.

［5］李康化. 文化产业与城市再造——基于产业创新与城市更新的考量［J］. 江西社会科学，2007（11）：240 – 246.

［6］李丽娜. 长三角区域文化市场融合及一体化发展研究［J］. 文化产业研究，2015（1）：90 – 101.

［7］李实. 中国个人收入分配研究、回顾与展望［J］. 经济学：季刊，2003，2（2）：379 – 404.

［8］刘敏，王海平. 京津冀协同发展体制机制研究——基于世界六大城市群的经验借鉴［J］. 现代管理科学，2014（12）：67 – 69.

［9］刘志彪. 区域一体化发展的再思考——兼论促进长三角地区一体化发展的政策与手段［J］. 南京师大学报（社会科学版），2014（6）：37 – 46.

［10］吕方. 经济文化一体化中的长三角区域文化产业［J］. 南通大学学报（社会科学版），2006，22（5）：48 – 52.

［11］马志飞，李在军，张雅倩，等. 非均衡发展条件下地级市经济差距时空特征［J］. 经济地理，2017，37（2）：76 – 82.

［12］倪鹏飞，刘伟，黄斯赫. 证券市场、资本空间配置与区域经济协调发展——基于空间经济学的研究视角［J］. 经济研究，2014（5）：121 – 132.

［13］全诗凡. 经济发展差距与市场一体化——基于长三角16个城市的经验分析［J］. 现代管理科学，2013（6）：54 – 57.

［14］沈继松. 论制度变革与我国文化产业发展不平衡的辩证统一——以建立健全现代文化市场体系为视点［J］. 中国文化产业评论，2014（1）：214 – 223.

［15］盛斌，毛其淋. 贸易开放、国内市场一体化与中国省际经济增长：1985～2008年［J］. 世界经济，2011（11）：44 – 66.

[16] 汪伟全. 长三角区域文化融合研究：基于区域一体化的思考 [J]. 现代管理科学，2014 (4)：84 – 86.

[17] 王凤良. 加快长三角文化产业一体化发展探析 [J]. 理论建设，2012 (2)：14 – 17.

[18] 张延群，许立勇，王瑞雪. 京津冀一体化中的文化协同发展——与长三角、珠三角城市群的比较 [J]. 河北工业大学学报 (社会科学版)，2015，7 (3)：1 – 7.

第五篇

经济建设与国防建设
协调发展

▶ 长三角地区军民融合协同创新：以
装备制造业为例

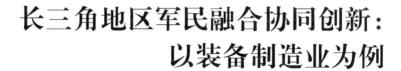

第十四章

长三角地区军民融合协同创新：以装备制造业为例

一、引　言

第二次世界大战后，世界主要国家将发展重点转移到经济建设上，并采取"以经济竞争和科技竞争为主，军事力量竞争为辅"的战略，相继根据国际环境和本国国情采取了不同的推进军民融合的政策和做法，促进了军民共用技术的巨大发展，形成了各自的发展模式。

我国于 1960 年由中共中央军委明确提出军民结合方针：军民结合、平战结合、以军为主，当时的军民结合还处于初步设想阶段，并强调必须要把军品任务放在首位。1978 年党的十一届三中全会是我国实施军民结合战略的重要转折点，邓小平在会上强调要充分利用国防工业的技术和设备大力促进国家经济建设。到 2016 年，国家"十三五"规划纲要更是提出要"实施军民融合发展战略，形成全要素、多领域、高效益的军民深度融合发展格局"，标志着军民融合发展正式上升为国家战略。2017 年，习近平在党的十九大报告中强调，要坚持富国和强军相统一，强化统一领导、顶层设计、改革创新和重大项目落实，深化国防科技工业改革，形成军民融合深度发展格局，构建一体化的国家战略体系和能力。

军民融合是中国新常态下统筹国防建设与经济建设的重要战略选择，是兼顾军事领域、政治领域和经济领域的重大创举。短短数年时间，国内军民融合已向纵深拓展，军工央企、科研院所已经加快向具有经济和市场活力的区域布局，凭借制度与体制优势，军民融合在推动中国国防经济转型和国防工业市场化、提升企业技术创新能力和优化军民资源配置等方面已取得良好成绩。

从区域层面来看，地方军民融合产业发展日趋成熟。上海、江西、四川等7个省（市）成立了省领导牵头的军民结合工作领导小组；北京、安徽、甘肃等16个省（市）出台或正在制订推动产业集群的实施意见；河北、湖南等14个省设立军民结合专项资金。各军工集团公司按照大力发展军工优势产业的要求，军民融合、产业创新融合速度不断加快。根据中国统计年鉴数据显示，2006~2015年中国国防开支占GDP比重始终保持在1.23%~1.41%之间，而国际目前军费开支占GDP比重大致在3%左右，中国国防开支正在实现"补偿性发展"，国防开支占GDP比重提升的空间和带动国民经济相关产业发展的空间均较大。

自2009年7月中国开始创建国家新型工业化产业示范基地起，截至2017年底已获准7批，其中军民结合领域示范基地共32家，占示范基地总数的9.6%，位于长三角地区的仅有4家（见表14-1），远低于中西部地区的21家，所涉及的产业主要为装备制造业、新材料新能源。而全军武器装备采购信息网所显示的军民融合涉及计算机、通信和其他电子设备制造业，通用设备制造业，金属制品业，化学纤维制造业等21个细分产业，其中属于装备制造业的7个细分产业均包括在内。截至2017年10月9日，已在全军武器装备采购信息网备案的企业全国共3 888家，其中装备制造企业有2 230家，占全国的57.3%；长三角地区三省一市中装备制造企业有515家，仅占全国装备制造备案企业的23%。在装备制造所包含的七个细分行业中，长三角地区的通用和专用设备制造业企业占比较高，仪器仪表制造业企业占比较低，具体各省（市）的企业数量分布如表14-2所示。截至2017年11月9日，同花顺网统计我国军民融合概念上市公司中长三角地区共有23家，A股流通市值合计1 523.3亿元，分别占全国的25%和17.3%。其中，装备制造业有13家，A股流通市值合计887.4亿元，分别占全国的18.1%和12.7%（见表14-3）。由以上数据可以发现，长三角地区作为国家重要区域经济带，2015年区域GDP总额占全国的比重超过23%，但军民融合装备制造业的产值规模与中西部地区陕西、重庆等地相比并无明显优势，甚至有些落后。在军民融合已上升为国家战略的发展背景下，要提升长三角地区军民融合的整体发展水平与规模，首先要研究军民融合的协同创新能力。军民融合协同创新不仅是推动地方自主创新的重要因素，也是构建国家创新体系的重要组成部分，军民融合协同创新能力的提升有助于地方培育区域的经济增长点，提升区域的创新能力和竞争力。

表 14 - 1　　　　　国家新型工业化产业示范基地（军民结合）

地区	基地	认定年份/批次	工业总产值（2014 年）	产业
安徽	芜湖高新技术产业开发区	2012 年/第三批	567 亿元	电子信息、航空设备制造和维修、船舶制造、大型装备基础件
上海	上海国家民用航天产业基地	2012 年/第三批	250 亿元	卫星应用、新能源、新材料、先进装备、电子信息
浙江	宁波鄞州区军民结合产业基地	2012 年/第三批	1 052 亿元	装备制造、电子信息、纺织服装、新材料、新能源
江苏	丹阳军民结合产业示范基地	2014 年/第五批	466 亿元	高端装备制造和新材料

资料来源：国家军民融合公共服务平台（2017 年）。

表 14 - 2　　　　全军武器装备采购信息网企业备案数汇总

地区	通用设备制造业	专用设备制造业	铁路、船舶、航空航天和其他运输设备制造业	汽车制造业	计算机、通信和其他电子设备制造业	电气机械和器材制造业	仪器仪表制造业
上海	10	37	18	3	49	12	9
江苏	31	53	30	6	83	21	24
浙江	19	22	8	2	27	3	0
安徽	11	12	3	5	9	5	3
合计	71	124	59	16	168	41	36
全国	240	487	195	55	905	155	193

资料来源：全军武器装备采购信息网（截至 2017 年 10 月 9 日）。

表 14 - 3　　　　　长三角军民融合概念上市公司相关数据

地区	企业数	其中：装备制造业	A 股流通市值合计（亿元）	其中：装备制造业（亿元）
上海	3	2	426.8	385.8
江苏	8	7	423.3	342.8
浙江	7	4	395	158.8
安徽	5	0	278.2	0
合计	23	13	1 523.3	887.4
占全国比重	25%	18.1%	17.3%	12.7%

资料来源：同花顺网（截至 2017 年 11 月 13 日）。

本章第二部分介绍长三角地区军民融合发展现状；第三部分综述已有的军民融合协同创新研究成果；第四部分在已有研究成果的基础上，提出军民融合协同创新体系的理论框架；第五部分以长三角地区装备制造业为例，测算军民融合协同创新绩效，并确定主体投入变量；第六部分构建计量模型，并分析实证结果；第七部分为结论与政策启示。

二、长三角地区军民融合发展现状

（一）上海

据上海市国防科技工业办公室的数据显示，2016 年，全上海市军民融合产业总值达到 3 800 亿元，比上年增长 12% 左右，占全市工业总产值的 10% 左右，成为推进上海工业稳增长、调结构的重要抓手，上海全市通过保密资质认证企业 258 家。作为中国军民融合的高地，上海市闵行区 2016 年军民融合总产值达 1 900 多亿元，已经打造成上海市高端制造业和战略性新兴产业集聚区，集聚航天、航空、船舶、装备、核电等优势企业。据上海市经济和信息化委员会数据显示，闵行区内共有优秀军工单位 20 多家，建有 4 家国家企业技术中心、3 家市级重点实验室、8 家市级工程技术中心和 8 家市级企业技术中心。同时，依托区内的上海交通大学、华东师范大学等优质高校，闵行区先后在航天、船舶、重大装备等军民融合产业领域选拔培养了 40 余名领军人才，为军队、军工企业培养输送了 5 000 多名优秀人才，形成了一批技术"智库"。

2017 年 3 月上海出台《上海市军民融合产业发展"十三五"规划》，明确航天、船舶、核能、航空、空间信息及应用、军工电子、智能装备、电子信息与元器件、新材料 8 个重点产业，以及构筑军工保障体系、促进技术成果转化、实施国防强基工程、推进知识产权应用、加强人才队伍建设、推动军民资源共享、推进标准通用化建设、加大民参军推进力度 8 项主要任务。

（二）江苏

江苏是我国国防科技工业重要的科研和生产基地，也是"民参军"体量较大的省份。据《解放军报》信息披露，截至 2015 年，江苏全省取得武器装备科研生产保密资格认证的民用企业已有 560 余家，进入军用物资采购动员供应商名录企业有 200 多家，均居全国前列。已建立国家级国民经济动员中心 17 家，"民参军"企业已进入武器装备生产、应急通信指挥、军油保障等国防建设领域，并在载人航天工程、探月工程等重大项目中承担了重要的协作配套任务。江苏各地把发展与军队武器装备和后勤保障有关的产业作为经济结构调整的重要内容，形成航空航天、新材料、船舶与海洋工程、特种车辆、新一代信息技术等五大军民结合主导产业，在长江两岸打造出一批军民兼容、项目集聚的产业园。由江苏省发改委军民融合办公室指导建设的"江苏省军民融合公共服务平台"（网址为：http://www.jsjmrhw.org）于 2017 年 7 月 10 日正式开通上线运行。

（三）浙江

根据《浙江省军民融合产业发展"十三五"规划》，2015 年浙江军民融合产业产值约 2 500 亿元，浙江省已与 11 家军工集团、100 余家军工系统单位开展了合作交流活动，建有各类军民结合产业发展基地 17 个，涉军企事业单位 300 余家，进入军品生产市场的民营企业 90 余家，获得国家保密资质的 180 余家，获得武器装备许可证的近 100 家，在电子信息、航空航天、船舶工业、核电配套工业、新材料等领域形成了一批优势产品和技术。

浙江省已建有鄞州国家级军民融合产业发展基地和秀州、德清、七一五所海洋声电、兵科院宁波分院新材料等 17 个省级（国家级）基地，初步形成了以杭州为中心的水声、计算机外部设备、舰船动力、航空配套等科研生产基地，以宁波为中心的特种金属和复合材料研究基地，以嘉兴为中心的光电器材、电子信息科研产业生产基地，以德清为中心的轻武器生产基地，以海盐为中心的核电关联产业发展基地。

"十三五"期间，浙江省将以"高端化、智能化、融合化、品牌化"为主攻方向，加强军工技术成果吸纳，加快产业化步伐，重点推进高端装备制造、信息产业、新材料、节能环保、生物医药等支撑浙江省未来发展的产业领域军民深度融合，促进传统优势产品"参军"发展，推动全省产业转型升级。根据《关于加快军民融合产业发展的实施意见》规划，到 2020 年浙江省军民融合产业总产值将达到 4 500 亿元，年均增速 15% 以上。

（四）安徽

根据《安徽省国防科技工业军民融合发展"十三五"规划》，安徽省的军民融合产业在"十二五"期间经济规模加速提升，已成为全省经济发展的重要引擎之一。全行业经济总量每年增速均在 14.5% 以上，对全省国防科技工业经济增长贡献率达 74.3%，形成了航空航天、装备制造、电子信息、特种化工和军民用新材料等军民融合产业链，武器装备科研生产许可单位中有超过 2/3 为民口配套单位，成为安徽国防科技工业军民融合发展的重要力量。

"十三五"期间，安徽将构建以合肥军民融合创新中心为基础，以合（肥）芜（湖）马（鞍山）先进装备制造、合（肥）六（安）新材料生产、合（肥）芜（湖）航空装备制造 3 个军民融合产业集聚区为核心区域，以"入闽、入赣、入浙"通道沿线为辅助的"一中心三区三线"发展布局。"一中心"的合肥市以打造国家军民融合改革创新示范区为目标，构建智能制造、电子信息、公共安全、高端装备制造 4 个国家级军民融合产业集群，总投资 1 640 余亿元。目前，已有 40 余家军工和民营企业成功实现转型，正在筹划开工建设的军民融合深度发展项目有 6 大类 80 余个，33 家民营企业取得军品生产保密许可证，多个项目获得政府军民融合类专项建设基金资助，争取"十三五"末"民参军"企业达到 300 家以上。①

三、相关文献

（一）军民融合

美国国会技术评估局认为，军民融合是将国防工业基础同更大的民用科技与工业基础结合起来，组成统一的国家科技和工业基础的过程。而中国将军民融合阐述为"军转民"和"民参军"两层含义，"军转民"是指军工技术、资源和需求从军事专用性向军民两用性转化的过程；"民参军"是指相关民营企业参与军工生产。在军民融合推进的过程中，两类企业彼此优势互补、互利共赢，积极转化为社会生产力。

受行业数据的保密性影响，研究我国军民融合的实证分析较少，研究成果也较为有限，已有的成果主要从产业集群、产业结构提升、产业技术与企业技术效率等视角分析。在产业结构提升方面，军民融合发展有利于地区产业结构的提升，但也在一定程度上阻碍了产业结构的高级化进程（谢罗奇等，2016）。军民融合的企业技术效率主要受产品差异化、企业规模、企业注册地经济发展水平、市场竞争程度、股本结构变动、股权的国有持股比例、企业产品的民用化程度等因素影响（王柏杰等，2016）。

---

① 《合肥市军民融合产业集群引擎强劲》，https：//www.sohu.com/a/144722104_ 628598，2017 年 5 月 31 日。

（二）协同创新内涵与体系构建

针对协同创新的研究，学者们主要从协同创新的内涵（陈劲等，2012）、协同创新的模式（何郁冰，2012）及协同创新的机制（许彩侠，2012）等方面进行理论探讨。相对于协同制造和开放式创新，协同创新是一项更为复杂的创新组织方式。协同创新是指由自我激励人员组成的网络小组形成集体愿景，借助网络交流思路、信息及工作状况，合作实现共同目标（Gloor，2003）。具体地说，协同创新是组织内部形成的知识分享机制，各方达成一般性资源共享协议，实现单个或若干项目合作，开展跨机构多项目协作，建立网络联盟和战略联盟等（张力，2011）。

协同创新的关键是形成以大学、企业、研究机构为核心要素，以政府、金融机构、中介组织、创新平台、非营利性组织等为辅助要素的多元主体协同互动的网络创新模式，通过知识创造主体和技术创新主体间的深入合作和资源整合，产生系统叠加的非线性效用（陈劲等，2012）。在区域间，区域协同创新体系包含各区域创新系统之间的联结关系，区域创新系统内部的企业、高校、科研机构等是创新的直接主体，而政府和金融中介等并不直接参与研发，其主要功能是对直接主体的研发活动予以支持，是创新的间接主体（白俊红等，2009）。

但究竟协同创新如何对区域创新绩效产生影响以及产生怎样的影响，尚缺乏理论上的阐释和严格的计量检验。白俊红等（2009）曾实证考察区域创新系统内部企业、高校、科研院所、政府及金融机构等创新主体之间联结关系对区域创新效率的影响。协同创新的绩效评价指标体系主要有环境、投入、产出、合作机制、效应（Fan et al.，2009）以及合作伙伴配合度（李林，2017）等。

（三）军民融合协同创新

从科研创新组织形式角度，军民融合协同创新是指军队和地方创新各要素（包括企业、政府、研究机构、中介机构和用户）面向国家军民两用重大战略需求，以知识增值和重大科技创新为核心，通过各创新主体跨部门、跨领域、跨区域、跨行业密切协同互动，整合提升创新绩效的创新组织形式（乔玉婷，2015）。

已有的研究军民融合协同创新文献中，对军民融合协同创新体系构建的研究较多，主要存在两种观点。一是"四位一体"，即战略协同、科技协同、组织协同和制度协同。战略协同属于顶层规划层面，提供总体思路；科技协同属于技术层面，明确发展内容；组织协同属于管理层面，提供运行模式；制度协同属于政策层面，给予外部保障（李林等，2017）。二是"三位一体"，即协同创新主体能力、协同创新外部环境和合作伙伴协同配合度，其中军地创新主体的创新能力是影响协同创新绩效的内因，评价指标包括科研机构自身实力、投入和产出；外部环境是影响协同创新绩效的外因，评价指标包括市场、政府、金融和中介。协同配合度将影响协同创新绩效的内因结合，评价指标包括军地协同创新意愿、能力和内部协同机制（乔玉婷等，2015）。

当前，我国军民融合发展中创新驱动已取得一定成果，但《中国军民融合发展报告2014》显示中国的军民融合度仅为30%，仍处于过渡阶段，受经济发展水平、综合科技实力、体制的制约因素、保密因素和知识产权因素等影响，仍存在军民相对分离的传统体制未发生根本性转变、创新主体间协同机制不完善、中介机构服务尚不能满足市场需求、创新驱动体系不健全（杜丹丽等，2017），国防科研院所及社会技术转移中介机构对军民融合产业集群创新发挥作用不够等问题（董晓辉，2013）。

四、军民融合协同创新体系理论框架

军民融合发展中协同创新行为最基本和最直接的实施者被称为创新主体。从军民融合的视角看，协同创新主体划分为国防领域和民用领域，两者在军民融合过程中呈现明显差异，双方充分发挥各自优势，从根本上推动军民融合的发展。从创新驱动的视角看，协同创新主体包括发布需求信息的需求主体、提供资金支持的资金主体、提供研发人员支持的研发主体，以及承担宏观调控的调控主体。其中，需求主体为军方；资金主体包括政府、企业和金融机构等；研发主体包括企业、高等学校和研发机构；调控主体包括政府和市场。为直观阐释军民融合发展过程中协同创新各主体的关联关系，本章依据各创新主体的职责和相互联系，构建基于钻石模型的军民融合协同创新体系（见图14-1）。

具体看，作为军民融合协同创新体系中的需求主体，军方将武器装备的预研、科研、购置、维修方面的功能用途、主要指标等信息，通过政府官方平台以公开项目招投标的方式向相关企业、高等学校和研究机构发布（见表14-4）。作为既是资金主体又是研发主体的企业，在军民融合协同创新实践过程中发挥主要作用，企业在接收到军方创新需求信息的基础上，选择与军队现代化建设目标相匹配的国防科技创新项目，通过自主研发或联合高等学校、科研院所开展技术研究与开发。

其中，军工企业应将一些适合军民融合的产业技术，如飞机船舶、航空航天、电子信息等领域技术转化为民用技术，从而积极参与到市场竞争中，推动军民融合的发展。而有实力的民营企业尤其是高科技企业的机制灵活、创新能力和技术转化

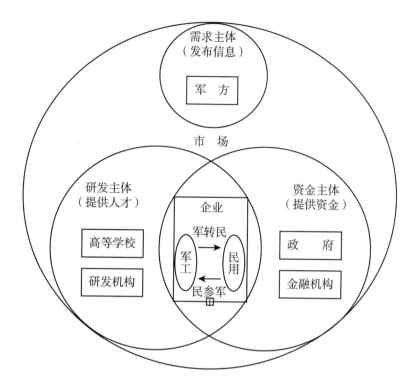

图 14 – 1　军民融合协同创新结构体系

资料来源：作者绘制。

表 14 – 4　　　　军方通过政府官方平台发布需求信息汇总

年份	采购需求		预研		科研		购置		维修		采购公告
	合计	无企业对接	合计	无企业对接	合计	无企业对接	合计	无企业对接	合计	无企业对接	
2017	993	741	821	725	98	5	41	11	26	0	125
2016	1 086	57	325	34	384	3	324	20	45	0	90
2015	767	83	40	2	121	12	121	3	483	66	175
2014	340	57	94	15	86	14	118	25	42	3	1
合计	3 186	938	1280	776	689	34	604	59	596	69	391

资料来源：全军武器装备采购信息网。

能力较强，可为军工企业提供技术支持和生产配套。作为军民融合协同创新体系中主要的研发主体，高等学校和科研院所拥有庞大的创新人才队伍和先进的科研仪器设备，掌握着前沿的知识和技术，而这些优势能否顺利转化为现实生产力则需要市场信息的引导和研发资金的支持。作为调控主体，市场在军民融合协同创新过程中发挥资源配置的决定性作用，体系中其他主体作用的发挥都应遵循市场经济规律，以市场需求为创新导向，以市场运作为主流方式。政府则发挥重要的引导和资金支持作用，可以通过搭建军民融合的协同创新平台等途径引导研发主体的创新行为，降低各主体间的信息搜寻成本；改善基础设施条件，为创新活动提供便利；制定相关的政策法规，规范创新行为，降低交易成本，提供资金支持，使原本缺乏资金、无法完成的创新项目得以实现。由此可见，区域军民融合协同创新系统中，各主体之间通过资源共享、协作互动所形成的协同创新，配合得当可以产生"1 + 1 大于 2"的协同效应，促进创新绩效的提升。

五、军民融合协同创新绩效的测算与主体投入度量

（一）军民融合协同创新绩效的测算

长三角地区装备制造业军民融合协同创新的绩效衡量既包括"民参军"的创新绩效，也包括"军转民"的创新绩效，由于目前已有的数据难以将两方面准确区分，而军民融合的协同创新本身被包含在整体产业的创新中，故本章中装备制造业军民融合协同创新的绩效由装备制造业的产业整体创新绩效来表征。

在指标的选择方面，文献中关于创新绩效的度量指标通常选择专利或者新产品销售收入（Acs et al.，2002；Bettencourt et al.，2007；温军等，2012；Pellegrino et al.，2012；朱有为等，2006）。专利包含大量关于技术、发明及发明者的信息，可以反映创新的成果，新产品销售收入可以反映创新成果的应用和商业化水平，但现有的专利和新产品销售收入数据尚未细分到各地区各行业，无法直接采用。除了用以上两个较为直接的指标外，另一种度量方法是通过测算行业全要素生产率（又称技术进步率）来间接反映区域各行业的创新绩效水平（Wang et al.，2007；Li，2009；张海洋等，2011）。行业全要素生产率是一个相对指标，如果一个地区用较少的投入获得了较多的产出，就认为这个地区的创新效率较高。测算行业全要素生产率需要该行业的投入与产出数据，考虑到数据可得性，本章选择长三角地区装备制造业及其所包含的 6 个细分产业[①]的全要素生产率来表征长三角地区装备制造业

---

① 根据《国民经济行业分类》（GB/T 4754—2011）要求，2012 年将交通运输设备制造业分为汽车制造业和铁路、船舶、航空航天和其他运输设备制造业，此前只有交通运输设备制造业的统计数据，为统一口径，本章将 2012 年以后的两个细分产业数据合并，仍统称为交通运输设备制造业，因此，后文装备制造业包含 6 个细分产业。

军民融合协同创新的绩效。

目前，全要素生产率的测度与分解方法主要有两类：一是 1957 年索洛在其新古典经济增长理论基础上提出的索洛残差法；二是通过估计前沿生产函数，然后根据投入、产出变动和前沿函数变动来计算生产率变化。生产前沿的估计方法有两种：一是参数方法（如随机前沿分析方法，SFA）；二是非参数方法（如数据包络方法，DEA）。非参数法采用线性规划技术测算效率，不需要设定生产函数的具体形式，从而避免了主观设定生产函数的影响，同时该方法计算简便，且能够处理多投入多产出条件下的效率度量。因而，本章选择数据包络分析方法测算区域创新的效率。

假设第 $k(k=1,2,\cdots,K)$ 个决策单元（即三省一市）在 $t(t=1,2,\cdots,T)$ 期使用 $n(n=1,2,\cdots,N)$ 种投入 $x_{k,m}^t$ 进行生产，得到 $m(m=1,2,\cdots,M)$ 种产出 $y_{k,m}^t$。X^t、Y^t 分别表示投入和产出向量。在规模报酬不变和投入要素强可处置的条件下，每一期的参考技术可定义为：

$$\bar{L}^t(X) = \{y : y \leq \lambda \ \bar{Y}^t, x \leq \lambda \ \bar{X}^t, \lambda \geq 0\} \tag{14.1}$$

其中，λ 为每个截面观察值的权重；$\bar{X}^t = (X^{t1}, X^{t2}, \cdots, X^t)$，$\bar{Y}^t = (Y^{t1}, Y^{t2}, \cdots, Y^t)$。据此，可定义产出距离系数为：

$$d_0^t(x^t, y^t) = \inf\{\theta : (x^t, y^t/\theta) \in \bar{L}^t\} \tag{14.2}$$

式（14.2）可通过下列线性规划求得：

$$\inf\theta \ \text{s. t.}, \ \lambda \ \bar{Y}^t \geq y^t/\theta, \lambda \ \bar{X}^t \leq x^t \tag{14.3}$$

其中，θ 即为各个决策单元的效率水平。

应用上述方法核算协同创新绩效，需要确定长三角地区装备制造业及各细分产业的投入与产出。在生产函数中包含资本投入和劳动力，由于资本存量没有装备制造业的各年度资本形成总额，因此，本章的资本投入参照李小平（2005）的方法，按照装备制造业及各细分产业的规模以上工业企业固定资本总额估算，并按 2006 年可比价格进行平减；劳动力采用装备制造业的全部从业人员年平均人数。为确保口径统一，本章的产出采用装备制造业及各细分产业的工业总产值，并以各产业的工业品出厂价格指数折算成 2006 年可比价格。综上，利用前文给出的研究方法及投入产出指标核算装备制造各产业的创新绩效。图 14–2 描述了考察期内长三角地区装备制造业协同创新绩效的均值。

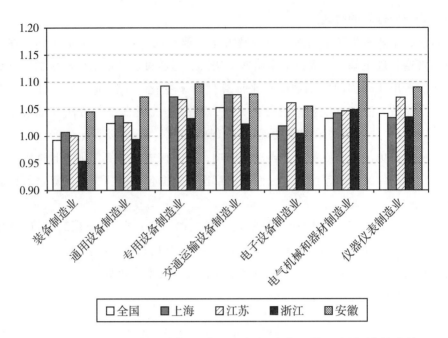

图 14 – 2   长三角地区装备制造业及各细分产业协同创新绩效均值
资料来源：作者计算。

由图 14 – 2 可知，从军民融合装备制造业整体看，上海、江苏和安徽的协同创新绩效均值均高于全国平均水平；从 6 个细分产业看，安徽的各细分产业的协同创新绩效均值均高于全国平均水平。上海有 3 个产业、江苏有 4 个产业、浙江只有 1 个产业的协同创新绩效均值高于全国平均水平。说明在军民融合装备制造业的发展方面，近年安徽的赶超速度较快，而浙江本身的装备制造业发展基础相对薄弱，在新一轮发展中其创新效率不仅低于长三角的其他地区，也低于全国平均水平。从区域整体看，长三角地区在专用设备制造业上的创新效率最低，有 3 个地区的协同创新绩效均值均低于全国平均水平，说明长三角地区的专业设备制造在全国范围内相对创新速度较慢，没有较强的优势。

（二）军民融合协同创新各主体投入度量

军民融合协同创新属于区域协同创新系统中的环节之一，而装备制造业的军民融合协同创新又属于军民融合协同创新的环节之一。由于协同创新系统内部各主体间的协同创新体现在资金往来、人员投入以及知识流动等方面，这些资源在影响区域协同创新绩效的同时，也影响着区域装备制造业的军民融合协同创新绩效。基于数据可得性考虑，本章将长三角各地区创新主体的资金往来、人员投入作为长三角地区装备制造业军民融合协同创新绩效的影响因素。原始数据均来源于 2007～2016 年各期《中国科技统计年鉴》《中国工业统计年鉴》《中国统计年鉴》。

1. 资金投入变量

区域协同创新系统内部各主体间的资金往来主要体现在需求主体与资金主体、研发主体与资金主体，一般包括企业、高校和科研机构分别与政府、企业、金融机构、境外之间，而军民融合协同创新的需求主体还包括军方。由于军方的资金全部来源于政府，本章军方资金来源中只考察政府资金比重；由于高校和科研机构的研发资金来源中境外资金和金融机构贷款资金来源占比较少，本章只考察企业研发资金来源中的境外资金和金融机构贷款比重。需要说明的是，2007 年之后，《中国科技统计年鉴》不再报告有关金融机构资金的数据，但依然公布了各部门研发经费支出中来源于政府、企业和国外的资金。由于各部门研发资金主要来源于政府、企业、国外及金融机构，因此，本章用各部门总的研发资金减去政府、企业和境外的资金近似表征来源于金融机构的资金。

2006～2015 年长三角地区创新主体间的资金往来均值比重如表 14－5 所示。作为长三角地区人均 GDP 最高的地区，上海的政府资金比重在企业、高校和科研机构资金中均超过全国平均水平，企业资金比重在高校和科研机构资金中也超过全国平均水平，上海的境外资金比重远高于全国平均水平，说明上海作为长三角地区经济的龙头，在获取政府、企业研发经费支持方面具有一定的优势。江苏的地方政府预算支出中国防支出比重远超过全国平均水平，企业资金比重在企业、高校和科研机构研发资金中均超过全国平均水平，另外，江苏的境外资金比重和金融机构贷款比重也均超过了全国平均水平，说明江苏政府对国防事业更为重视，而江苏的企业也很重视研发，会多渠道的吸引研发资金。浙江的企业资金比重在企业、高校和科研机构研发资金中也均超过全国平均水平，金融机构贷款比重也超过了全国平均水平。与江苏相比，浙江的政府预算中国防支出比重较低，但与全国平均水平持平，尚未充分吸引境外资金，金融机构贷款比重也落后于江苏。作为长三角地区人均 GDP 最低的省份，安徽企业和高校研发资金中政府资金比重以及企业研发资金中金融机构贷款比重均是长三角地区的最高值，远高于全国平均水平，企业资金的比重均低于全国平均水平，说明安徽各研发主体的经费来源多依靠政府财政投入，企业在研发经费投入方面的动力较为欠缺，致使研发经费有限，从而倾向于办理金融机构贷款。

表 14 – 5 　　　　2006 ~ 2015 年长三角地区创新主体间的资金往来均值比重

地区	地方政府预算支出	企业研发资金				高校研发资金		科研机构研发资金	
	国防支出比重	政府资金比重	企业资金比重	境外资金比重	金融贷款比重	政府资金比重	企业资金比重	政府资金比重	企业资金比重
全国	0.18	4.00	92.39	0.61	2.66	58.83	34.44	83.75	3.41
上海	0.13	5.13	92.01	0.93	1.69	59.66	34.86	84.02	4.14
江苏	0.22	2.11	92.77	0.87	3.91	52.54	41.38	70.47	6.85
浙江	0.18	2.28	94.26	0.28	2.86	56.55	35.13	77.74	6.00
安徽	0.14	6.32	87.84	0.31	5.31	65.16	22.53	79.10	2.69

资料来源：作者计算。

2. 人员投入变量

区域协同创新系统内部研发人员投入主要包括企业、高校和科研机构的研发人员投入，因此，本章分别用各地区企业研发人员总数、高校研发人员总数和科研机构研发人员总数占全国研发人员数比重，来表征长三角地区各省域范围创新主体的人员投入。其中，研发人员总数均采用人员全时当量数据。2006 ~ 2015 年长三角地区各研发主体的研发人员投入总数与各主体研发人员比重如表 14 – 6 所示。长三角地区各研发主体的研发人员总数占全国的比重规模以上工业企业最高，达到 36%，其中又以江苏、浙江最突出，可以说明，从全国范围看，长三角地区的企业参与研发数量较多、规模较大，其中又以江苏、浙江企业的研发意愿、参与度最高；高校研发人员比重次之，达到 21.66%，其中又以江苏、上海最突出。

表 14 – 6 　　　　长三角地区研发主体的研发人员投入总数与总研发人员比重

地区	规模以上工业企业研发人员		高校研发人员		科研机构研发人员	
	研发人员全时当量	研发人员比重（%）	研发人员全时当量	研发人员比重（%）	研发人员全时当量	研发人员比重（%）
全国	2 638 290	100	354 861	100	383 597	100
上海	94 981	3.60	23 283	6.56	29 432	7.67
江苏	441 304	16.73	23 875	6.73	23 652	6.17
浙江	316 672	12.00	16 149	4.55	7 133	1.86
安徽	96 791	3.67	13 541	3.82	10 059	2.62
合计		36.00		21.66		18.32

资料来源：作者计算。

《中国科教实力地区排行榜》显示，我国211高校数量按省（区、市）分，北京、江苏及上海位居前三位；科研机构研发人员比重最低，仅达到18.32%，其中仍然以江苏、上海最突出，研发机构研发人数也只有上海、江苏是超过或相当于高校研发人数的，说明长三角其他地区的产业研发项目仍以依靠企业与高校为主，成立科研院所、依靠专业科研院所进行产业创新的新组织方式还未成熟。

3. 其他变量

本章的控制变量包括地区交通基础设施，用地区铁路运营里程和高速公路里程之和占地域面积的比重来表征；地区产业结构，用地区第二产业总值占国内生产总值比重来表征；地区经济发展水平，用地区实际人均国内生产总值的对数值来表征；地区劳动者素质，用地区就业人数中大专及以上学历占比来表征；地区对外开放水平，用地区进出口总额占国内生产总值的比重来表征，并依据当年人民币兑美元的平均汇率将进出口总额单位转化为人民币。

综上所述，本章选取的长三角地区装备制造业军民融合协同创新的绩效相关变量如表14-7所示。

表14-7　长三角地区装备制造业军民融合协同创新绩效相关变量

一级指标	二级指标	三级指标	变量名
装备制造业军民融合协同创新绩效	装备制造业 tfp 变化率	装备制造业	$zbtfp$
		通用设备制造业	$tytfp$
		专用设备制造业	$zytfp$
		交通运输设备制造业	$jttfp$
		电气机械和器材制造业	$dqtfp$
		计算机通信和其他电子设备制造业	$jsjtfp$
		仪器仪表制造业	$yqtfp$
研发主体资金来源	企业研发	来源于政府	$cgov$
		来源于企业	$ccom$
		来源于海外	$cfor$
		来源于金融机构	$cban$
	高校	来源于政府	$ugov$
		来源于企业	$ucom$
	研发机构	来源于政府	$igov$
		来源于企业	$icom$

续表

一级指标	二级指标	三级指标	变量名
研发主体研发人数	企业		*crd*
	高校		*urd*
	研发机构		*ird*
政府国防开支	地方政府		*lnd*
	中央政府		*cnd*
控制变量	工业基础设施水平		*inf*
	地区工业化水平		*is*
	地区经济发展水平		ln*pgdp*
	地区劳动者素质		*edu*
	地区对外开放水平		*op*

六、计量模型构建与结果分析

（一）模型建议及检验

基于前文分析，本章设定计量分析模型如下：

$$tfp_{jit} = \alpha_{it} + \theta_1 cgov_{it} + \theta_2 ccom_{it} + \theta_3 cfor_{it} + \theta_4 cban_{it} + \theta_5 ugov_{it} + \theta_6 ucom_{it} + \theta_7 igov_{it} +$$
$$\theta_8 icom_{it} + \theta_9 crd_{it} + \theta_{10} urd_{it} + \theta_{11} ird_{it} + \sum_k x_{kit}\delta_k + \mu_{it}$$

其中，tfp_{jit} 为 i 地区 t 期 j 产业军民融合协同创新绩效；θ 为相应变量的系数；μ 为随机误差项；x 为其他一系列控制变量；δ 为对应控制变量的系数。本章的面板属于 n 相对较小的长面板，由于 T 较大，信息较多，需考虑扰动项可能存在的组间异方差、组内自相关或组间同期相关。另外，对可能存在的固定效应，需要加入个体虚拟变量，因此，为了考虑时间效应并避免损失较多的自由度，本章加入时间趋势项。首先对变量进行多重共线性检验，对方差膨胀因子大于 20 的变量采取从大到小逐个剔除的办法对变量进行筛选，最终使保留变量的方差膨胀因子均小于 20，如此操作，使整体变量中剔除了 *cban*、*crd*、*ird*、ln*pgdp* 和 *edu* 变量。

为确认长面板具体的估计方法，本章对各产业变量分别运用沃尔德（Wald）检验法检验组间异方差，运用伍德里奇（Wooldridge）检验法检验组内自相关，运用 Breusch-Pagan LM 检验法检验组间同期相关，结果显示除通用和专用设备制造业外均存在组间异方差，除专用设备制造业外均不存在组内自相关，所有产业变量均不存在组间同期相关。为保持模型稳健性，对模型采用 OLS 估计，并对标准误差进行校正，即"面板校正标准误差"（PCSE）。

（二）模型回归结果

由估计结果（见表 14 - 8）可知，作为核心解释变量的企业、高校和研发机构研发资金中企业资金比重的回归系数仅在个别产业显著，且均为负值。在不显著的回归系数中，企业研发资金中企业资金比重的回归系数有 4 个细分产业为负值，高校和研发机构研发资金中企业资金比重的回归系数也有个别产业为负值，说明企业资金对装备制造业各产业的协同创新能力起到了一定的阻碍作用。可能的解释为企业提供的研发资金规模小，且倾向于周期短、风险小的项目，这些项目本身对产业的整体创新能力提升不仅无法起到带动作用，反而一定程度上会形成重复研发，浪费社会资源，阻碍产业的整体创新绩效提升。

表 14 - 8　　　　　　　　　　计量回归结果

变量	zbtfp	tytfp	zytfp	jttfp	dqtfp	jsjtfp	yqtfp
cgov	0.0204 * (0.0108)	0.0127 (0.0100)	− 0.0206 (0.0171)	0.0001 (0.0160)	0.0104 (0.0108)	0.0419 (0.0334)	0.0257 * (0.0134)
ccom	0.0003 (0.0041)	− 0.0041 (0.0042)	− 0.0112 (0.0087)	− 0.0007 (0.0086)	− 0.00891 ** (0.0038)	0.0140 (0.0172)	− 0.0037 (0.0054)
cfor	0.0572 ** (0.0249)	0.0415 * (0.0230)	0.154 *** (0.0410)	0.125 *** (0.0366)	0.0393 (0.0254)	0.0850 (0.0866)	0.0865 ** (0.0358)
ugov	0.0132 *** (0.0041)	− 0.0026 (0.0039)	0.0232 *** (0.0078)	0.0053 (0.0064)	0.0031 (0.0037)	0.0394 *** (0.0125)	0.0141 *** (0.0041)
ucom	0.0038 (0.0056)	− 0.0273 *** (0.0051)	0.0167 (0.0118)	0.0081 (0.0097)	− 0.0070 (0.0055)	0.0135 (0.0254)	0.0048 (0.0069)
urd	0.0345 *** (0.0130)	0.0316 ** (0.0134)	0.0610 *** (0.0228)	0.0370 * (0.0200)	0.0596 *** (0.0116)	0.0974 ** (0.0449)	0.0878 *** (0.0140)
igov	0.0017 (0.0013)	0.00256 ** (0.0013)	− 0.0029 (0.0021)	− 0.0023 (0.0021)	0.00282 ** (0.0011)	0.00891 * (0.0049)	0.0024 (0.0016)

续表

变量	zbtfp	tytfp	zytfp	jttfp	dqtfp	jsjtfp	yqtfp
icom	0.0013	− 0.0007	− 0.0278 ***	− 0.0062	0.0054	0.0135	0.0064
	(0.0050)	(0.0047)	(0.0094)	(0.0090)	(0.0047)	(0.0201)	(0.0066)
lnd	0.839 ***	0.0318	1.332 ***	1.069 **	0.4700	0.1620	0.5710
	(0.2950)	(0.2690)	(0.4500)	(0.4750)	(0.2880)	(0.9040)	(0.3890)
cnd	0.0342 **	0.0929 ***	0.0082	− 0.0151	0.0789 ***	0.168 ***	0.124 ***
	(0.0173)	(0.0189)	(0.0335)	(0.0286)	(0.0146)	(0.0533)	(0.0184)
inf	− 0.0377 **	− 0.0268 *	0.0263	0.0229	− 0.0242	− 0.0889 *	− 0.0203
	(0.0173)	(0.0156)	(0.0240)	(0.0252)	(0.0156)	(0.0519)	(0.0228)
is	0.0057	− 0.0110 **	0.0398 ***	0.0170	0.0027	0.0028	− 0.0084
	(0.0063)	(0.0053)	(0.0096)	(0.0108)	(0.0069)	(0.0277)	(0.0089)
op	0.0323 ***	0.0304 ***	0.0432 ***	0.0132	0.0431 ***	0.0458	0.0313 **
	(0.0098)	(0.0092)	(0.0147)	(0.0133)	(0.0099)	(0.0340)	(0.0121)
2. id	0.720 **	0.3700	− 0.0663	− 0.2730	0.4060	1.1470	− 0.0610
	(0.3200)	(0.2930)	(0.4560)	(0.4810)	(0.2870)	(0.9560)	(0.4130)
3. id	0.679 ***	0.798 ***	0.428 *	0.0684	0.937 ***	1.608 ***	0.972 ***
	(0.1650)	(0.1710)	(0.2590)	(0.2400)	(0.1420)	(0.5210)	(0.1650)
4. id	0.785 ***	0.722 ***	0.794 ***	0.2680	1.002 ***	1.624 ***	1.054 ***
	(0.1790)	(0.1820)	(0.2730)	(0.2570)	(0.1590)	(0.5710)	(0.1910)
5. id	0.376 ***	0.0463	0.340 *	0.1210	0.291 **	0.5100	0.2240
	(0.1210)	(0.1040)	(0.1800)	(0.1860)	(0.1220)	(0.4630)	(0.1670)
t	0.0391 **	− 0.0222	0.103 ***	0.0583 *	0.0486 ***	0.0377	0.0317
	(0.0188)	(0.0166)	(0.0308)	(0.0325)	(0.0178)	(0.0798)	(0.0230)
Constant	− 81.17 **	43.3800	− 209.8 ***	− 117.7 *	− 100.4 ***	− 87.5400	− 69.2100
	(38.0300)	(33.4700)	(62.0800)	(65.3900)	(36.0900)	(161.1000)	(46.4400)
观测值	45	45	45	45	45	45	45
R^2	0.5900	0.6870	0.8350	0.4570	0.6930	0.4040	0.6870

注：括号内的数字为标准误；＊、＊＊和＊＊＊分别表示显著性水平为10％、5％和1％。

企业、高校和研发机构研发资金中政府资金比重的回归系数除交通运输设备制造业外，在多个产业显示出显著的正向影响，其中用于高校研发的政府资金对各产业的协同创新绩效提升更显著，而用于企业研发的政府资金对各产业的协同创新绩效提升最不显著，且在个别产业会产生阻碍作用。合理的解释为，政府提供的研发资金在项目申报、过程管理、成果认定等方面仍然存在漏洞，除用于高校研发外，暂不能显著提升各产业的协同创新能力。

企业研发资金中海外机构资金比重的回归系数在装备制造业整体产业和4个细分产业中显示出显著的正向影响，其他2个细分产业显示出不显著的正向影响，说明海外机构资金能够显著带动装备制造业各产业的协同创新能力，海外机构提供研发资金通常以盈利为目的，其风险评估更加成熟客观，过程管控更为严格，项目未完成的违约成本也较大，因此，海外机构资金在提高研发项目成功率的同时会带动产业的协同创新能力。

高校人员投入在装备制造业整体产业和各细分产业中均显示出显著的正向影响，一定程度上说明研发人员在高校中投入更多有助于改善地区创新要素的规模水平，优化要素的配置效率，在带动地区整体产业创新水平的同时，也辐射到军民融合的装备制造业产业协同创新中。

地方和中央政府预算中国防支出比重的回归系数在装备制造业整体产业均显示出显著的正向影响，其中，地方政府预算中国防支出比重在专用设备制造业和交通运输设备制造业中显著为正，中央政府预算中国防支出比重在其他4个细分产业中显著为正，地方和中央政府预算中国防支出的比重表明地方和中央政府对国防事业的重视程度，这种重视会促使形成与国防事业相关的地区产业发展政策导向，引导社会资源进入相关产业，在提升相关产业发展水平的同时，也会提升军民融合的装备制造业产业协同创新能力。

控制变量中，工业基础设施水平在装备制造业整体产业和2个细分产业中通过了显著性检验，且均为负值，可以解释为地区工业基础设施水平越发达，各方的交通、信息传输越便利，更容易获取其他更发达地区的产业创新成果，对本地区产业的创新能力依赖度降低，从而不利于地区军民融合装备制造业产业协同创新能力的提升。工业化水平在2个细分产业中通过了显著性检验，但分别为正负值，说明工业化水平对装备制造业的产业协同创新绩效提升因不同产业作用不同。地区对外开放水平在装备制造业整体产业和4个细分产业中通过了显著性检验，且均为正值，表明地区经济的对外开放水平越高，越有利于地区军民融合装备制造业产业协同创新能力的提升。在工业基础设施水平显著为负的同时地区对外开放水平显著为正，意味着工业基础设施水平的提升仅有利于地区捕获相邻境内区域的产业创新能力，不包括相距较远的或境外区域的产业创新能力。以长三角地区为例，区域内各省（市）的工业基础设施水平提升，有利于区域内各省（市）快速搜寻并获取区域内最先进、优质的产业创新成果及信息，从而忽略或者淘汰本地区的产业创新成果，但不足以使各地区便利地获取海外产业创新成果及信息，对海外产业创新成果及信息的获取能力仍然要依靠长三角地区各省（市）自身的对外开放水平。

七、结论与政策启示

本章通过对军民融合协同创新各主体的功能分析，以长三角地区装备制造业军民融合为例，分析资金主体、研发主体、需求主体、调控主体对军民融合装备制造业及各细分产业协同创新能力的影响。主要结论有以下两点：

第一，整体看，政府资金用于高校研发、高校研发人员投入、海外机构资金、地方中央政府预算中国防支出比重和地区对外开放水平能够显著提升军民融合的装备制造业产业协同创新；工业化水平对装备制造业的产业协同创新绩效提升因不同产业作用不同。

第二，分产业看，企业资金比重、高校研发政府资金比重、工业基础设施水平、工业化水平都不利于通用装备制造业创新能力的提升；企业、研发机构研发的政府和企业资金比重不利于专用装备制造业创新能力的提升；企业研发的企业资金比重、研发机构研发的政府和企业资金比重、中央预算中国防支出比重均不利于交通运输设备制造业创新能力的提升；企业、高校研发的企业资金比重不利于电气机械和器材制造业创新能力的提升；工业基础设施水平不利于计算机通信和其他电子设备制造业创新能力的提升；企业研发的企业资金比重、工业基础设施水平、工业化水平不利于仪器仪表制造业创新能力的提升。

基于本章的研究结论，可得到以下三点政策启示：

第一，明确军民融合协同创新各主体的功能定位。根据分析，与政府和高校显著的正向影响相反的是，同时作为研发主体和资金主体的企业对装备制造业协同创新能力的提升作用并不明显，甚至出现不利于提升的情况。因此，要更高效的提升军民融合装备制造业协同创新能力，首先要明确各创新主体的功能定位。积极发挥高校与政府的带动作用，中央与地方两级政府应完善相关政策，鼓励引导有能力和意愿的高校、科研院所和企业进行产学研深度合作，继续提供强有力的资金支持，且更倾向于投入高校。高校应承担重大关键性研究项目的主要工作，与企业协同开发技术含量高、经济利润高、产品附加值高的军民产品，企业应更专注于加快国防科技成果产业化，最终形成创新主体间的优势互补。

第二，应积极引入境外资金。根据分析，境外资金对装备制造业协同创新能力的提升作用非常显著，因涉及军工产业保密性要求，可鼓励符合条件的军工企业积极申请境外上市，从而直接引入。但受体制机制及产业所限，境外资金较难直接进入高校，可积极探索高校引入境外资金的方式途径，如积极促成境外上市企业与高校的联结，使高校能间接使用到境外资金，受境外资金的监督、管理，更有效提升装备制造业的协同创新能力。

第三，应加强区域内的合作交流。长三角地区各省（市）工业基础设施水平的提升有利于各省（市）快速搜寻并获取区域内最先进、优质的军民融合装备制造产业创新成果及信息，虽然在一定程度上会忽略或者淘汰本地区的产业创新成果，但区域内的合作交流可以促进区域整体军民融合装备制造产业创新能力的提升，最终又可以辐射到各省（市）自身产业协同创新能力的提升上。

参考文献

［1］白俊红，江可申，李婧．应用随机前沿模型评测中国区域研发创新效率［J］．管理世界，2009（10）：51－61.

［2］白俊红，蒋伏心．协同创新、空间关联与区域创新绩效［J］．经济研究，2015（7）：174－187.

［3］陈劲，阳银娟．协同创新的理论基础与内涵［J］．科学学研究，2012，30（2）：161－164.

［4］董晓辉．军民融合产业集群协同创新的研究评述和理论框架［J］．系统科学学报，2013（4）：60－64.

［5］杜丹丽，康敏，杨栩．军民融合发展中创新驱动系统构建研究［J］．经济纵横，2017（4）：46－51.

［6］何郁冰．产学研协同创新的理论模式［J］．科学学研究，2012，30（2）：165－174.

［7］李林，曾立，张帆．长江经济带军民融合协同创新体系建设研究［J］．科技进步与对策，2017，34（14）：154－160.

［8］李小平，朱钟棣．中国工业行业的全要素生产率测算——基于分行业面板数据的研究［J］．管理世界，2005（4）：56－64.

［9］乔玉婷，鲍庆龙，曾立．军民融合协同创新绩效评估及影响因子研究——以长株潭地区为例［J］．科技进步与对策，2015（15）：120－124.

［10］王柏杰，李爱文．军民融合企业效率测算及影响因素分析——来自我国"十大军工集团"上市公司的证据［J］．科技管理研究，2016，36（23）：67－73.

［11］温军，冯根福．异质机构、企业性质与自主创新［J］．经济研究，2012（3）：53－64.

［12］谢罗奇，赵纯凯．军民融合对地区产业结构的影响及效应——基于中国省际面板数据的实证分析［J］．广东财经大学学报，2016，31（6）：4－15.

［13］许彩侠．区域协同创新机制研究——基于创新驿站的再思考［J］．科研管理，2012，33（5）：19－25.

［14］张海洋，史晋川. 中国省际工业新产品技术效率研究［J］. 经济研究，2011（1）：83 – 96.

［15］张力. 产学研协同创新的战略意义和政策走向［J］. 教育研究，2011（7）：18 – 21.

［16］朱有为，徐康宁. 中国高技术产业研发效率的实证研究［J］. 中国工业经济，2006（11）：38 – 45.

［17］Acs Z. J. , Anselin L. , Varga A. . Patents and Innovation Counts as Measures of Regional Production of New Knowledge［J］. Research Policy，2002，31（7）：1069 – 1085.

［18］Bettencourt L. M. A. , Lobo J. , Strumsky D. . Invention in the City：Increasing Returns to Patenting as a Scaling Function of Metropolitan Size［J］. Research Policy，2007，36（1）：107 – 120.

［19］Fan D. C. , Tang X. X. . Performance Evaluation of Industry-university-research Cooperative Technological Innovation based on Fuzzy Integral［C］//International Conference on Management Science and Engineering. IEEE，2009：1789 – 1795.

［20］Li X. . China's Regional Innovation Capacity in Transition：An Empirical Approach［J］. Research Policy，2009，38（2）：338 – 357.

［21］Gloor P. A. , Laubacher R. , Dynes S. B. C. , et al. . Visualization of Communication Patterns in Collaborative Innovation Networks-Analysis of Some W3C Working Groups［C］//Twelfth International Conference on Information and Knowledge Management. ACM，2003：56 – 60.

［22］Pellegrino G. , Piva M. , Vivarelli M. . Young Firms and Innovation：A Microeconometric Analysis［J］. Structural Change & Economic Dynamics，2012，23（4）：329 – 340.

［23］Wang E. C. , Huang W. . Relative Efficiency of R&D Activities：A Cross-country Study Accounting for Environmental Factors in the DEA Approach［J］. Research Policy，2007，36（2）：260 – 273.

后　记

2018 年底，长三角区域一体化发展正式上升为国家战略。长三角地区高质量一体化发展的核心，就是要以合理的产业分工为基础，通过有秩序的、充分的市场竞争，以及政府间的有效协调，真正从制度环境、基础设施、公共服务、生态协调等多方面共同破除一体化发展的障碍，把长三角地区建成全国贯彻五大新发展理念的引领示范区。

长三角区域一体化发展是实现协调发展的重要途径和机制。协调发展也是长三角地区在全面建设小康社会中的核心发展理念之一。协调发展要解决的是发展的不平衡、不充分问题。这种不平衡、不充分的发展格局，在全面小康社会建设取得巨大成就的发达的长三角地区依然存在，有些问题在某些局部地区还很严重，主要集中在区域发展不平衡、城乡发展不平衡、经济发展与社会发展不平衡、物质文明建设和精神文明建设不平衡、经济建设与国防建设不平衡等方面。

在全面小康社会建设中，长三角区域发展的不平衡、不充分问题，基础原因是其产业发展的不平衡和不充分。未来要解决上述不平衡、不充分发展问题，也必须以产业协调发展作为基础和着力点，通过产业活动在长三角地区三省一市空间上的充分竞争和合理配置，缩小区域间与城乡间的不平衡；通过促进文化产业的发展，缩小物质文明建设与精神文明建设的不平衡；通过加强军民融合的产业发展，缩小经济建设与国防建设的不平衡。

本书重点围绕五大新发展理念中协调发展的要求，按照产业协调、区域协调、城乡协调、物质文明与精神文明协调、经济建设与国防建设协调五方面，总结归纳长三角地区全面建设小康社会中已经取得的经验和教训，并积极探索长三角地区未来加速推进全面建设小康社会的有效举措，同时结合长三角区域一体化发展的最新要求，在区域协调中聚焦研究一体化视角下协调发展的新思路与新举措。

本书整体研究框架由本人统筹确定，并由本人组织团队成员共同分工写作完成。在本人撰写的总论之后，全书分为五篇。第一篇研究产业协调发展，其中，第一章由巫强、林勇和任若琰完成，第二章由江静和马莹完成，第三章由王宇和黄广映完成。第二篇研究区域协调发展，其中，第四章由闫东升完成，第五章由陈启斐完成，第六章由卜茂亮和高皓凌完成，第七章由汪丽娟和吴福象完成，第八章由刘志彪和陈柳完成。第三篇研究城乡协调发展，其中，第九章由刘鹏完成，第十章由黄志军和曹东坡完成，第十一章由刘丹鹭完成，第十二章由凌永辉完成。第四篇研究物质文明与精神文明协调发展，其中，第十三章由陈东和邢霖完成。第五篇研究经济建设与国防建设协调发展，其中，第十四章由董昕灵完成。全书由刘志彪完成统稿修订，并请巫强协助完成项目协调与书稿修订等工作。

希望本书的出版能为国内外关注长三角地区新时代经济发展的研究者提供有益的借鉴和参考。

刘志彪

2018 年 12 月 18 日

图书在版编目（CIP）数据

长三角地区全面建设小康社会中的协调发展问题研究 /
刘志彪等著 . —北京：经济科学出版社，2019.5
（长三角区域践行新发展理念丛书）
"十三五"国家重点出版物出版规划项目
ISBN 978 - 7 - 5218 - 0495 - 9

Ⅰ.①长…　Ⅱ.①刘…　Ⅲ.①长江三角洲 - 小康建设 -
研究　Ⅳ.①F127.5

中国版本图书馆 CIP 数据核字（2019）第 078799 号

责任编辑：齐伟娜　初少磊
责任校对：郑淑艳
责任印制：李　鹏

长三角地区全面建设小康社会中的协调发展问题研究
刘志彪　巫强　等　著
经济科学出版社出版、发行　新华书店经销
社址：北京市海淀区阜成路甲 28 号　邮编：100142
总编部电话：010 - 88191217　发行部电话：010 - 88191540
网址：www.esp.com.cn
电子邮箱：esp@esp.com.cn
天猫网店：经济科学出版社旗舰店
网址：http://jjkxcbs.tmall.com
北京季蜂印刷有限公司印装
787×1092　16 开　20.75 印张　400000 字
2019 年 7 月第 1 版　2019 年 7 月第 1 次印刷
ISBN 978 - 7 - 5218 - 0495 - 9　定价：68.00 元
（图书出现印装问题，本社负责调换。电话：010 - 88191510）
（版权所有　侵权必究　打击盗版　举报热线：010 - 88191661
QQ：2242791300　营销中心电话：010 - 88191537
电子邮箱：dbts@esp.com.cn）